U0098546

一本書讀懂二十五史故事

讀書人一定要讀　張承望／著

Chinese story

一目了然，給記憶一個重要的位址

中國人不可不讀的文化寶典

最短的時間領悟文化精髓

前言

　　歷史不但是一個國家和民族的發展史，也是一部有思想、有靈魂的生活史和奮鬥史。回顧中國過去五千年的歷史，每一處都值得人們去感受、去品味。在先人留下的精神財富裡，史學典籍為數眾多，《二十五史》以涵蓋中國歷代二十五部紀傳體史書而大放異彩。

　　《二十五史》是中國歷代二十五部紀傳體史書的總稱，包括西漢司馬遷的《史記》，東漢班固的《漢書》，南朝宋代范曄的《後漢書》，西晉陳壽的《三國志》，唐朝房玄齡等人的《晉書》，南朝沈約的《宋書》，南朝梁蕭子顯的《南齊書》，唐朝姚思廉的《梁書》和《陳書》，北齊魏收的《魏書》，唐朝李百藥的《北齊書》，唐朝令狐德棻等人的《周書》，唐朝李延壽的《南史》和《北史》，唐朝魏徵等人的《隋書》，後晉劉昫等人的《舊唐書》，宋朝歐陽修等人的《新唐書》，宋朝薛居正等人的《舊五代史》，宋朝歐陽修的《新五代史》，元朝脫脫等人的《宋史》、《遼史》、《金史》，明朝宋濂等人的《元史》，清朝張廷玉等人的《明史》，民國時期趙爾巽等人的《清史稿》，共二十五部史書。其中，除了第一部《史記》是通史之外，其餘二十四部皆為斷代史。這些史書的作者有的是朝廷史官，有的是史學大家。這些書之所以能代代相傳，被人們所認可，不但是因為它們堅

持了史料的真實可靠性，也因為它們具有較高的藝術和文學價值。例如，司馬遷的《史記》，不但語言精鍊，而且在描寫人物的時候，細膩生動，很多地方都惟妙惟肖，有呼之欲出之神韻。

　　《二十五史》上起傳說中的黃帝，止於1912年末代皇帝宣統退位，內容豐富，包括了大量的政治、經濟史料和歷朝歷代的人文風情。每一部史書雖然都是獨立的，但並不是不相連的。它們環環相扣，緊密相連，共同組成了中國的歷史長河。學習《二十五史》，不但可以豐富我們的知識，還可以讓我們開闊眼界。透過探究歷史發展與國家興亡規律，總結經驗教訓，我們還可以為自己的人生找到更好的定位。

　　由於《二十五史》內容浩繁，文言文枯澀難懂，縱使很多讀者想去研讀，也是有心而無力。為此，我們本著為廣大讀者提供一本通俗歷史讀物的思想，從《二十五史》中精選了一些經典的且獨立完整的故事，透過生動有趣的筆法，全方位、多層次地將影響歷史發展的重大史實一一展現在讀者面前。

　　為了確保閱讀的趣味性，我們在編輯此書時，選取的主要是那些在政治、經濟、軍事、文化等領域較有知名度的人物。為了保證讀者對中國歷史有一個連貫、全面性的了解，那些大家所不熟悉的，但是具有較強的個性或代表意義的人物和事件，我們也選擇性地收錄其中。

　　研讀歷史，那些遠去的腳步和身影，更能讓後人奮起直追，讓我們在品味前人的智慧和神韻中共同進步。

目　錄

一次讀完二十五史故事

目錄

一次讀完二十五史故事

舊五代史

新五代史

宋史

遼史

金史

元史

明史

清史

史記

傳說中的三皇五帝

　　傳說，盤古開天闢地之後，中國進入了「三皇五帝」統治時期。三皇，指伏羲、燧人、神農；五帝，指黃帝、顓頊、帝嚳、堯帝、舜帝。傳說中，他們不但是天下的主人，而且個個智慧賢明。

　　伏羲氏，又稱包犧氏、庖羲。遠古時代，大地荒涼，伏羲出現後，發明了很多有用的東西。他教會人們建造房屋，以躲避風雨和野獸的襲擊。他結繩為網，教會人們捉鳥捕魚。伏羲還根據天地陰陽變化之理，發明創造了八卦，使之成為中國古代文明的開端。他發明了瑟，創作了很多曲子，讓人們在勞動之餘，用音樂來消除疲勞。在後人的眼裡，伏羲是華夏民族的人文始祖，也是遠古時代最早的智者。

　　燧人氏，又稱「燧皇」。遠古時代，人們過著茹毛飲血的原始生活，到了夜裡，漆黑一片，常有野獸襲擊。有一次，雷雨過後，樹木被雷電點著，引起熊熊大火。燧人氏偶嘗被雷火燒烤過的食物，感覺味道極其

鮮美。後來，他見大鳥用巨喙啄食樹蟲時，樹上迸出火花，就靈機一動，發明了鑽木取火的方法，教會人們用火烤製食物、照明、取暖、冶煉、防禦野獸等。人工取火的發明結束了人類茹毛飲血的歷史，開創了人類文明的新紀元。後來，人們將燧人氏奉為「火祖」。

神農氏，就是傳說中的炎帝。在中古傳說中，炎帝是太陽神，也是農業之神和醫藥之神。傳說神農氏見人們整天以打獵為生，而獵物逐漸減少，認為這樣下去生活肯定難以維持，於是他遍嘗百草，篩選五穀、草藥，解決了人們的吃飯、看病問題。為了解決人們的穿衣問題，他種植桑麻，教人們製麻為衣。他又教人們製作陶器和五弦琴，提高了人們的生活水準。後來，神農氏在嘗草藥時，不幸中毒身亡，但他敢為天下先的進取精神，成為支持文化不斷發展、前進的精神動力。

黃帝，生於姬水，居於軒轅之丘，故姓姬，號軒轅氏。據說，他一生下來就會開口說話，長大後性情聰敏，道德高尚，故被西北遊牧民族推舉為部落首領，稱為「黃帝」。

神農氏後期，黃帝率兵征討那些殘暴的諸侯，很多人望風歸順，只有蚩尤不願歸順。黃帝見蚩尤無惡不作，就與炎帝一起討伐蚩尤。雙方的軍隊在涿鹿展開決戰，蚩尤大敗，活捉後被斬首。諸侯紛紛奉黃帝為天子，黃帝開始與炎帝一起治理國家。傳說，舟車、文字、音律、算數等都是黃帝發明的。他的妻子嫘祖同樣賢明能幹，她教民農桑，發明了養蠶、絲織。後來，人們將炎帝、黃帝尊稱為華夏文明的始祖，將嫘祖尊為「桑蠶之神」。

顓頊，姓姬，號高陽氏。相傳他是黃帝的曾孫，在他二十歲時，黃帝因其聰明有謀略，將首領之位傳給了他。顓頊即位後，進行了宗教改革，禁止人們信奉巫邪鬼神，強令人們信奉黃帝一族的教化，從而促進了民族之間的融合。在他的統治下，天下太平，國家的疆域面積又擴大了許多。因顓頊生前崇尚玄色，故後人尊他為玄帝。

帝嚳，姓姬，史稱高辛氏。相傳帝嚳生於西海之濱，他的母親因腳踏巨人的腳印而懷孕，然後就生下他來。他少小好學，年紀輕輕就負有盛

名，十五歲就被顓頊選為首領之位繼承人。

帝嚳在位時，根據四時變化，劃分了四時節令，指導人們按照節氣來從事農畜活動。他仁慈而有威嚴，在位七十年，天下悅服，人們在他的領導下安居樂業。帝嚳死後，立兒子摯為帝。但摯統治不力，死後由弟弟放勳繼承了王位，是為堯帝。堯，姓尹祁，號放勳。他博學多才，恭謹仁義，勤奮簡樸。傳說他繼承帝位後，仍舊與民眾生活在一起。他和大家一樣，穿粗布衣服，吃粗飯雜糧。他制訂了四方的方向，規定了一年的天數，為農業發展做出了巨大的貢獻。堯統治時期，各民族團結如一家。堯年老時，看到自己的兒子不適合繼承王位，就讓各部落首領從民間選拔賢能之人，大家推薦了舜。堯對舜進行考驗後，就將王位傳給了他。舜與堯一樣，也是一個賢明能幹的君主。他的故事，我們接下來會有詳細講述。

▌ 謙遜仁義的舜

舜，姓姚，名重華，生於冀州（當時冀州包括今河北、山東、山西），為五帝之一。

舜自幼喪母，他的父親瞽叟是個性格頑固的盲人。後來父親續娶，又有了個兒子象。為了維持全家人的生活，舜很小就要辛苦操勞。他的父親寵愛後妻，溺愛幼子，三個人看舜不順眼，因此都想殺死他。雖然全家人都對他不好，但是舜卻從不反抗。父親想殺死他的時候，他就躲起來，等到父親心情好了，再出來認錯，周圍的人都認為舜是一個品行高尚的人。

堯年紀老了，他見自己的兒子朱丹行為惡劣，不適合繼承王位，於是就徵求大臣們的意見，讓他們推薦一個賢良的人，大臣們一致推薦了舜。堯決定考驗一下舜，就讓自己的兩個女兒娥皇、女英嫁給了他，為他修建了糧倉，還送給他很多牛羊。舜娶了堯的兩個女兒後，雖然地位提高了很多，但是他比以前更加恭謹了。舜在曆山耕種的時候，很多人都前去追隨他。周圍的百姓受到他的感召，都變

得極其謙讓，從來沒有人因為財物而與別人起過爭執。

舜的後母和象看到舜如此好運，非常嫉妒。他們和瞽叟一起，三番五次想害死舜。有一天，他們讓舜上屋頂修理房子。舜剛順著梯子爬上屋頂，瞽叟他們就將梯子抽去，在下面點起了火。舜在屋頂上看到下面起火，趕忙尋找梯子，但是梯子沒了。當時，舜身上除了兩個隨身攜帶的斗笠，什麼都沒有了。他急中生智，兩手拉著斗笠，像鳥兒張開翅膀一樣，從屋頂上飄了下來。瞽叟幾人看他毫髮無損，都目瞪口呆。

瞽叟和象不甘心失敗，又讓舜去挖井。舜知道父親他們沒安好心，在下面挖井的時候，在旁邊又挖了一條通道。果然，舜剛挖好通道，瞽叟和象就在上面開始往井裡扔石頭。他們用石頭填滿井，認為舜必死無疑，就高興地回家了。舜在下面，聽到上面有人扔石塊，就從通道裡鑽了出來。

象回到家中，得意洋洋地對父母說：「這次哥哥死定了，現在我們可以瓜分他的家產了。」三個人就興沖沖地朝舜的屋子走去。他們打開舜的房門，發現舜正坐在床邊安靜地彈琴呢。象不好意思地說：「哥哥，你什麼時候回來的？我正在想你呢。」舜回答道：「你來得正好，我也想你啊。」瞽叟和象見舜每次都能安然逃脫，以為他有神靈相助，再也不敢害他了。舜仍然像以前一樣，和和氣氣地對待他們。

堯聽說後，認為他既踏實能幹，又品德優良，決定將首領的位子讓給他。這種透過選舉的方式選拔領袖的作法，歷史上稱為「禪讓」。

舜繼位後，選拔賢人，帶領百姓發展生產，又制訂了典禮之法，很快就實現了天下大治，老百姓都非常愛戴他。堯死後，舜想將首領的位置讓給堯的兒子朱丹，但是人們都不贊成，都跑來歸順他，舜才正式當上了首領。他當上首領後，對瞽叟仍舊如以前一樣孝順，象改過自新後，他還將其封為侯。

舜到老的時候，見自己的兒子品行不佳，就像堯一樣，將首領之位讓給了治水有功的禹。

堯、舜、禹三人將全部精力都奉獻給了天下百姓，因此，後人稱他們為歷史上的有德之君。

大禹治水

堯帝在位時，天降大雨，洪水氾濫，百姓流離失所。堯帝召集大臣詢問可以派誰去治水，大家一致推薦了鯀，堯帝於是命令鯀去治水。鯀採用堵的方法治理洪水，結果收效甚微。舜繼承帝位後，看到洪水依然氾濫，非常生氣。他將鯀殺了，讓大家另選治水能人，大家就推薦了鯀的兒子禹。

禹賢明忠信，是大家公認的聰明能幹之人。雖然他對父親的死非常傷心，但是他並沒有因此而仇恨舜。他接受了治水的任務後，認真總結父親的經驗教訓，將全部精力都投入到了治水上。他看到洪水洶湧，用堵的方法行不通，就決定改用疏導的方法進行治水。

為了早日解決水患，禹不畏艱辛，與百姓一起餐風露宿，挖土擔石。由於長時間的風吹日曬，他的腳掌、手掌上都磨出了厚厚的老繭，甚至小腿上的汗毛都磨光了。禹在治水期間，跑遍了天下的名山大川。他惜時如金，為了不耽誤治水，他結婚

四天就離開了家。後來，他三次經過自己的家門，都沒有回去看望家人一眼。就連他的兒子啟出生時，他都沒有陪在妻子身邊。

經過十三年的時間，禹帶領百姓披荊斬棘，終於開鑿了九大山脈的道路，疏通了九條大河，將洪水引向大海，徹底清除了水患。

禹在治水的時候，為了方便治理，將全國劃分為九個州，即「九州」。九州的劃分，使中國有了一個統一的地理概念，為國家的治理提供了方便。禹將洪水治理好後，天下重新回到太平時代。舜根據各地的情況，推行、實施了新的教化。為了表彰禹的功勞，舜特地賞賜給了禹一塊黑色的圭玉，並將禹提拔為重臣。

當時國家負責法令的官員是皋陶，舜對他非常尊敬。皋陶說：「高明的政策，都離不開道德的輔助。如果信義能得到普遍認同，不但君臣和諧，百姓也能安居樂業。」舜聽到這裡，就對禹說：「你治水有功，在民眾中樹立了威望，但是切記不要

史記

15

像朱丹那樣居功自傲。我之所以取消他的繼承權，就是因為他過於驕橫狂妄。」禹恭敬地說：「我能完成治水的任務，都是出自對民眾的責任感。我在九州推行了五服制度，現在人民各盡其守。只有三苗不聽從命令，為了天下太平，對他們一定要嚴加防範。」舜說：「你的功勞不僅僅是治水，還在於替我推行仁政、教導民眾。」他讓皋陶下令，讓百姓都以禹為榜樣，盡忠職守的都厚加安撫，不遵守法紀的就嚴厲懲處。禹得到了舜的信任，不但沒有驕傲，反而更加謙虛謹慎，他將全部精力都投入到了造福民眾上。在禹、皋陶這些賢臣的輔佐下，舜的統治越來越好，不但百姓過著幸福平靜的生活，連鳥獸都能和睦相處，一起跳舞。

人們感謝禹將洪水趕走，都尊稱他為「大禹」。舜看到禹勤勞能幹、深得民心，決定將王位傳給他。舜的兒子商均和堯的兒子朱丹一樣，都是兇險頑劣之徒。禹繼承王位後，感念舜的大德，打算將王位讓給商均。天下諸侯聽說後，都齊聲反對。禹只好登上王位，定國號為夏。

禹死後，曾將王位傳給伯夷。禹的兒子啟見伯夷統治不力，就自立為帝，建立了中國歷史上的第一個朝代——夏朝。從此以後，世襲制代替了禪讓制，中國社會開始進入一個新的發展時期。

紂王荒淫無道

殷紂王帝辛，乃是殷商帝乙幼子。因為他的母親是王后，所以他才被選為王位繼承人。據說，他年幼時聰敏過人，長大後，才智敏捷，身強力壯，能徒手與猛獸搏鬥。

紂王在位前期，重視選拔賢臣，發展農業，因此，他前期的統治還算穩定。後來他為了擴大地盤，持續對東夷用兵，將商朝的勢力擴大到東南一帶。紂王征服東南後，將中原地區的文化和技術推廣到那裡，從而促進了各民族的融合。但是，長期用兵，也培養了紂王殘暴好戰的性格。

紂王有了功績後，驕縱自滿情

緒日漸滋長。他不但大肆修建宮殿，還命令四方諸侯進獻美女、珠寶供自己享用。有人給他進獻了一個美女，名叫妲己。紂王見妲己嬌豔動人，心中大喜，從此整日沉迷於後宮，荒廢朝政。妲己為了取悅紂王，慫恿紂王縱情享樂，紂王對其無所不從。妲己喜歡歌舞、美酒，紂王就命人為她編了很多淫穢的音樂和舞蹈，又命人建造了「酒池肉林」。所謂「酒池肉林」，就是供紂王和妲己飲酒、取樂的場所，裡面擺滿美酒，掛滿肉食。紂王高興時，還會讓很多衣著暴露的男女在其中嬉戲、淫樂，場面之淫穢，簡直是不堪入目。

群臣見紂王荒廢朝政，極其不滿，就上書勸諫。紂王為了堵塞勸諫之路，發明了炮烙之刑。炮烙，就是將受罰的犯人放在燒紅的銅柱子上，用火活活烤死。諫官梅伯、太史楊任都因為勸諫，先後被處以炮烙之行。紂王的王后姜后，見妲己禍亂後宮，對她嚴詞責備。紂王聽說後，把姜王后也殺了。因為姜王后是九侯之女，紂王又遷怒九侯，將九侯剁為肉醬。天下諸侯聽說紂王殘暴不仁，皆有反叛之心。

紂王聽信妲己之言，寵信奸臣費仲、尤諢。費仲見諸侯皆有謀反之心，就建議紂王將諸侯中勢力最大的幾個騙到都城殺掉，紂王聽從了他的建議。西伯侯姬昌就在此時被紂王傳到都城。幸好，姬昌的臣子們送了很多珠寶給費仲等人，讓他們在紂王面前為姬昌說情。紂王才沒有殺掉姬昌，而是將他關在了羑里。姬昌從羑里還周後，開始蓄積力量，為滅周做準備。

老丞相商容是三朝元老，深受百姓和群臣愛戴，因為不滿紂王誅殺王后，被紂王罷了官。皇叔比干聽說紂王要將商容罷官，出面勸阻。紂王大怒：「我是當朝天子，命運都掌握在老天手中。誰再對我做的事指手畫腳，多嘴多舌，小心性命不保！」大臣們聽了，都心灰意冷。紂王見群臣緘口，得意洋洋，自此更加為所欲為。他為了修建鹿臺，不但大肆搜刮民財，徵用勞力，還多次下令增加賦稅，人民苦不堪言。

紂王的兄長微子啟見紂王越來越失信於民，多次對他進行勸諫，但是都沒有結果。微子啟見紂王如此荒淫而又不聽勸諫，知道他離亡國的時

候不遠了。於是他找到掌管祭祀的太師和少師，準備與他們一起逃往國外。比干聽說後，對他們說：「做臣子的，如果不能助君治國，就要以死相爭，以盡本分！」比干說完後，就再次前往勸諫紂王。紂王大怒，對他說：「我聽說聖人的心有七竅，你既然以聖人自居，今天就剖開你的肚子看個究竟。」

紂王命人將比干殺了，並挖出了他的心臟。微子啟等人聽了，嚇得趕忙跑到了周國。百姓見大臣們都逃亡國外，紛紛出逃，自此，紂王眾叛親離。

後來，周武王見紂王不得民心，就率兵攻打他，透過牧野一戰，擊敗紂王的軍隊，滅掉了商朝。商紂王胡作非為，最終被人民和歷史所拋棄。

牧野之戰

姬昌從羑里回周後，下定決心，一定要滅掉商紂。他一面向紂王進獻金銀財物，取得他的信任；一面發展生產，訪賢任能，發展西周。很多人聽說他的賢名後，都前來歸附。一時間，姬昌手下文官武將雲集。

有一天，姬昌決定次日出去打獵，當夜，他夢見飛熊入夢。第二天一早，他請人為自己占卜。占卜的人說：「恭喜大王，今天你得到的不是獵物，而是一位可以幫你指揮千軍萬馬的將帥之才。」姬昌大喜，帶著人就出發了。他來到渭水之濱，碰到一位垂釣的老者，這位老者就是懷才不

遇的姜尚。姬昌和姜尚談了一會兒，發現他是一位難得的人才，就請他上車。然後，兩人同車而歸。姬昌請回姜尚後，開始與他共籌興周滅商大業。姜尚幫助姬昌施行仁政，訓練軍隊，發展經濟，很快就實現了周國富國強兵的目標。

後來，有幾個小的諸侯起來反周，姜尚指揮軍隊，滅掉了他們，姬昌在諸侯中的威望進一步提升。

姬昌品德高尚、寬以待人，人們都把他看成公正的化身。在他的領導下，周人都以謙虛禮讓、路不拾遺為美德。他的名聲傳出去以後，諸侯

之間有了糾紛，也都來找他裁決。有一次，虞、芮兩國因地界起了爭端，兩國派使者去周國找姬昌決斷。他們剛踏進周國的地界，就看到路上的行人互相為對方讓路，又看到兩個耕種的農夫正在為中間接壤的土地而相互謙讓。兩國的使者慚愧地說：「原來我們拚命爭奪的是周人引以為恥的東西，我們不要自尋沒趣了。」他們說完就回去了。諸侯聽說這件事後，都將姬昌看成是真命天子。

可惜的是，姬昌沒有等到伐紂就去世了。他死後，他的兒子姬發繼承了王位，就是周武王。周武王即位後，重用姜尚、周公等人，領導國家進一步向前發展。九年後，周武王要去孟津檢閱軍隊，諸侯聽說後，前去朝見的有八百人之多。到達孟津後，諸侯一致要求周武王領兵討伐商紂。周武王因為時機還不成熟，就對諸侯說：「上天還護佑著商紂，所以，現在還不是討伐他的時候。」歷史上稱這次閱兵為「孟津觀兵」。孟津觀兵後，周武王就回去了。

過了兩年，紂王越來越殘暴，不但殺害了皇叔比干，還囚禁了賢臣箕子。天下百姓見紂王荒淫暴虐，人心歸周。周武王看到時機成熟，就遍傳諸侯：紂王逆天而行，是討伐他的時候了。很快，他率領周兵與諸侯會師孟津，誓師伐紂。周兵勢力強大，商朝守將望風而降。沒用多久，周兵就打到了商朝都城朝歌。為了鼓舞士氣，周武王再次莊嚴誓師。各地聯軍匯合在一起，聲勢浩大，僅戰車就有四千輛之多。他們在牧野擺開軍隊，隨時準備對朝歌發起進攻。

紂王聽說周軍已經兵臨城下，心內惶恐。他命人將軍隊、奴隸、戰俘都組織起來，組成了一支七十萬人的大軍。然後，他帶軍出城迎戰周軍。商軍在牧野擺好陣勢後，周武王命令姜尚領兵出戰，然後自己率精銳部隊直衝紂王所在的中軍。紂王的軍隊雖然人數眾多，但其中大都是沒有上過戰場的奴隸和戰俘。

這些人對紂王的統治早已不滿，他們趁周軍進攻之際，紛紛倒戈，掉過頭來攻打紂王的士兵。商軍自亂陣腳後，頃刻間土崩瓦解。紂王見大事不妙，倉皇逃回朝歌。這場戰爭，就是著名的「牧野之戰」。

紂王回到朝歌後，見大勢已去，全身掛滿珠翠珍寶，在鹿臺自焚而

死。周武王領兵進入朝歌，百姓興高采烈，夾道歡迎。周武王派人安撫百姓，穩定秩序。周武王來到王宮，用「輕呂」劍象徵性地在紂王屍體上砍了幾下，然後命人將紂王的頭砍下來示眾。事畢，諸侯恭請周武王登上了天子寶座，周朝正式建立。

牧野之戰是中國歷史上一次以少勝多的經典戰役，不但結束了商朝六百多年的統治，也為西周的文明興盛開闢了道路。

周公輔政

周武王建立周王朝後，做了兩年天子，就去世了。他死後，十三歲的兒子姬誦繼位，就是周成王。當時，國家剛剛建立，天下未定，人心不穩，西周面臨各種危機。於是，周武王的弟弟周公旦毅然挑起了輔佐周成王的重任。

周公旦，史稱周公。他的封地本來是魯國，但是由於他要在京攝政，只好讓兒子伯禽為自己管理封地。伯禽臨行前，周公對他說：「我是文王之子，武王之弟，成王之叔，地位可以算是尊榮無比。但是一旦有事，即使是我在洗頭，也會立即停下，將頭髮挽在手裡去辦事。如果有人來找我，即使是我在吃飯，我也會將含在嘴裡的飯菜吐出來，去接見人家。就

這樣，我還怕天下的賢才不肯到我這裡來。你到了魯國後，切記自己的身分，千萬不要驕傲。」伯禽連忙點頭稱是。

周公全心全意輔佐成王，但是由於他位高權重，難免引起別人的猜忌。他的弟弟管叔、蔡叔、霍叔對他非常嫉妒，四處造謠說周公有野心，想自己稱王。商朝被滅後，紂王的兒子武庚被封在殷。周武王死後，武庚就一直蠢蠢欲動。現在，他利用管叔等人對周公的不滿，與他們勾結起來，發起了叛亂。

武庚和管叔等人的謠言，鬧得鎬京人心惶惶，不但周成王對周公起了疑心，就連一向最信任周公的召公也坐不住了。周公找到召公，與他開誠

佈公地談了很久，讓他顧全大局，不要輕信謠言。召公被他的話感動了，消除了對他的誤會，決定與周公一起精誠合作，輔佐成王。

不久，周公奉成王之命率兵討伐叛軍，很快就平定了叛亂。武庚和管叔被殺，霍叔被革職，蔡叔被流放。周公看到商朝遺民人數眾多，為了防止他們再生禍亂，就在東方建造了洛邑（今洛陽），將商朝遺民全部遷往那裡。他又將自己的小弟弟衛叔康封在那裡，對他們進行管理。

周公兢兢業業，輔佐了周成王七年，總算將周朝的統治穩定了下來。周成王二十歲時，周公見成王已經具備了處理朝政的能力，就將權力全部歸還給周成王，自己全身而退。

當年，周武王得病時，周公曾在祖廟向上天祈禱，願意用自己的命去換武王的命，他祈禱完畢，就將祝詞封在盒子裡。

後來，周成王有病時，周公又向上天祈禱：「我是成王的輔政大臣，成王年幼無知，如果上天要責罰周，請降禍於我一人。」祈禱完畢，他同樣將祝詞封在盒子裡，並且囑咐史官不要將這件事告訴別人。周成王親政後，有人在成王面前說周公的壞話，說周公詛咒成王。

周公聽到消息後，來不及分辨，就逃往楚國。不久天下大旱，周成王去祖廟祈禱時，看到了周公封存在盒子裡的祝詞。

他痛哭流涕：「我終於知道天下大旱的緣故了，這是老天在懲罰我懷疑周公啊！」他立即派人將周公從楚地接回，再也沒有懷疑過他。

周公回來後，寫了很多詩歌勸奉成王善待百姓、遠離淫逸，周成王聽從了這些建議。在周公的輔佐下，周成王將國家治理得井井有條。後來周公病重，他臨死時對前來探病的周成王說：「我死後，請將我葬在鎬京附近，以示我不敢遠離你。」

周公死後，周成王為了表示自己對他的尊敬，不但將他葬在鎬京，還以文王的規格為他舉行了葬禮。

國人暴動

周厲王時，國勢已經嚴重衰弱。周厲王的父親周夷王在位時，因為統治不力，曾經被人奪去王位。周厲王即位後，決心從嚴治國。

在周代，城市通常是由兩層城牆組成，裡面的那層叫做「城」，外面的那層叫做「郭」。城內的人稱為「國人」。城外的稱為「野人」或「鄙人」。國人是周朝統治的基礎，皇帝也不敢輕易得罪他們。但是，由於經濟的發展，很多平民出身的商賈都成為國人的一部分。當時，西周實行的是井田制。國家將土地劃為「井」字形，中間的那塊由大家共同耕種，但是收穫後，成果歸國家所有。其餘的都是私田，誰播種，誰收穫。

周厲王上臺後，為了改變朝廷的經濟狀況，任命榮夷公為上卿，實行「專利」政策，將森林湖泊改為天子所有，不准國人以之謀生。周都鎬京的國人聽說後，對周厲王的政策極其不滿，怨聲載道。榮夷公雖然善於理財，但是他貪財好色、刁鑽蠻橫。只

要見到有人違反命令，他就將人抓捕下獄，如果人犯家裡不用重金來贖，就將人犯治死，很多人為此家破人亡。大夫芮良夫見周厲王急功近利，勸諫道：「山林湖泊為天地所生，大王不可獨自占有。如果民心盡失，大王又怎能指望江山社稷長治久安呢？」周厲王不聽，任由榮夷公胡作非為。

召公虎見百姓生活艱難，進宮啟奏周厲王：「大王與民奪利，百姓快活不下去了，因此怨聲連天。」周厲王大怒，找來一個巫師，派他去監視民眾，一旦有人議論國事、誹謗朝廷，就立即處死。於是巫師領著很多無賴，四處逮捕在公開場合談論國事的民眾，並趁機敲詐勒索。在周厲王的殘暴統治下，國人再也不敢隨便議論朝政。有的人在路上碰到熟人，為了不惹禍上身，不敢張口打招呼，只是用眼神交流一下，就匆匆走開，這就是「道路以目」這個典故的由來。

周厲王聽說後，高興地對召公虎說：「看看，我有能力制止人們的議

論，現在誰也不敢亂說話了！」召公虎說：「你錯了，堵住人民的嘴比堵住洪水還要可怕。洪水堵塞到一定程度就會爆發，會給人帶來滅頂之災，老百姓也一樣。大王要想讓人民歸順，就要像治水一樣，採用疏導的方法，讓他們暢所欲言。」周厲王不以為然。果然，三年之後，也就是西元前841年，國人們對周厲王的統治再也忍無可忍，發起了「國人暴動」。

「國人暴動」爆發後，憤怒的國人們集結到一起，手持棍棒、農具，對周厲王的皇宮發起了猛烈攻擊，揚言一定要殺死周厲王。周厲王見大事不妙，率領親信逃離鎬京。他出京後沿渭水逃到彘（今山西省霍州市），後來病死在那裡。國人們攻進王宮，找不到周厲王，就要殺了太子。有人說太子姬靜躲到召公虎家裡去了，國人們就氣沖沖地向召公虎府中衝去。

國人們來到召公虎府外，將他的房子團團圍住，讓他交出太子。召公虎不忍心太子死於非命，就讓自己的兒子穿上太子的服飾，推開家門。他的兒子剛走到外面，就被憤怒的國人們當做太子亂棍打死。「太子」死後，國人們慢慢散去，「國人暴動」就以周厲王外逃，「太子」被打死而告終。

太子逃過一劫後，一直被召公虎祕密保護在府中。召公虎等到暴動完全平息後，就將太子扶上王位，就是周宣王。召公虎和周公兩人共同輔佐周宣王治理國家，西周的國力和威望逐漸上升，周宣王成為復興之主，召公虎也成為中興之臣。

鄭莊公黃泉見母

鄭是春秋時期的一個小國，國君鄭武公成年後，娶了申國的公主武姜為妻。幾年過後，武姜為鄭武公生下了兩個兒子，分別是寤生和叔段。武姜生大兒子的時候難產，自己也差點送了命。因此，她對大兒子極其厭惡，取名為寤生，就是難產的意思。她因為生小兒子時很順利，就非常喜愛小兒子，對他極其溺愛。

叔段出生不久，鄭武公就去世

了。鄭武公病重時，武姜曾請求將叔段立為太子，但是鄭武公以寤生是長子並且已經成年為藉口，拒絕了她。鄭武公死後，寤生順利登上王位，就是鄭莊公。鄭莊公即位時，叔段還年幼，是個沒有斷奶的嬰孩。

武姜見鄭莊公即位，心中不滿。她為了等叔段長大後利於培植勢力，請求鄭莊公將制邑（今鄭州上街）封給叔段，鄭莊公沒有答應。武姜又請求將京封給叔段，鄭莊公已經拒絕過母親一次，這次，不好意思再拒絕了。大臣祭仲對他說：「京這個地方比國都還大，按照祖制，是不能分給庶子的。」鄭莊公無奈地說：「我母親執意如此，我有什麼辦法！」叔段在京生活了二十多年，長大成人。武姜千方百計培養叔段的勢力，以待取代鄭莊公。她讓叔段招兵買馬，修築城池，準備圖謀不軌。

祭仲發現叔段舉動異常，就告訴了鄭莊公。鄭莊公說：「母親疼愛他，我不便出面阻攔。但是多行不義，必然自絕生路，你等著看好了。」鄭莊公二十二年（西元前722年），叔段認為時機成熟，就趁鄭莊公朝見周天子之際，寫信給母親，商

議謀反之事。武姜接到他的信後，願意與他裡應外合，推翻鄭莊公，並與他約好了謀反日期。但是，他們沒有想到的是，他們的信件被鄭莊公的手下截獲，落到了鄭莊公手中。鄭莊公拿到證據後，立即領兵包圍了京。叔段率兵出擊，但是他手下的將士們痛恨他為了一己之私起兵謀反，紛紛投降。叔段見大勢已去，倉皇出逃。他逃往共城（今河南輝縣），見走投無路，被迫自殺。守城的士兵獻城投降後，叛亂很快就平定了。

鄭莊公平定叛亂後，追究原因，發現自己的母親竟然是背後主謀。他非常生氣，發下毒誓：「不到黃泉，我絕不再與母親見面。」然後，他將武姜送到潁地（今登封潁陽）去住。鄭莊公雖然發下毒誓，但是他生性寬厚，對母親感情也很深。他將母親遷往潁地後，每每想起母親老來喪子，而自己又不在身邊，就淚流滿面。

這樣過了一年，鄭莊公更加思念母親。他對自己發誓一事非常後悔，但是又不想開口反悔，為此，鄭莊公心情極其矛盾。潁考叔是潁地的官員，他聰明博學，能言善辯。有一次，他入朝朝見鄭莊公的時候，看穿

了鄭莊公的心思，就想找個機會化解他們母子之間的矛盾。

一天，鄭莊公在宮中設宴招待潁考叔。潁考叔用餐時，將桌子上好吃的食物都「偷偷」裝一點放到袖子裡。鄭莊公發現後，問他為什麼這樣做。他說：「我的老母常年待在鄉下，沒有嘗過君王賞賜的食物。這兒好吃的這麼多，我想拿回去一些給她吃。」鄭莊公非常感動，對他說：「你年紀這麼大了，還有母親可以孝順，是一件幸福的事啊。」潁考叔故意問道：「大王不是也有母親嗎？你也可以好好孝順她啊！」鄭莊公按捺不住，就將自己與母親關係破裂的緣由一五一十地說了出來。末了，他對潁考叔說：「我也想孝敬自己的母親，但是我已經發過毒誓，我也不知道怎麼辦才好。」潁考叔說：「這個好辦，你可以挖個很深的地道，挖出泉水後，將母親帶到裡面相見，不就是黃泉裡面相見嗎？」鄭莊公對他的想法極其贊同，委託潁考叔全權辦理此事。潁考叔接受任務後，迅速行動，很快就在京地挖了一個地道，請鄭莊公和母親在那裡相見。武姜見小兒子因為自己送命，大兒子如今又不怪罪自己，心中後悔。她見到兒子後，與鄭莊公抱頭痛哭，母子二人重歸於好。

▍神醫扁鵲

扁鵲，原名秦越人，春秋時期齊國人。因為他學識淵博、醫術精湛，所以，人們以軒轅時代上古名醫扁鵲的名字來稱呼他。

傳說，扁鵲少年時期在客舍（旅店）裡工作。當時，客舍裡有一位客人名叫長桑君。扁鵲敬佩他言談舉止有君子之風，因此，服侍他時極其周到。過了一段時間，長桑君對扁鵲說：「我知道一些醫術祕方，現在我年事已高，想將它傳授給你，但是你不要告訴別人。」扁鵲答應了，當即磕頭拜師。長桑君拿出一包藥對扁鵲說：「用上池之水服下，一個月後你就明白了。」扁鵲將藥服下後，過了一個月，能隔牆觀物，還能隔著肚皮

看到五臟六腑。他繼承了長桑君的醫術後，開始周遊各國，為人治病，逐漸成了名醫。

有一天，扁鵲經過虢國，看到百姓都聚集在一起舉行祈福儀式。他問是誰病了，有人告訴他，太子死了，已經死了半日了。扁鵲向一個喜愛醫術的官員打聽太子的情況。那個官員詳細地描述了太子的症狀後，扁鵲說：「太子患的這種病，名叫『屍厥』。它會讓人突然間昏迷不醒、呼吸微弱，就像死去一樣。但是太子並沒有死，不信的話，你可以用手去摸太子的胯下，一定還有體溫。」那名官員聽後，趕快進宮，將扁鵲的話告訴了虢國國君。

國君聽後大驚，趕快請扁鵲進宮為太子治病。扁鵲讓弟子準備好石針，然後，他用針輕刺太子的百會穴，不一會兒，太子就醒了過來。扁鵲又讓太子服了一些藥，兩天之後，太子就痊癒了。從此以後，扁鵲能起死回生的消息就傳了出去。扁鵲謙虛地說：「我哪有那麼神奇，我能做的，只是讓該活的人活過來而已。」

扁鵲去齊國遊歷時，齊桓公因為他醫術高超，將他敬為上賓，還在宮中設宴款待他。扁鵲見到齊桓公時，對他說：「大王有病在肌理之間，如果不及時治療的話，會加重的。」齊桓公不信，還對別人說：「醫生都貪財好利，喜歡拿別人有病來嚇唬人。」五天後，扁鵲又再次參見齊桓公，對他說：「大王的病已經滲入到血脈，現在不治的話，將來就麻煩了。」齊桓公不但不聽，還非常生氣。扁鵲見狀，只好告退。五天後，扁鵲一見到齊桓公，就遠遠避開了。齊桓公非常好奇，派人問他何故如此。扁鵲說：「病在紋理，熱敷一下就可以治癒；病在血脈，用針灸的方法可以治好；就算到了腸胃，也可以用藥酒進行治療；一旦病入骨髓，連神仙都束手無策。現在大王的病已經深入骨髓，我無力回天，只好遠遠避開。」不久，齊桓公果然病重，他派人去找扁鵲，可是扁鵲早已走了。沒過多久，齊桓公就去世了。

扁鵲遊歷晉國時，晉國大夫趙簡子病了，五天五夜都昏迷不醒。有人聽說扁鵲在晉國，就請他為趙簡子治病。扁鵲見到趙簡子後，對他的家人說：「他血脈正常，不用擔心，三天之內一定會醒過來。」果然，兩天

後，趙簡子就甦醒過來。

扁鵲不但醫術超群，而且醫德高尚。他雲遊各國時，不但為君侯看病，也樂於為尋常百姓看病。他到了趙國邯鄲，聽說當地人以母為尊，為了給當地婦女排除疑難雜症，他潛心學習婦科知識，成了婦科醫生。他到了洛陽，因為當地人尊重老人，他又成了專治老年病的醫生。他到了秦國，聽說秦人最愛兒童，他又成了兒科大夫。扁鵲靠著雲遊四海的治病經驗，醫術日益精湛、全面。他發明了望、聞、問、切的中醫診斷方法，為中國傳統醫學的發展做出重要貢獻。

扁鵲遊歷到秦國時，恰逢秦武王參加舉鼎比賽，傷了腰部。秦武王吃了太醫李醯的藥後，不但不見好轉，反而日趨嚴重。有人將扁鵲來到秦國的消息告訴了秦武王，扁鵲於是被宣進宮為秦王看病。扁鵲見到秦武王後，先看其脈象，然後又在他腰間推拿了幾下，秦武王立刻就感覺症狀輕了很多。扁鵲又讓秦武王服了一劑湯藥，秦武王立刻痊癒。秦武王想將扁鵲封為太醫，留在自己身邊，但是被扁鵲婉言謝絕了。

李醯見扁鵲醫術高超，心中忌恨，派人刺殺扁鵲。扁鵲聽到消息後，準備離開秦國。他與弟子沿驪山的小路向北走時，被李醯派來的殺手劫殺。人們聽到他的死訊後，專門建了「藥王廟」來祭奠他。

管仲輔佐齊桓公

管仲，名管夷吾，春秋時期齊國潁上（今安徽潁上）人。他幼年喪父，家境貧寒。為了養活老母，他與鮑叔牙一起做生意時，多次將利潤獨吞。鮑叔牙知道他是個人才，對他一直都很寬容，從來沒有怪罪過他。後來，兩人棄商從政，管仲和鮑叔牙分別做了齊襄公的弟弟公子糾和公子小白的老師。

不久，齊襄公和其妹魯國國君的夫人文姜殺了魯桓公，在齊國引起動亂。管仲保護公子糾逃往魯國，鮑叔牙保護公子小白逃往衛國。後來齊襄公被殺，兩個逃亡在外的公子聽到消

息後，都急忙趕回齊國，以便奪取王位。管仲害怕公子小白提前回國，就領人在半路上伏擊公子小白。公子小白一行人進入管仲的埋伏圈後，雙方發生混戰。管仲搭箭拉弓，一箭朝公子小白射去。只見公子小白中箭後，大叫一聲，口吐鮮血，倒於馬下。管仲見公子小白已死，就回去了。其實公子小白並沒有死，管仲那一箭只是射在了他的銅制衣帶上。原來，他見大事不妙，就咬破舌尖裝死，騙過了管仲。管仲退去後，公子糾聞聽公子小白已死，就放慢了回國的速度，而公子小白卻日夜兼程趕回齊國。他回國後，搶先一步，登上王位，就是齊桓公。

齊桓公即位後，拜鮑叔牙為相，並馬上命人將公子糾殺死，將管仲押回齊國處死。鮑叔牙知道管仲有經天緯地之才，於是，他懇請齊桓公饒管仲一死，並拜管仲為相。齊桓公非常驚訝，問他為什麼。鮑叔牙說：「管仲是天下奇才，才幹超出我百倍。大王如果想稱霸，一定要重用他。當初管仲帶人殺你，那是因為他忠於主上，並沒有什麼過錯。如果你能赦免他，他一定全心全意為大王效力。」

齊桓公聽他說得有理，就拜管仲為相，讓管仲協助自己治理齊國。

管仲既感激齊桓公的不殺之恩，又敬佩他有容人之量，因此，他上任後，開始勵精圖治，實施了很多有利於國家發展的政策。為了發展經濟，管仲鼓勵百姓開發山林；為了提高農民的生產積極性，他提出了根據土地品質、年成好壞來徵稅的稅收制度；他利用齊國靠海的優勢，大力發展漁業、煮鹽業；為了發展壯大軍隊，管仲規定百姓可以用兵器和鎧甲贖罪；他還讓將領根據士兵的鄉籍將士兵編隊管理，因為來自同一地方的人，作戰時可以互幫互助，這就提高了軍隊的戰鬥力；為了能給國家發展提供一個安定的環境，管仲還提出與鄰近各國改善關係，然後再以「尊王攘夷」在諸侯中樹立威信。經過二十年的發展，齊國實現了富國強兵。

到了春秋時期，周王室的勢力已經嚴重衰弱，諸侯都不再承認周天子的領袖地位。當時，北方的戎、狄等少數民族發展起來，見中原地區的諸侯各自為政，多次入侵中原搶掠財物。齊國強大起來以後，齊桓公依照管仲的策略，帶領人馬浩浩蕩蕩地去

朝見周天子。周天子很高興，將齊桓公的仁義遍傳四海。諸侯聽後，望風歸附。然後齊桓公聯合諸侯，出兵北征戎、狄，大獲全勝，解除了北方少數民族對中原地區的威脅。

楚國是南方的大國，它多次聯合其他小國進攻別的國家。有一次，楚國聯合蔡國進攻鄭國。鄭國國君被逼無奈，派人向齊國求救。齊桓公接到消息後，聯合魯、宋、陳、衛、鄭、許、曹等國，組成「八國聯軍」，先消滅了蔡國，又揮兵直指楚國，楚國被迫簽訂城下之盟。自此，南北對峙的局面結束。一時之間，齊國以王師和正義之師的身分稱霸天下，齊桓公也成為春秋時期的第一位霸主。

齊桓公對管仲極為尊重，他知道，齊國無論是富國強兵還是奪取霸主地位，都與管仲的努力分不開。他為了表達對管仲的尊敬，稱其為「仲父」。管仲在齊國做了四十年相國，這期間，也是齊國最為強盛的時期。

宋襄公圖霸

宋桓公病重時，太子茲甫因為公子目夷比自己有才能，請父親立公子目夷為國君。宋桓公認為太子仁義，就沒有答應他。宋桓公死後，太子茲甫即位，就是宋襄公。宋襄公一上臺，就認命公子目夷為相國，兩人同心協力，將宋國治理得井井有條。

齊桓公臨死前，曾拜託宋襄公多多照顧太子公子昭，宋襄公答應了。齊桓公死後，他的幾個兒子為了王位大打出手，公子昭勢單力薄，只好逃到宋國向宋襄公求助。宋襄公約了幾個小國諸侯，護送公子昭回國，將篡位成功的公子無詭趕下了臺，將公子昭扶上王位，就是齊孝公。但是，他剛剛離開，公子昭又被趕下了臺。宋襄公大怒，再次率兵平定了齊國內亂，鞏固了齊孝公的統治。當時齊國是諸侯中的大國，宋襄公因為擁立齊孝公，在諸侯中小有名氣。

宋襄公自己也將平定齊國內亂看成一件大事，逐漸滋長了驕傲情緒，於是，就想會師諸侯，繼承齊桓公的霸主地位。他派出人馬，到各諸侯國

通知會師一事。但是，由於宋國地位弱小，應者寥寥，只有衛、邾、曹、滑等幾個小國答應赴約。

此情此景，讓宋襄公非常苦惱。他覺得如果自己在只有幾個小國參加的大會上稱霸，實在是太沒面子了。他絞盡腦汁，終於想出了一個自以為很不錯的主意：請諸侯中勢力較大的齊、楚兩國來參加會盟，以提高自己的聲望。於是他給齊孝公、楚成王寫信，請他們務必來參加諸侯大會。楚成王接到信後，心中暗喜。他早就有進軍中原、爭奪盟主之心，這次機會送上門來，他當然不會錯過。於是，他很快就回了信，答應赴會。齊孝公雖然對宋襄公的舉動不滿，但是礙於情面，只好答應赴會。

宋襄公接到他們的回信後，非常高興，趕忙派人籌畫在本國召開諸侯大會的事宜。公子目夷對他說：「宋國國力微弱，以小爭大，只會給自己惹上禍端。爭奪盟主的事，還是不要想的好！」宋襄公一心想要稱霸，根本沒將他的話放在心上。

果然不出公子目夷所料，到了會盟之日，楚成王據理力爭，一定要當盟主。諸侯因為楚國勢強，紛紛站出來支持楚成王。宋襄公大怒，指著楚成王的鼻子大罵。楚成王讓手下人亮出兵刃，劫持了宋襄公，準備以他為人質，逼迫宋國屈服。宋國軍民在公子目夷的帶領下，同仇敵愾，拚死反抗。楚成王占不到便宜，就將宋襄公押在車上，帶回國去了。過了幾個月，在齊國和魯國的調解下，楚成王將宋襄公放回國。

宋襄公回國後，對楚國懷恨在心，他打不過兵強馬壯的楚國，就決定拿支持楚國做盟主的鄭國出氣。他趁鄭國國君鄭文公去拜見楚成王之際，不顧公子目夷等人的反對，出兵伐鄭。楚成王得到消息後，撇開鄭國不救，直接率大軍殺向宋國。宋襄公沒有辦法，只好率兵晝夜兼程，趕回宋國迎敵。

宋襄公與楚成王在泓這個地方交戰，公子目夷建議宋襄公趁楚軍橫渡泓水之際，對楚軍發動突然襲擊。宋襄公說：「我們是仁義之師，怎能趁機偷襲別人？我們應該等到他們過河後，真刀實槍地與他們打一仗。」很快，楚軍就全部渡過泓水。他們過河後，開始亂糟糟地布兵擺陣。宋國大司馬公孫固對宋襄公說：「敵軍尚未

一次讀完二十五史 故事

準備充分，我們不如現在進攻，打他個措手不及。」宋襄公又以仁義為理由拒絕了。楚軍擺好陣勢後，就氣勢洶洶地對宋軍發起了進攻。楚軍兵多將廣，宋軍很快就潰不成軍。亂軍之中，宋襄公腿上中了一箭。多虧屬下拚死相救，他才沒有陷入敵軍之手。宋國經過這一仗，元氣大傷，全國上下都對宋襄公抱怨不止。宋襄公嘴硬地說：「君子就要以德服人，不應該趁人之危，不然的話，勝了也沒有什麼意義。」身邊的人聽了，都在背後嘲笑他。

後來，宋襄公腿上中了一箭，傷得很重，一直沒有治好。過了一年，宋襄公就病死了。宋襄公死守教條，不但沒有成功稱霸，反而成為世人的笑柄。不過他恪守仁義，寬以待人，因為救助過晉國的落難公子重耳，使得五年之後楚國攻宋時，晉國出兵救宋，消除了宋國的亡國之災。

晉惠公背信棄義

晉惠公，名夷吾，晉獻公之子。晉獻公在位時，寵愛驪姬。驪姬為了讓兒子奚齊當上國君，就想方設法陷害太子申生和另外幾位公子。晉獻公聽信她的話，廢掉太子，改立奚齊為太子。夷吾、重耳等公子為了活命，紛紛逃亡國外。

奚齊登基後，因為殘暴肆虐，非常不得人心。不久，大夫裡克發動政變，殺了奚齊，派人去迎接公子重耳回國為君。重耳見國內政局不穩，一口回絕了他。裡克只好又派人去梁國迎接公子夷吾。夷吾手下的人不放心，就派人去秦國，請秦穆公發兵護送夷吾歸國。夷吾與秦國約定，自己做了晉國國君後，將河西一帶割給秦國。他又寫信給裡克說：「如果我做了國君，就將汾陽封給你。」秦穆公是夷吾的姐夫，他接到信後，非常高興，就出兵護送夷吾回國。夷吾回國後，在裡克的幫助下，很快就登上王位，就是晉惠公。

晉惠公即位後，立刻背棄了與秦國和裡克的約定。他派人對秦穆

公說：「原先我與你約定將河西割給秦國，但是現在大臣們議論紛紛，說土地是祖先留下來的，我不能隨便許諾給別人。我和他們爭執了很久，都沒有成功。我沒有辦法啊，只好派人前來表達我的歉意。」晉惠公又對里克說：「沒有你，我當不上國君，但是國君奚齊因你而死。有你這樣的臣子，做國君的也沒法安生。」他不但沒有給里克封地，還剝奪了他的權力，命令他自殺。里克死後，晉惠公為了解除後患，還將里克的親信與同謀斬殺殆盡。晉惠公靠忘恩負義解除了內憂外患，但他在朝廷內外和諸侯之間，已經盡失人心。

晉惠公四年（西元前647年），晉國發生了饑荒。當時諸侯中只有秦國糧食收成最好，晉惠公沒有辦法，只好拉下臉向秦穆公借糧。秦穆公惱恨晉惠公忘恩負義，不想借給他。大夫百里奚說：「天災人禍，哪個國家都會遇到。晉惠公雖然無道，但是百姓無罪，糧食還是借給他的好。」秦穆公聽了他的話，不計前嫌，派出很多船隻，幫晉國運去了很多糧食。靠著秦國的救助，晉國得以度過饑荒之年。

第二年，晉國收成良好，而秦國卻發生了饑荒。秦穆公派人去晉國，找晉惠公借糧，晉惠公就召集群臣商議此事。大夫慶鄭說：「秦國以前扶助國君登上王位，國君已經違約過一次。去年秦國不計前嫌，又借糧食給我們。現在他們來借糧，應該借給他們。」大臣虢射卻說：「以前沒有割地給秦國，兩家已成仇敵。現在再給秦國救災，等於助長敵人力量。這種傻子才做的事，千萬不要做。」晉惠公聽了虢射的話，就找藉口拒絕了秦國的求助。秦穆公見晉惠公狼心狗肺，發誓一定要討伐他。

惠公六年，秦國度過饑荒，開始大舉伐晉。秦國將士由於對晉惠公背信棄義的行為極其痛恨，群情激奮，士氣高昂。秦軍很快就攻城掠地，深入晉國境內。晉惠公大驚，他問慶鄭怎麼辦。慶鄭說：「秦國幫助你登上王位，你背叛他們。秦國在饑荒之年借糧食給我們，人家鬧饑荒時，你卻不肯出手相助。現在他們打過來，不是意料之中的事嗎？」晉惠公見他出言不遜，心中不喜，就去祖廟占卜，尋找可以帶兵之人。占卜的結果是：慶鄭就是可以帶兵之人。晉惠公因為

對慶鄭有成見，就親自帶兵迎戰秦軍。秦、晉兩國在韓原展開激戰，晉軍大敗，晉惠公被俘。

晉惠公被俘後，秦國上下一致要求將他處死。秦穆公對晉惠公也是憤恨不已，就準備處死他。秦穆公夫人聽說後，以自焚要脅秦穆公，要他放晉惠公一馬。秦穆公沒辦法，只好答應不殺他。後來晉惠公與秦穆公簽訂了屈辱的盟約後，才被放回晉國。

晉惠公忘恩負義，不但讓自己聲名狼藉，還為此付出了慘痛的代價。

晉文公成就霸業

晉國公子重耳、申生都是晉獻公夫人齊姜所生，兩人聰慧賢明，深受晉人愛戴。後來晉獻公寵信驪姬，殺死太子申生，重耳、夷吾等人見勢不妙，都逃亡外國避難。晉惠公夷吾登上國君之位後，對重耳心懷忌憚，就派人前去刺殺他。

重耳當時正在狄國避難，他聽到消息後，對近臣趙衰和狐偃說：「我們在這裡待了這麼長時間，休整得也差不多了。我聽說齊桓公雖然是天下的霸主，但是待人仁義，我們不如去齊國尋求他的幫助，以求復興。」大家都同意了。

重耳一行先來到衛國，衛文公由於國務纏身，就沒有接待他。重耳一行只好繼續前行，走到五鹿這個地方時，隨身攜帶的乾糧都吃完了，他們饑餓難耐，只好向路邊的農民討飯吃。一個農夫見這些王公貴族也來向人要飯吃，樂不可支。他從地上撿起一塊土，對重耳說：「拿去吃吧！」重耳大怒，舉起鞭子要抽打他。趙衰趕忙拉住他說：「土塊就是土地啊，這是上天賜予我們的，這是吉兆啊。公子不要生氣，請接受吧。」重耳聽了，接過土塊，向農夫鞠了個躬，坐上車走了。

他們來到齊國，齊桓公因為對重耳的大名早就有所耳聞，對他招待得非常周到。他送給重耳十二掛馬車，還在宗族中選了一個年輕漂亮的女子嫁給他。重耳受到款待，心中鬥志逐漸消磨，一心在齊國安享富貴，不再

提離開齊國之事。齊桓公死後，齊國發生內亂，經過一段時間的消耗，國力逐漸衰落。狐偃、趙衰等人見已經無法依靠齊國復國，多次勸重耳離開，但是都被重耳拒絕了。

有一天，狐偃、趙衰等人在桑林裡商量，怎樣才能讓重耳離開齊國。當時，重耳妻子手下的侍女在桑林裡採桑葉，將他們的對話全部聽了去。那個侍女回去後，將自己聽到的全部告訴了主人。重耳的妻子是個深明大義之人，為了不洩露祕密，她將侍女殺死，然後勸重耳離開，重耳不肯。他的妻子見狀，找到狐偃、趙衰等人，對他們說：「諸位將性命託付給公子，但是如今他卻安於享樂，真是讓人慚愧。為了晉國的未來，無論如何公子都要離開齊國。」二人悅服。三人商議，將重耳灌醉，然後裝上馬車，快馬加鞭，離開臨淄。

重耳晚上與妻子飲酒，一覺醒來，已經離開齊都很遠了。他非常生氣，氣得拿著刀子要殺狐偃。狐偃說：「如果殺了我，有助於你成就大事，我死而無憾。」重耳不忍下刀，咬牙對他說：「如果不能復國，我一定要吃了你的肉！」狐偃說：「如果不能復國，我就要拋屍野外，肉都讓狼吃了。如果你能復國，晉國的肉都是你的，我的肉就不合你的胃口了。」重耳見他如此，只好作罷。

他們路過曹國時，曹國國君曹共公本來不想接納重耳，但是他聽說重耳的肋骨是長在一起的，非常好奇，就想親眼看一看。大夫僖負羈對他說：「重耳素有賢名，現在他落難至此，國君不應該如此無禮。」曹共公不聽，他命人給重耳送去一些白飯，並在重耳洗澡時，偷偷跑去觀看。重耳受到侮辱，非常生氣，發誓一定要報復曹國。僖負羈私下派人給重耳送來精緻的食物，並將一塊玉璧放在飯盆下，讓他做路資用。重耳心中感激，吃了食物，但是將玉璧又還給了他。

重耳一行路過宋國時，宋襄公對重耳以禮相待，將其奉為上賓，重耳對宋襄公非常感激，將他的恩情牢記於心。後來他們離開宋國，繼續南行。路過楚國時，楚成王對重耳也非常好，但是因為楚、晉兩國相距較遠，楚成王不便派兵相送，就請他去秦國碰碰運氣。

晉惠公死後，在秦國做人質的公

子圉為了繼承國君之位，不辭而別，回國繼承了王位，就是晉懷公。秦穆公對晉懷公捨棄妻小、不辭而別的無禮行為大為惱火。他見重耳前來，就起了扶持重耳為晉國國君的念頭。晉懷公聽到消息，非常緊張，他命狐突召回自己的兒子狐偃，狐突不肯，晉懷公就將其殺死。晉國百姓見他無端殘殺大臣，心中不滿。秦穆公趁機發兵擊敗晉懷公，送重耳歸國。重耳回國後，順利登上了王位，就是晉文公，當時他已經是六十二歲的老人了。

晉文公即位後，重用賢臣，嚴明法紀，勵精圖治，很快地就帶領了晉國進入強國之列。晉國稱霸中原後，晉文公也成為春秋時期繼齊桓公之後的另一位霸主。

▍ 趙盾執政

趙盾，是晉文公重臣趙衰之子。晉文公死後，晉襄公即位，趙衰成為晉國的執政大臣。趙衰死後，趙盾接替了父親的職位。他擔任要職後，全心全意輔佐國君修訂律例、選拔賢能，被時人尊稱為趙宣子。

晉襄公做了兩年皇帝就去世了，他死時囑咐立太子夷皋為帝，但是太子當時年紀很小，出於為國家命運的考慮，趙盾主張立晉襄公的弟弟公子雍為帝。他說：「太子年幼不能理政，這對國家的霸業不利。公子雍年長博學，深受文公喜愛，如果立他的話，國家的霸業或許可以延續。」中軍佐賈季則主張立公子樂，因為公子樂的母親辰嬴是晉文公的寵妃。趙盾堅決反對，他派士會去秦國接公子雍回來。賈季不服，偷偷派人去陳國迎回公子樂。趙盾聽說後，只好派出刺客將公子樂等人殺死。賈季看大事不妙，逃亡翟國。

秦康公接到趙盾的書信後，派遣部隊護送公子雍回國繼位。夷皋的母親穆嬴聽說公子雍即將回國繼位的消息後，三番五次跑到趙盾面前哭鬧。趙盾拗不過她，只好擁立夷皋為國君，就是晉靈公。秦康公得到消息後大怒，秦晉兩國開戰。

公子雍被晉國士兵殺死，士會也逃到了秦國。秦晉關係惡化後，打了好幾年仗，互有勝負，後來在士會的調解下，兩國又重歸於好。趙盾派人將士會接回國，與其一起輔佐國君。

趙盾知道，晉文公死後，諸侯都對晉國虎視眈眈，因此，為了保住晉國的霸主地位，他殫精竭慮，嘔心瀝血。在國內，他選賢任能，完善法律，發展生產，訓練軍隊。在國外，他與秦國重續秦晉之好，又與宋、衛、許三國建立四國聯盟，為晉國爭取了休養發展的時間。經過數十年的厲兵秣馬，他指揮晉國軍隊擊敗楚穆王，降服鄭穆公，攻破蔡都，與諸侯會師於扈，使得晉國再度成為中原諸侯中的佼佼者。趙盾也以晉國霸權維護者的身分，聲名遠揚。

趙盾雖然身居要位，但是他仍然時刻提醒自己要謙虛謹慎，善待百姓。他出遊首山時，見到一個餓漢臥在桑樹下，非常可憐，就讓人拿來食物給他吃。那個餓漢吃了一半食物，將剩下的放進懷內。趙盾問他為什麼不吃完，他說：「我家中尚有老母，這些留給母親吃。」趙盾深受感動，又給了他很多食物，然後就離開了。

晉靈公長大後，胸無大志，卻遺傳了母親穆嬴潑辣蠻橫的性格。他見趙盾權傾朝野，心中不快，不但事事與趙盾作對，還常常借助虐待別人來發洩不滿。趙盾率軍討伐齊國時，在行軍途中接到國君要求退兵的命令。他回去後才知道，原來晉靈公接受了齊國的賄賂。晉靈公喜歡登高遠射，為了滿足自己的嗜好，他讓人大肆建築高臺樓閣，然後自己站在高處用彈弓射擊過往的路人。路人躲避不及，他自己卻樂得哈哈大笑。有一次，趙盾進宮觀見國君時，看到幾個宮人抬著一具屍體往外走。他上前一問，原來是御廚沒有將熊掌煮到晉靈公喜歡的那種程度，被晉靈公殺死了。趙盾見晉靈公如此殘暴，就與士會一起苦口婆心地對其進行勸諫。

晉靈公見趙盾竟敢「指責」自己，懷恨在心，就派一個刺客前去刺殺趙盾。夜裡，刺客來到趙盾家。天還未亮時，刺客來到趙盾的臥室準備動手，卻看到趙盾已經穿好朝服，端正地坐在那裡，準備上朝。刺客見狀，嘆息道：「趙宣子一心為國，我不該殺害忠臣。殺害忠臣與背叛國君都是一死，我還是自行了斷吧。」

一次讀完二十五史故事

說完，刺客就自殺了。晉靈公見趙盾安然無恙，不肯善罷甘休。他心生歹計，讓人訓練了一條狗，拿趙盾的衣服引誘狗撲食。一天他見時機成熟，就請趙盾前來喝酒。趙盾對國君不加防備，坦然飲酒。他剛喝了三杯，上酒的廚師就對他說：「作為臣子，國君賜予的酒，喝三杯就足夠了。」趙盾一聽有理，就停止了飲酒。晉靈公本來打算將趙盾灌醉，然後放惡狗出來咬他。現在見有人阻止，就一邊讓人放狗，一邊派人去喊士兵來殺趙盾。廚師見趙盾處境危險，就衝上前去，用刀殺死惡狗，然後又衝過去將士兵擊退，護送趙盾衝出皇宮。趙盾見廚師對自己拚死相救，驚問何故。廚師說：「我就是那個餓倒在桑樹下的人，救你是為了報答你的救命之恩。」趙盾對他連聲感謝，他頭也不回地走了。

趙盾知道晉靈公不會放過自己，就準備逃到鄰國去。他剛走到晉國邊境，他的弟弟趙穿將晉靈公斬殺於桃園，恭請他回國。他回國後，安撫群臣百姓，又擁立晉襄公的弟弟黑臀為帝，就是晉成公。晉靈公驕橫淫逸，臭名昭著，因此朝野上下並沒有因為他的死而怪罪趙盾和趙穿。但是，晉國太史董狐記載這段歷史時寫道：「殺晉靈公者，趙盾也。」趙盾找到董狐說：「我並沒有做，是趙穿殺死了靈公。」董狐說：「你是朝廷重臣，回來後不誅殺兇手，與 君無疑。」趙盾聽後，就沒有怪罪董狐。後來孔子讀到這段史實時，感嘆道：「董狐忠於事實，實在是不可多得的史官。趙盾為了國家，甘願蒙受惡名，也是可歌可泣。」晉成公即位後，對趙盾信任有加，還將自己的姐姐嫁給了他的兒子趙朔。晉成公的兒子晉景公即位不久後，趙盾去世。趙盾去世後，晉國的霸業也日漸衰落。

▌楚莊王一鳴驚人

楚國本來是南方的小國，後來，經過楚國歷代國君的勵精圖治，逐漸強大起來。到楚莊王時期，楚國的地位更是發生了翻天覆地的變化。

楚穆王在世時，楚國多次進軍中原，都被趙盾率領的盟軍打敗。楚穆王含恨去世後，其嫡長子熊旅即位，是為楚莊王。楚莊王即位時，年紀尚輕，他胸懷大志，但是一直隱忍不發。他登基三年，一直躲在後宮，過著花天酒地的生活。大臣們見國君荒廢朝政，紛紛進諫。楚莊王見他們嘮叨個沒完，心中不滿，下旨說：「誰再犯顏進諫，殺無赦！」群臣悚然，再不敢多說。大夫伍舉忠心愛國，他見主上昏庸，決心以死進諫。

有一天，伍舉來見楚莊王時，楚莊王正懷抱著美女欣賞靡靡之音。伍舉說：「我想請大王猜個謎語。」楚莊王問他是什麼謎語。他說：「楚國朝堂上有一隻大鳥，三年以來，既不飛翔也不鳴叫，這是怎麼回事？」楚莊王明白他的意思，就笑著說：「這不是一隻普通的鳥。三年不飛，一飛沖天；三年不叫，一鳴驚人，你可以回去了。」伍舉聽了楚莊王的話，高興地退了出來。他想，大王既然明白自己的意思，從今以後，肯定會改頭換面，有所作為。

誰知幾個月過去了，楚莊王還是像以前那樣，整天醉生夢死。大夫

蘇從哭著來見楚莊王，楚莊王問他何事，他說：「我為楚國即將滅亡而傷心。」楚莊王說：「我說過，誰再進諫就殺掉誰，你明知故犯，真是該死！」蘇從說：「如果我的死，能換來大王的清醒，我死而無憾。」楚莊王深受感動，開始痛改前非，上朝親政。他親賢臣，遠小人，很快就領導楚國走上了國富民強的道路。

楚莊王親政後，為了報楚國多次被晉國擊敗之仇，抓緊時間訓練軍隊。等到時機成熟後，他重兵出擊，發起了一系列對外戰爭。庸國以前曾經在戰爭中背叛過楚國，楚莊王為了練兵，就率先領兵滅了庸國。然後，他借鄭國與晉國結盟之事，大舉攻鄭。只用三個月，就攻下了鄭國都城。鄭國國君打著赤膊，牽著一頭羊出城投降（意思就是自己與羔羊一樣，願意接受宰割）。他見到楚莊王後，願意承擔所有罪責，只是請楚莊王放過鄭國百姓。楚莊王被他的赤誠所感動，下令楚軍退兵三十里，然後，與鄭國簽訂了盟約。

不久，為了打擊晉國，楚莊王指示鄭國，出兵打擊依附晉國的宋國，宋軍大敗。同時，楚莊王率兵大舉攻

打晉國的另一盟友陳國。晉國攝政大臣趙盾接到陳、宋兩國的求救信後，率領晉、宋、陳、衛、曹諸國軍隊，與楚、鄭展開決戰，楚軍大勝。趙盾慘敗回國後，再也不敢與楚國輕易言戰。楚莊王經過南征北戰，終於為父親報了大仇，也確立了楚國的霸主地位。

楚莊王見國力強盛，逐漸有不臣之心。他在率軍討伐陸渾戎時，路過洛陽。為了向周天子示威，他在洛陽附近舉行了大規模的閱兵。周天子聽說後，慌忙派大夫王孫滿前去慰勞。楚莊王見到王孫滿後，隨口向他打聽東周九鼎的大小。九鼎是天子的象徵，楚莊王這麼一問，王孫滿立刻明白了他的用意。王孫滿說：「國家興盛，在於以德治國，不在於兵力強弱。當年周成王占卜時，預言周朝能傳三十世。現在周朝雖然勢力衰弱，但是天命未改，上天還眷顧著它。所以鼎的大小，不是你應該問的。」楚莊王聽後，理屈詞窮。他見取代周王朝的時機還不成熟，就率兵回去了。

楚莊王雖然沒有滅掉周朝，但是他在位時，楚國國富民強，他成為繼晉文公之後，中原地區的又一霸主。

趙氏孤兒

晉成公因為趙盾擁立有功，將自己的姐姐莊姬公主嫁與他的兒子趙朔為妻。晉景公即位不久，趙盾去世。趙盾去世後，奸臣屠岸賈專權，成為晉國的大將軍。趙盾生前，是屠岸賈最忌憚的人。他死後，屠岸賈為了瓦解趙氏勢力，就誣陷趙朔謀反，慫恿國君將趙氏滿門抄斬。晉景公聽了屠岸賈的讒言後，勃然大怒，讓屠岸賈率兵將趙氏一家老小統統殺掉。此時，莊姬公主已經懷孕數月，她因為進宮探親，逃過一劫。她知道屠岸賈肯定會斬草除根，因此，她生下孩子後，將趙朔的好友程嬰叫至跟前，拜託他將趙朔的遺腹子趙武救出去。正直的程嬰不忍心看到忠良絕後，就答應了公主的請求。他冒著被殺頭的危險，將趙武放進藥箱，準備帶出宮

門，但是被守將韓厥發現。程嬰向韓厥申明大義，韓厥深受感動，放過了程嬰和趙氏孤兒。

屠岸賈聽說莊姬公主生下趙氏孤兒後，就下令在全國進行搜捕。他揚言，如果搜不到趙氏孤兒，就要將全國半歲之內的孩子全部殺死。為了營救全國的孩子和趙氏孤兒，程嬰帶著孩子找到了趙朔的門客公孫杵臼。兩人商議：程嬰將自己的孩子交給公孫杵臼，冒充趙氏孤兒。然後，程嬰去向屠岸賈告發公孫杵臼。兩人商量妥當後，程嬰找到屠岸賈說：「將軍如果能付我千金，讓我養育自己的兒子，我願告訴你趙氏孤兒的藏身之處。」屠岸賈答應了他的請求，程嬰於是領著屠岸賈找到了公孫杵臼。

公孫杵臼破口大罵屠岸賈殘害忠良，屠岸賈大怒，當著程嬰的面殺害了公孫杵臼和「趙氏孤兒」。他見程嬰幫助自己除去了心頭大患，不但厚賞了程嬰，還將他的孩子收為義子。程嬰見親生兒子和好友死在自己的面前，心中暗下決心，一定要為他們報仇雪恨。他背著「殘害忠良、賣友求榮」的罵名，在屠岸賈府中將趙氏孤兒趙武撫養成人。趙武長大後，文武雙全，深受屠岸賈和晉景公喜愛。程嬰趁屠岸賈在外征戰之際，告訴了趙武他的真實身分。趙武聯合韓厥，裡應外合，滅掉了屠岸賈，並將趙氏一族的冤情大白於天下。晉景公知道事實真相後，表彰了程嬰忍辱負重的鬥爭精神，並重用了趙武。程嬰見趙氏一門的冤屈得雪，拔劍自刎，趙武感其恩德，為其服孝三年。

▌齊相晏嬰

晏嬰，史稱晏子，是齊國上大夫晏弱之子。晏弱死後，晏嬰繼任為上大夫。他能言善辯，足智多謀，是齊國有名的賢臣，也是春秋後期重要的政治家、外交家。

齊莊公在位時，荒淫無道，他見相國崔杼的夫人姿色超群，就與她勾搭。崔杼知道後，惱羞成怒。他與齊莊公的手下宦官賈舉聯合起來，殺了齊莊公，擁立齊莊公的弟弟杵臼為國

君，就是齊景公。後來，崔杼與左相國慶封有了心結，兩人勾心鬥角，都死在內亂之中。齊景公因為晏嬰素有賢明，就讓他做了齊國的相國。

晏嬰上任後，勸諫國君禮賢下士，救民於難，與他國睦鄰和好。他既推崇儒家的「仁政愛民」學說，又非常贊同管仲的「大治始於愛民」的主張。齊景公因為他忠心為國，對他的建議無所不從。齊景公在晏嬰的輔助下，很快將齊國經濟恢復到齊桓公在位時的水準。

齊景公見國力日漸強盛，就有了稱霸中原的雄心，他想先拿與自己長期不和的魯國練兵，晏嬰對他說：「齊國與魯國是近鄰，不宜長久結怨，應該以德感化它。」齊景公見他反對，就放棄了攻打魯國的打算，並與魯國簽訂了盟約。但是，他想靠武力來建功立業的決心卻越來越強了。為了蓄積力量，他開始大肆豢養武士，在他豢養的武士中，田開疆、古治子、公孫捷三人因為異常勇猛，被齊景公稱為「三傑」，極受寵愛。這三個人依仗國君的恩寵，欺辱朝臣，欺壓百姓，為所欲為。晏嬰見他們恣意妄為，決心為民除害，將他們剷除

殆盡。

有一天，齊景公在宮內設宴招待魯昭公，三傑佩劍侍於殿下。晏嬰見狀，去皇宮後苑摘了六個桃子，分別給了魯昭公、齊景公一人一個，然後自己和魯國執禮大夫叔孫蠟一人吃了一個，他將剩下的兩個讓給「三傑」來吃，公孫捷和古治子先後表功，並一人吃了一個桃子，田開疆見桃子被分食殆盡，心中忿恨，拔劍自殺。公孫捷和古治子見狀，想起三人的交情，羞愧難當，也拔劍自殺。就這樣，晏嬰只用兩個桃子就將「三傑」除盡。他見齊景公確實愛才若渴，就向齊景公推薦了另一位文武雙全的大將田穰苴，也就是司馬穰苴，後來，此人在保衛齊國的戰爭中立下了不世之功。

晏嬰正直廉潔，胸懷坦蕩。他從政後，拒絕利用職權謀取私利。他的親友如果求他辦事，不合理的他一律拒絕，合理的他就依照法度來辦理。他為相多年，不論輕重貴賤，從不接受別人的禮物。遇到災年，他還拿出自己全部的俸祿和積蓄，送給災民。有一次，他上朝時，齊景公見他衣衫破舊，馬車簡陋，就準備賞給他馬車

和衣物，他統統謝絕了。齊人見他粗茶淡飯，尚能怡然自樂，都尊稱他為「布衣相國」。

晏嬰樂觀豁達，聞過則喜。越石父是齊國有名的賢人，有一次，官吏因故在街上將他逮捕，不巧被晏嬰看見。晏嬰就用自己駕車的馬匹將他贖了出來。他將越石父帶回家後，因為事務繁忙，就一頭栽進內室，處理公務去了。越石父請求離開，他驚問其故。越石父說：「你素有賢名，現在將我贖了出來，卻又對我不聞不問，這簡直就是對我的侮辱，我還不如待在監獄裡呢！」晏嬰聽後，趕忙連聲給他賠不是，又將他請進正室，奉為上賓。

晏嬰做了幾十年的齊相，在外與鄰國修好，在內善待百姓，在他的治理下，齊國國力強盛，人民安居樂業。時人為了表彰他，將他與管仲並列，視為國家的棟樑。

■ 文聖人孔子

孔子，名丘，字仲尼，春秋時期魯國人。他年幼好學，年過二十，學問就非常淵博。魯國大夫南宮敬叔向國君推薦了他，魯昭公就派他出使東周。

孔子在東周學到了很多東西。他還去拜訪了知名的學者老子，留下了後人為之樂道的佳話。孔子從東周回魯後，就開始招收門徒。孔子素有救國濟世之心，他經常與弟子一起討論有關政治、道德、經濟等各方面的問題，引起了人們的關注。孔子三十歲時，就成為魯國的文化名人。諸侯來到魯國時，都會專門去拜訪他。

齊景公來魯國訪問時，請教孔子：「秦國地處偏遠，秦穆公為什麼還能稱霸？」孔子說：「秦國雖然面積狹小，但是秦穆公知人善任，志向遠大。百里奚不過是一個奴隸，秦穆公見到他後，與他談了三天，就將他委以重任。像他這樣的人，稱王都有可能。」齊景公聽後，便對孔子非常佩服。

孔子對西周初期的禮儀制度非

常感興趣，他最大的夢想就是透過禮儀、道德來教化民心，結束各國戰亂。但是在那個紛亂的時代，這個夢想顯然是不能實現的。

魯昭公二十五年，魯國大夫季、孟、叔三家發起內亂，趕走魯昭公。孔子見國內政局混亂，就離開了魯國，來到齊國。齊景公對孔子很尊重，但是他又感覺孔子的「仁政」思想與齊國的稱霸思想背道而馳，因此，就沒有任用孔子。孔子為了生活，只好返回魯國繼續教書，他的學生越來越多，其中有一些還是貴族子弟，孔子的名聲與日俱增。

沒過多久，孔子被魯定公任命為司寇，孔子在任期間將魯國治理得井井有條，但是因為他主張削弱諸大夫的權力，得罪了很多人。後來齊景公見魯國大治，就聽從近臣的建議，給魯定公送去了八十名美女，以消磨他的意志。果然，魯定公得到齊國的美女後，開始荒廢國事，疏遠孔子。孔子見狀，只好離開魯國，去他國尋找出路，他周遊列國的旅程正式拉開了序幕。

孔子到了衛國，衛靈公剛開始對他招待得很周到，但後來聽信讒言，就對孔子起了疑心，還派人監視他。孔子害怕遭遇不測，就逃往陳國。在逃亡的路上，路過匡地，因為他長得像惡人陽虎，被當地人圍困了五天。孔子逃脫後，帶領弟子們重新返回衛地。孔子聽說楚王賢明，就離開衛國，準備前往楚國。楚國的大夫聽說後，派人去迎接孔子。孔子行至陳、蔡交界地段時，兩國的國君害怕孔子到了楚國會被重用，將來對己國不利，就命人將孔子困在半路。孔子與弟子被人圍困，糧食吃完後，又絕糧七日。孔子的弟子自貢能言善辯，足智多謀。他找到楚國的使者，讓楚國發兵迎接孔子，孔子這才逃過一死。孔子到了楚國，由於楚王認為他的政治主張不實用，還是沒有受到重用。

孔子六十四歲時到了齊國，他的學生冉求做了魯國正卿季康子的家臣，冉求請季康子將孔子迎回魯國，孔子才得以返回故國。孔子回國後，被國君尊稱為「國老」，但還是沒有受到重用。

孔子奔波一生，對這個結果極其失望。他只好在家整理古代的文史資料，開辦學館，著書立說。中國早期的文獻像《詩經》、《尚書》、《春

秋》等都是孔子整理出來的。孔子收了很多學生，據說他的門徒有三千人之多，其中有名的賢人就有七十二人。孔子大力推廣私塾，打破了貴族階級對教育的壟斷地位，為中國古代教育、文化的發展做出了貢獻。

孔子晚年，他最喜愛的學生顏回、子路相繼逝世，這使他深受打擊。不久，西元前479年，一代學者孔子就離開了人世。

孔子的政治思想和學說，生前沒有被各國國君接受，他死後，他的弟子們將他的學說繼續發揚光大，最終形成了中國歷史上影響最大的思想流派——儒學。孔子作為儒學的開創者，也被後人稱為「至聖先師，萬世師表」。

■ 伍子胥復仇

伍子胥，名員，字子胥，他是楚莊王的諫官伍舉的後人，太傅伍奢的兒子。伍子胥年輕時喜歡習文弄武，長大後，剛強而有謀略。

伍奢是楚平王的兒子太子建的老師，因為博學謹慎，他深受太子建的尊敬。太子建成年後，楚平王為他聘娶了秦國的公主。奸臣費無忌為了取悅楚平王，對楚平王說：「聽說秦國的公主非常漂亮，大王可以留給自己，讓太子另選他人為妃。」昏庸的楚平王聽信了他的話，竟然真的強娶了秦國公主，還為費無忌升了官。費無忌知道，一旦太子即位，肯定會對自己進行報復。他為了讓楚平王廢掉太子，經常在楚平王面前說太子的壞話。

伍奢見費無忌誹謗太子，對他極其不滿，於是在楚平王面前極力為太子辯護。楚平王大怒，將伍奢抓了起來，又命人去抓太子。被派去抓太子的人於心不忍，將太子放走了。楚平王找不到太子，決心置伍奢於死地。他聽說伍奢的兩個兒子伍尚和伍子胥都非常厲害，為了不留後患，就想將他們一網打盡。他以伍奢的口諭，騙伍尚和伍子胥入宮來見父親。伍尚生性仁孝，他聽到楚平王的召喚後，準

備前去見父親，伍子胥竭力阻攔他。伍子胥說：「我們去不去，父親都難逃一死。與其前去送死，不如逃往鄰國，尋求救兵。」伍尚說：「就算死，我也不忍心撇下父親一人。為父親報仇的重任，就拜託你了。」伍尚被帶到郢都後，很快就和伍奢一起被殺掉了。伍子胥聽說後，隻身逃亡國外。

伍子胥逃到國外後，找到太子建。兩人先逃到了齊國，又到了鄭國。太子建報仇心切，他與晉國國君相約，一起裡應外合滅掉鄭國後，晉國再助其伐楚。伍子胥見太子建孤注一擲，極力勸阻他，太子建不聽。後來，鄭國國君聽到消息後，將太子建殺死，伍子胥只好攜楚太子建之子公子勝逃往吳國。伍子胥和公子勝逃出鄭都，來到昭關，找到扁鵲的弟子東皋公尋求幫助。伍子胥因為急著過關，在昭關一夜白頭。後來東皋公將他裝扮一番，送出關外。昭關與吳國僅有一水之隔，伍子胥剛到江邊，就被人發現了，很快就有追兵趕來。這時有個漁夫划著一條船過來，渡伍子胥二人過了河。伍子胥解下腰中價值百金的寶劍要厚謝漁夫。漁夫說：

「楚王懸賞五萬石來抓你，我都不要，難道會要你的寶劍嗎？」伍子胥對漁夫千恩萬謝，囑咐他千萬不要出賣自己。漁夫見伍子胥不相信自己，將船划到江心，投水自盡了。伍子胥大哭一場，去了吳國。

到了吳國，伍子胥幫助公子光刺殺了吳王，讓公子光登上了王位，就是吳王闔閭。闔閭登上王位後，任伍子胥為執政大臣，讓他與孫武、伯嚭等人一起謀劃國事。在這些人的幫助下，吳國逐漸強大起來，在與諸侯的戰爭中多次獲勝。吳國上下信心大增，樹立了在諸侯中稱霸的信心。經過十九年的發展，吳國看時機成熟，就和唐、蔡兩國聯合伐楚，五戰五勝，攻入了楚國都城郢城。當時，楚平王已經死去多年，在位的是楚昭王，楚昭王看到三國聯軍勢不可擋，只好狼狽出逃。

伍子胥進入楚國都城後，四處尋找楚平王的墳墓，但是找了一天也沒有找到。原來楚平王當年為自己修建陵墓時，為了防止陵墓被盜，在陵墓建好後，將參與修建工作的工匠全部殺死。伍子胥多方尋訪，終於找到一個僥倖逃脫的老工匠。在那個老工匠

的指點下，伍子胥順利找到了楚平王的墳墓。他挖開楚平王的墳墓，用鞭子狠狠抽打他的屍骨，一直打了三百下才住手。這就是「鞭屍三百」這個故事的由來。

伍子胥歷時十九年，終於為父兄報了大仇，他這種忍辱負重、知難而進的進取精神，為後人津津樂道。

▍勾踐臥薪嘗膽

吳王闔閭攻破楚國後，野心大增，想稱霸於諸侯。他在西元前496年，藉越國戰亂之際，派兵攻擊越國。但是，卻被越王勾踐打敗，闔閭自己也在戰鬥中受了傷，不久就病重身亡。他在臨死前告訴兒子夫差：「我兒切記，越國與你有殺父之仇。」夫差即位後，誓死要活捉越王勾踐，為父親報仇。

越王勾踐聽說夫差誓死要活捉自己的事後，決定先發制人。越國大臣范蠡和文種勸他不要輕舉妄動，他置若罔聞。他率兵大舉進攻吳國，被夫差擊敗，並被包圍。吳軍一鼓作氣，將越軍殺死大半。勾踐只得率殘兵敗將逃亡會稽山。夫差緊追不捨，派人將會稽山團團圍住。勾踐對范蠡說：「我後悔當初不聽你的話，才落到今天這個地步。」范蠡說：「現在只能

投降，不行的話，大王只能去吳國做人質了。」勾踐派文種轉達自己願意投降的意思，吳王想答應，但是被伍子胥拒絕了。伍子胥說：「越國已經是大王的囊中之物，大王如果不想留有後患，務必要除掉勾踐。」夫差聽後，拒絕了勾踐的要求。

勾踐聽了文種的彙報後，準備與吳軍同歸於盡，范蠡阻止了他。文種說：「吳國太宰伯嚭貪財好色，大王可以想辦法向他行賄。」於是勾踐就給伯嚭送去了很多美女、珠寶。伯嚭收下禮物後，就在吳王面前為勾踐美言。吳王不顧伍子胥的反對，堅決撤兵，然後將勾踐帶回吳國作為人質。

勾踐被帶到吳國後，為了早日返回故土報仇雪恨，每天都恭恭敬敬，像奴隸一樣侍候夫差。據說他在吳國不但為夫差養馬駕車，還為吳王打掃

宮殿。他和夫人每天住在潮溼的囚室裡，過著饑寒交迫、忍饑挨餓的屈辱生活。有一天，夫差生病，勾踐為了取得他的信任，竟主動提出要嘗一下夫差的糞便，以便判斷病情。夫差見他由九五之尊降為奴隸，卻毫無怨言，以為他已真心歸順，就放鬆了對他的警惕。伍子胥知道勾踐滅吳之心不死，多次請求殺掉勾踐，都被伯嚭和吳王拒絕。勾踐在吳國待了三年，才被赦免回國。

勾踐回國後，下定決心要滅掉吳國。他暗中招兵買馬，訓練精兵。為了讓自己時刻牢記在吳國所受的恥辱，他住在只有柴草鋪就的屋子裡，並在門口掛了一個苦膽。每次他經過門口，都會嘗一下苦膽的滋味，並對自己說：「你難道忘記會稽山之恥了嗎？」為了鼓勵百姓發展生產，他不但讓自己的夫人帶頭種桑養蠶、紡棉織布，自己還親自下田勞動。他聽從范蠡的建議，大力選拔人才，招攬賢士。在他的帶領下，越國上下齊心協力，都希望自己的國家早日強大起來，好雪當年之恥。

幾年後，勾踐看到越國已夠強大，可以與吳國一戰，就準備興兵伐吳。大夫逢同阻止了他。逢同說：「伍子胥現還在世，我們不能與吳國硬拚。不如先向吳國示弱，再伺機討伐它。」勾踐聽從了他的建議。

兩年後，吳王夫差想討伐齊國，伍子胥勸夫差嚴防越國，不要對齊國興兵，夫差不聽。吳國打敗齊國後，夫差在伍子胥面前炫耀，伍子胥也數落他說：「無端出兵，就算取勝，也不是什麼好事。」夫差大怒，自此君臣有隙。勾踐聽說後，又派人給伯嚭送去很多財物，讓他在吳王面前離間伍子胥與吳王的關係。夫差聽伯嚭說伍子胥將兒子送往齊國，大怒道：「怪不得他不讓我對齊國用兵，原來他私通敵國。」夫差命人賜劍給伍子胥，讓他自殺。伍子胥聽到命令後，對身邊的人說：「我死後，請把我的眼睛挖出來，懸掛在京城東門上，我要看著越國軍隊消滅吳國。」說完後，他便自刎而死。

伍子胥死後不久，夫差帶領大軍與諸侯會師中原時，請勾踐帶兵助威。勾踐假裝答應，然後，親自帶領三千精兵，一舉拿下吳國，生擒夫差。勾踐命令夫差自殺。

夫差自殺前，感覺自己沒有臉去

見伍子胥，於是，他吩咐別人，在他死後將他的臉蓋上。滅掉吳國後，越國開始稱霸諸侯。

越王勾踐不但因為臥薪嘗膽、刻苦自勵而成為一代霸主，也成為後人所敬仰的奮發圖強的楷模。

范蠡深謀遠慮

范蠡，字少伯，春秋時期楚國人。他出身貧寒之家，但是飽讀詩書，博學多才。他與宛（范蠡故鄉）地的縣令文種是好朋友，兩人見楚國政治黑暗，報國無門，就一起去了越國。兩人來到越國後，受到越王勾踐的重用。

不久，越王勾踐戰敗，被吳王闔閭圍困於會稽山。范蠡勸勾踐忍辱負重，以待其時，並陪同勾踐夫婦在越國為奴三年。三年後，范蠡返越，開始與文種一起制訂興越滅吳的計畫。為了實施滅吳戰略，他還給吳王進獻了一個姿色絕世的美女，就是中國古代四大美女之一的西施。歷時二十載，范蠡終於輔助勾踐完成滅吳大業。吳國滅亡後，范蠡被勾踐尊為上將軍。

范蠡深謀遠慮，心思縝密。他知道自己勞苦功高，天長日久，必然會引起君王猜忌。於是，他在滅吳不久，就離開了越國。他走的時候給文種留了一封信，信上說：「鳥兒打完了，弓箭就要收起來；兔子被捕光，接下來就要宰殺獵狗了。越王這個人只能與之共患難，不能同享富貴。你現在不走，還等什麼？」文種讀了他的信，深有感悟，但是他捨不得剛剛到手的榮華富貴，就沒有離開。果然，沒過多久，勾踐就給了文種一把劍，對他說：「你曾經教我七種伐吳的方法，我只用了三種就滅掉了吳國。剩下的那四種，你不如去教我的父親吧。」文種走投無路，只好自刎。

范蠡離開越國後，來到了齊國。他化名鴟夷子皮，帶領兒子和徒弟在海邊安了家。他開墾荒地，經營農桑，並兼營副業，很快就累積了數千萬家產。他樂善好施，賢明能幹，深

受齊人愛戴。齊王聽說後，就將他請進臨淄（齊國都城），拜為相國。范蠡為相三年，有一天他對人說：「做官能做到相國，做生意能累積到千金，這對一個布衣來說，已經到了極致。物極必反，一直享受尊貴，恐怕也不是什麼好事。」說完，他就將相印歸還給齊王，將全部家產都分給窮人和知己，再次隱退。這次，他來到陶（山東定陶）地，化名陶朱公，繼續做生意。陶東接齊、魯，西連秦、鄭，北通晉、燕，南臨楚、越，物產豐富，氣候宜人，交通便利，是最佳的經商之地。范蠡到了這裡，根據「人棄我取、人取我與」的原則，低價收進，高價賣出，沒過幾年，又成為巨富。

陶朱公有三個兒子，二兒子出遊楚國時殺了人，被關了起來。陶朱公準備派小兒子帶上黃金去楚國營救二兒子。大兒子與兩個弟弟手足情深，他既不願意大弟弟身死異地，也不願意小弟弟以身涉險，非要自己去。

范蠡不答應，大兒子就以死相逼，范蠡只得退步。他讓大兒子到了楚國就將錢財全部交給莊生，什麼都不要多問。大兒子連聲答應，然後就出發了。

他到了楚國，找到莊生。他見莊生相貌平凡，家境寒酸，感覺他不一定能救出弟弟，就自作主張，拿出千兩黃金交給了他，然後用剩下的錢去賄賂楚王的權臣。他其實不知，莊生雖然貧窮，但是，因為廉潔正直在楚國深受尊敬。莊生去見楚王時，對楚王說：「天象異常，大王如果能大赦天下，就可以消除天災。」楚王聽說後，馬上宣布大赦天下，范蠡的二兒子就沒事了。

大兒子見弟弟沒事了，又心疼以前送給莊生的那些黃金，就前去索要。莊生本來就無意要他的黃金，於是將黃金還給了他。但是莊生聽說別的權臣也收了黃金，非常憤怒，感覺自己被出賣了。他立刻入宮去見楚王，對楚王說：「百姓聽說陶朱公的大兒子來到楚國後，花重金為弟弟打點，紛紛謠言大王是為了陶朱公的錢才大赦天下的。」楚王大怒，馬上命令將陶朱公的二兒子拉出去斬首。大兒子只好將弟弟的屍體運回了家。

家人見到二兒子的棺材，都非常傷心，陶朱公感慨地說：「老大雖然疼愛弟弟，但是由於他從小跟我一起

吃苦，就比較吝惜錢財，所以才運回弟弟的棺材。小兒子生於富貴，花錢闊綽，這就是我當初要派他去的原因啊。」眾人聽後，對陶朱公的深思熟慮都甚為佩服。

豫讓刺殺趙襄子

豫讓，戰國時期晉國人。豫讓最初為范氏、中行氏做事，都沒有受到重用。智伯（智瑤）滅了范氏、中行氏後，發現豫讓是個人才，就將他留在身邊，加以重用。但是，時隔不久，智氏一族就被韓、趙、魏三家聯合起來滅掉了。智伯被滅門時，豫讓僥倖得逃。他逃往深山後，怨恨趙襄子將智伯的頭顱做成酒具，發誓一定要為智伯報仇。

豫讓為了行刺趙襄子，偽裝成犯人，混到趙襄子的宮廷裡打掃廁所。有一天，趙襄子準備入廁方便時，突然覺得心裡一陣悸動。他心中不安，命人前去廁所搜查。果然從中搜出一個人來，那個人就是豫讓。趙襄子問他為什麼要行刺自己，豫讓說：「我要為死去的智伯報仇！」趙襄子的手下都建議趙襄子殺了他。趙襄子說：「智伯已死，現在這個人還能出面為

他報仇，可見也是忠勇之士。我不能濫殺義士，以後我避開他就是了。」趙襄子說完，就命人放了他。

豫讓此次刺殺趙襄子不成，反而敗露了身分。為了方便日後行刺，他開始想辦法改變自己的容貌。他用漆塗滿全身，使得身上長滿爛瘡，全身肌肉腐爛，後來就成了癩瘡。為了改變自己的聲音，他吞下了一塊黑炭，讓自己喉嚨變啞。然後他剃掉鬍子、眉毛，來到街上沿市乞討。有一次他在街上與妻子不期而遇，妻子掩鼻而走。原來，由於容貌變化厲害，妻子已認不出來他是誰。他的一個朋友見他處境艱難，勸他去投奔趙襄子，等到取得趙襄子的信任後，再伺機行刺。豫讓說：「我不會那樣做，因為那樣不但有悖君臣大義，還會讓自己背上不忠不義的罵名。」

豫讓透過在街上打聽消息，知道

一次讀完二十五史 故事

了趙襄子每天出行的時間和路線。有一天，他知道趙襄子要從城裡的橋上經過，自己就早早地在橋下埋伏好，準備伺機刺殺。趙襄子騎馬來到橋邊，坐騎卻突然間變得狂躁不安，不肯前行。趙襄子見馬兒反應異常，立刻命人在橋上橋下仔細搜尋。豫讓躲避不及，再次被人搜了出來。

趙襄子看著眼前的這個怪人問道：「你是誰？為什麼要刺殺我？」豫讓說：「我就是豫讓——上次行刺你的那個人。這次你最好殺了我，不然的話，你以後永無寧日。」趙襄子見狀，對他嚴詞責備：「我殺了智伯，你就三番五次地要殺我。你也曾經在范氏、中行氏手下做過事，後來他們都死於智伯之手。當初你為何不殺了智伯，替他們報仇？」豫讓說：「我在范氏、中行氏手下時，他們以普通人待我，所以我也以普通人的方式回報他們。智伯以國士之禮待我，所以我也要以國士之禮回報他。」趙襄子聽了他的話，非常感動，他不忍心殺害豫讓，但是也不願意輕易放了他。豫讓看出了他的猶豫，於是說道：「你上次已經出於仁義，饒我不死。這次，請殺了我，成全我為知己而死的美名吧。我知道自己無法完成為智伯報仇的願望了，但是我想請你脫下一件衣物，讓我用劍刺幾下，那樣我去地下見智伯的時候，也好有個交代。」趙襄子答應了他的請求，脫下一件衣服交給了他。

豫讓接過趙襄子的衣服，拔劍就刺。然後，他仰天大呼：「我可以安心去見智伯了！」說完，他揮劍自刎。豫讓的死訊傳開後，趙國的仁人志士都掩面而泣。豫讓雖然是一個失敗的刺客，但是他勇於為知己而獻身的精神，使他名垂千古，雖敗猶榮。

商鞅變法

商鞅，衛國人，原名衛鞅，後又稱公孫鞅。少年時期，商鞅就喜歡刑法明律。後來，他投奔到魏國相國公叔痤門下，做了他的幕僚。

公叔痤知道商鞅是個難得的人才，一直想提拔他。有一次，公叔痤

病重。魏惠王前來他府中探視。公叔痤趁機對魏王說：「公孫鞅是個奇才，大王可以將國家託付給他。」魏惠王聽了默不作聲，出來後，卻對身邊的人說：「相國果然是病得不輕，竟然讓我將國家託付給他的門客。」公叔痤死後，商鞅聽說秦孝公在求賢，就離開魏國，來到了秦國。

透過景監的引薦，秦孝公接見了商鞅，商鞅先是以帝王之道勸奉秦孝公，秦孝公一點都聽不進去。後來，商鞅用強國稱霸的方法勸奉秦孝公，秦孝公非常感興趣，一連和他談了幾天幾夜。景監問商鞅用什麼辦法吸引了國君，他說：「我先是勸國君用堯舜之道建立帝王基業，他說太遙遠了，自己不想等那麼久。後來我用強國之道來教導他，他覺得自己在有生之年能實現這個目標，就非常高興地答應了。」沒過多久，秦孝公就將商鞅授予要職，委託他全面主持變法大計。

有了秦孝公的支持，商鞅開始大張旗鼓地推行變法。新法的主要內容如下。經濟上：一、開阡陌，廢除井田制。新法規定人們可以自由開墾荒地，買賣土地。這就在法律上承認了土地私有，促進了封建制農業經濟的發展。二、重農抑商，獎勵耕織。在古代，農業是國計民生的根本，新法透過法律形式將農民束縛在土地上，為社會經濟的發展提供了保障。三、統一度量衡和貨幣。度量衡和貨幣的統一，為國家經濟、文化的交流提供了便利。政治上：一、獎勵軍功，實行軍功爵制。由於推崇戰功，秦國軍隊的戰鬥力急速提高。二、推行郡縣制。三、改革戶籍制度，實行連坐法。這兩項規定都有利於加強中央集權，削弱地方豪強的權勢。文化上，推崇法家思想，制定秦律，焚燒詩書而明法令。這些規定，雖然在一定程度上對其他文化起了打壓作用，但是有力地維護了秦國的統治。

變法開始，很多人都對新法持懷疑態度。商鞅為了消除人們的疑慮，命人在宮殿南門豎起一根三丈高的木頭，然後，他大聲宣布：「誰要將木頭搬到北門，賞十金。」很多人以為官府在開玩笑，都不願嘗試。商鞅看大家不願相信，將賞金提高到五十金。有人抱著試試看的態度，站出來，將木頭搬到了北門，商鞅馬上賞給他五十金。百姓奔相走告：官府這

一次讀完二十五史 故事

次說話，真的算數。於是，新法很快就在地方得到推行。

因為新法觸犯了貴族官僚的利益，所以，很多權貴都站出來反對新法。太子的兩個老師公子虔和公孫賈也整天在太子面前說新法不好，慫恿太子勸秦孝公廢掉新法。商鞅將這兩人逮捕下獄，並在他們臉上刺了字，眾人才不敢再說什麼。新法在秦國推行僅僅十年，秦國就發生了翻天覆地的變化，不僅農業豐收，社會治安大有好轉，而且軍隊戰鬥力也大大提高。秦國強大之後，多次進犯周圍的國家，魏國也深受其害。魏惠王嘆息說：「商鞅果然是人間奇才，我真後悔當初沒有聽從公叔痤的建議。」

但是好景不長，一心支持變法的秦孝公病重去世，太子即位，就是秦惠王。秦惠王重新啟用自己的老師，公子虔和公孫賈不忘刺字之恨，在秦惠王面前以「謀反」的罪名誣陷商鞅。秦惠王派人去抓商鞅，商鞅被迫逃亡。他逃到關下，想住進旅店歇息一下，店主人對他說：「新法規定，旅店不能收留沒有證件的客人。」商鞅嘆息說：「我真是自作自受啊。」他逃到魏國，魏王畏懼秦國的勢力，派人將他遣送回秦國。商鞅回國不久，就被處以車裂之刑。商鞅雖然死了，但是他制定的法令卻保留了下來。秦國透過變法，增強了國家實力，提高了國家地位，為日後秦始皇統一六國打下了良好的基礎。

蘇秦合縱六國

蘇秦，字季子，東周洛陽人。蘇秦在齊國讀書時，曾師從鬼谷子，學習縱橫之術。他學成後到處遊歷，希望能夠得到重用，但是沒有國君願意接納他。

蘇秦在外面晃了幾年後，無處可去，只好返回老家。他的家人見他在外面闖蕩多年，卻一無所獲，都譏笑他說：「這裡的人都以農、商為本，你卻本末倒置，跑出去靠嘴巴混飯吃，真是活該。」蘇秦聽了非常慚愧，就閉門不出，埋頭苦讀。後來

他得到一本名為《陰符》的奇書，如獲珍寶，徹夜苦讀。他讀書時，困了就將辮子懸在梁上，用錐子紮一下自己的大腿。這就是「懸樑刺股」這個典故的由來。蘇秦苦讀一年後，感覺學問大有長進，就對自己說：「好了，我現在可以出去遊說各國的君王了。」

蘇秦先到了秦國，向秦惠王進獻謀取天下的計策。但是，秦惠王剛剛殺掉商鞅，對外來的說客非常厭惡。蘇秦碰了一鼻子灰，只好去了趙國。他在趙國也沒有成功，又去了與趙國相鄰的燕國。蘇秦對燕王說：「秦國之所以沒有侵犯燕國，是因為趙國橫在秦、燕之間。秦國遠在千里，趙國卻近在眼前。大王如果和趙國聯合抗秦，眼前的災難和遠處的危險都可以消除殆盡。」燕王聽他說得有理，就賞給了他很多禮物，讓他出使趙國。

蘇秦到了趙國後，對趙肅侯說：「現在，秦國對各國虎視眈眈。秦王之所以沒有攻打趙國，並非是他不垂涎趙國的城池和土地，而是因為他忌憚韓國和魏國會在他背後行動。秦國如果滅了這兩個國家，趙國也離亡國之日不遠了。大王何不與其他各國建立攻守同盟，共同抗拒強秦。」趙肅侯一聽有理，就賞給了蘇秦很多東西，派他去聯合諸侯。就這樣，蘇秦憑藉自己的三寸不爛之舌，又將韓、魏、齊、楚四國的國君都說動了。齊、楚、燕、韓、趙、魏六國在蘇秦的幫助下，會盟於洹水之濱，定下了互不侵犯、共同抗秦的盟約。至此，合縱的隊伍正式形成。因為蘇秦勞苦功高，各國一致推舉蘇秦為合縱之約的縱約長，讓他做了六國的宰相。

蘇秦撮合六國結成合縱聯盟後，去了趙國，趙王封他為武安君。有一次，蘇秦有事經過老家洛陽，身後長長一隊都是各國派來服侍他的人，極其威風。周顯王聽說蘇秦帶著六國的相印回來了，非常害怕，趕緊命人清掃道路，並派人前去慰問。蘇秦的家人聽說後，也跪在道路旁候著他。他們見到蘇秦，都不敢抬頭。蘇秦問道：「你們這群高傲的人，現在為什麼又這樣恭順啊？」他的嫂嫂遮著臉說：「一切都是因為你現在地位高，權勢重的緣故。」蘇秦聽後，長嘆一聲，原諒了他們。

六國訂立合縱之盟後，秦國在長達十五年的時間裡都不敢對各國用

兵。後來秦惠王看出各國雖然合縱，但是背後各有各的打算，就引誘齊國和魏國，讓他們與自己一起討伐趙國。趙王因為國家受到攻擊，嚴詞責備蘇秦失職。蘇秦看到齊王和魏王如此不講信義，也沒有辦法，只好去燕國尋求幫助。他走之後，合縱之盟開始解散。

蘇秦剛到燕國不久，齊國又來攻打燕國。蘇秦無奈，只好來到齊國，說服齊王攻宋。齊國攻宋，既解除了對燕國的威脅，也使得齊國在戰爭中削弱了實力。蘇秦完成任務後又重新返回燕國。燕王因為他救國有功，比以前更加厚待他。不過，蘇秦生活作風有問題，他與燕易王的母親私通。燕易王知道後，也沒有怪罪他。但是蘇秦擔心事情敗露，自己難免獲罪。於是，他請求去齊國為燕國做間諜工作，燕王准許了。蘇秦假裝得罪燕王，逃到了齊國，齊宣王也任命他為客卿。

齊宣王去世，齊湣王繼位。蘇秦為了消耗齊國的國力，慫恿齊湣王傾全國之力為齊宣王修建陵墓。當時，齊國有很多人見蘇秦長期受寵，非常嫉妒。有人為了置蘇秦於死地，就派刺客行刺他。蘇秦被刺客刺中後，身受重傷，兇手也跑了。他對齊王說：「我死後，大王可以以間諜罪將我五馬分屍，然後懸賞殺死我的人。這樣的話，兇手自己就會跑出來，我的大仇也可以得報。」

齊王照他說的話做了，後來，兇手果然自己跑了出來。齊王將兇手殺掉，為蘇秦報了仇。燕王聽到消息後，悲痛地說：「齊王雖然是為蘇先生報仇，但是作法也太過分啦。」蘇秦死後不久，合縱徹底瓦解。

▌ 孟嘗君禮賢下士

孟嘗君，姓田，名文。他的父親田嬰，是齊威王的小兒子，齊宣王的異母弟弟。他的母親是田嬰的小妾。田文出生於五月初五，田嬰認為此日出生的孩子命硬剋父，就讓那個小妾將孩子扔了。但是田文的母親還是偷

偷地將田文養大了。田嬰有一天見了田文，大發雷霆。田文對父親說：「人的命運是由天決定的，而不是由門檻決定的。要是由門檻決定，將門檻弄高不就得了？」田嬰無話可說，就接受了他。

田文見父親執政多年，卻不能廣攬人才，甚為憂慮。他對父親說：「父親侍奉了三代君王，如今官至宰相。家中雖然累積了千萬財富，門下卻沒有一個人才，我覺得真是不可思議。你手下的奴婢都能穿錦吃肉，而那些賢士卻連破衣粗糧都無法保證，父親累積這麼多財富不知是想留給誰？你怎麼又能保證財富永存呢？」田嬰聽了田文的話，對田文甚為器重。他一改往日對田文的態度，讓他出來主持家政。田文在家裡接待賓客，豢養賢士，名聲逐漸傳了出去，很多人都來投奔他。國人見田文謙虛謹慎，禮賢下士，接人待物熱情周到，都請田嬰立田文為繼承人，田嬰同意了。田嬰死後，田文繼承了他的爵位，就是孟嘗君。

孟嘗君喜歡招攬賓客，不論貴賤、老幼，哪怕是別國的逃犯，只要找到他，他都會給予豐厚的待遇。傳說，他家裡有門客三千，他每次接待賓客時，都會派人在屏風後面將談話內容記載下來。賓客剛剛離開，他就派使者帶上衣食、禮物到其家裡慰問，因此，很多人都前來歸附他。有一次，一個賓客冒著大雪來投奔他，他當時正在喝酒，聽說後，放下酒杯讓人把酒壺裡的酒倒滿溫上，然後出門迎接來客。他見客人衣衫單薄，將身上的大衣脫下，為客人披上，然後拉著他的手說：「我已經為你溫好了酒，快進來暖暖身子。」客人聽後，感激涕零。

不論貴賤、才幹、國籍，孟嘗君對每個賓客都能以禮相待，一視同仁。有一天晚上，孟嘗君陪一位賓客吃飯，有人遮住了燈光，客人見狀，認為碗裡的飯菜肯定不一樣，就生氣地放下碗筷出去了。孟嘗君將他拉回來，讓他看自己的碗。客人見他碗裡的飯菜與自己的一樣，非常慚愧，就拔劍自殺了。

有一次，有兩個人前來投奔孟嘗君，孟嘗君問他們有什麼才能。一個人說：「我善於學雞叫。」一個人說：「我偷東西手法高明。」孟嘗君手下的賓客都以為這兩個人沒有真本

事，勸孟嘗君不要收留他們。孟嘗君不以為然，不顧眾人的反對，將他們收下了。

後來，秦昭王見孟嘗君行俠仗義，人心悅服，就請他出任秦國的宰相。孟嘗君的賓客蘇代對他說：「秦國乃狼虎之地，你如若前去，前途飄搖、性命堪憂。」孟嘗君聽後，謝絕了秦王。齊湣王二十五年（西元前299年），孟嘗君被派遣出使秦國。秦昭王再次請孟嘗君擔任秦相，孟嘗君推辭不掉，只好答應出仕。

孟嘗君當上秦相不久，就有人對秦王說：「孟嘗君與齊王同宗同族，做什麼事肯定都先替齊國打算。這樣一來，秦國的利益必然受損。」秦王聽了，就將孟嘗君囚禁起來，準備殺掉他。孟嘗君派人向秦王的寵妃求情，寵妃說：「我希望得到孟嘗君的白色狐皮裘。」但是，孟嘗君那件天下無雙的白色狐皮裘在剛來秦國時，已經獻給了秦昭王。孟嘗君非常發愁，那個善於偷東西的賓客見了，自告奮勇，裝成狗跑到秦王倉庫中將狐裘偷了出來。寵妃得到狐裘後，就在秦王面前為孟嘗君說好話，秦王就放了孟嘗君。孟嘗君獲釋後，立刻領著

門客乘車外逃。不久秦王又後悔了，派人去追孟嘗君。孟嘗君一行來到函谷關，時值夜半時分。按照規定，雞叫的時候城門才能開啟，大家都十分著急。這時那個善學雞都叫的賓客帶頭學起了雞叫，附近的雞跟著叫了起來。守城士兵聽見雞叫，打開了城門，孟嘗君一行才得以逃脫。

當初這兩個人來的時候，大家都看不起他們。這次，大家依靠這兩個人逃脫險境後，都對這兩人刮目相看，也非常佩服孟嘗君不分貴賤招攬賓客的作法。

孟嘗君回國後，被齊湣王拜為宰相。孟嘗君做了齊相後，諸侯都對齊國心懷畏懼，不敢輕舉妄動。當時，孟嘗君手下有個門客名叫魏子，孟嘗君派他到自己的封地上徵稅，他去了三次，卻沒有帶回一文錢。孟嘗君問他原因，魏子說：「我看到賢德的人，就將錢給了他們。」孟嘗君很生氣，就將他辭退了。幾年後，有人在齊湣王面前誣陷孟嘗君造反，齊湣王不信。

但是不久齊湣王就遭到了劫持，他脫險後，懷疑孟嘗君是這件事的背後主謀，對他起了疑心。

史記

孟嘗君百口難辯，只好出逃。魏子聽說後，上書齊王，說孟嘗君絕不會作亂，他願以自己的性命擔保。後來，他在宮殿門口自刎而死。齊湣王為之震驚，命人重新調查事實真相，發現孟嘗君果然是冤枉的，就想召回孟嘗君。孟嘗君以有病為藉口謝絕了，他要求辭官回自己的封地薛邑養老，齊湣王答應了。

孟嘗君因禮賢下士，廣招賓客，大開養士之風而聲名遠揚，因而後人將他列於「戰國四公子（齊國的孟嘗君、魏國的信陵君、趙國的平原君、楚國的春申君）」之首。

趙武靈王胡服騎射

趙國是戰國時期的小國，與匈奴、齊、秦等國臨界，並多次受到這些國家的欺侮。趙國國力微弱，屢戰屢敗。後來，以至於連中山那樣的小國，也尋釁欺負趙國。趙武靈王即位後，決心發憤圖強，改變這種被動的局面。

趙武靈王對大臣樓緩說：「我們趙國被燕國、齊國、秦國等強國包圍著，如果不奮起直追，早晚也要被別人滅掉。要想發展，必須得先改革。不過我怕群臣反對，你怎麼看？」樓緩說：「以前舜去苗地的時候，就光著腳和苗人一起跳舞。大禹到喜歡裸體的部落去，就和部落裡的人一樣不穿衣服。只要順應形勢，就不要在乎別人的看法。」趙武靈王說：「那好，我想要先提高軍隊的戰鬥力，脫掉寬袖的衣服，效仿胡人穿短衣、蹬皮靴。這樣不論是打仗還是日常生活，都會非常方便。」樓緩說：「不錯，我們仿效他們的穿著後，就要學習他們打仗的本領了，是吧？」趙武靈王高興地笑了。

趙武靈王頒布了服裝改革的命令後，第二天上朝時，親自穿上了短衣窄袖的胡服，很多大臣都嚇了一跳。下次上朝時，大臣們都自覺換上了胡服。趙武靈王的叔叔公子成是趙國的重臣，他強烈反對趙武靈王對傳統的服飾進行改革。趙武靈王親自帶上一套胡服找到他，對他說：「我之所以

一次讀完二十五史故事

改革服飾是為了訓練騎兵，訓練騎兵是為了向以前欺侮我們的中山國報仇，也是為了防備四周潛在的威脅。既然這樣，叔叔何必拘於舊禮呢！」公子成聽後，被他的話打動，雙手接過了趙武靈王賞賜的胡服。

趙武靈王改革服飾後，開始訓練騎兵。一天，他召集騎兵進行訓練時，下了一道命令，讓屬下一起放箭射自己的戰馬。有的將士心有顧忌，不敢放箭。趙武靈王見狀，就將不聽從命令的士兵斬首。從此，號令一出，莫敢不從。趙武靈王訓練士兵們騎馬、射箭，不出一年，就訓練出一支強大的騎兵部隊。

西元前305年，趙武靈王親自率兵攻打臨近的中山國，獲得大勝。後來他又接連打敗林胡和西北的幾個遊牧民族，鞏固了趙國的邊防，擴大了趙國的版圖。為了防止胡人入侵，趙武靈王又派人修築了趙國的長城，至此，趙國正式擺脫弱國形象，成為可與秦、楚等大國並肩的「戰國七雄」之一。

趙武靈王透過胡服騎射，不但使趙國走上了強兵之路，也為後人樹立了勇於改革的典範。

▍ 田單復國

齊湣王在位時，仗著國力強盛，狂妄暴虐，經常對鄰國用兵。燕國與齊國相鄰，兩國更是衝突不斷。有一年，齊湣王借燕國內亂之際，出兵薊丘（今北京附近），逼死了燕王噲。燕王噲的兒子燕昭王即位後，為了替父報仇，拜樂毅為上將，率領燕、趙、楚、韓、魏五國聯軍攻打齊國。

樂毅是當時最為傑出的軍事家，沒用半年時間，他就帶領五國聯軍攻下了齊國七十多座城池。齊湣王退守莒城時，被部將殺死。至此，齊國僅剩下莒城和即墨這兩個地方沒有被燕軍占領。即墨守將戰死之後，即墨城內的軍民為了守住城池，一致推舉田單為將，帶領大家堅城。

田單本是臨淄城裡的一名小官，他足智多謀，勇武果斷。樂毅帶軍攻

打臨淄時，田單帶著家人逃到安平。他逃到安平後，讓家人將車軸多餘的部分截去，然後用鐵皮將車軸包好，準備逃跑。

不久，燕軍攻打安平，大家都趕著車子逃跑。車多路窄，很多車子碰到一起，擠壞了輪子，無法繼續前行。田單家的車輪由於經過改裝，結實耐用，田單一家得以順利逃走。

田單擔任守將後，見燕軍兵強馬壯，士氣高昂，命令大家堅守不出，等待時機。樂毅率領燕軍久攻不下，只好率兵包圍城市。不久，燕昭王去世，燕惠王繼承了王位。田單知道燕惠王做太子時就和樂毅不和，於是，他派人去燕國散布謠言，說：「樂毅早就想稱王，他沒有背叛燕國只是因為燕昭王待他不薄。他遲遲沒有打下莒城和即墨，就是想等到燕昭王去世，他好在齊國稱王。」燕惠王聽到謠言後，信以為真，派騎劫接替樂毅。樂毅見燕王懷疑自己，為了保命，只好逃往趙國。

田單聽說樂毅走了，非常高興，便逐步展開反攻。他讓城裡的人吃飯時，用飯食在院子裡祭祀，以便吸引飛鳥來食。燕國人見即墨城內鳥雀遮天蔽日，都非常奇怪。田單讓人在城內外散布：「這是上天在保佑即墨。」

田單為了激勵士氣，派人對燕軍說：「齊人最怕燕軍將齊國俘虜的鼻子割掉，要是那樣的話，他們都會嚇得跑掉，即墨就守不住了。」燕軍聽後大喜，就將齊國俘虜的鼻子割掉，嚇唬齊人。即墨人見自己的同胞受此虐待，義憤填膺，紛紛要求與燕軍決一死戰。田單不許，他又派人對燕軍說：「齊人最怕別人挖掘自己祖先的墳墓，如果他們見到祖先的墳墓被挖，必定灰心喪氣，無心再戰。」燕軍聽了，如法炮製，又將即墨城外的所有墳墓掘開，將屍骨拖出來燒掉。即墨人看到燕軍如此殘暴，涕泗橫流，誓與燕人不共戴天。

田單見時機成熟，派城中的商賈攜帶重金出城，對燕軍說：「即墨馬上就要舉城投降了，到時候，請不要搶掠我們的財產。」燕軍大喜，對即墨放鬆了警惕。城裡，田單披掛齊整，將家人全部編入軍隊，將自己的財產全部拿出來封賞將士。他命精銳士兵埋伏起來，派出老弱病殘上城防守，以麻痺燕軍。然後他又命人將城

內的一千多頭牛全部集合起來，命人在牛角上綁上匕首，在牛身上畫上龍紋，或者染上五彩顏色，將牛尾巴浸滿脂油，以備待命。

到了晚上，田單命人打開城門，然後，將牛尾巴全部用火點著，命人使勁敲鑼打鼓。群牛尾巴著火，又受到鑼鼓驚擾，紛紛奔往城外。田單讓五千勇士在後面緊緊跟隨，殺向燕軍大營。火牛驚天動地奔向燕軍大營後，燕軍猝不及防，以為來了什麼怪獸，紛紛逃命。五千勇士在後面拿刀亂砍，燕軍死傷無數。田單趁機引兵殺出，燕軍紛紛敗逃，燕軍主將騎劫也在亂軍之中喪命。田單乘勝追擊，一連收復了好幾座城池。齊軍越聚越多，他們在田單的帶領下，屢戰屢勝，很快就將被燕軍占領的七十餘座城池全部收了回來。

不久，齊襄王即位，田單因為復國有功，被齊襄王封為安平君。

▌愛國詩人屈原

屈原，名平，字原，戰國時期楚國人。屈原出身貴族，自幼勤奮好學，志向高遠。他擔任左徒一職時，由於博學多才，多次接受楚懷王派遣，出使別國。

屈原擔任三閭大夫後，深受楚懷王信任。楚懷王經常與他商量國事，並讓他參與了國家法律的制定。上官大夫靳尚是屈原的同僚，屈原起草好法令草稿後，上官大夫為了爭功，想將草稿占為己有，屈原不給。上官大夫惱羞成怒，就在楚懷王面前誹謗屈原。楚懷王大怒，從此疏遠了屈原。

屈原為了振興楚國，曾積極建議楚懷王在內變法自強，在外聯齊抗秦，楚懷王當時都接受了。後來屈原遠離朝廷後，楚懷王將他的這些主張都拋之腦後。懷王十五年（西元前304年），秦國想討伐齊國，就派張儀出使楚國，用六百畝土地誘使楚國與齊國斷絕關係。公子子蘭是楚懷王的小兒子，鄭袖是楚懷王的寵妾，他們二人因為接受了張儀的賄賂，就力勸楚懷王接受秦國的土地。楚懷王

一時貪心，就與齊國斷絕了關係，並派人去秦國接收土地。張儀達到目的後，就對楚國使者說：「我和楚王約定的是六里地，不是六百里。」楚懷王大怒，發兵攻秦，被秦國殺得大敗，還丟失了漢中。楚懷王不服，再次率兵攻秦，還是慘敗而歸。

第二年，秦國願意歸還楚國一部分土地，楚懷王不忿地說：「土地我不要了，將張儀交給我就行。」張儀聽後，來到楚國。他先送給楚懷王的寵臣靳尚和寵妃鄭袖很多禮物，讓他們為自己求情，然後就大搖大擺地去見楚懷王。楚懷王再次被靳尚、鄭袖蒙蔽，放了張儀。屈原出使齊國歸來後，責問楚懷王為什麼沒有殺張儀。楚懷王幡然悔悟，可是已經晚了，張儀早已回了秦國。

懷王三十年，秦王請楚懷王去武關聚會，屈原對楚懷王說：「秦國素有虎狼之心，向來不知道信用為何物，大王千萬不要去。」公子子蘭卻說：「大王如果因為膽怯，就拒絕了秦國的好意，恐怕會引起秦國不滿。」楚懷王聽了公子子蘭的話，就去了秦國，結果被秦國扣留下來，後來死在秦國。

楚懷王被扣後，太子即位，就是楚頃襄王，楚頃襄王登基後，任命公子子蘭為令尹，斷絕了秦、楚邦交。但是沒多久，楚頃襄王為了苟且偷安，聽從公子子蘭的建議，請求與秦國結為姻親。屈原既痛恨子蘭讓楚懷王身死異國，又鄙視他們對秦國卑躬屈膝的態度，所以堅決反對與秦國結親。子蘭指使上官大夫在楚頃襄王面前說屈原的壞話，導致屈原被趕出京城，流放到湘、沅一帶。

屈原一直希望楚王能夠醒悟，帶領人民走向富強。他被流放後，為國家的前景和人們的苦難感到痛心。他感慨萬千，寫下了很多憂國憂民的詩篇，如《離騷》、《九歌》、《天問》等。屈原見國家復興無望，也曾想過要出走他國，但是，由於他極其熱愛楚國，始終都沒捨得離開。

西元前278年，秦國大將白起率兵南下，攻破了楚國都城，楚國被滅。屈原聽說後，悲痛欲絕。

他做了平生的最後一篇文章《懷沙》後，於五月初五，抱著一塊石頭，自沉汨羅江。

范雎復仇

范雎，魏國人，他文韜武略，滿腹才華，但是因為家貧，只好投奔中大夫須賈，做了他的門客。

須賈出使齊國時，范雎也跟了去。因為魏王曾派兵跟隨樂毅伐齊，齊襄王就責備魏王反覆無常，須賈無言以對。

范雎見狀，起身說道：「五國伐齊是由於齊湣王驕橫暴虐造成的，大王不應該指責魏國。大王如果想光復齊桓公的基業，就不應該只知道指責，而不知自責。」齊襄王聽後，啞口無言。齊襄王因為敬佩范雎有膽有識，就派人給他送去了十斤黃金和一些食物，但是被范雎婉言謝絕了。

須賈知道這件事後，大為惱火，他回國後，就以敵通外國為名，在相國魏齊面前告了范雎一狀。魏齊大怒，命人將范雎打得奄奄一息，然後用草席裹起來，扔到廁所裡，讓人往他身上撒尿。范雎醒來後，發現自己體無完膚，肋骨斷了，牙齒也沒有剩下幾顆。他用重金誘惑看守，靠裝死瞞過眾人眼睛，被拋「屍」郊外。他

逃脫後，請友人鄭安平將自己藏匿起來，然後改名張祿，逃離魏都。

秦昭王派使臣王稽出使魏國時，鄭安平向王稽推薦了范雎。經過一番交談，王稽發現范雎是個人才，於是，就帶他逃離魏國，來到秦國。回國不久，王稽就向秦昭王推薦了范雎。范雎拜見秦昭王時，提出了「遠交近攻」的策略，就是先蠶食距秦較近的韓、魏等近鄰，與距秦較遠的齊、燕交好，然後再攻打之。

秦昭王聽了他的話非常高興，當即拜他為相國。范雎當上秦相後，仍用張祿這個名字，魏人根本不知道秦相就是范雎。

魏王聽說秦國將魏國定為重點戰略目標後，極其惶恐，派須賈帶重金出使秦國。范雎接到消息後，穿上破舊的衣服來見須賈。須賈見到范雎，非常吃驚。他見范雎衣衫單薄，就脫下自己的棉袍給他披上。須賈問范雎：「你知道秦相張祿嗎？聽說秦王對他極其信任，你能不能將我引薦給他？」范雎說：「我的朋友與他有

交情，我可以透過朋友，將你引薦給他。」范雎說完，親自駕著馬車，送須賈去秦相府。

二人到了相國府門口，范雎對須賈說：「我進去通報一聲，你先在此稍等片刻。」說完，他就進去了。須賈等了一段時間，見他總不出來，就問門口的守衛：「范雎為什麼還不出來？」守衛說：「那位不是范雎，是我們的相國大人。」須賈聽了，屈膝前行，進入府內，向范雎謝罪。范雎說：「你有三罪：一，你無端懷疑我背叛魏國，在魏齊面前陷害我。二，魏齊侮辱我時，你明知道我是冤枉的，卻一句話也不說。三，我被人扔在廁所裡時，你往我身上撒尿。不過看在今天你送我袍子的份上，我不殺你，你回去告訴魏王，將魏齊的人頭帶來，否則大軍壓境，悔之晚矣。」

須賈回國後，將事情告訴了魏齊，魏齊聽說後，趕忙逃往趙國，躲進素有愛士賢名的平原君家裡。秦昭王聽說後，一心要為范雎報仇雪恨。他將平原君騙到秦國，讓他交出魏齊，平原君不肯。秦王又給趙王寫信，讓他殺死魏齊。趙王接到信後，發兵將平原君家團團圍住。魏齊見大事不妙，與趙國相國虞卿連夜逃回魏國，投奔信陵君。信陵君畏於秦國的壓力，不敢收留他們。後來信陵君的門客以虞卿賢良為由，勸信陵君接見他們。信陵君聽後，忙派人去追他們，但是，使者還未趕到，魏齊就已經自殺了。

魏齊死後，他的人頭被魏王送到了秦國，秦昭王因為范雎大仇得報，也將平原君放回。

▋信陵君竊符救趙

信陵君魏無忌，是魏昭王的小兒子，魏安王的異母弟弟。魏安王即位後，將魏無忌封在葛鄉（今河南寧陵），封號信陵君。信陵君為人謙遜賢能，喜愛招攬賓客，因此，很多人都前來歸附他。諸侯因為信陵君賢明有謀略，而且食客眾多，都不敢謀兵取魏。

魏安王二十年，秦昭王派兵進攻趙國。秦軍在長平大敗趙國後，又乘勝追擊，包圍了趙國都城邯鄲。趙國的精銳部隊經過長平一戰幾乎毀滅殆盡，現在秦國兵臨城下，趙國根本無力抵抗。平原君趙勝是趙惠王的弟弟，也是信陵君的姐夫。他見國家危在旦夕，多次寫信向魏王和信陵君求救。魏王接到信後，派大將晉鄙率兵十萬前去援救趙國。秦王聽說後，派人警告魏王：「趙國已是我囊中之物，誰敢救趙，我拿下趙國後，馬上就收拾誰！」魏王心生恐懼，通知晉鄙，讓他在鄴城按兵不動。

平原君看到自己派往魏國的信使絡繹不絕，而魏國卻毫無舉動，心中著急。他寫信責備信陵君：「我之所以和公子聯姻，無非是仰慕公子深明大義。現在趙國危在旦夕，而魏國卻不來救助，公子救人於危難的道義哪裡去了？就算你看不起我，難道你就一點也不可憐自己的姐姐嗎？」信陵君接到信後，心中憂慮，他多次請求魏王出兵，但是魏王害怕秦國報復，始終沒有答應。信陵君見說不動魏王，決定與趙國共存亡，他將門客召集起來，組成一支由一百多輛戰車組成的隊伍，準備開赴趙國。

信陵君路過夷門，想起自己以前的門客侯嬴就住在這裡，於是，前去與他告別。信陵君見到侯嬴後，將自己的想法告訴了他。侯嬴說：「公子自己努力吧，我年事已高，就不跟你一起去了。」信陵君辭別侯嬴後，走在路上心裡很不舒服。他想：「我對侯嬴仁至義盡，天下皆知。今天他對我態度冷淡，難道是我有什麼失禮之處？」他走出幾里遠，又決定重新回去找侯嬴。侯嬴見到他回來，笑著說：「我知道公子一定會回來的。公子現在去趙國，猶如羊入虎口。公子對我恩重如山，我卻連相送的意思都沒有，相信公子一定會回來責備我。」信陵君趕緊下拜，向侯嬴請教。侯嬴讓信陵君摒退眾人，然後對他說：「大王將另一半兵符放在自己的臥室裡，如今如姬受寵，每天可自由出入大王的臥室。以前如姬的父親被害，是公子為她報了殺父之仇，她曾誓死相報。現在公子可向如姬求助，讓他幫你拿到兵符。公子拿到兵符後，再奪過晉鄙的兵權，就可以率兵擊退秦國，為趙國解除圍城之困。」信陵君聽後，恍然大悟。他按

照侯嬴的提示，向如姬求助，果然如願拿到了兵符。

信陵君走時，侯嬴前來送行，他說：「將在外，軍令有所不從。晉鄙如果能將兵權交給公子，也就罷了。如果他不交出兵權，事情就難辦了。我的朋友朱亥力大無窮，或許可以助公子一臂之力。如果晉鄙拒不交出兵權，就讓朱亥對付他。」

信陵君聽到這裡，哭了起來。侯嬴驚問其故，信陵君說：「我並不怕死，只是想到晉鄙為國出力那麼多年，卻要命喪我手，我於心不忍。」

信陵君前去邀請朱亥，朱亥笑著說：「我就是一個殺豬的屠戶，公子一直厚待我，我之所以沒有回報，是因為感覺到小禮難報大恩。現在公子用得著我，是我出力效命的時候了。」信陵君與朱亥一起與侯嬴話別時，侯嬴說：「我本來也應該與公子一起前往，但是我年紀大了，就不去了。我會計算公子的行期，等公子到了晉鄙那兒，我就面向公子所在的方向自刎，以此來為公子送行。」

信陵君到了鄴城，假傳魏王命令要接過晉鄙的兵權。晉鄙看到兵符是真的，但是心中還有疑慮，不想將軍隊交給信陵君。朱亥原先在袖子裡藏了一把四十斤重的鐵錘，他見晉鄙不從，當即掏出鐵錘，將晉鄙打死。信陵君接管軍隊後，傳令道：「父子都在軍中的，父親回去；兄弟都在軍中的，哥哥回去；是獨生子的，回去贍養父母。」

這樣一來，十萬軍隊變成了八萬精兵。信陵君率領士兵攻擊秦軍，秦軍因為多日征戰，疲憊不堪，很快就兵敗撤退，趙國得以保全。

邯鄲之圍解除後，趙惠王和平原君親自出城迎接信陵君，平原君親自為信陵君背著箭筒，牽引坐騎。趙王對信陵君下拜道：「古今的賢人，沒有一個比得上公子。」

平原君一向自負，但是自此以後，再也不敢拿自己與信陵君相比。」不久，魏國方面也傳來了侯嬴自刎的消息。

甘羅拜相

甘羅，楚國下蔡（今安徽潁上）人，自幼聰明過人。他的祖父甘茂，曾經做過秦國的左丞相。甘羅的父親去世很早，所以他很小就跟著祖父一起生活。

有一天，甘茂退朝後，唉聲嘆氣地回了家。甘羅時年三歲，見爺爺不開心，就走上前去，問他何故如此。甘茂說：「大王生病了，想吃公雞下的蛋。限我三日之內，找到公雞蛋。如果找不到，就要將我治罪。」甘羅說：「大王這簡直是故意為難人，不過，爺爺你大可放心，這件事就包在我身上了。三天後上朝，我替你去好了。」甘茂無計可施，好在他知道甘羅機智靈敏，也就不再多說。

三天後，甘羅大搖大擺地入朝來見秦王。秦王看到他後，問道：「你這孩子來朝堂上幹嘛？你爺爺呢？」甘羅不慌不忙地說：「啟稟大王，我爺爺因為有事，來不了了。」秦王說：「他是害怕了吧，他能有什麼事？」甘羅回答道：「我爺爺確實有事，他現在在家生孩子呢！」滿朝

文武聽了他的話，笑成一團。秦王說：「這不可能，一個大男人怎麼能生孩子呢？」甘羅說：「是啊，如果男人不能生孩子，那公雞怎麼能下蛋呢？」秦王一聽，啞口無言。他自知理虧，也就沒有追究甘茂的責任。甘羅年僅三歲，就因為機智善辯而名滿天下。

後來，甘茂因為受到別人的排擠，逃離秦國，來到魏國，不久就病逝了。當時，甘羅才十二歲。他少小無依，只好投奔到秦相呂不韋門下，做他的門客。

過了不久，秦國打算聯合燕國攻擊趙國。按照規定，雙方要互派使臣，作為人質。宰相呂不韋準備派大臣張唐出使燕國，但是要去燕國，必須要經過趙國。張唐因為曾經率兵攻打過趙國，趙人對其恨之入骨。趙王宣稱：「如果有人能殺死張唐，賞地百畝。」張唐心內畏懼，堅決不答應再踏入趙國一步。呂不韋見張唐不答應，心中不快。他煩躁地回到了家中的花園，此時也在花園裡賞花的甘羅

見呂不韋如此愁悶，就走上前去詢問緣由。

呂不韋見到甘羅年紀幼小，就不耐煩地說：「你一個小孩子，知道什麼。」甘羅說：「大人養客，就是為了能幫自己出謀劃策。如果你有了困難也不說出來，恐怕我也是愛莫能助啊。」呂不韋見他出言不凡，改變了態度，將事情的緣由一五一十地跟他說了一遍。

甘羅聽完後笑著說：「小事一樁，大人何必為此煩惱。小人願去張大人府上，勸說張大人。」呂不韋聽了他的話，半信半疑地說：「你年紀幼小，可不要口出狂言。」

甘羅說：「項橐七歲就被孔子尊為老師，現在我比他還大五歲呢。大人不用急著責備我，如果我辦不成事，那時再責備我也不遲。」呂不韋聽了，就答應了他。

甘羅來到張唐府上，對他說：「當年應侯范雎命令武安君白起去攻打趙國，武安君因為沒有服從命令，結果被趕出咸陽，死在杜郵。

現在文信侯（呂不韋）的權力比應侯大得多，你膽敢違抗他的命令，看來你的死期不遠了。」張唐聽了他的一番話，嚇得汗流浹背，連聲說願意出使趙國。

甘羅徵得呂不韋的同意，又驅車前往趙國遊說趙王。他知道趙王現在最擔心的就是秦燕聯盟，因此，他對趙王說：「秦國和燕國聯合在一起，目的無非就是想占領趙國的河間地帶。大王如果願意將河間五座城割讓給秦國，我回去可以勸說秦王取消與燕國的聯盟。沒有了秦國的幫助，燕國力量微弱，肯定難以與趙國抗衡。如果你們兩國開戰，秦國是絕對不會干涉的。那樣的話，趙國得到的肯定不止五座城池。」

趙王聽了他的話，心中大喜，趕忙命人拿來河間地圖，割讓給秦國五座城池。就這樣，甘羅不費一兵一卒就為秦國贏得了五座城池。

秦王見甘羅雖然年僅十二歲，卻有膽有識，甚為欽佩。於是，他封甘羅為上卿，並將當年甘茂的府邸和土地都賞給了他。

秦王誅殺呂不韋

呂不韋，戰國末期衛國人，他幼年經商，透過賤買貴賣累積了千萬家產。後來他在陽翟（今河南禹州）經商時，遇到了秦國王孫子楚，命運開始出現了轉折。

子楚是秦昭王太子安國君的兒子，在國內不受寵愛，作為人質被送往趙國後，因為秦國多次攻打趙國，子楚也處境艱難，受盡趙人欺侮。呂不韋見到子楚後，高興地對人說：「子楚就像一件奇貨，可以囤積起來，以待高價賣出。」他去拜見子楚，對他說：「我可以光大你的門楣。」子楚不信。呂不韋說：「我要光大門楣，離不開你的幫助。」子楚聽出了他話裡的意思，就與他攀談起來。呂不韋說：「安國君已經被立為太子，而他最寵信的是華陽夫人。所以，雖然華陽夫人沒有兒子，但是立誰為嗣子卻是華陽夫人說了算。你身在趙國，到時安國君做了秦王，你打算憑什麼與其他兄弟爭奪太子之位呢？」子楚聽了，就向呂不韋請教對策。呂不韋說：「我知道你生活窘迫，我雖然不富有，但是我願意拿出千金幫你去秦國上下打點，讓你當上嗣子。」子楚聽後，對他下拜道：「你的計畫如果能成功的話，我願與你共分秦國天下。」

呂不韋先拿出五百金送給子楚，讓他做日常開銷和招攬賓客之用。然後他又花費五百金買了很多古玩珍寶，帶到秦國。他來到秦國後，前去拜見華陽夫人的姐姐和弟弟，託她們把東西獻給華陽夫人。呂不韋還對華陽夫人的姐姐說：「子楚聰明賢能，朋友遍天下。他將夫人和安國君看得比天還高，日思夜念。」他又讓華陽夫人的姐姐對華陽夫人說：「聽說憑藉美色侍奉別人的人，一旦年老色衰，就會失寵。你雖然深受太子寵愛，但是沒有兒子，因此，不如早點在太子的兒子中選一個孝順的做兒子，那樣他被立為繼承人後，自己就可以永享尊寵。」

華陽夫人聽到這些話後，被說動了。她向安國君哭訴，說子楚聰慧賢良，請求將其立為嗣子，安國君答應

了。安國君與華陽夫人刻下玉符，立子楚為繼承人後，又讓呂不韋帶給子楚很多禮物。子楚憑藉這些財物，在趙國廣招賓客，很快就聞名於諸侯。

呂不韋的寵妾趙姬，姿色超群而又能歌善舞。有一次，子楚與呂不韋一起喝酒時見到趙姬，非常喜愛，請求呂不韋將她賜給自己。當時趙姬已經懷有身孕，呂不韋見子楚奪人所愛，心中不快。但是他想到自己已經在子楚身上投入了那麼多，不可半途而廢。於是，他隱瞞了趙姬懷孕的事，將她送給了子楚。不久趙姬就生了一個男孩，子楚非常高興，將趙姬立為夫人，並為孩子取名為政。

秦昭王去世後，安國君即位，封華陽夫人為皇后，立子楚為太子。安國君僅僅登基三天就因病去世，於是，太子子楚即位，就是秦莊襄王。秦莊襄王封趙姬為皇后，立趙政為太子，拜呂不韋為丞相，封其為文信侯。秦莊襄王做了三年皇帝後去世，太子趙政即位，就是秦王嬴政。嬴政尊母親為太后，拜呂不韋為相國，稱其為「仲父」。嬴政年幼時，太后還很年輕，她常常召呂不韋進宮，與之私通。呂不韋因為皇帝年幼，並沒有

將這事放在心上。

當時，「戰國四公子」在各國禮賢下士，廣招門客，勢力都非常大。呂不韋見秦國雖然國富兵強，卻不知招攬人才，深以為恥。他為了改變這種現象，也開始重金招攬門客，因為他位高權重，又輕財重士，所以，很多人都前來投奔他。一時間，呂不韋手下的門客多達三千人。

他見各國的才辯之士都喜歡著書立說，讓學問流傳天下，於是命令手下的門客將自己的所見所聞都記載下來，然後綜合到一起編輯成一本書，書名為《呂氏春秋》。這本書包羅萬象，囊括了古往今來萬物發展、興衰的道理。書編好後，呂不韋非常高興，他命人將書抄寫好，擺放在咸陽城門口，宣布誰要能在上面添加或刪減一個字，就給予千金的賞賜。這就是「一字千金」這個典故的由來。

嬴政越來越大，而太后卻淫亂不止。呂不韋擔心事跡敗露，會給自己帶來災禍，於是想用別人來轉移太后的注意力。他聽說嫪毒性能力很強，就將他召為門客。然後，他將嫪毒假扮成太監，獻給了太后。太后與嫪毒私通後，非常喜歡他。沒過多久，太

后竟然懷孕了。她擔心消息外露，就找了個藉口搬到雍地去住。嫪毐侍奉太后，因為深受恩寵，野心開始膨脹。他趁機發展自己的勢力，手下的門客多達上千人。秦王政九年（西元前238年），有人對秦王嬴政說：「嫪毐是假太監，太后與他私通後還祕密生下了兩個兒子，嫪毐還和太后商議，等到秦王死去後，就讓自己的兒子做王。」

嬴政聽後大怒，下令嚴查此事，呂不韋受到牽連。事情水落石出後，嫪毐被誅殺三族，太后被軟禁起來，她與嫪毐所生的兩個孩子也被嬴政殺死，呂不韋被趕出京城。呂不韋離開京城後，就回到了自己在河南的封地。他雖然被免去職位，但是權勢仍在。嬴政擔心呂不韋會發動叛亂，就寫信對他說：「你對秦國有何功勞？竟然能食邑十萬戶！你和秦國有什麼關係？竟然被尊為仲父！」呂不韋見秦王難容自己，飲毒酒自盡。

▊ 李牧保家衛國

李牧，戰國時期趙國柏人（今河北邢臺隆堯），他是趙國的優秀將領，一生身經百戰，卻從來沒有打過敗仗。早期，他帶兵抵禦匈奴，晚期，他多次領兵擊退強秦對趙國的進攻，為保衛國家做出了重大貢獻。

趙國北邊與匈奴臨界，匈奴強大起來以後，多次騷擾趙國邊境。趙武靈王時期，為了抵禦匈奴，還專門修建了長城，但是收效甚微。趙孝成王時期，任命李牧為將，鎮守雁門郡。

李牧到達邊境後，勵精圖治，決心要殲滅匈奴。為了補充軍餉，他設置了稅收機構，專門徵收賦稅；為了完善軍事網，他修繕烽火臺，並選拔精兵日夜嚴加看守；為了提高軍隊的戰鬥力，他日夜訓練士兵，用厚遇來激勵士氣。他深知「知己知彼，百戰不殆」的道理，因此向匈奴派出了許多間諜。他知道匈奴來到趙地目的就是掠奪，要想殲滅他們，就要先麻痺他們，然後再伺機出擊。因此，他下令：「匈奴一來，烽火臺要及時報警。士兵嚴密防守，百姓將牛羊入

圈，任何人不得出戰。」這個命令一出，百姓和士兵沒有傷亡，匈奴出來搶掠也一無所獲。很多人不明其故，都以為李牧懦弱無能。趙王聽到風聲後大怒，將李牧撤職，讓別人接替了他的職位。

李牧的後任上任後，遇到匈奴入侵，就命令士兵還擊，但是由於趙軍戰鬥力較弱，每次都被匈奴殺得大敗，還折損了很多牲畜和人民。趙王無奈，只得重新任用李牧，並授予他很多特權。

李牧回到邊境後，重新施行自己以前的策略，讓匈奴人每次前來掠奪時都空手而歸。每逢匈奴人來襲，李牧都讓將士們堅守不出。但是匈奴走後，他依舊厚賞將士們。他這種欲揚先抑的作法大大地刺激了戰士們的求戰欲望，很多人都找到他，請求與匈奴決一死戰。李牧見時機成熟，開始選拔射手、騎兵、戰馬、戰車，然後將他們嚴格編隊，實行多兵種演練。準備就緒之後，在西元前244年，他讓百姓漫山遍野放牧牲畜，引誘匈奴前來搶掠。

匈奴人久無所獲，對趙國的舉動也非常關心。他們聽說趙國邊境牛羊遍地的消息後，紛紛入境，準備進行大規模掠奪。匈奴單于為了試探趙國虛實，先派出一個小分隊前去打探。李牧派幾千人前去迎戰，讓他們假裝失敗，使匈奴人輕而易舉就搶得了很多東西。

匈奴單于大喜，親自率領大部隊入侵趙國。李牧得到消息後，在敵人的來路上布下伏兵。然後等匈奴兵進入埋伏區域後，用戰車將敵人的前後路堵死，讓射手不停放箭。接著，李牧又命令士兵從兩翼向匈奴兵發起猛烈攻擊。匈奴軍隊陣腳大亂，十幾萬騎兵全軍覆滅。匈奴單于只帶了幾個親信拚命逃竄，此後十幾年，再不敢踏入趙國一步。這一仗，讓李牧聲名遠揚，成為繼廉頗、趙奢之後又一聞名諸侯的趙國將領。

解除了匈奴對趙國北方邊境的威脅後，趙國開始全力對付秦國的兼併戰爭。秦國兼併魏國後，開始將矛頭直指趙國。趙王遷二年（西元前234年），秦國大將桓齮斬殺趙將扈輒，殲滅十萬趙軍後，攻占武遂、平陽。後來，秦兵乘勝出擊，越過太行山攻占了赤麗、宜安，直逼趙國都城邯鄲。趙王見形勢危急，將李牧由雁門

關調回，拜為大將軍，讓他指揮全國軍隊狙擊秦軍。

李牧見秦軍士氣高漲，命令軍隊加固壁壘，堅守不出，以待其時。桓齮見狀，率主力進攻肥下，誘使趙軍前往救援。李牧洞悉他的策略，不為所動。秦王見桓齮久沒有攻城掠地，命他率領全部主力進攻肥下。桓齮只好將宜安全部主力調往肥下，李牧伺機出擊，一舉攻占宜安秦軍大營，將留守秦軍全部擒獲。他知道桓齮必然會引兵救援，於是設好伏兵，專等敵軍救兵前來。

秦兵陷入趙軍的包圍區域後，李牧指揮精兵從兩翼夾攻，經過激戰，趙軍大獲全勝，桓齮率幾名心腹衝出重圍後，怕秦王怪罪，逃奔燕國。此次大勝使趙國上下振奮不已，趙王為了表彰李牧的功勳，封他為「武安君」。

趙王說：「武安君是秦國名將白起的封號，李牧就是趙國的白起。」三年後，秦王不甘心失敗，再次派兵攻打趙國，李牧再次率兵擊敗秦軍，

秦王將李牧看成秦國兼併道路上的絆腳石。

趙王遷七年（西元前229），秦王嬴政趁趙國爆發饑荒之際，派大將王翦率兵攻趙，趙王命李牧和司馬尚率兵抵抗。

秦王見李牧多次挫敗秦軍，知道李牧不除，秦國難以順利進軍。於是他派人潛入邯鄲，重金收買趙王的重臣郭開，讓他在趙王面前陷害李牧，說李牧和司馬尚企圖造反。

趙王聽信了郭開的讒言，派宗室趙蔥和齊人顏聚去接替李牧和司馬尚的職務。李牧出於多方面的考慮，不願交出兵權。趙王暗中派人設下毒計，將李牧逮捕並殺死。司馬尚也隨即被罷黜職務。王翦趁勢對趙國發起攻擊，只用三個月就滅掉了趙國。

李牧縱橫沙場幾十年，一心為國，沒有死在敵軍之手，卻死在了他誓死保衛的君王手裡，實在是令人惋惜。後人因為他智勇雙全，戰功顯赫，將他與趙國的廉頗，秦國的白起、王翦合稱為「戰國四大名將」。

史記

荊軻刺秦王

　　燕國太子丹在秦國做人質時，受盡侮辱。他逃回燕國後，發誓要報仇雪恨。秦王嬴政制訂了統一六國的計畫後，多次派兵攻燕。太子丹見形勢危急，決定派刺客刺殺秦王。

　　太子丹聽說田光是個智士，就找到田光，請他為自己推薦一個壯士，田光推薦了荊軻。荊軻，衛國人，好讀書擊劍，為人慷慨節義。他與燕人高漸離是好朋友，兩人常在一起飲酒舞劍。很多人都看不起他，認為他不過是一個行為放蕩的遊俠。只有田光認為他智勇雙全，對他很好。田光找到荊軻，讓他幫助太子丹刺殺秦王，荊軻答應了。田光對荊軻說：「我聽說人們對真正的忠厚長者是不會起疑心的，但是太子丹多次囑咐我不要洩漏消息。看來他對我很不信任，這是我的過失。希望你見到太子後，告訴他我已經死了，不會洩露祕密。」說完，他就拔劍自刎。荊軻見田光以死來激勵自己，心中震撼。

　　荊軻找到太子丹，將田光的話告訴了他。太子丹聽說田光的死訊後，淚流滿面地說：「我之所以那樣對田先生說，是因為事情太重要了。先生以死明志，實在不是我的本意。」他說完走到荊軻面前，請荊軻留下來幫助自己，荊軻答應了。太子丹見狀，非常高興，安排了豪華的房子讓荊軻居住，還送給了他好多珠寶美女。

　　荊軻在太子丹身邊待了一段時間，始終不說出發的事。在此期間，秦將王翦滅掉了趙國，派兵強壓燕國邊境。太子丹見大軍壓境，而荊軻始終沒有什麼行動，心中著急。他對荊軻說：「秦兵馬上就打過來了，就算我想長期侍候你，恐怕也不可能了。」荊軻說：「即使太子不說，我也要行動的。但是如果沒有禮物，是無法接近秦王的。我聽說秦王因為樊於期攻趙不力，逃往外地而大怒，懸賞千金要取他的項上人頭。如果我帶上樊將軍的人頭和燕國督亢的地圖去見秦王的話，他一定會見我。那時我就可以伺機動手，殺了他以報太子。」太子丹說：「樊將軍因為走投無路，才來投奔我。我不忍為了私仇

而害他性命，你還是另想辦法吧。」

　　荊軻見太子丹不忍，就私下找到樊於期，對他說：「秦王殺了你全家，現在又懸賞通緝你，你準備怎麼辦？」樊於期流著淚，仰天長嘆道：「我對秦王恨之入骨，只是不知道這仇怨如何得報！」荊軻說：「我有一個辦法，既可以解燕國之困，又可以為將軍報仇雪恨，就是不知你意見如何？」樊於期急忙問什麼辦法。荊軻說：「如果我帶上你的人頭去見秦王，他一定會接見我。我見到他後，用匕首將他刺死，就可以為將軍報仇雪恨。」樊於期聽後，說道：「只要能報仇，我的人頭算什麼！」說完，他便自刎了。

　　太子丹聽到這個消息後，趴在樊於期的屍體上大哭一場。然後，他命人將樊於期的首級用盒子封好，連同鋒利無比的塗過毒藥的匕首，一起交給了荊軻。燕國有個勇士，名叫秦舞陽，十二歲時就敢殺人，人人皆不敢與之對視。太子丹聽說他的大名後，找到他，讓他充當荊軻的助手，與荊軻一起出使秦國。荊軻對秦舞陽不太滿意，想同另一個人一起前去。可是那個人住得很遠，荊軻等了很長時間也沒有等到。太子丹見荊軻遲遲沒有動身，心中著急，就多次催促。荊軻對太子說：「我既然去了，就想完成任務。我現在留下來，是為了等我的朋友。如果太子嫌我動身太晚，我現在就可以出發。」

　　太子丹一行身著白衣白帽，在易水邊為荊軻兩人送行，高漸離知道荊軻此去凶多吉少，用力擊筑，為好友送行。荊軻和著悲壯的音樂，放聲唱到：「風蕭蕭兮易水寒，壯士一去兮不復返！」看到此情此景，送行的人都流下了淚。

　　秦王聽說荊軻帶來了樊於期的人頭和督亢的地圖，非常高興。他傳令下去，要親自在咸陽宮接見荊軻和秦舞陽。接見之日，荊軻捧著盛有樊於期首級的盒子，秦舞陽捧著裝有地圖的盒子，依次入殿。秦舞陽見宮殿內守衛森嚴，緊張得臉都白了，周圍的人都覺得非常奇怪。荊軻對秦王說：「他出生於偏遠之地，沒有見識過天子的威嚴。今日見大王如此威武，所以害怕，請大王原諒。」

　　秦王說：「好，那你將他手裡的地圖拿給我看。」荊軻拿出地圖後，在秦王面前將地圖慢慢展開。地圖完

全展開後，藏在裡面的匕首就露了出來。荊軻左手抓住秦王的衣袖，右手抓著匕首向秦王刺去。秦王大驚，掙斷衣袖，起身就跑。他邊跑邊拔劍，但是由於劍太長，一時沒有拔出來。荊軻見一刺不中，在秦王身後緊追不捨。秦王見狀，只好繞著柱子狂奔。按照秦朝的法律，大臣在朝堂上不能攜帶武器。而佩戴武器的侍衛們，沒有命令也不得上殿。大臣們想不到荊軻竟然敢在朝堂上公然行刺，都嚇呆了。御醫夏無且見皇上形勢危急，急中生智，將手中的藥袋擲向荊軻，荊軻用匕首擋了一下。秦王趁此機會，從身後將劍拔了出來。一劍砍斷了荊軻左腿。荊軻受傷後，倒在地上。他掙扎著舉起匕首，向秦王擲去，可惜擊中了柱子。荊軻知道自己無法完成任務，就靠著柱子，席地而坐。他先是仰天大笑，接著痛罵秦王：「之所以沒有成功，是想活捉你，讓你與燕國結盟，好報答太子的恩情。」說完，荊軻就被衝上來的侍衛當場殺死。荊軻刺殺秦王失敗後，秦王命王翦率兵進攻燕國，對燕國展開了瘋狂的報復。太子丹與燕王喜逃到遼東，後來，燕王喜為了平秦王之怒，將太子丹斬首，但是，燕國還是很快被秦國滅掉。

秦始皇一統天下

秦國經過商鞅變法後逐漸壯大，到秦王嬴政十三歲登基時，秦國已經成為諸侯中實力最強的國家。嬴政登基後，相國呂不韋輔政。嬴政長大後，因為經歷了長安君謀反和嫪毐作亂，變得非常成熟。秦王將長安君、嫪毐、呂不韋等人剷除後，於西元前238年，在雍城蘄年宮舉行加冕儀式，正式登基親理朝政。

嬴政登基後，看到幾次禍亂都有外來門客參與，就頒布《逐客書》，讓外地人全部搬出咸陽。後來，李斯向嬴政上了《諫逐客書》，才讓他改變了主意。嬴政見李斯是個人才，就將他委以重任。李斯向嬴政進獻了消滅六國的建議，嬴政聽後大喜，開始

著手統一六國的大業。太尉尉繚有一次來見秦王，對他說：「六國雖弱，但是如果他們聯合起來，秦國就麻煩了。希望大王多用錢財賄賂各國的權臣，以破壞六國之間的關係。」秦王聽了非常高興，任命尉繚為秦國尉，讓他與李斯一起，全權負責統一六國的具體事宜。

韓國是秦國的近鄰，也是諸侯國中較弱的一個，秦國根據由近及遠的策略，第一個要消滅的目標就是韓國。韓國首當其衝，很快就被滅掉了。趙國是秦國的勁敵，趙國名將李牧多次帶兵打退秦國的進攻。嬴政見李牧英勇，決定智取。他派人重金賄賂趙國重臣郭開，讓他在趙王面前讒害李牧。趙王昏庸無能，聽信讒言，將李牧殺死。秦軍趁勢出擊，幾個月就滅掉了趙國。嬴政小時候與父親子楚在趙國陽翟做人質時，曾經受到當地人的欺侮。秦兵攻下趙國後，嬴政命人將當地人全部活埋。

秦國攻打趙國之際，魏景湣王見秦國兵力強大，為了自保，他主動將麗邑割讓給秦國。嬴政因為正在集中全力攻打趙國，不想多生是非，就接受了魏國的獻地。秦國的主力部隊

南下攻楚時，嬴政派王翦的兒子王賁順勢攻打魏國都城大梁（今河南開封）。魏國不敢迎戰，堅守不出。大梁城異常堅固，秦軍花了很長時間都沒有攻下來。後來，王賁想出了水攻的辦法，他命人挖掘管道，引黃河水衝擊城牆。城牆倒塌後，魏國很快投降。這樣，秦國就占領了三晉之地。

李信率兵攻打楚國時，遭到了楚國軍隊的頑強抵抗。楚軍在項燕的帶領下，將李信殺得大敗。嬴政無奈，只好起用老將王翦。王翦推辭不掉，只好領兵滅楚。他帶領六十萬人馬，採取以逸待勞的方式，屯兵練武，然後突發奇兵，大敗楚軍，殺死項燕，滅了楚國。秦軍滅楚後，又乘勝降服了越國。嬴政在越地設置會稽郡，將長江流域全部併入秦國的版圖。

秦國滅趙後，派兵駐紮燕國邊境，伺機攻燕。燕國太子丹見嬴政對燕國虎視眈眈，就派荊軻刺殺嬴政。荊軻的刺殺行動失敗後，秦王嬴政對燕國進行了血腥的報復。他命王翦率兵攻打趙國，勢必要取太子丹的項上人頭。燕王無奈，殺了太子丹，將他的人頭獻給嬴政。嬴政雖然報了私仇，但是他滅亡燕國的決心沒有改

變，他命令部隊不要停下進攻的腳步，不久，燕國就滅亡了。

秦王政二十六年（西元前221年），秦王嬴政命令王賁揮師南下，攻打六國中僅存的齊國。自春秋到戰國中期，齊國都是諸國中實力較為強大的國家。但是，因為齊國在五國攻齊時受到嚴重打擊，此後就一蹶不振，再也沒有興盛起來。

齊國當時的統治者齊王建，是一個昏庸無能的人。齊相因為接受了秦國的賄賂，在秦國攻擊其他國家時，一直勸齊王不要出兵援助，齊王建都答應了。後來其他五國被滅後，齊王慌了手腳，他來不及備戰，王賁就已率秦軍兵臨城下。秦軍經過南征北戰，戰鬥力極強，齊國的軍隊很快就瓦解了。

王賁進入齊國都城臨淄後，齊王建投降。至此，秦王嬴政滅掉六國，完成了一統天下的大業，時年，嬴政三十九歲。

嬴政滅掉六國後，認為自己建立了「上古未有，五帝不及」的功勳。

他覺得「大王」這個稱呼已經配不上自己的身分，於是，他命令群臣為自己想一個更好的稱號。

群臣經過一番討論，想出了一個「泰皇」的稱號，嬴政對這個稱號並不滿意。他認為：「皇」、「帝」這兩個片語合到一起才是最高權力的象徵，而自己又是第一個使用這個稱號的人，因此，自己應該被稱為「始皇帝」，群臣悅服。後來，人們將秦王嬴政稱為「秦始皇」。

秦始皇稱帝後，統一了度量衡和貨幣，又廢除分封制，推行郡縣制。但是他殘暴不仁，為了讓人民屈服於自己的統治，不但焚書坑儒，還制訂了嚴厲的法律來束縛民眾。

他貪圖享樂，為自己修建了規模宏大的秦始皇陵和阿房宮。他好大喜功，不但徵用民夫修建長城，還多次發起對匈奴的戰爭，將人民置於水深火熱之中。人們因為忍受不了暴秦的統治，紛紛揭竿而起，秦朝僅僅存在十五年就滅亡了。

陳勝吳廣起義

陳勝，又名陳涉，秦末陽城（今河南商水）人。他出身貧寒，少年時期靠給大戶人家種地為生。有一次在田間工作時，他站在田埂上對同伴說：「以後誰要是富貴的話，千萬別忘了一起吃苦的兄弟啊。」同伴聽了他的話都覺得很好笑：「我們這種人，哪來的富貴啊？」陳勝聽後，感慨良久：「燕雀哪裡知道鴻鵠的志向啊！」

秦二世登基後，繼承秦始皇的遺志，繼續修建阿房宮和長城，百姓勞苦不堪，怨聲載道。西元前209年，陽城的地方官員應命在當地徵募了九百個貧民去漁陽（今北京市密雲縣）戍守。為了方便管理，從這批貧民中選了兩個人當隊長，一個是陽城人陳勝，另一個是陽夏（今河南太康）人吳廣。

隊伍走到大澤鄉（今安徽宿縣）時，天降暴雨，沖毀了道路，隊伍無法前行。按照秦朝規定，被徵募的人，一旦誤期，不問原因，一律斬首。大夥看大雨下個不停，都非常著急。陳勝偷偷找到吳廣，對他說：「漁陽離這裡還有幾千里遠，我們在限期內無論如何也趕不到那裡。反正逃跑是死，起來反抗也是死，不如起來反抗。」吳廣對他的話極其贊同。陳勝說：「我聽說秦二世是小兒子，根本輪不上他做皇帝，應該繼承王位的是公子扶蘇。公子扶蘇因為多次進諫，被派到外地帶兵，後來被秦二世殺死，大家都很同情他。項燕是楚國的大將，楚國滅亡後，他生死未卜，楚國的百姓都很懷念他。假如我們現在藉扶蘇和項燕的名義起兵，一定會有很多人前來回應。」吳廣認為他說的很對。兩人商議好對策後，就利用當時人們都很迷信的心理，為起義製造聲勢。他們用朱砂在白布上寫下「陳勝王」三個字，然後將白布放到魚肚子裡。士兵們買了魚回來後，發現了白布上面的字，都覺得很奇怪。夜裡，吳廣偷偷跑到營房附近的一座破廟裡，點上營火，邊學狐狸叫，邊嚷道：「大楚興，陳勝王！」營裡的人聽了都很害怕，第二天，他們看到

陳勝，都指指點點，議論個不停。

　　陳勝、吳廣和士兵們的關係都很好。有一天，兩個帶頭的軍官喝醉了，吳廣故意跑到他們面前說要逃跑，以激怒他們。那兩個軍官果然大怒，一個用棍子打他，另一個還拔出劍來嚇唬他。吳廣奪過劍將那個人砍倒。陳勝衝上前去，將另一個軍官殺死。兩人將大家召集在一起，對他們說：「大雨耽誤了行期，我們去了也是送死。就算不死，去了邊關，十有八九也會丟掉性命。壯士不死則已，死也要留下大名。王侯將相，難道都是天生的嗎？」大夥齊聲高叫：「願意聽從吩咐！」於是，陳勝、吳廣就用兩個軍官的首級祭祀上天，以扶蘇和項燕的名號起義。他們自稱大楚，讓大家袒露右臂作為標記，誓死推翻秦朝統治。陳勝自稱為將軍，吳廣為都尉，兩人領導起義軍很快就攻下了大澤鄉。附近的百姓聽說後，紛紛響應，很多年輕人前來從軍。義兵剛開始時沒有武器，就用竹竿、木棒做刀槍，這就是「揭竿而起」這個典故的由來。起義不到三個月，陳勝、吳廣就打到了秦朝的交通要地——陳（今河南淮陽）。此時，他們已經有了六、七百輛戰車、上千人的騎兵和幾萬步兵。攻占陳後，陳勝召集各方人士，確定了「伐無道，誅暴秦」的起義口號。

　　起義軍在陳的勝利，鼓舞了各地的民眾。各地的革命力量如雨後春筍，層出不窮，很快就匯合成一股巨大的洪流，不斷衝擊著秦王朝的封建統治。秦二世見天下大亂，恐慌不已，他聽從趙高的建議，將咸陽的囚犯、奴隸全部放出，組成了一支隊伍，由大將章邯率領直撲起義軍。由於戰線太長，號令不一，陳勝、吳廣的部隊吃了很多敗仗。加上在義軍中占了很大成分的六國舊貴族各自為政，吳廣被部將殺死，陳勝在逃亡的途中，被自己的車夫莊賈害死。

　　陳勝、吳廣起義是中國歷史上第一次大規模的農民起義。它將起義的火種撒遍了全國各地，沉重打擊了秦朝的封建統治。陳勝、吳廣起義雖然以失敗而告終，但是他們不怕困難、勇於鬥爭的精神永遠值得後人學習和尊敬。

項羽破釜沉舟

項羽是楚國名將項燕的孫子，他幼時喪父，由叔父項梁撫養成人。項梁教項羽讀書時，他對書法和劍術都不熱心。項梁非常生氣，項羽說：「字寫得再好，只能抄抄寫寫；劍術再好，也只能對付幾個人。我對這些都不感興趣，我想學習那種以一敵萬的本領。」項梁聽後，就教項羽學習兵法。項羽長大成人後，行俠仗義，廣交朋友，成為吳中（今江蘇蘇州）有名的豪傑。

陳勝、吳廣在大澤鄉起義的時候，項梁、項羽在吳中起而相應。項梁知道當時的人們對楚國都懷有很深的感情，於是，他將楚懷王的孫子立為皇帝，稱為「義帝」，作為起義的招牌，招攬民眾。果然，吳中地區的人民和各地的起義軍聽說後，都前來歸附他，項梁的力量迅速壯大起來。沒過多久，秦將章邯率兵討伐項梁，項梁戰死。章邯撇開項羽，直接率兵攻打盤踞在趙國巨鹿的趙王趙歇。

項梁死後，項羽接替了叔父的職位。他為了替叔父報仇，強烈要求率兵進攻秦國都城咸陽。義帝生性軟弱，他怕項羽掌權後不好控制，就命劉邦去攻打咸陽，命項羽與宋義一起去救援趙王。救援大軍到了安陽（今山東曹縣），主將宋義卻下令部隊原地休息。原來宋義胸無點墨，他之所以能掌握兵權，全靠阿諛奉承。他膽小怕事，現在看到秦兵勢眾，不敢與之硬拚，想等到秦、趙兩軍兩敗俱傷時，再坐收漁翁之利。

項羽見援軍堅守不出，心中著急，他多次找到宋義，要求帶兵出戰。宋義不屑地說：「衝鋒陷陣我是不如你，但是運籌帷幄，你就比我差得遠了！」這樣，四十多天過去了，宋義每天都躲在營帳裡飲酒作樂，根本不提作戰的事。項羽見宋義無所作為，非常生氣。有一天，他來到宋義的營帳，要求出戰。宋義大怒，下令道：「那些如虎豹一樣勇猛、貪婪的人，膽敢違抗主帥的命令，一律斬首！」項羽聽後，對他恨之入骨。

一天，天寒地凍，宋義因為兒子被任命為齊國的相國，與兒子一起

在營帳中喧嘩作樂。項羽全副武裝，氣沖沖地來找他，再次要求出戰。項羽說：「現在時值寒冬，將士們饑寒交迫，再不出戰，只能白白流失戰機。」宋義大怒，高聲叫道：「我的命令剛下，你就想以身試法嗎？」項羽大吼道：「今天，我要借你的頭來發號施令。」他說完，就揮劍將宋義的腦袋砍了下來。然後，他又派人追上宋義的兒子，將其殺死。將士們聽說宋義被殺，都非常高興，他們擁立項羽為上將軍，紛紛表示願意聽從項羽的號令。項羽宣布，立即起兵救援趙國。項羽率領部隊渡過漳河後，為了激勵士氣，他讓將士們帶足三天的口糧，然後命人將做飯用的鍋全部砸碎，將渡河用的船隻全部鑿穿。

將士們都不明其意，項羽說：「秦軍人多勢眾，我們必須速戰速決。如今破釜沉舟，既有利於輕裝上陣，也斷絕了大家的退路。我們如果打贏了，就在章邯的軍營中做飯；如果輸了，就什麼都沒有了。所以，這場仗，只能贏，不能輸！」將士們聽後，恍然大悟：輸了就是死路一條，還是拚命吧！項羽率軍包圍了秦軍，一連發起了九次衝鋒。楚軍越殺越勇，個個如猛虎下山，勢不可擋。秦軍抵擋不住，節節後退。秦將蘇角戰死，王離被俘，章邯領兵敗退幾十里，後來也率兵投降了項羽。那些王公貴族見項羽如此英猛，對他既敬又怕，私下裡都以「霸王」稱呼他。後來項羽在軍營慶功時，將這些王公貴族全部請去。他們膽戰心驚，剛進轅門就兩腿發抖，見到項羽，都不敢與其對視。為了表示順服，他們都將軍隊交給項羽統帥，至此，上將軍項羽在實際上就成了起義軍的領袖。

楚霸王項羽破釜沉舟，透過巨鹿之戰，殲滅了秦朝的主力部隊，為秦國的滅亡拉響了前奏。

項羽大擺鴻門宴

話說楚懷王當年與諸將簽署了一個協定，誰先攻下咸陽，就封誰為關中之王。結果，劉邦首先率兵攻入了咸陽。他進入咸陽後，為了防止別人

進入，派重兵駐紮在函谷關。

項羽滅了章邯率領的秦軍後，也向咸陽出發，但是在函谷關被人攔了下來。他聽說守門的正是劉邦的軍隊，勃然大怒，下令士兵攻關，函谷關很快就被攻破。項羽入關後，讓四十萬軍隊全部駐紮在鴻門，與駐守灞上的劉邦相對峙。當時劉邦手中只有十萬兵馬，他聽說項羽來了，心內慌張，一直沒去拜見項羽。

曹無傷是劉邦的左司馬，他派人告訴項羽：「劉邦想在關中稱王，他早已任命秦王子嬰為相，並將秦國的珠寶全部占為己有。」項羽聽後，氣憤地說：「趕快犒賞三軍，我明天就要與劉邦決戰。」亞父范增說：「劉邦在沛縣時貪財好色，進關後，卻把一切毛病都改掉了，可見其志不小。我讓人看過了，他頭上有天子的龍虎之氣。如果現在不將他除掉，將來必成大患。」

項羽的叔父項伯與劉邦的謀士張良是好朋友，他得到消息後，趕緊跑去見張良，勸他趕快逃命。張良聽說後，急忙通知了劉邦。劉邦於是請項伯入內，以兄長之禮待他，並與他結為兒女親家。劉邦對項伯說：「我入

關雖早，但是並無二心。之所以派兵把守關口，是為了嚴防盜賊出入。請你幫我帶話，我明天一早就去向項王賠罪。」項伯聽了他的話，回去後對項羽解釋了一番。項羽答應次日在鴻門設宴，款待劉邦。

第二天清晨，劉邦帶了一百多人來見項羽，其中有張良和樊噲。劉邦見到項羽，請罪道：「我和將軍並肩誅滅秦軍，你在河北，我在河南。我因為離得近，僥倖先入咸陽。我對將軍並無二心，但是，現在卻有小人出來搬弄是非，挑撥我們的關係。」項羽說：「是你的左司馬曹無傷說的，不然我何必如此。」入席後，項羽和劉邦分別坐在西、南兩個方向，亞父范增坐在北面。宴席開始後，范增曾多次用眼神示意項羽，讓他殺掉劉邦，並悄悄舉起玉佩，讓他趕快下手。項羽不忍心，就假裝沒有看見。范增見狀，走出來對項羽的堂弟項莊說：「大王有婦人之仁，所以不忍對劉邦痛下殺手。你趕快進去，以舞劍為由，趁機殺掉劉邦。不然，將來我們都會成為他的階下囚。」項莊聽後，進入營帳一個個勸酒，然後提議舞劍助興，項羽答應了。項莊舞劍

時，眼睛一直瞄著劉邦。項伯見勢頭不對，也拔劍起舞，用身體護住劉邦，使項莊無從下手。張良見情勢危急，趕忙離席來找樊噲。他對樊噲說：「現在情況危急，項莊舞劍，意在沛公。」樊噲聽後，非常著急，拿著寶劍和盾牌就直往裡衝。門口的守衛想阻擋他，卻被他用盾牌打倒在地。

樊噲來到席前，怒髮衝冠，兩眼圓睜。項羽見了大驚，拔劍問道：「來者何人？」樊噲說：「我是沛公的馬夫。」項羽說：「真是個壯士啊，賜酒！」樊噲接過酒，一飲而盡。項羽又命人給他拿來一隻豬腿，樊噲將豬腿放在盾牌上，用劍切著吃得一乾二淨。項羽問他是否再來一杯，樊噲說：「我死都不怕，難道還怕一杯酒嗎？當年秦王施行暴政，天下皆有反叛之心。楚懷王先前有約，先攻入咸陽者，就是關中之王。沛公進入咸陽後，分毫不取，專等大王前來。如今大王聽信讒言，不但不論功行賞，還要殺了他，這難道不是跟秦王一樣殘暴嗎？我雖然愚昧，也感覺你這樣做是不對的。」

項羽聽了，無言以對，只是讓他坐下。於是，樊噲緊接著張良坐了下來。過了一會兒，劉邦藉口上廁所，走出帳外，樊噲也跟了出來。

劉邦出來後，樊噲勸他趕緊離開。劉邦說：「我們不辭而別，是不是有點失禮？」樊噲說：「大丈夫做事，應當不拘小節。現在我們是魚肉，人家是屠刀，哪還用得著告別！」劉邦於是決定和樊噲先回去，留張良向項羽致謝，並轉交自己帶來的禮物。

張良等他們走出好遠，才回來對項羽說：「沛公不勝酒力，先行一步。他讓我給大王奉上白璧一雙，這雙玉斗是送給亞父的。」項羽接過白璧放在桌上，范增將玉斗用劍砍得粉碎。他生氣地對項羽說：「你這個小子，目光短淺，真是沒法與你共事。將來奪走你天下的，一定是劉邦，我們都等著做俘虜好了。」

劉邦從項羽那裡回來後，立即誅殺了暗通敵人的曹無傷。

一次讀完二十五史　故事

韓信用兵有方

韓信本是淮陰（今江蘇省淮安市）人氏，他出身貧寒，但是性格豪爽，智勇雙全。韓信年輕時很不得志，他被下鄉南昌亭長召為門客時，不為亭長夫人所容，只好憤而出走。他先是投靠了項羽，因為得不到重用，又投靠了劉邦。剛開始劉邦也只是讓他做些部隊的後勤工作，後來多虧蕭何力薦，才被劉邦拜為大將軍。

劉邦與項羽作戰時，派韓信與張耳出兵攻打項羽的盟友趙王。趙王聽到消息後，派心腹愛將陳餘率領二十萬大軍，駐軍井陘口，企圖將韓信的部隊扼死於此地。

陳餘手下的謀士李左車足智多謀，他對陳餘說：「漢軍因為最近打了幾個大勝仗，士氣很旺。我們不可與之硬拚，只能智取。將軍可在此堅守不出，讓我帶兵切斷漢軍的糧道，堵住他們的退路。然後我們再前後夾擊，必定能大破漢軍。」陳餘說：「漢軍遠道而來，不過幾萬人馬。我們應該主動出擊，不然只會讓別人以為我們膽小，空留笑柄。」他拒絕了

李左車的建議，仗著己方人多勢眾，一定要與漢軍正面作戰。

韓信了解到這一情況後，心中大喜。他命令部隊全速前進，然後在距離井陘口三十里的地方安營紮寨。到了夜裡，他將將士們集合到一起，告訴他們：「等到戰勝趙軍後，我請你們飽餐一頓！」然後，他派出兩千名騎兵，從小路繞到趙軍背後，準備待趙軍出來追趕漢軍時，迅速占領趙軍大營，將敵軍旗幟全部換成漢軍旗幟。騎兵們領命而去。然後，韓信派出一萬人為先鋒，背對河水擺開陣勢，準備迎戰趙軍。

趙軍聞聽韓信背水佈陣，以為他不懂兵法，都對他嘲笑不已。天亮後，韓信親率大軍直撲井陘口，趙軍出來迎敵，雙方一場惡戰，各有傷亡。戰不多時，韓信假裝兵敗，與張耳率兵撤退，陳餘見狀，命令士兵傾巢而出，全速追擊。漢軍退至水邊，駐紮在水邊的部隊前來增援，與趙軍展開大戰。漢軍因為背水而戰，無路可退，個個視死如歸，奮勇殺敵，趙

軍人數雖多，一時間也處於下風。這時，韓信原先布置好的那兩千名騎兵按照計畫，出其不意地占領了趙軍大營。趙軍久戰不勝，準備回到營地，得知大營裡早已插遍漢軍旗幟後，紛紛四散而逃，漢軍大勝。趙軍死傷慘重，陳餘死於亂軍之中，李左車被俘。在慶功會上，有人問韓信：「兵書上說列陣可以背山面水，而將軍這次竟然讓我們背水而戰，不過還是贏了，這是怎麼回事呢？」韓信說：「我這種方法，兵書上也提到過，就是置之死地而後生。背水而戰，斷了士兵們的退路，為了生存，他們肯定要放手一搏，這就是取勝的原因。」眾人悅服：「將軍神機妙算，這不是我們能想到的！」

韓信愛才若渴，他知道李左車有勇有謀，就想將他收為己用。他命人將李左車綁來，然後親自為其鬆綁，畢恭畢敬地對他好言相勸。李左車感其恩德，就投降了韓信。後來，在李左車的幫助下，韓信輕鬆滅掉了趙國。韓信善於用兵，歷史上留下了很多與他有關的軍事故事，其中以「背水一戰」最為有名。後人也常以「背水一戰」來形容具有決定意義的軍事行動或舉措。

名相蕭何

蕭何出生於泗水豐邑（今江蘇豐縣），後來他在沛縣做功曹時，因為性格和善、善於識人，結識了很多朋友，其中有書吏曹參、樂師周勃、屠戶樊噲，還有泗水亭長劉邦，就是後來的漢高祖。劉邦起義後，蕭何就終日跟著他東奔西走，南征北戰。

劉邦帶兵攻下咸陽後，很多將士都去搶奪珠寶美女。只有蕭何迅速趕往秦丞相府，將有關國家戶籍、地形、法令的資料統統收了起來，以備日後之用。劉邦聽說後慚愧地說：「蕭何忠厚老實，真是難得。」後來，劉邦帶兵打仗時，之所以熟知各地的地形、軍隊戰備等資訊，都是蕭何的功勞。

蕭何勤勞能幹，謙遜謹慎。劉邦與項羽爭奪天下時，讓蕭何留在關

中，輔助太子。蕭何在關中制訂了一系列的規章制度，發展農業、訓練軍隊，不但為關中經濟的發展做出重大貢獻，還為劉邦做好了後勤工作。

劉邦每次打仗，蕭何在後方，總是能為軍隊籌集到足夠的糧草。劉邦戰敗時，蕭何總是能及時從關中調來部隊支援劉邦。但是，雖然蕭何對劉邦忠心耿耿，但劉邦因為其善得人心，對他也時有猜忌。劉邦在京、索一帶與項羽對峙時，多次派人慰問蕭何。一個姓鮑的人對蕭何說：「大王在外面辛苦作戰，卻還派人來慰問你，肯定是對你不放心。你不如將自己的親人送到軍中，以此來打消大王的疑慮。」蕭何聽從了他的話，將兒子送到軍中，此後，更加小心謹慎。

蕭何深謀遠略，善於識人。韓信原是項羽的部下，他因得不到重用，就投到劉邦麾下。蕭何結識韓信後，認為他智勇雙全，就多次向劉邦推薦，但是，劉邦也只是讓韓信做了一個管理糧草的小官。

韓信非常失望，就離開軍隊，準備東歸。蕭何聽說後，放下手中的工作，趕去追他。他策馬狂奔，直到深夜才找到韓信，將他勸了回來。這就是「蕭何月下追韓信」故事的由來。蕭何回去見到劉邦後，力薦韓信，讓劉邦重用了他。後來韓信破魏平趙，收燕伐齊，為劉邦奪取天下立下了汗馬功勞。可以說，劉邦的勝利與蕭何的才識是分不開的。

劉邦滅掉項羽後，對將士們論功行賞。很多人為了爭功，吵得面紅耳赤，但是，劉邦卻將頭等功給了蕭何，眾人不服。有人說：「皇上的江山是我們衝鋒陷陣、出生入死拚搶過來的。蕭何連槍都沒握過，整天就在那裡寫寫畫畫，為什麼功勞反在我們之上？」劉邦說：「這就好像打獵，有的獵狗善於追蹤，有的獵狗擅長捕獲。但是，不知道獵物在哪裡肯定逮不到獵物。你們能捕獲獵物，都是蕭何善於追蹤的結果啊！蕭何一家幾十口追隨我這麼多年，這個功勞非他莫屬！」大家這才停止議論。

劉邦稱帝後，與大家商議排定朝中座次的事。很多人都說：「平陽侯曹參軍功顯赫，為陛下攻下的城池最多，應該排在第一位。」劉邦聽後，就準備將曹參排第一位。關內侯鄂君站出來阻止道：「曹參雖然攻城掠地最多，但是那都是一時之功。當年皇

上和楚軍作戰，敗多勝少，每次都是蕭何從關中籌集糧草，增派救兵，大王才得以擊敗楚軍。

大王在山東多次吃敗仗，但是因為蕭何死死守住了關中，就沒有後顧之憂，這是萬世的功勳啊。所以，應該將蕭何排在第一位。

劉邦採納了他的建議，不但將蕭何排在第一位，還給予了他穿鞋佩劍上殿的特權，這在當時，是極其特殊的恩寵。後人因為蕭何在建立漢朝的過程中勞苦功高，將他與張良、韓信三人合稱為「漢初三傑」。

曹參脾氣暴躁，與蕭何關係不好。蕭何病重後，漢惠帝前來探視，並伺機問他相國的合適人選，蕭何說：「陛下若能得曹參輔助，臣死而無憾。」漢惠帝感慨道：「不因公廢私，這不是人人都能做到的。」

蕭何在位時制定了很多法令，曹參接替了他的位置後，沿用他制定的法令治理國家，使得西漢的政治、經濟得以繼續發展。後人稱之為「蕭規曹隨」。

▌張良運籌帷幄

張良，字子房，他原是韓國的貴族子弟，秦滅掉韓國後，張良將全部的家財都用來結交賓客，希望有朝一日以報亡國之恨。

後來，他結識了一個朋友，是個大力士，能使一百二十斤重的大鐵錘。秦始皇巡遊全國的時候，張良領著大力士埋伏在博浪沙，讓大力士用大鐵錘襲擊秦始皇的馬車，結果卻誤打中了副車。事後，秦始皇下令在全國搜捕刺客。張良只好隱姓埋名，躲到邳地。

張良在邳地時，有一次在橋上碰到一位老人。那個老人看到張良，就將一隻鞋子扔到橋下，然後對張良說：「你這小子聽好了，下去給我把鞋子撿上來！」張良看那老人年事已高，不想與他生氣，就跑到橋下將鞋子撿了上來。他上來後，那個老人將腳一伸，說道：「給我穿上。」

張良見狀，就跪下為他穿上鞋子。老人穿好鞋後，哈哈大笑，轉身

走了。但是，剛走不遠，他就回來對張良說：「你是個可以教導的好孩子，五天過後，早早來這裡等我。」張良覺得很奇怪，但是五天過後，他還是早早來到了橋上。他到了橋上，發現老人已經等在那裡了。老人生氣地對他說：「我已經和你約好了，你卻來得這麼晚！五天後再見吧！」

五天後，張良來得更早了，但是老人比他還早。老人再次生氣地對張良說：「你怎麼又來晚了？」他再次與張良約好五天後見面。五天後，張良半夜就從床上爬起往橋上趕。他等了好一會兒，老人才到。

老人拿出一本書，對他說：「將這書上的東西學會，你就可以做君王的師傅了。」說完，他就走了。張良看看手裡的書，原來是《太公兵法》。他如獲至寶，晝夜苦讀，數日之後，就覺得智謀大有長進。

秦末農民起義爆發後，張良前去投奔楚假王景駒，在途中與劉邦相遇。劉邦見張良足智多謀，就讓他留在身邊輔助自己，張良答應了。

後來，張良多次用《太公兵法》上的知識來為劉邦獻言獻策，劉邦都採納了他的意見。以前，張良也曾向其他人提出過同樣的意見，但是沒有人願意聽從。因此，張良認為，劉邦雖然才智有限，但是他是天命註定之人。為此，他對劉邦一直是忠心耿耿，從無二心。

張良智慧超群，善於審時度勢。劉邦率軍攻打咸陽時，張良也隨軍出征。當時，率軍與劉邦的軍隊對峙的秦軍將領是屠夫的兒子。張良對劉邦說：「商人大都見利忘義，我們應該先設下疑兵，讓敵人產生錯覺，認為我們兵多將廣。然後再以重金誘之，敵將一定投降。」

劉邦聽從了他的意見，先在山上插遍旗幟，然後又派人給敵軍將領送了很多錢財。敵將果然答應投降，但是要求與劉邦一起攻打咸陽。劉邦聽說後大喜，準備同意，張良說：「敵將答應投降，但是他手下的士兵不一定全聽他的。我建議趁對方鬆懈，立即對他們發起進攻。」劉邦於是帶兵發動襲擊，大敗秦軍，並趁勢攻下咸陽，滅了秦朝。

劉邦進入咸陽後，看到秦國國庫、宮殿中珠寶、美女甚多，就想放開手腳好好享受一番。樊噲見狀，多次對他進行勸諫，但是劉邦根本不

聽。張良對劉邦說：「秦王因為喪失道義，貪圖享樂才落到如此地步。如果剛剛滅掉秦朝就安於享樂，與暴秦有什麼區別？良藥苦口，但是利於治病；忠言逆耳，但是有助於約束行為。」劉邦聽後，將秦朝的國庫封存，宮門緊鎖，與關中父老約法三章，很快就贏得了民心。

劉邦因為滅掉秦朝，被項羽封為漢王。張良奉命去韓國時，對劉邦說：「項王對你有防備之心，為了打消他的疑心，你進入蜀地後，將棧道燒掉，表示永不再回來。這樣，他就不會懷疑你了。」劉邦照他說的做了，果然打消了項羽對自己的懷疑。

劉邦建漢後，對手下論功行賞。張良雖然沒有戰功，但是因為他神機妙算，多次為劉邦出謀劃策，被劉邦尊為第一謀士。

劉邦說：「運籌帷幄之中，決勝千里之外，誰也比不上張子房啊！」劉邦要封給張良三萬戶的食邑，張良謝絕了，他請求將自己封在留地。於是，劉邦封張良為留侯。張良知道劉邦生性多疑，因此，功成名就之後，他選擇了急流勇退。他藉口想尋道訪仙，離開了朝廷。

周勃誅殺諸呂

周勃出身貧寒，原先以養蠶、編織為生，後來又做了樂師。漢高祖劉邦沛縣起兵時，他隨劉邦起兵反秦，才成為拉弓舞劍、馳騁沙場的勇士。漢朝建立後，他因為軍功，被漢高祖封為絳侯。韓信叛亂時，他因為討伐有功，升為太尉。

劉邦臨死前，將大臣們召集到一起，歃血為盟，定下約定：「非劉氏子孫，不能封王；非建功立業者，不能封侯；違反約定者，就是全天下的敵人，人人得而誅之！」劉邦還預言：「能匡扶劉氏天下的，非周勃莫屬。」劉邦死後，漢惠帝劉盈即位，但是朝政大權都掌握在呂后手中。呂后手段殘忍，善於玩弄權術，她誅殺功臣，虐殺戚夫人，毒殺趙王如意。漢惠帝生活在母親擅權弄術的陰影

一次讀完二十五史 故事

下，心灰意冷，終日縱情聲色，很快就去世了。漢惠帝沒有子嗣，他剛死掉，呂后為了專權，就立了個年幼的孩子為帝，史稱漢少帝。

呂后想封呂氏家族的人為王，就在朝堂上提起這事。右丞相王陵生性耿直，呂后話音剛落，他就大聲反對，並搬出了劉邦的遺訓。呂后心中生氣，又諮詢左丞相陳平和太尉周勃的意見。陳平說：「高祖掌權時封劉氏為王，現在太后掌權，封呂氏為王，也是理所當然的事。」周勃對陳平的話也極其贊同。呂后聽了他們的話，心中非常高興。

退朝後，王陵截住陳平、周勃，責備他們：「高祖歃血為盟時，你們也發了誓，現在竟然出爾反爾！」陳平和周勃說：「在朝堂上爭論，我們比不上你。但是日後光復劉氏江山，你就不如我們了。」呂后因為王陵當眾反對自己，對他懷恨在心，將他升為太傅，透過明升暗降，剝奪了他的權力。王陵心中憤怒難消，稱病不出，幾年後就去世了。

呂后因為有了大臣的支持，開始大肆封呂氏家族的人為王。她封姪子呂祿為趙王、上將軍，讓他統帥北軍；封呂產為呂王，讓他統帥南軍。呂后將呂氏家族的人都提拔到高位之後，開始打擊、剷除劉氏諸侯，引起了很多人的不滿。

呂后病重時，任命呂祿、呂產為京城禁軍頭領，控制了京城的軍事力量。她對他們說：「高祖當年有約，非劉氏子孫不能封王。現在我們家出了這麼多王侯，很多人都心懷不滿。我死後，肯定會有人趁機作亂。為了不被人劫持，你們要調重兵把守皇宮，千萬不要去為我送喪。」呂祿、呂產依計而行。呂后死後，呂產出任相國，呂祿的女兒做了皇后，呂氏家族的權勢依然是掌握權勢，呂祿、呂產想將劉氏天下換成呂氏天下。他們制定了謀反計畫，但是由於對周勃和灌嬰有所畏懼，遲遲沒有付諸行動。

劉氏宗族和朝中大臣對呂后的倒行逆施早就心懷不滿。朱虛侯劉章的妻子是呂祿的另一個女兒，她將呂氏想謀權篡國的計畫透露給劉章。劉章馬上將這件事告訴了哥哥——齊王劉襄。齊王得到消息後，馬上通知了周勃。當時，周勃已經被剝奪了兵權，軍權都掌握在呂祿、呂產手中。涿侯酈商的兒子酈寄是呂祿的好友，他足

智多謀、能言善辯，深受呂祿敬重。周勃和陳平商議，派酈寄去遊說呂祿，讓其交出北軍將印。酈寄見到呂祿後，對他說：「太后剛剛去世，你佩戴趙王印，卻不去鎮守封地，難免會引人猜忌。你如果想世代為王，不如早回封地，將印信交給太尉周勃，急流勇退。」呂祿有勇無謀，聽從了他的建議，交出了將印。周勃拿到將印後，來到北軍大營，對將士們說：「願意效忠呂氏的，露出右臂。願意效忠劉氏的，露出左臂！」大家都將左臂袒露出來。周勃帶領將士們高呼口號，誓死剿滅呂氏一族。將士們群情激奮，周勃控制了北軍。

陳平將劉章找來，讓他帶人去南門，阻止呂產進宮。劉章聽後，先派人傳令任何人不得出入皇宮，又親自率兵堵住南門。呂產還不知道呂祿已經將北軍交給了周勃，他按照計畫，來到皇宮，但是守門的士兵將他堵在了門外。呂產不知道發生了什麼事，只好在那裡等著。劉章聽到士兵的彙報後，馬上率兵來找呂產。呂產此時還在門外站著，劉章衝上去，將他殺死。不久，周勃帶兵入宮，幫助劉章誅殺諸呂。然後，周勃又派兵搜捕呂氏族人，不分老幼一律處死。呂氏一族，經歷了這場屠殺，所剩無幾。劇除呂氏後，周勃等人擁立代王劉恒為帝，就是漢文帝。劉氏天下，在周勃等人的努力下，終於收了回來，周勃也因為匡扶漢室而名垂千古。

▌ 晁錯冤死

漢高祖劉邦建立漢朝後，為了鞏固自己的統治，將劉姓子弟分封到各地為王。西漢經過幾十年的休養生息，逐漸實現了天下大治，但是諸侯國與中央政權之間的矛盾也日益激烈。很多諸侯王擁兵自重，視中央如無物。例如吳王劉濞，不但在自己的封地上煮製海鹽，還私造銅錢。一些有遠見的人見諸侯王權勢日盛，就大力主張削弱諸侯力量，晁錯就是其中的代表。

晁錯，西漢潁川人，他年輕時，

就是遠近聞名的才子。從政後，漢文帝見他學識淵博，就任命他為太子舍人。晁錯向太子提出了多項加強中央集權的主張，深受太子信賴，被太子尊稱為「智囊」。他還多次上書漢文帝，主張削弱諸侯力量。漢文帝雖然對他的主張不甚贊同，但是對他的才幹極其欣賞，將其提拔為中大夫。朝中諸臣，看到晁錯深受漢文帝和太子喜愛，都非常嫉妒，其中，尤以袁盎和申屠嘉為甚。

漢文帝死後，太子即位，就是漢景帝。漢景帝即位後，任晁錯為內史，經常與他一起討論國事，對他極為恩寵。有一次，晁錯為了出入內史衙門方便，就在太上廟的一段圍牆上開了兩個門。申屠嘉聽說後，就準備第二天在朝堂上告他一狀。晁錯得到消息後，連夜找到漢景帝，將情況一五一十地說了出來。第二天入朝，申屠嘉啟奏漢景帝，揭發晁錯私毀太上廟，請求判其死刑。漢景帝說：「他鑿穿的圍牆在廟外的空地上，又不是在廟裡面，沒有什麼大不了的，以後不要再提了。」申屠嘉聽後，生氣地對別人說：「我應該先斬後奏，殺了晁錯，再告知皇上。現在讓他惡人先告狀，我真是悔恨莫及。」申屠嘉回去後，又氣又恨，不久就病故了。申屠嘉病死後，漢景帝不但沒有責怪晁錯，還任命他為御史大夫。朝中重臣見漢景帝如此寵信晁錯，都忿恨不已。

晁錯擔任御史大夫一職後，多次上書，揭發諸侯的不法行為。漢景帝將違法的諸侯正法後，又趁機利用剝奪爵位、削減封地等手段削弱諸侯勢力。諸侯受到打擊，都對晁錯恨之入骨。晁錯的父親聽說兒子得罪了諸侯，從老家跑過來對他說：「你破壞別人的骨肉親情，離災禍不遠了。」晁錯說：「我知道，但是如果不這樣，天子的尊嚴就得不到維護，國家的安定也沒有保障。」晁錯的父親見他不聽勸告，對人說：「我不想親眼看見兒子大禍臨頭，先走一步了。」他回到家中，就服毒自殺了。晁錯聽說後，痛不欲生，但是他削弱諸侯的決心卻更加堅定了。

吳王、楚王等人早有謀反之心，如今受到朝廷制裁，心中更是不滿。他們聯合另外五個諸侯國，以「清君側」為名，發起叛亂，史稱「七國之亂」。

漢景帝見諸侯起兵，手足失措。晁錯上書漢景帝，主張對他們進行打擊。袁盎等人則宣稱，七國之亂都是晁錯引起的，只要將晁錯殺掉，自然可以消除叛亂。漢景帝聽了他們的話，就命人將晁錯腰斬。士兵前去逮捕晁錯時，晁錯還正在處理公務。可憐他為國赤誠，卻死於非命。

晁錯死後，漢景帝問率兵狙擊諸王的大將鄧公，諸王有沒有退兵。鄧公說：「吳王為了造反，早就準備好多年了。他這次出兵名義上是要清除晁錯，其實，這不過是個藉口罷了。

晁錯主張削弱諸侯，一心為國，卻慘遭殺害，臣真是為他可惜。」漢景帝聽後，沉默良久，說道：「是啊，我也是深感遺憾。」

漢景帝見諸侯叛亂已成定局，就任周亞夫為大將，領兵平叛。周亞夫不負所望，沒用多長時間，就平定了七國之亂。

叛亂平定後，漢景帝推行了一系列限制、削弱諸侯王權力的措施。諸侯王勢力銳減，再也不敢藐視朝廷。但是，最初主張削弱諸侯權力的功臣晁錯，卻再也看不到這一切了。

冒頓振興匈奴

匈奴從戰國時期就一直不斷興兵進犯中原地區，秦始皇在位時，曾派大將軍蒙恬出擊匈奴，將其趕往漠北。秦末漢初，匈奴趁中原戰亂，逐漸南下。

當時，匈奴的首領名叫頭曼。頭曼寵愛的閼氏（皇后）生下兒子後，頭曼就想廢掉太子冒頓，改立幼子為繼承人。他將冒頓送往月氏國做人質，然後出兵攻打月氏。月氏國王大

怒，準備殺掉冒頓。冒頓在其行動之前，盜得一匹好馬，逃回匈奴。頭曼見冒頓如此英勇，就讓他做了萬名騎兵的頭領。

冒頓得到兵馬後，就準備將他們訓練成絕對服從自己的力量。他發明了一種射出去能發出聲響的箭，他在訓練時對部下說：「我的響箭射到哪裡，你們就要射到哪裡，違令者斬！」他用響箭射自己的戰馬，有的

人不敢從令，他就當場將沒射的人斬首。過了一段時間，他用響箭射自己的妻子，有人不敢，又被他殺掉了。後來，冒頓再用箭射自己的戰馬時部下紛紛效仿。冒頓見時機成熟，就準備除掉頭曼。有一天，冒頓與頭曼一起打獵時，用響箭射頭曼，他的手下紛紛彎弓射箭，頭曼被亂箭射死。冒頓殺死父親後，又將後母、弟弟和異己大臣統統殺死，自立為單于。

冒頓當上單于後，為了壯大匈奴，準備逐步消滅匈奴的主要對手——東面的東胡和西面的月氏。東胡聽說冒頓殺死父親，派人前去責備他，並向他討要他的坐騎千里馬，冒頓答應了。東胡以為冒頓怯弱，愈加囂張。過了不久，東胡又派人告訴冒頓：「將單于閼氏送與東胡王為妻。」冒頓的部下見東胡得寸進尺，非常氣憤，紛紛要求出兵東胡。冒頓力排眾議，派人將自己的妻子送給了東胡王。東胡見冒頓屈服，從此對他放鬆了警惕。冒頓則趁此機會，訓練士兵，發展力量。

不久，東胡又派來人對冒頓說：「東胡與匈奴之間有一塊荒地，既然匈奴留著沒用，就送給東胡吧！」冒頓召集大臣商議此事。有人說，這塊地既然是廢地，可以出讓。冒頓大怒：「土地是國家的根本，怎能隨便割讓。東胡欺人太甚，不將其消滅，難消我心頭之恨！」他命人將主張割讓者推出去斬首，然後領兵襲擊東胡。東胡措手不及，很快就被冒頓滅掉。冒頓收編了東胡的軍隊後，開始興兵攻打月氏，很快將其擊敗，迫使月氏向西遷移。匈奴解除了東西兩面的威脅後，又征服了樓蘭、烏孫等二十多個國家，控制了大半個西域，並占領了河套地區，進入了有史以來最為強盛的時期。

匈奴強大起來以後，多次揮兵南下。漢初，冒頓發兵攻打被劉邦封在代地的韓王信，攻占其都城馬邑，韓王被迫投降。冒頓以韓王為嚮導，帶兵進犯中原。劉邦見狀，親率軍隊迎戰匈奴。冒頓假裝戰敗，引誘漢軍在後追擊。漢軍果然在後面緊追不捨，為了加快速度，劉邦讓騎兵甩開步兵，快速前進。漢軍到達白登山後，被冒頓率精兵包圍。漢軍被圍了七天，始終無法突圍。天氣嚴寒，由於缺少供給，將士們饑寒交迫。後來，劉邦聽從陳平的計策，派人賄賂、遊

說冒頓閼氏，讓她勸解冒頓，放漢軍一條生路。冒頓曾和韓王的部將王黃、趙利約好一起攻打漢軍，可是，他們遲遲沒有出現。冒頓懷疑他們有異心，聽了閼氏的話，下令部隊放開一角，讓劉邦引兵退去。

劉邦回國後，聽從臣子的建議，採取了與匈奴和親的政策。此後，匈奴對漢朝的騷擾才稍微有所收斂，但是，匈奴仍然是威脅漢朝北方的主要力量。

▌少年將軍霍去病

霍去病是漢武帝的皇后衛子夫的外甥，因為精通騎射，武藝高強，深受漢武帝喜愛。霍去病十八歲時，跟隨衛青出征匈奴。他帶領八百騎兵夜襲匈奴大營，斬殺二千餘人，還俘虜了匈奴的相國和王族，為國家立下大功，被封為冠軍侯。

第二年春天，霍去病被任命為驃騎將軍，率領一萬精兵從隴西出發，攻打匈奴。

霍去病率領士兵一路前進，在皋蘭山與匈奴盧侯王、折蘭王展開決戰。漢軍死傷過半，但是匈奴更是損失慘重，盧侯王、折蘭王戰死，匈奴渾邪王子及相國被俘，死亡人數高達九千。霍去病在班師途中，又順勢擊敗好幾個依附匈奴的西域國家，收穫

甚多，就連休屠國用來祭天的金人都被霍去病帶回長安。漢武帝見霍去病年紀輕輕，就立下如此大功，非常高興，封給了他兩千戶的食邑。

過了幾個月，漢武帝派霍去病與張騫、李廣等人再次出征匈奴。霍去病與李廣等人約定，兩路出兵，夾擊匈奴。但是，李廣剛入大漠，就被匈奴左賢王帶兵包圍。張騫聽說後，帶領援軍將匈奴殺退。與霍去病接頭的公孫敖部隊在沙漠裡迷了路，霍去病等不到他們，就率領大軍從北地出發，深入祁連山，繞到匈奴背後發動突襲，獲得大勝。匈奴被漢軍斬殺三萬餘人，又丟失了很多兵馬、輜重，漢軍還俘虜了許多匈奴重臣。

祁連山一戰，殺得匈奴人膽顫心

寒，此後，匈奴人聽到霍去病的名號就望風而逃。霍去病繼李廣、衛青之後，成為匈奴的又一剋星。

祁連山戰敗，讓匈奴單于非常氣憤，他想殺掉指揮不力的渾邪王。渾邪王聽後，找到休屠王，決定與其一起投降漢朝。漢武帝知道後，派霍去病去黃河邊接受他們的投降。霍去病帶領士兵渡河時，渾邪王的部下心生膽怯，不想投降，發起了叛變。霍去病登岸後，帶領士兵衝入渾邪王陣中，將叛變的士兵抓了起來，斬殺了八千餘人。霍去病將渾邪王帶回長安後，漢朝撤除了很多北方防線，得以集中全力對付匈奴單于。

元狩四年（西元前119年），為了徹底消滅匈奴主力，漢武帝發起了規模宏大的「漠北大戰」。他命霍去病和衛青各率五萬精兵，出擊匈奴。霍去病率領騎兵，長途奔襲兩千多里，大破匈奴左賢王的部隊，斬殺匈奴七萬多人，俘虜了匈奴王侯、將軍共八十多人，而漢軍僅損失一萬多人。匈奴敗退時，霍去病率領部隊，一直在後追殺，到了狼居胥山，霍去病下令部隊臨時休整，然後在此地進行了祭天儀式，留下了「封狼居胥」

的佳話。之後，霍去病繼續率軍追擊匈奴，一直打到瀚海（今俄國貝加爾湖），才班師回朝。漢朝的部隊在這次軍事行動中損失慘重，但是匈奴也元氣大傷，從此再也不敢覬覦中原。為了表彰霍去病的功勞，漢武帝專門設置了大司馬一職，任命霍去病為大司馬。漢武帝還下旨，要為霍去病建造府邸，但是被霍去病拒絕了。他說：「沒有滅掉匈奴，我無心安家。」

霍去病雖然戰功顯赫，但是他為人謹慎，從不營私結黨。衛青對霍去病說：「豢養門客，只會引起天子猜忌。朋黨勾結，只會敗壞朝政。作為臣子，只要奉公守法、盡忠職守就行了。」霍去病對他的看法極其贊同，每次在朝堂上，都謹言慎行，對朝政從來不多加議論。

霍去病一生四次領兵出擊匈奴，每次都大勝而歸，為漢朝平定邊疆、開拓疆土立下了汗馬功勞。但是天妒英才，霍去病在二十三歲時，染上重病，不治身亡。漢武帝聽到他的死訊後，非常悲傷。為了表彰他的豐功偉績，漢武帝下令，按照祁連山的形狀，為霍去病修建了墳墓。

風流才子司馬相如

司馬相如，蜀郡成都人，原名司馬長卿，因為仰慕戰國時期趙國名相藺相如，而改名司馬相如。他學識淵博，才華橫溢，是當時的辭賦大家。漢景帝時，司馬相如入朝擔任了武騎常侍一職。漢景帝不好辭賦，司馬相如遲遲得不到升遷，就投到梁王門下，做了他的門客。他那篇著名的《子虛賦》，就是此時寫的。

梁王死後，司馬相如回到蜀郡，過起了清貧的生活。臨邛令王吉與之交好，有一天，臨邛富豪卓王孫、程鄭宴請王吉時，王吉讓司馬相如陪自己一同赴宴。酒席上，王吉對司馬相如說：「聽說你琴技不錯，今天何不展示一番。」卓王孫有一個年輕守寡的女兒名叫卓文君，聽說有名士在席，就躲在窗戶後面偷看。司馬相如看到卓文君年輕貌美，就趁機彈了一曲《鳳求凰》，挑動其心。卓文君被他的琴聲打動，當天夜裡，就從家裡跑出去，找到司馬相如，兩人一起私奔了。卓王孫大怒，大罵女兒傷風敗俗，自己一分錢都不會給她。

卓文君和司馬相如在外地生活了一段時間，無以為生，只好返回臨邛開了一家小酒店。司馬相如和夥計們釀酒、侍弄雜物，卓文君則掌管店務。卓王孫聽後，覺得很丟人，整天緊鎖大門，閉門不出。他的兄弟和宗族對他說：「司馬相如雖然很窮，但是是個人才。你的女兒嫁給司馬相如，也算有了依靠。你不缺錢財，何必讓他們生活得如此艱難。」卓王孫聽後，就派人給司馬相如夫婦送去了百名僕人和百萬錢財。兩人靠著卓王孫的扶持，回到成都，買田置地，過起了富裕的生活。

漢武帝登基不久，讀到《子虛賦》，非常喜愛。他以為這樣好的文章是古人寫的，就嘆息道：「可惜啊，我與作者不是同一朝代的人！」為漢武帝管理獵犬的狗監楊得意是蜀郡人，他對漢武帝說：「這篇賦，其實是我的同鄉司馬相如寫的。」漢武帝聽後，馬上命司馬相如進京。司馬相如見到漢武帝後，對他說：「這篇賦是舊作，請讓我再寫一篇遊獵

賦，獻給皇上。」漢武帝同意了。司馬相如正襟危坐，一揮而就，很快就寫成了一篇《上林賦》，這篇賦辭藻華麗、氣韻非凡。漢武帝看過後很高興，當場拜司馬相如為郎。

被漢武帝打入冷宮的陳皇后聽說司馬相如的名聲後，為了重獲漢武帝寵愛，出重金讓司馬相如為自己寫了一篇《長門賦》。漢武帝讀到後，大受感動，但是由於他早已移情別戀，就始終沒有復幸陳皇后。

司馬相如文采很好，但是有些口吃，不過，這對他的口才並沒有多大影響。建元六年，漢朝和夜郎國建立關係後，派大將唐蒙開通西南地區的道路，並在巴、蜀等地徵發官吏。巴蜀百姓見唐蒙手段強硬、殘暴，人心不定。漢武帝聽說後，就派司馬相如前去責備唐蒙、安撫百姓。司馬相如很快完成了任務而凱旋。回朝後，司馬相如受到漢武帝重賞。漢武帝喜歡打獵，經常帶人與猛獸搏鬥，司馬相如上書勸諫，最終讓漢武帝放棄了這一愛好。

司馬相如一直患有消渴之症（今稱糖尿病），當官後，雖然生活富裕，但是病症一直沒有治好。他病危時，漢武帝對左右說：「司馬相如病重，趕快去他家中將他寫的書拿來，不然就失傳了。」使者趕到司馬相如家時，他已死去多時。使者問卓文君書在哪裡，卓文君說：「他的文章一寫好就被別人拿走了。他臨死前寫過一卷書，說如果皇上派人前來，就轉交上去。」漢武帝拿到書後，看到書上寫的是封禪之事。漢武帝有去泰山封禪之心，但是從未對人提起過，因此，他看到書後，心中非常驚訝。

司馬相如的賦，辭藻華麗，結構宏大，被後人推崇為漢賦中的傑作。司馬相如也被後人尊為「賦聖」。

漢書

霸王烏江自刎

西元前202年，韓信率領大軍，十面埋伏，將項羽圍困在垓下（今安徽靈璧縣東南）。項羽幾次突圍，都被擋了回來。

韓信知楚軍糧草將盡，為了瓦解楚軍鬥志，就讓漢軍齊聲合唱楚地的民歌。項羽與愛姬虞姬一起飲酒時，聽到歌聲，以為漢軍已經攻下了楚地，忍不住淚如雨下。項羽借酒消愁，也隨口唱出一曲：「力拔山兮氣蓋世，時不利兮騅不逝。騅不逝兮可奈何，虞兮虞兮奈若何？」虞姬也跟著吟唱。周圍的侍從聽了，都忍不住哭出聲來。

當天夜裡，項羽決定率兵突圍。他帶領八百騎兵，殺出重圍，向南逃去。韓信得到消息後，命灌嬰帶領五千騎兵，在後面緊追不捨。項羽一行慌不擇路，很多人都走散了。渡過淮水後，項羽身邊僅剩下一百多人。走了一程，項羽來到一個三岔路口，問路邊的老人哪條路可以通往彭城。老人認出他就是讓天下萬民陷入戰亂之中的西楚霸王，心中不悅，哄騙他

說：「左邊的那條。」項羽聽信他的話，向西走了。但是沒走多遠，就來到了沼澤地帶。

項羽想調回頭時，已經來不及了——後面漢軍已經追了上來。

項羽帶領部下邊殺邊退，走到東城（今安徽定遠），身邊僅剩下二十八個人。項羽知道自己逃不掉了，就對手下說：「我征戰多年，攻無不克，戰無不勝，所以才被人們稱為西楚霸王。今天落到如此田地，不是我打仗不行，是老天要亡我。」他將手下人分成四隊，對他們說：「敵人來時，你們就朝四個方向衝，然後在東山下會合。現在，先看我如何斬殺他們領頭的將領！」他說完，大喝一聲，向漢軍撲去，漢軍抵擋不住，紛紛躲避，項羽很快就砍死一個漢軍將領。

項羽來到東山下，那四隊人馬也到齊了。項羽將他們分成三隊，衝擊漢軍。漢軍不知道項羽在哪一隊，只好將三路人馬全部包圍起來。最後，他將三隊人馬集合起來，清點了一下，發現只損失了兩個騎兵。

項羽領著這二十六人殺出漢兵的包圍圈，向南逃去。走到烏江（安徽和縣東北）岸邊，烏江亭長早就划著一條小船，等在那裡。他對項羽說：「江東雖小，但是方圓也有千里，還有幾十萬人口。大王過江後，可以在那裡稱王。」

項羽說：「當年我在稽郡起兵時，從江東帶了八千子弟，現在卻只剩下我一個人。即使江東父老可憐我，讓我做王，我項羽也沒有臉回去見他們！」

他牽著烏騅馬對亭長說：「這匹馬隨我征戰多年，我不忍讓漢軍殺死牠，就送給你吧。」說完，他就轉身離去。他手下的士兵也紛紛下馬，與他一起迎戰漢軍。

項羽與部下手持利刃，衝向敵群。漢軍將他們團團圍住，很快，項羽的二十六個手下都戰死了。漢軍密密麻麻地圍上來，項羽不肯被俘受辱，拔劍自刎。曾經叱吒風雲的西楚霸王項羽，在烏江岸畔結束了自己的性命。

賈誼英年早逝

　　賈誼是洛陽人，他從小聰明好學，精通詩書。賈誼十八歲時，就因為寫得一手好文章而聲名遠揚。河南郡太守吳公聽說他的大名後，將他召為門客。

　　賈誼幫助吳公治理河南，成績卓著。漢文帝考核地方官員時，吳公的政績被評為天下第一。漢文帝任命吳公為廷尉，將他調回京城。吳公入京後，向漢文帝推薦了賈誼。當年，二十一歲的賈誼就被漢文帝任命為博士官。

　　漢文帝每次頒布政令，都會諮詢博士們的意見。賈誼雖然是博士中最年輕的一個，但是每次漢武帝話音剛落，他就開始滔滔不絕地闡述自己的觀點。他的論述全面、深刻，有理有據。其他博士都認為他將自己所想的都說了出來，因此，大家一致公認賈誼是最有學問的人。漢文帝就提拔賈誼做了太中大夫。朝中重臣周勃、灌嬰等人對賈誼非常嫉妒，他們對漢文帝說：「賈誼年紀輕輕，就受此恩寵，在外面非常驕傲。皇上要嚴防他

自作主張，把持朝政。」漢文帝聽後不喜，將賈誼貶為長沙王太傅，趕出了京城。

　　長沙地處南方，極其偏遠、荒蕪。賈誼長途跋涉前往長沙時，心情非常鬱悶。他想，自己才華橫溢，志向高遠，卻因為別人的攻擊而被貶離京，此後恐怕再也難有所作為。他左思右想，心中不甘。他想起與自己遭遇相同的楚國大詩人屈原，感慨萬千，揮筆寫下了《吊屈原賦》，以此來抒發自己的苦悶心情。

　　過了幾年，漢文帝想起賈誼，又將他從長沙調回長安。賈誼去見漢文帝的時候，漢文帝正在食用祭祀過的肉食。他對有關鬼神、魂靈之類的事極其好奇，就與賈誼說起這件事。賈誼就自己對鬼神的理解，做了全面的闡述。漢文帝越聽越有趣，他聽得入神，好幾次都不知不覺地挪動坐墊，坐到了賈誼面前。賈誼談了半夜，方才告辭。事後，漢文帝感慨道：「我長時間沒見賈誼，以為自己的學問已經趕上了他。聽了他的話，我才知道

一次讀完二十五史 故事

自己差得很遠啊。」不久，漢文帝讓賈誼做了自己的小兒子——梁王劉揖的老師。

賈誼雖然是一介書生，但是他深謀遠慮，眼光高遠。漢文帝時，漢朝剛剛建國不久，國家法律、制度、禮儀等還都不完善。淮南王和濟北王因為謀反被漢文帝處死；周勃被人誣陷謀反，抓了起來，後來查清後，無罪釋放。賈誼上書說：「對於那些有野心的人，要用道德和禮節進行教化。朝臣、諸侯有罪的話，不應該用刑，應該讓他們自殺，以彰顯朝廷的恩德。」漢文帝認為他說的有理，採納了他的建議。賈誼又勸諫漢文帝要注意削弱諸侯力量，這樣才有利於國家的長治久安。但是漢文帝沒有採取他的意見。淮南王死後，漢文帝準備封他的兒子為侯，賈誼勸阻漢文帝不要讓他們培植起自己的勢力，以免將來難以制服。漢文帝更是置之不理。漢文帝十一年（西元前169年），梁王劉揖騎馬時，不小心從馬上掉下來摔死了。賈誼認為自己身為太傅，卻沒有盡到責任，實在是罪過。他為此深深自責，經常哭泣。一年後，就鬱鬱而終，死時年僅三十三歲。

竇漪房稱后

漢文帝的皇后竇皇后，原名竇漪房，清河郡（今河北清河）人氏。她雙親早亡，有一兄一弟，兩人四、五歲時，被人口販子賣至外地。竇漪房孤身一人，遍嘗世態冷暖。後來呂后執政時，她被作為良家女子選送入宮，命運從此開始發生轉折。

呂后為了安撫地方諸侯，準備從宮女中挑出一部分年輕貌美的，作為禮物送給各諸侯王。竇漪房因為清河離趙國較近，就請求負責遣送的宦官將自己寫在遣往趙國的花名冊中，那人一口答應了。但是後來這個宦官忘了這件事，陰錯陽差，竇漪房被送往了代國。她去代國時，哭哭啼啼，極其不情願。到了代國，代王劉恒非常喜歡他，與她生了一個女兒、兩個兒子。其中，他們的大兒子就是日後的

漢景帝劉啟。

代王本來有個王后，為他生了四個兒子，但是王后病死不久，那幾個兒子也先後夭折。代王被立為皇帝後，群臣上書要求冊立太子，劉啟因為年齡最大，被立為太子。母以子貴，竇漪房也因此被立為皇后。她的女兒劉嫖被封為館陶公主，幼子劉武先被封為代王，後來又被封為梁孝王。

竇皇后的哥哥竇長君和弟弟竇少君（又名竇廣國）被掠到外地後，幾經轉手，被賣到宜陽（今河南宜陽），在山上為主人挖石炭。有一天晚上，竇少君與一百多個同伴在山崖下睡覺時，山崖突然崩塌。除了竇少君以外，所有人都被砸死了。他死裡逃生，就請人為自己卜了一卦。占卜者告訴他：「大難不死，必有後福。不日之內，你就會被皇上封侯。」沒幾天，竇少君隨主人來到長安時，就聽人說新封的竇皇后正在尋找家人。他見皇后與自己籍貫相同，就將自己的籍貫、姓名，以及小時與姐姐一起採桑葉時從樹上掉下的事，都詳細地寫了出來，交了上去。

竇皇后知道後，讓人宣他進宮，對他仔細盤問，竇少君將自己能想起來的事全部說了出來。竇皇后還不放心，問他還記得什麼。他說：「我當年被拐走時，年紀還小。我只記得我與姐姐在驛站分別時，姐姐拿來淘米水給我洗頭，洗完後又餵飯給我吃。」竇皇后聽後，抱住他放聲大哭。兩人泣不成聲，身邊的人也跟著流下了眼淚。竇皇后將這件事告訴了漢文帝，漢文帝賞賜給他兄弟二人很多東西，又為他們建了府邸，還為他們請了德高望重的學者做老師。在皇上、皇后的督導下，竇長君、竇少君兄弟二人都成為謙遜有禮的人，他們從不倚仗自己的身分而驕傲放縱。

竇皇后身體不好，眼睛有病，後來竟漸漸失明了。漢文帝晚年極其寵幸慎夫人，但是由於她沒有子嗣，太子和皇后的地位也就沒有受到任何威脅。漢文帝去世後，漢景帝即位，竇皇后也變成了竇太后。竇太后非常喜愛幼子劉武，對他賞賜甚厚，並多次暗示漢景帝將王位傳給劉武。漢景帝與劉武感情深厚，也準備將王位傳給他，但是大臣們齊聲反對。竇太后聽了，只好作罷。

竇太后一生信奉黃老學說，她曾

讓漢景帝和竇氏族人都潛心研讀《老子》。她還多次勸說漢景帝推行黃老之術的寬民政策，寬政待民。在她的大力推崇下，時人都將黃老學說看得很高。

漢景帝死後，漢武帝年幼，竇太后掌管軍國大權。她執掌朝政時，對朝臣和四夷恩威並施，使得國家政局穩定，經濟繁榮。她去世前，漢武帝為了討其歡心，從來不敢重用儒生，推崇儒學。西元前135年，竇太后（當時的稱呼是太皇太后）病逝，漢武帝將她與漢文帝合葬於霸陵。

周亞夫嚴於治軍

周亞夫是太尉周勃的兒子，周勃死後，周亞夫的哥哥周勝之繼承了父親的爵位。後來，周勝之因犯罪被漢文帝剝去了爵位。漢文帝想從周勃的後代中挑選一個較為賢明的人為侯，眾人推舉了周亞夫，周亞夫因此被漢文帝封為條侯。

漢文帝六年（西元前158年），匈奴大舉入侵漢邊，漢文帝派出三員大將駐守在西北主要關隘，準備隨時與匈奴展開決戰。其中，宗正劉禮屯軍灞上，祝茲侯徐厲駐軍棘門，周亞夫則駐守在細柳（今陝西咸陽西南）。

有一天，漢文帝決定親自前去慰勞軍隊。他來到灞上，上至守將，下至兵卒，聽說皇帝來了，紛紛跑出去迎接。漢文帝的車馬在兵營裡來去自由，沒有受到任何阻擋。漢文帝來到棘門，碰到的情況與在灞上時如出一轍。

漢文帝來到細柳營，離營寨很遠，就被哨兵發現了。營中將士聽說有大隊車馬前來，紛紛披甲上馬，刀劍出鞘，嚴陣以待。漢文帝的先導部隊來到營寨門口，被守門的都尉攔了下來。

先導部隊的將領說：「天子就要到了，趕快迎接。」都尉回答：「周將軍有令，軍營中只聽從軍令。沒有周將軍的命令，天子來了也不能進去。」漢文帝聽說後，派人手持符

節對周亞夫說：「皇上要入營慰勞軍隊。」周亞夫這才讓人打開大門，放漢文帝的車馬進來。守門的衛兵對先導將領說：「將軍有令：軍營內不准車馬賓士。」

漢文帝只好讓人緊控車馬，慢慢前行。全副武裝的周亞夫在中營見到漢文帝後，對皇帝做了一揖，說道：「臣身在軍營，甲冑在身，請允許我以軍禮參拜。」漢文帝深受感動，他扶著車前的橫木彎下腰，作為謝禮。他派人去各營宣詔：「皇上前來慰勞將士們。」

慰勞軍隊完畢，漢文帝就離開了細柳營。漢文帝手下的人議論紛紛，說周亞夫對皇上不敬，實在是可恨。漢文帝卻連聲讚嘆：「這才是真正的將軍啊！灞上和棘門的部隊，跟周亞夫的細柳營一比較，幼稚得簡直就像小孩子在遊戲。如果匈奴來襲，他們肯定會吃敗仗。至於周亞夫，敵人就算想偷襲他，你們認為會有機會嗎？」漢文帝回去後，就這件事，多

次在朝堂上對周亞夫讚不絕口。

匈奴軍隊見漢朝早有準備，沒過多久就撤走了。匈奴一走，漢文帝將三支軍隊也撤了回來，並拜周亞夫為中尉，負責京城的治安與軍事大權。漢文帝臨死時，告訴太子：「如果國家有難，周亞夫是可以力挽狂瀾的人。」漢景帝將他的話記在心上，登基後，任命周亞夫為車騎將軍。

西元前154年，「七國之亂」爆發，漢景帝將周亞夫由中尉提拔為太尉，然後讓他率領軍隊前去平定叛亂。

周亞夫與大將軍竇嬰一起率領三十六名將軍，先以騎兵斷絕了叛軍的糧道，然後用十個月的時間與叛軍作戰，叛軍大敗。叛軍頭領吳王劉濞被殺，其他六王皆畏罪自殺，叛亂很快就平息了。

「七國之亂」平定後，周亞夫由於善於用兵而聲名遠揚。他在細柳營嚴於治軍的故事，也成為人們傳頌的佳話。

巫蠱之亂

江充，西漢趙國邯鄲人，原名江齊。他有個妹妹因為善於彈琴跳舞，被趙國太子劉丹選入宮中，江齊憑此成為趙王劉彭祖的座上客。

後來，劉丹懷疑江齊將自己的隱私告訴了父親趙王，對他惱恨在心。他派人去抓江齊，江齊逃脫，劉丹就將他的父兄抓住殺掉了。江齊到了長安後，改名江充，向朝廷告發劉丹與異母姐姐及父王妃嬪有不正當男女關係，並且和各地的豪強私下勾結，為非作歹。漢武帝接到信後，勃然大怒，派人將劉丹下獄，準備處以死刑。

趙王是漢武帝的異母兄長，他為了救兒子一命，上書說：「江充是趙國逃亡的小吏，他陰險狡詐，為了報私仇，不惜激怒陛下。就算將他下油鍋，他都不會悔改。我願意帶領趙國的勇士，跟隨大軍前去征討匈奴，替劉丹贖罪。」漢武帝不允，還是將劉丹殺掉了。

江充為了加官晉爵，開始絞盡腦汁，設法博取漢武帝的好感。漢武帝宣他觀見時，他頭戴搖步冠，身穿紗袍、燕裙，亮麗出場。漢武帝見他身材偉岸，服飾亮麗，對左右說：「人說燕趙之地多奇士，果然不假。」江充巧舌如簧，又善於逢迎拍馬，很快就贏得了漢武帝的信任。

江充贏得漢武帝信任後，為了博取公正、廉潔的好名聲，開始彈劾權貴，打擊豪強。他知道很多權貴都喜歡在皇上專用的馳道上行駛馬車，就帶人大肆攔截駛入馳道的馬車。

一經截獲，不論是誰，馬車一律充公。就連太子劉據和陳皇后的母親館陶公主，因為自己的馬車駛入馳道，都受到過江充的喝斥。至於一般的貴族子弟，江充直接將他們關在宮門內，不准出入。那些人惶恐不安，紛紛跑到漢武帝面前求情，願意用千金贖罪。漢武帝透過這件事認為江充是剛正不阿的忠臣，對他更加欣賞，江充從此更加不可一世。

漢武帝晚年，總懷疑有人要害他，因此對巫蠱、詛咒之類的事極其敏感。他任命江充為司隸校尉，整治

巫蠱。江充利用巫蠱之事,前後誅殺了數萬人。江充與太子有隙,他見皇上年事已高,擔心太子即位後會對自己不利。於是,他準備利用巫蠱來除掉太子。

有一天,江充對漢武帝說宮裡面有怨氣,只有徹底清除,皇上才能萬壽無疆。漢武帝聽後,就讓他帶兵在宮裡大肆搜查。江充從皇后、妃嬪的宮中依次搜起,查到太子宮中時,從地上挖出一隻黃銅木刻就的木偶。

太子沒有想到自己宮中竟然會有這種東西,他大為恐懼,自知母親衛皇后失勢,自己已經無所依靠,這下子更是跳進黃河也洗不清了。少傅石德建議他當機立斷,先斬了江充,再向皇上請罪。太子手提寶劍,親自帶人將江充一夥收捕。他指著江充大罵道:「你這惡奴,陷害了趙王父子還不夠,還要來挑撥我們父子之間的關係!」他手起劍落,江充人頭落地。太子殺了江充後,自知闖下大禍,便假詔集合兵馬,準備自衛。

漢武帝聽說後,以為太子要造反,火冒三丈。他命令丞相劉屈氂立即調兵圍剿太子,劉屈氂帶兵與太子的兵馬在長安城中混戰五日,長安城中血流成河。不久,太子兵敗,在走投無路之際,上吊自殺。太子一門慘遭滅門,太子的兩個兒子和太子妃都被殺死,只有一個年幼的皇孫(即漢宣帝),被廷尉監丙吉藏了起來,免於兵禍。這場大亂,歷史上稱之為「巫蠱之禍」。

太子被滅,漢武帝心中也非常悲痛。後來他漸漸醒悟,明白了原來一切都是江充在從中作祟。他下令誅殺江充三族,又建造了「思子宮」來懷念太子。這個時候,太子因江充的誣陷,早已死去多年了。

漢武帝獨尊儒術

漢武帝統治時期,國家政治、經濟進一步發展,主張清靜無為的黃老學說已經不能滿足封建統治發展的需要。為了鞏固統治,強化中央專制集權,漢武帝迫切需要一種新的思想學說來統治人民,維護國家穩定。這

時，董仲舒出現了。

董仲舒，西漢廣川郡（今河北省景縣）人。他從小就對儒家學說非常感興趣，長大後，成為儒學大家。漢景帝時，他被任命為博士，但是由於竇太后厭惡儒家學說，就一直沒有重用他。董仲舒到了長安後，埋頭研究學問。他勤奮好學，惜時如金，以至於好幾年連自己家的後花園都沒有去過。他嚴於律己，一言一行都符合禮法，很多人都將他當成老師和典範。

董仲舒在就任期間，曾經以《春秋》為依據，來推論天地陰陽之間的關係，每次都能得到自己滿意的答案。遼東高廟和長陵高園的宮殿失火後，董仲舒在家裡用天人感應的理論來推論緣由，剛剛理清頭緒，擬好草稿，主父偃前來拜見。他只好放下手中的工作，去接待他。主父偃看到他擬好的草稿後，心中嫉妒，就將草稿偷走獻給了漢武帝。漢武帝召集儒生們一起討論稿子上的說法，有人說這種說法實在是太荒謬了，應該將撰稿人抓起來殺掉。主父偃將董仲舒供了出來，董仲舒被人抓起來審訊，將被處死。漢武帝聽說後，親自下詔赦免了他。他逃過一死後，再也不敢輕言天災鬼怪。

漢武帝曾多次徵召學者參與國事，參加治國對策。董仲舒多次上書朝廷，提倡用儒家思想治理天下。董仲舒在《舉賢良對策》中提出了「天人感應」、「大一統」學說和「罷黜百家，獨尊儒術」的主張。他認為天是大道的根源，無論是自然還是人命，都受制於天。天命的統治和政治思想都是統一的。董仲舒的儒家思想與漢武帝的集權統治思想不謀而合，因此，他的言行引起了漢武帝的注意。對策結束後，董仲舒被朝廷任命為江都相，侍奉易王。易王向來驕橫不法，但是在董仲舒的督導、教育下，開始變得知禮守法。

竇太后死後，黃老學說的靠山消失，漢武帝罷黜了所有不治儒家《五經》的太常博士，將黃老別名百家之言排斥於官學之外。他提拔儒生出身的公孫弘為丞相，大肆招攬儒生。漢武帝下令說：「凡是做官的人都要先研讀儒家學說，用儒家的思想來處理政務、解釋法律。」這就是著名的「罷黜百家，獨尊儒術」。獨尊儒術之後，儒學逐步發展，成為漢代的官方統治哲學，並最終成為此後兩千多

年統治中國封建社會的正統思想。雖然當時董仲舒已經辭官在家，但是漢武帝仍將他尊為時代的大儒。每當朝廷遇到大事，漢武帝都會派人去諮詢他的意見，然後再根據他的回答制定決策。董仲舒死後，漢武帝更是提拔他的兒子和孫子都做了官。

衛青，從奴隸到將軍

衛青的母親衛媼是平陽侯曹壽家裡的奴婢，她姿色可人，卻風流成性。她先後和幾個男子生下了三子三女，衛青就是她和小吏鄭季的私生子。由於母親是奴婢，衛青一生下來就是奴婢。衛青小時候在父親家時，鄭季老婆所生的兒子都欺負他，將他當奴隸看待。

衛青成年後，回到曹壽家做了一名騎兵侍衛。不久，衛青的異父姐姐衛子夫進了宮，受到漢武帝的寵幸，懷了龍胎。陳皇后沒有子嗣，聽說這件事後，非常嫉妒。她派人將衛青抓起來，想用這個消息刺激衛子夫，使其流產。衛青的朋友公孫敖聽說後，找來幾名勇士，到衛青被囚禁的地方，將他救了出來。漢武帝知道這件事後，給衛青升了官，陳皇后就再也不敢再打他的主意。後來衛子夫越來越受寵，衛青與其他幾個兄弟姐妹都跟著沾了光。衛子夫被封為夫人後，衛青被提拔為太中大夫。

漢武帝見衛青有膽有謀，就認命他為車騎將軍，讓他與另外三名將軍兵分四路攻打匈奴，那三個人都戰敗了，只有衛青一人避開敵人主力凱旋。這一仗，打破了匈奴不可戰勝的神話，震動了朝廷。漢武帝對衛青的軍事才能非常欣賞，封他為關內侯。不久，衛青率領三萬騎兵出擊匈奴，殺了數千人，還俘虜了一千多萬頭牲畜，大敗匈奴。漢武帝將他從匈奴手中奪回來的土地立為朔方郡，封衛青為長平侯。

衛子夫生下兒子後，被立為皇后，衛青的地位進一步得到鞏固。曹壽去世後，平陽公主想改嫁，就向屬下打聽哪個侯爺最好。大家都說是長

平侯。公主說：「衛青以前是我的下人，我怎麼能嫁給他呢？」屬下說：「衛青現在尊貴無比，他的姐姐還成了皇后。嫁給這樣的人，也不算辱沒了公主的身分。」平陽公主聽說後，就在皇后面前提起這件事，皇后非常贊同，將事情告訴了漢武帝。漢武帝親自下詔，讓衛青娶了公主。就這樣，昔日的奴隸，從大夫、將軍一步步走來，變成了今天的侯爺和駙馬。

西元前124年，漢武帝派衛青率領三萬騎兵，從朔方出發，與其他幾路人馬夾擊匈奴。衛青率領大軍，深夜前進，趁夜色包圍了匈奴左賢王的營帳。當時左賢王正在與愛妾暢飲美酒，根本沒想到漢軍會深夜前來。漢軍發起襲擊，左賢王帶領幾百名侍衛好不容易衝出包圍圈，剩下的部隊全軍覆沒。漢軍俘虜了十多個匈奴小王和一萬五千多個匈奴男女，外加無以計數的牲畜，高歌凱旋。漢軍剛過邊境，漢武帝派來的使者手捧大將軍印，就已等在那裡。衛青當場被拜為大將軍，成為國家最高的軍事長官。

衛青雖然貴為駙馬，身為大將軍，但是他為人恭謹謙遜，從不居功自傲。漢武帝為了表彰衛青的功勞，給他封了八千多戶的食邑，還要將他的三個年齡幼小的兒子都封為侯。

衛青說：「我們之所以能打勝仗，不但仰仗陛下的威嚴，還多虧了將士們浴血拚殺。陛下已經厚賞了我，我的兒子沒有半點功勞，陛下卻要將他們封侯，這不是我鼓勵將士們奮勇作戰的本意。」

漢武帝聽了，非常感動，對他說：「我並沒有忘記將士們的功勞，我一樣會獎賞他們。」漢武帝從衛青的部將裡面，挑出了十個作戰最為勇敢的，全部封侯。衛青在朝堂上，除非遇到與戰事有關的問題，才會發表意見，其他時間都謹言慎行，不多議論朝政。他的外甥霍去病深受他的影響，武將出身，卻謙虛謹慎，兼有君子之風。

漢軍對匈奴作戰接連告捷，鼓舞了漢武帝消除匈奴威脅的信心。

西元前119年，漢武帝派衛青、霍去病各率五萬精兵出擊匈奴。衛青穿越沙漠與匈奴單于展開決戰，單于見漢軍英勇頑強，趁著夜色，乘坐騾車逃竄。

衛青從俘虜口中得知單于逃跑的消息後，在後面緊追不捨。漢軍追到

趙信城，將匈奴儲存在那裡的糧草一把火燒盡後班師。

同時，霍去病率領的隊伍也大敗匈奴左賢王。這場戰爭，是漢朝歷史上規模最大、行程最遠的一次戰爭。從此以後，匈奴徹底失去了覬覦中原的實力。

兩漢時期，有很多位高權重的外戚都是靠著裙帶關係占據高位，對國家並無任何貢獻。

而衛青卻是靠浴血奮戰，出生入死，為國殺敵才成為朝廷重臣。為了表示對他的敬仰，人們將他與霍去病一起合稱為「帝國雙璧」。

司馬遷寫《史記》

司馬遷的父親司馬談是漢朝的太史令，主要職責是負責觀察天象、記錄天文。司馬遷十歲時隨父親遷往京師，師從同時代的大儒伏生、孔安國等人，他潛心學習，打下了良好的基礎。二十歲時，司馬遷開始周遊全國。回到長安後，他被漢武帝封為近侍郎中。

司馬談死時，對司馬遷說：「我一直想搜集天下的古文軼事，編纂一部史書，供後人品讀和借鑒。我死之後，你肯定會繼承我的位子，你一定要幫助我完成這個心願啊。」司馬遷含淚答應了父親的要求。

司馬談死後，三十八歲的司馬遷就任太史令，他開始搜集、整理資料，準備編寫《史記》。

西元前99年，漢武帝派李廣利帶兵三萬，攻打匈奴，結果吃了敗仗，幾乎全軍覆沒。李廣利的孫子李陵帶領五千步兵深入敵後，被匈奴包圍，李陵和手下奮死拚殺，殺死五、六千名匈奴士兵，最後由於寡不敵眾，李陵被俘後投降，他的手下只有幾百人逃了回來。

漢武帝將李陵全家抓了起來，然後召集群臣商討此事。大臣們都譴責李陵不該投降，司馬遷則說：「李陵深入敵後，是指揮官調度失當的結果，罪不在他。他率領幾千步兵還能殺死那麼多的敵人，實屬不易。他這次投降，一定是迫不得已。等到有機

會了，他一定會回來的。」李廣利是漢武帝寵妃的哥哥，漢武帝見司馬遷將罪名推到李廣利頭上，勃然大怒。他說：「你的朋友李陵投敵叛國，你還為他說話，真是可恨。」他命人將司馬遷關進大牢，處以腐刑。腐刑就是閹割，很多人都將腐刑視為侮辱，寧死也不願接受這樣的懲罰。

司馬遷受刑後多次想要尋死，但是他想到父親的遺願還沒有實現，自己的史書還沒有寫好，只好忍辱負重，苟且偷生。

西元前96年，司馬遷獲赦出獄，做了中書令，時年五十歲。他出獄後，積極整理資料，將全部精力都投入到《史記》的撰寫和修改工作中。

在他五十五歲那年，《史記》的撰寫和修改工作全部完成。《史記》，全書一百三十篇，五十二萬餘字。包括十二本紀、十表、八書、三十世家和七十列傳。裡面有對帝王將相、英雄豪傑的記載，也有對禮樂制度、法律和曆法變化的描述。在書中，司馬遷還以公正客觀的態度對裡面的人物一一作出了評價。

《史記》作為中國歷史上第一部紀傳體通史，對後世產生了深遠的影響。後人將其列為正史之首。

司馬遷忍辱負重的精神，也隨著這本書流傳青史，為他贏得了後人的尊敬和讚嘆。

漢昭帝信任霍光

漢武帝臨死時，立少子劉弗陵為太子，並任命霍光、上官桀兩人為輔政大臣，一起輔佐少主。漢武帝死後，漢昭帝劉弗陵即位，年僅八歲，他遵從漢武帝的遺詔，將朝中大權悉數委託給霍光。

霍光與上官桀本是兒女親家。霍光的大女兒是上官桀的兒媳婦，她有個女兒跟漢昭帝年齡大小差不多。於是，上官桀就透過蓋長公主的幫助，將孫女送進皇宮，不久，她就被立為皇后。霍光的女婿上官安也跟著女兒沾了光，被封為高官。霍光也不便多說什麼。

上官桀因為孫女被立為皇后之事，對蓋長公主感恩戴德。蓋長公主守寡後，私生活混亂，與丁外人私通。上官桀為了取悅蓋長公主，讓她名正言順地嫁給丁外人，就上書請求將丁外人封為侯爵，但是被霍光擋了回去。上官桀就退而求其次，請求將丁外人任命為光祿大夫，以此來接近皇上，那樣的話，封爵的機會早晚都會有的。但是，由於霍光反對，這件事還是沒有成功。上官桀父子和蓋長公主見霍光如此不給面子，對他懷恨在心。燕王劉旦是漢昭帝的兄長，他因為自己年長卻沒能登上王位，對霍光有很大的成見。朝中重臣桑弘羊想為自己的親戚求個一官半職，被霍光拒絕了，所以也暗中怨恨著霍光。這四個人聯合起來，準備扳倒霍光。

西元前81年，霍光在長安附近檢閱御林軍的時候，將一名校尉調到自己的將軍府中。上官桀等人知道後，趁霍光休假之際，偽造了一封燕王劉旦的書信，派人冒充燕王的使者，將書信送給了漢昭帝，說霍光有謀反之心。書信遞交上去之後，上官桀等人等漢昭帝下令，然後就聯合朝中大臣，迫使霍光下臺。但是，奇怪的

是，漢昭帝接到書信後，既沒有讓手下人去追查此事，也不多說什麼。

第二天，霍光入朝觀見時，得知這一消息，大吃一驚，他在偏殿的畫室裡來回踱步，不敢上殿面君。漢昭帝問朝臣大將軍霍光在哪裡，上官桀幸災樂禍地說：「大將軍因為燕王揭發了他的罪行，嚇得不敢進來。」漢昭帝宣霍光進殿。霍光膽戰心驚地進殿後，摘掉帽子，跪在地上叩頭不止。漢昭帝說：「大將軍不必如此，先將帽子帶上吧。我知道你是受人陷害，因為那封信是偽造的。」群臣聽到此處，非常驚訝，議論紛紛。

霍光也覺得奇怪，問道：「陛下英明，您怎麼知道這封信是偽造的呢？」漢昭帝說：「你去檢閱御林軍，調校尉入府，都是最近幾天的事。燕王遠在北方，他不會這麼快就知道這事。就算他能知道，將信寫好，再送到長安，也要一段時間，根本不會這麼快。再說，大將軍如果想要造反，調用一個校尉能有多大用？所以我可以肯定，那封信是別人偽造的，有人想陷害將軍。」群臣見漢昭帝年僅十四歲，竟能如此明察秋毫，無不佩服其英明。

漢昭帝為霍光洗刷冤屈後，又命人追捕那個遞交信件的人。上官桀聽說後，深怕被人供出，就對漢昭帝說：「這種小事，不勞皇上費心，還是交給臣子們去處理吧。」漢昭帝不允，下令繼續追查。上官桀戰戰兢兢，害怕自己的計謀早晚都會被人揭穿，就找到蓋長公主、桑弘羊等人，密謀起兵殺死霍光，廢黜漢昭帝。漢昭帝與霍光得到消息後，先發制人，命令田千秋領兵將上官桀、蓋長公主一夥一網打盡，避免了一場政變。

霍光廢昌邑王

漢昭帝聰明絕倫，但是體弱多病，二十一歲就病死了。他死後，沒有留下子嗣。國不可一日無君，霍光就開始考慮立誰為新君之事。當時漢武帝的兒子裡面，廣陵王劉胥是碩果僅存的一個。但是他品性很差，這正是漢武帝當初沒有將皇位傳給他的原因。

霍光想立廣陵王為皇帝，但是又擔心他品行不好，不能讓天下人信服。他想立漢武帝的孫子昌邑王劉賀為帝，又怕有人反對。這時有人上書說：「當年周太王捨棄太伯而立王季，周文王捨棄伯邑考而立姬發，都是看誰適合做天子，而不是看長幼順序。」霍光聽了這番話，心中沒了顧慮，就派人迎接昌邑王劉賀入京。

劉賀的父親劉髆早死，母親又對他極其溺愛。他由於缺少管教，長大後成了一個不學無術的紈絝子弟。他進京時，帶了二百多名心腹隨從。他當上皇帝後，不理朝政，整天躲在內宮與親信們飲酒作樂，荒淫作亂。霍光看在眼裡，急在心上。他問自己的幕僚田延年，現在該怎麼辦。田延年說：「大將軍是國家的棟樑，既然皇帝不堪重任，為什麼不去問問太后，另立明君呢？」霍光聽了他的話，豁然開朗，他說：「我也有過這樣的想法，但是，由於沒有前例，我擔心別人說三道四。」田延年說：「伊尹在商為相時，因為商王太甲昏庸，就廢掉了他，從而使江山社稷得到鞏固，後人也沒有人說他不對。大將軍

你如果能跟他一樣，你就是當代的伊尹。」霍光聽後，任命田延年為給事中，讓他有了自由出入宮廷的權力。然後，他召集大臣，到未央宮議事。

大臣們到齊後，霍光說：「昌邑王行為乖張、淫亂，如果讓他這樣下去，早晚會給國家帶來危害，你們說現在怎麼辦？」大臣們聽了，驚愕不已，都不敢亂說話。田延年手扶劍柄站出來說：「武帝當年將太子託付給大將軍，就是為了漢室江山社稷著想。皇上昏庸，如果斷送了漢室江山，我們有何顏面去見先帝？今天的討論一定要有個結果，誰不贊成，我拚了性命，也要殺了他！」霍光對大臣們說：「事情走到今天這個地步，都是我的過失。不論你們如何指責我，都是對的。」大臣們見他主意已定，只好表示贊同。

霍光帶領大臣們入宮來見太后。霍光拿出證據，說昌邑王僅派人徵調違禁物品就多達一千多次，那些淫亂的勾當更是數不勝數。太后聽了非常生氣，起身前往未央宮，命令守門的士兵將昌邑王的手下拒之門外，然後命令昌邑王前來覲見。

昌邑王接到太后的傳令後，對發生的事情絲毫不知。他大搖大擺地來見太后，看到群臣都在那裡時，心中才怕了起來。尚書令當場公布了昌邑王的罪狀，然後代表群臣進言，要求廢掉昌邑王，太后同意了。

昌邑王見大事不妙，企圖掙扎，他大聲叫道：「只聽說天子廢臣，沒聽說臣廢天子。人們不是常說，只要臣子有道，就可以保住天下。既然這樣，為何還要廢我？」霍光呵斥道：「太后已經下旨將你廢了，你算誰的天子？」他走到昌邑王身邊，將他的王服和披掛統統取了下來，轉交給太后保管。到了這時，昌邑王才真正明白，自己真的被趕下了王位。昌邑王被廢後，被霍光遣送回他原先的封地。送走昌邑王，霍光召集大臣開始再次商討立誰為王之事。大家商量了半天，也沒個結果，有人想起被漢武帝殺害的太子劉據有個孫子流落到民間，就提議立他為皇帝。霍光聽後，就派人將漢武帝的曾孫劉詢（又名劉病已）迎入宮中，立為皇帝，就是漢宣帝。漢宣帝果然賢明，在他的帶領下，西漢王朝進入了又一個繁華時期。霍光為了國家利益，當機立斷，罷黜昏君的故事也隨之流傳開來。

霍氏滅門

霍光在漢武帝時期就極受恩寵，位極人臣。漢昭帝在位時，每聽到別人說霍光壞話，就以誹謗罪將人治罪，可見漢昭帝對他的信任。霍光擁立漢宣帝後，更是權傾朝野，霍光的家人也跟著沾了光。霍光的兒子霍禹和姪孫霍雲擔任了中郎將職務，霍雲的弟弟霍山官拜車都尉侍中，霍光的兩個女婿分別擔任了東宮、西宮的衛尉。霍光一族幾乎把持了朝廷的所有軍政大權。

漢宣帝在民間時，對霍光的權勢就有所耳聞。他登基伊始，為了不變成第二個昌邑王，對霍光畢恭畢敬，對霍家處處謙讓。霍光見漢宣帝賢明聰慧，對他也極其尊敬。但是，即使這樣，來自霍光和霍氏家族的壓力還是常讓漢宣帝感到吃不消。漢宣帝登基後，去高廟祭祖時，霍光與他同車而往。漢宣帝由於畏懼霍光，和他坐在一起時渾身不自在，好像有芒刺扎在背上一樣。霍禹為自己修建府邸時，府邸的規模格式與皇宮差不多，漢宣帝聽到別人的議論，也只好裝聾作啞，假裝不知。此時，無論霍氏家族如何囂張，漢宣帝都不會有所舉動。原因有二；一，漢宣帝此時勢單力薄，沒有與霍氏集團抗爭的能力；二，霍氏集團的首領霍光確實是一心為國，沒有不臣之心。所以，漢宣帝登基不久，霍光要「還政」給他時，漢宣帝誠惶誠恐地拒絕了。

漢宣帝在民間時，曾娶平民女子許平君為妻。兩人感情深厚，恩愛異常。漢宣帝即位後，準備冊封許氏為皇后。霍光的妻子霍顯溺愛自己的小女兒霍成君，一心想讓她做皇后。她將女兒送入宮中，然後暗中慫恿群臣支持自己的女兒為皇后。漢宣帝雖然平時對霍光言聽計從，千依百順，但是這次他下定決心，一定要冊封許氏為皇后，霍顯的如意算盤落了空。按照慣例，皇后的父親一定要封侯。但是霍光聽從妻子的建議，堅決反對封許皇后的父親許廣漢為侯。漢宣帝沒有辦法，只好封許廣漢為昌平君。

許皇后與漢宣帝原先生有一子劉奭，就是後來的漢元帝。後來，許平

君再度懷孕，生下一女。霍顯由於女兒沒有子嗣，非常惱火。許皇后坐月子期間，霍顯買通御用女醫淳於衍，讓她在皇后的滋補湯藥中加入附子，結果許皇后毒發身亡。

許皇后死後，霍成君順利當上了皇后。由於許皇后死得太突然，大臣們議論紛紛，請皇上將女御醫關押起來，嚴刑拷問。霍顯一聽慌了手腳，就將自己如何使人毒害許皇后的事告訴了霍光。霍光聽後，進退為難，只好想辦法包庇那個女醫，費了好大功夫才算沒有露出馬腳。

霍光死後，漢宣帝痛失國家支柱，非常悲痛。他為霍光舉行了高規格的葬禮，給予了他極高的待遇。霍光死後不久，霍顯謀害許皇后的事也慢慢流傳開來。漢宣帝大怒，從此對霍家起了厭惡之心。他為了徹底剷除霍家，開始著手削弱霍氏的權力。他提拔御史大夫魏相為丞相，讓他與自己一起參與朝中決策。任命自己的岳父許廣漢為平恩侯，對他委以重任，將朝中大權收歸己手。漢宣帝先解除了霍光的兩個女婿東、西宮衛尉的職務，又將霍光的兩個侄女婿調離了中郎將和騎都尉的位置。然後，漢宣帝還任命霍光的兒子霍禹為大司馬，透過明升暗降的手法，剝奪了他的兵權。當時，霍山、霍雲在朝中擔任尚書的職務。為了架空他們，漢宣帝又對上書制度進行了改革，宣布百姓軍民可以不必經過尚書，直接上書。漢宣帝透過這一系列的奪權措施，將霍家的權力剝奪殆盡。霍家人又氣又怕，但是無計可施。

霍顯見霍家的大權一天天被削弱，對眾人大加埋怨。她以為自己謀害許皇后的事情暴露了，於是，就將當年的事告訴了家人，讓他們研究對策。霍氏一族惶恐不安，決定在皇上剷除霍家之前，起兵造反。在叛亂發動之前，漢宣帝搶先一步，對霍氏家族採取了鎮壓和圍剿。霍顯和家人被斬首，霍禹被腰斬，霍雲和霍山畏罪自殺，所有參與叛亂的人都被處以極刑，霍氏一門慘遭滅族。霍皇后被廢，囚於冷宮，後來自殺。霍氏滅族後，漢宣帝最終確立了自己對國家的絕對統治。

朱雲直言敢諫

西漢時期，不但出現了很多名臣良將，也出現了很多著名的諫臣，朱雲就是其中最有名氣的一個。

朱雲年輕時，身高八尺，儀表堂堂，以輕財仗義而聞名。他四處打抱不平，自己有困難時，也會請朋友出頭為自己撐腰。但是，四十歲之後，他突然改頭換面，戒除陋習，學習詩經，研究起學問來。他先後拜博士白學友和前將軍蕭望之為師，學習《易經》和《論語》，學業完成後，他儼然換了一個人。

漢元帝對專門研究《易經》的五鹿少府非常寵愛。他想考察一下五鹿少府研究的梁丘注版本與其他版本的不同之處，就讓五鹿少府與其他學派的學者進行辯論。其他學派的學者知道五鹿少府口才很好，又深受皇上寵信，因此紛紛找藉口躲開，不敢參加辯論。有人向漢元帝推薦了朱雲，朱雲就被皇上召進宮，與五鹿少府辯論。朱雲學問淵博，見識超群，辯論過程中，常常將五鹿少府駁得無言以對。朱雲因此名聲大振，被漢元帝拜為博士。

後來，朱雲擔任杜陵縣令時，因故意放走犯人而被治罪，朝廷準備將他抓起來下獄，後來趕上大赦他才得以倖免。石顯擔任中書令時，和五鹿少府勾結在一起，為所欲為。朱雲上書彈劾丞相韋玄成，說他軟弱無能，不知道清理朝中汙穢，只想著如何保住官位。韋玄成大怒，在漢元帝面前誣陷朱雲私自縱任屬下殺人。朱雲的好友陳咸知道後，準備將案子攬到手中，自己審理，以救朱雲一命。但是，朝廷將案子交給了韋玄成處理，朱雲聽後害怕，逃往長安找陳咸商議此事。漢元帝將朱雲和陳咸抓起來，命他們成為修建城牆的苦力。一直到漢元帝去世，兩人都沒有被重用。

漢成帝登基後，任命自己的師傅張禹為丞相，張禹才幹一般，靠著太子的關係當上丞相後，雖然無所建樹，卻極受恩寵。一天，朱雲上書求見天子，漢成帝就宣他覲見。朱雲見到皇帝後，激動地說：「現在有些人，上不能輔助君主建功立

業，下不能安撫黎民百姓，卻尸位素餐，寵冠朝廷，臣引以為恨。請陛下賜我寶劍，讓我斬殺一個奸臣，以儆效尤！」漢元帝問：「你想殺誰啊？」朱雲大聲說：「我要殺的就是張禹。」漢元帝見他在朝堂上汙蔑大臣，龍顏大怒，命令左右將朱雲拖出去斬。

侍衛將朱雲拖出去時，朱雲手抓殿堂門檻，死都不肯鬆手。他大叫道：「我能夠在九泉之下與比干等人見面，死而無憾了。我唯一放心不下的，就是我們大漢江山要斷送在佞臣手中。」後來，門檻被拉斷，朱雲也被人拖了下去。左將軍辛慶忌站出來，對漢元帝說：「朱雲狂放正直，

人所皆知。如果他說的是對的，皇上不應該殺他；如果他說的是錯的，還請皇上寬容，臣願以死相爭。」他說完，就對著漢元帝叩頭不止，額頭都磕出了血。漢成帝的火氣消下去之後，饒恕了朱雲。事後，有人建議將門檻修好，漢元帝說：「不用修了，就放在那裡吧，用來勉勵和表揚正直的臣子。」

朱雲獲赦後，離開京城，回到了家鄉。他開館辦學，招收門徒，空閒時，就帶著學生四處遊歷山水。人們因為他節守高尚，都很尊敬他。朱雲七十歲時，老死家中。後人敬重他為人耿直，將他折檻進諫的故事代代相傳。

王莽篡漢

王莽是孝元皇后（漢元帝皇后）的姪兒，他的父兄去世早，他繼承了父兄的爵位。王氏家族在當時權傾朝野，一家有九個人封侯，五個人擔任大司馬，家族很多成員都過著聲色犬馬、驕奢淫逸的生活。但是王莽卻生活簡樸，為人謙虛謹慎，無論是侍奉

寡母、孤嫂，撫養幼姪，還是接待門客，都極盡禮數。因此，王莽在朝廷內外素有賢名。

王莽的叔叔大司馬王鳳生病時，王莽在他身邊衣不解帶地侍奉了好多天。王鳳見王莽孝順，心中喜愛。他臨死前，特別委託孝元皇后對王莽多

加照顧。

建始十一年（西元前22年）王莽被朝廷任命為黃門郎。王莽的叔父王商上書漢成帝，表示願將自己的一部分封地讓給王莽，很多重臣、名士也都紛紛替王莽說好話。漢成帝聽了他們的話，也認為王莽是賢明之人，於是，提拔王莽為光祿大夫侍中，又將王莽封為新都侯。王莽身居高位，愈加禮賢下士，清廉樸素。

當時國家政局混亂，很多人都將王莽視為能匡扶江山社稷的國家棟樑。王莽成為國家重臣後，為了站穩腳跟，曾大肆剷除異己。王莽的表兄淳于長深受漢成帝信任，王莽為了扳倒他，派人祕密搜集了淳於長的罪行，彙報給皇太后，皇太后派人將淳於長殺死。

王莽的叔伯大司馬王根退休時，推薦王莽接替自己的職位。因此，王莽三十八歲時，就做了大司馬，成為國家的高級執政官。王莽執政後，將所有錢財全部拿出來招聘賢良，為自己搏取了賢明愛才的好名聲。

有一次，百官到王莽的家裡探望王莽的母親。王莽的妻子衣衫簡陋，裝扮樸素，很多人都將她當成了王家的僕人。從此以後，大家對王莽更加敬佩。漢成帝死後，漢哀帝的外戚得勢，王莽只好辭去官職，隱居於自己的封地。很多人為王莽鳴不平，漢哀帝只好重新啟用王莽，但是沒有恢復他的官職。

漢哀帝去世後，皇太后將傳國玉璽收入囊中，朝政大權再次落入皇太后之手。王莽再次得到起用，官拜大司馬。九歲的漢平帝即位後，王莽輔政，野心也日益暴露。他威逼大臣為自己宣傳造勢，然後又將朝中元老排除殆盡。南郡太守毋將隆、泰山太守丁玄、河內太守趙昌等都被王莽驅出朝廷，高昌侯董武、關內侯張由等人也被王莽剝奪了爵位。

王莽驅除朝廷元老後，開始大肆培植黨羽、親信，為自己稱帝做準備。他的堂兄弟王舜、王邑及甄豐、甄邯等，都是他的親信。

王莽想要做某事時，都會先指示這些人按照自己的意思上書，就算皇上同意，王莽也會痛哭流涕，跪拜推辭，最後再「勉強」接受。他的這一作法不但迷惑了百姓，就連太后和皇上都被他迷惑了。

不久，大臣們上書，說王莽功

德蓋世，可與古人相比，應該大加封賞。王莽假意推辭一番，然後就陸續接受了「安漢公」、「四輔首領」等封賞。不久，全國大旱，王莽拿出錢財救濟災民，朝廷上下爭先效仿。

大司徒司直陳崇上表歌頌王莽，勸王莽晉位。王莽大喜，提拔了他的官職。於是各種祥瑞與勸進直說紛遝而來，王莽見時機成熟，逼迫皇太后交出玉璽，篡漢稱帝，建立新朝，年號始建國。

王莽篡位後，宣布推行新政，他發行新幣，恢復井田制，抑制商業發展，發起了一系列對外戰爭，使得國家和人民深受其害，也加劇了社會動亂。後來，農民起義風起雲湧，更始軍攻入長安，王莽也死於亂軍之中。

一次讀完二十五史 故事

後漢書

昆陽大戰

西元23年，西漢宗室劉玄被綠林軍擁立為帝，史稱「更始帝」。更始帝封劉為大司徒，劉秀為太常偏將軍，然後復用大漢旗號，誓師討伐王莽。王莽聽後，大為震驚，派遣大司空王邑、大司徒王尋率精兵四十二萬撲向昆陽和宛城，力圖消滅更始政權。王莽還找到了一個名叫巨無霸的巨人，讓他帶領一批馴養的獅子、老虎等，隨軍衝鋒陷陣。

當時，駐守昆陽的漢軍只有八、九千人，有的將領見王莽的軍隊人馬眾多，心中膽怯，主張放棄昆陽，退到其他據點去。劉秀對大家說：「敵軍勢大，我軍兵馬、糧草欠缺，要想取勝，大家就要同心同德，全力以赴。現在打退堂鼓，丟失的不只是昆陽，什麼都沒了。」大家聽他說的有理，就聚集到一起商量對策。商量的結果是，王鳳、王常留守昆陽，劉秀帶領一隊人馬突出重圍，去定陵和郾城搬救兵。當天夜裡，劉秀就率領十二名勇士騎著快馬，從昆陽城南門殺出。王莽的軍隊沒有防備，讓他們

衝了出去。

劉秀等人衝出去不久，王莽軍就開始攻城。昆陽城雖然不大，但是異常堅固，王莽的軍隊攻了幾次都沒有攻下來。後來，王莽軍利用十多丈高的樓車往城裡射箭，城裡箭如雨下。城內的人去井邊打水時，都不得不背著木板擋箭。王莽軍又用衝車撞城，還準備挖掘地道，借地道打進城去。但是由於漢軍防守嚴密，王莽軍始終沒有得逞。後來，城中主將王鳳見救兵遲遲不到，就派人向王邑求降。王邑認為昆陽城不日之內即可攻下，拒絕了他的請求。昆陽城內的守軍見敵軍不接受投降，反倒燃起誓死守城的決心。王莽軍數次進攻，都被漢軍頑強擊退。

劉秀來到定陵，說服守城將領調集定陵和郾城的全部人馬去支援昆陽。有些將領貪生怕死，不願前去。劉秀說：「我們去昆陽打敗敵軍後，建功立業指日可待。要是守在這裡，敵人打敗昆陽後，接下來肯定攻打這裡。到時候，別說錢財，有可能連性命都保不住。」將領們被說動了，這才帶著所有人馬，跟著劉秀往昆陽方向開進。

六月初，劉秀帶著先鋒隊，先行趕到昆陽。王尋見他手下只有一千多人，就派了幾千人前去迎戰。劉秀趁敵人還沒有站穩腳跟就指揮部隊衝了過去，殺死敵兵一千多人，王莽軍大敗。劉秀故意讓人將一封書信落在戰場上，信上說：「宛城的部隊已經擊敗王莽軍，正前來支援漢軍。」王邑看到這封書信後，心中極為不安。援軍大部隊趕到後，劉秀親自挑選了三千名士兵，組成了敢死隊，然後，帶著他們衝擊王邑的中軍。王尋親自帶領一萬人馬與劉秀作戰，被漢軍殺死。敵軍看到主將被殺，皆四散逃命，劉秀趁機率軍直搗王邑的中軍，餘下的援軍也全部跟上，敵軍大營全線崩潰。城內的守軍見援軍得勝，打開城門就衝了出去。漢軍兩下夾擊，殺聲震天，敵軍措手不及，死傷無數。雙方正展開激戰時，突然雷電交加，天降大雨。巨無霸帶來的野獸嚇得直往後竄，漢軍順勢在後面追殺。王莽軍亂成一團，爭相逃命，很多人都被踩死。他們逃到滍水河，紛紛跳進河裡逃生，但是淹死了很多人，滍水甚至為之堵塞。

王邑逃回洛陽時，四十二萬大

軍只剩下幾千人。王莽的數十萬大軍在昆陽覆滅後，王莽的統治也岌岌可危。天下人都知道，更始軍攻打長安的日子不遠了。果然，同年九月，更始軍就開始攻打長安，王莽建立的新朝很快滅亡。

東漢賢后

陰皇后陰麗華，南陽新野人，家中資財萬貫，是當地大戶。陰麗華年輕時就因貌美而聞名鄉里，光武帝劉秀年輕時對陰麗華一見鍾情。後來劉秀到了長安，見執金吾出行時車馬眾多，聲勢浩大，不由感慨道：「做官當做執金吾，娶妻當娶陰麗華。」

劉秀參加起義軍後，擔任了部隊的高級軍職，就向陰家提親。陰家見劉秀出身皇族，又性情溫厚，才幹超群，就欣然答應了這門婚事。就這樣，陰麗華十九歲時嫁與劉秀為妻。但是劉秀娶了陰麗華不到一年，為了聯合真定王劉揚統一河北，不得已又迎娶了劉揚的外甥女郭聖通。郭氏過門不久，就為劉秀生下了長子劉長，後來又生下了幾個孩子。

劉秀當了皇帝後，準備冊封陰麗華為皇后。但是陰麗華以郭氏生有皇子為由，拒絕了，郭氏於是被立為皇后。陰麗華舉止文雅，性情敦厚，劉秀對她極其寵愛。劉秀南征北戰時候，總是讓陰麗華跟從軍隊隨侍。陰麗華所生的第一個孩子劉莊就是在征討彭寵的途中出生的。陰麗華生過孩子後，郭皇后對她非常嫉妒，經常口出怨言。劉秀見郭氏如此不通情達理，對她日漸厭惡。終於在建武十七年（西元41年），劉秀廢掉郭皇后，冊立陰麗華為皇后。

陰皇后恭謹仁厚，謙讓自重。她無論是相夫教子，還是統領後宮，都是以德服人。光武帝準備封皇后的哥哥陰識為侯，被陰麗華勸阻了，她說：「天下初定，功臣將士眾多，皇上如果先封外戚，會讓天下人認為不公。」她雖然貴為皇后，但是衣食簡樸，不愛錦衣玉食。她侍奉皇上時溫柔謹慎，從不以色驕人。對待下人仁義慈愛，輕易不懲罰別人，也不與人

開玩笑。時人皆稱其為「賢后」。

　　劉秀死後，陰麗華的兒子即位，就是漢明帝，陰麗華被尊為皇太后。七年後，陰麗華去世，享年六十歲，與劉秀合葬在原陵。縱觀古代帝王的婚姻，多的是勾心鬥角、爾虞我詐，像劉秀和陰麗華這麼圓滿的，還為數不多。這固然與劉秀的顧念舊情有關，但是陰麗華的賢良品德與寬厚性情，也是不可忽略的主要因素。

　　漢明帝的皇后馬皇后，是伏波將軍馬援的小女兒。她父兄早亡，家境艱難，年僅十歲就出來主持家務。馬氏精明能幹，深受族人喜愛。她的堂兄馬嚴為了她有個好出路，將她送入後宮侍奉太子。

　　與其他後宮妃嬪相比，馬氏謙遜溫和，鮮有嫉妒之心。陰皇后和太子劉莊見她貌美端莊，聰明賢慧，都非常喜歡她。太子對馬氏專寵，但是馬氏一直沒有子嗣。為了讓漢室江山後續有人，馬氏就另找年輕的侍女侍寢太子。她對那些女子關懷備至，多次前去噓寒問暖。賈貴人生下皇子劉炟後，交與馬氏撫養，馬氏待之如同親生。光武帝去世後，太子劉莊即位，就是漢明帝，不久，陰皇后親自下旨，封馬氏為皇后，封馬皇后的養子劉炟為皇太子。

　　馬皇后也是性情寬厚、穩重，生活節儉。若非重大場合，她都身穿粗布衣物見人。她見漢明帝喜歡遍遊園林美景，就勸諫他不要因為貪圖享樂而耽誤國事。楚地民風強悍，犯罪率一直很高，朝廷不得不加強管理，很多人因為犯了小事都被捕入獄。馬皇后就建議漢明帝放寬法度，以免獄中有無辜之人。漢明帝見她節儉而有美德，對她非常敬重。因此，馬皇后雖然無子，但是皇后的位置一直都沒有受到任何干擾。

　　馬皇后聰明有見識，很多時候，漢明帝遇到大事，都會諮詢她的意見。她每次都能把握住問題的關鍵，將事情分析得條理分明。但是她從來不干涉朝政，對家人更是要求嚴格。漢章帝劉炟與馬皇后感情深厚。他即位後，尊馬皇后為太后，多次要給馬氏族人封侯，都被馬太后拒絕了。馬皇后說：「前朝外戚干政，後害無窮。皇上封他們為侯，其實是在害他們。如果一定要封，他們接受爵位後，請皇上允許他們告老還鄉。」漢章帝只好作罷。

馬皇后四十二歲時，身患重病，不治身亡。漢章帝悲痛萬分，諡其號為「明德皇后」，將她與漢明帝合葬於顯節陵。

▌樂羊子之妻

樂羊子，東漢洛陽人，他成年後，娶鄉中女子為妻。他妻子出身貧寒，但是聰明賢慧，深明大義，深受當時人們的愛戴。

樂羊子曾經立志考取功名，他婚後不久，就外出求學。有一次，他在回家的路上撿到一塊金子，心中高興，到了家中，就拿出來讓妻子看。妻子說：「聽說有志氣的人不喝『盜泉』裡面的水，廉潔的人不接受別人傲慢的施捨。你撿到這塊金子，不以為恥反以為榮，這樣只會玷汙你自己的節守，有什麼好高興的呢？」樂羊子聽了她的話，非常慚愧，將金子放回原處後，就去遠地拜師求學去了。

一年後，樂羊子回到家中。他的妻子見他回來，趕忙迎上去，跪著問他回來的緣故。他說：「沒有什麼，我就是在外時間久了，想回來看看家人而已。」妻子聽了，拿著剪刀快步走到織布機前，對他說：「這些布匹都是來自蠶繭，然後在織布機上一寸一寸織出來的。日積月累，才能成丈成匹。如果現在剪斷這些正在織著的布，以前的辛苦都白費了，也失去了成功的機會。同樣，求學也是如此。如果半途而廢，跟將這些布攔腰剪斷沒什麼區別。」樂羊子聽了她的話，非常感動，就扭頭走了。他在外面求學整整七年，都沒有回家，後來終於學有所成。

樂羊子在外求學，樂羊子妻在家侍候婆婆，操持家務，極其勞累。有一天，鄰居家的雞跑進了他們家，婆婆為了讓兒媳補一下身子，就將鄰居家的雞抓起來殺了，然後，煮了一鍋肉，專等媳婦回來吃。吃飯時，樂羊子妻看到雞肉不但不吃，反而哭了起來。婆婆大驚，問她怎麼了。她說：「我是因為自己能力有限，沒有將家務操持好讓大家貧窮而傷心。要是家裡富裕的話，我們就不用偷吃別人家

的雞肉，使自己的德行蒙羞了。」婆婆聽了她的話，心裡羞愧，紅著臉將雞肉倒掉了。

一個強盜闖入樂羊子家中，見樂羊子妻端莊大方，就準備將她搶走做老婆。強盜用刀劫持了樂羊子的母親，準備用婆婆來威逼媳婦就範。樂羊子妻聽到聲響後，就拿著菜刀跑了出來。強盜說：「把刀放下，我可以饒你們不死。如果你不放下刀子跟我走，我就殺了你的婆婆！」樂羊子妻既不願意婆婆受到傷害，也不願意失身於強盜，沒有辦法，她長嘆一聲，

然後就刎頸自殺了。強盜見她不屈而死，大吃一驚，放下她的婆婆，慌不擇路地逃走了。

當地太守聽說這件事後，下令將強盜抓住正法，並賜給了樂羊子家很多財物，讓他們為樂羊子妻置辦喪事。太守將她的事情上報朝廷後，朝廷賜予了她「貞義」的稱號。

樂羊子妻誠實善良，深明大義，為後人留下了「勸夫修身、勸夫求學、勸婆修德、捨身取義」的四個故事。時至今天，這些故事中蘊含的道理還值得我們去深思。

▌「強項令」董宣

董宣，東漢陳留（今河南杞縣）人，他因學識淵博，剛正不阿而深受大司徒侯霸的器重。侯霸將他推薦給光武帝後，光武帝讓他做了北海（漢代諸侯國，今山東昌樂）太守。

郡中武官公孫丹依仗權勢，為所欲為。公孫丹準備建造一座府邸，動工前，他請陰陽先生卜了一卦，以測凶吉。陰陽先生胡謅道：「這塊宅地陰氣甚重，建成房子後可能會招人

致死。」公孫丹對他的鬼話深信不疑，就指示兒子在光天化日之下殺死一名路人，然後將其屍骨墊在宅基之下，以便消除災禍。人們見他如此橫行不法，紛紛前往衙門控訴他。董宣查清緣由後，立刻將公孫丹父子斬首示眾。公孫丹的朋黨、宗族聽說後，糾集了三十多個人，手持利器，去衙門找董宣算帳。董宣知道他們曾經與海盜有勾結，為了防止他們再度滋

事，就將這夥人全部抓了起來，關進監獄。百姓奔相走告，成群結隊地去衙門揭發這夥惡人的罪行。不久，董宣依據法令，將這夥人全部斬首。北海境內的惡人聞聲而逃，於是境內太平。

夏喜是江夏郡的強盜首領，他整天帶人在江夏周邊地區搶掠財物，惹事生非，搞得民怨沸騰，雞犬不寧。光武帝聽說後，就派董宣去江夏剿滅盜賊。董宣雷厲風行，他上任伊始，就發布官文，說：「承蒙皇上信任，讓我擔任了江夏太守，來剿滅那些騷擾百姓的惡人。現在，剿匪的部隊已經準備完成，以備待命。各位看了公文後，認真地考慮一下，是放下屠刀，改邪歸正呢？還是繼續作惡，自絕生路呢？孰對孰錯，請速做判斷！」夏喜一夥對董宣不畏暴力的威名早有耳聞，今天看到公文，心中更加膽怯，於是，四散而逃。橫行江夏的強盜集團，就這樣瓦解了。

不久，董宣被光武帝任命為洛陽令。京師洛陽，是皇親國戚、豪門權貴的雲集之地，也是治安最難管理的地方。董宣上任不久，就碰到了一道難題，就是湖陽公主縱奴行兇之事。

湖陽公主的家奴依仗公主的權勢，在京城裡橫行無忌。有一天，一個奴才在街上鬧出了人命，董宣下令將他逮捕。他一看苗頭不對，立刻躲進了公主府，再也不敢出來。洛陽令是地方官，沒有去公主府中搜捕的權力。董宣只好派人整天在湖陽公主門外監視著，下令只要看到那個行兇的奴才，就將其逮捕歸案。

過了幾天，湖陽公主見外面風平浪靜，出行時就帶上了那個惡奴。董宣聽說後，在大街上攔住了公主的車馬，將那個惡奴從公主的馬車中揪了出來。湖陽公主大怒，對他厲聲喝斥。董宣毫不示弱，從腰中拔出寶劍，將那個惡奴當場正法。湖陽公主丟下董宣，氣衝衝地來到皇宮，哭哭啼啼地向光武帝告狀。光武帝見董宣藐視皇家尊嚴，勃然大怒，命人將董宣捉來，準備將他亂棍打死。

董宣見到光武帝後，對他說：「請允許我說完一句話，再去赴死。」光武帝答應了。董宣說：「現在國家興盛，都是依仗了陛下的福氣。今天臣替陛下處置殺人逞兇的惡人，陛下不但沒有獎賞我，還準備置我於死地，我不明白是怎麼回事。難

道是陛下不準備用法度來治理天下了嗎？讓我死很容易，哪裡還用得著棍棒！」他說完，一頭朝殿柱上撞去，碰得頭上鮮血直流。

光武帝聽了他的話，深受感動，他命令衛士為董宣包紮傷口，然後委婉地對他說：「你一心為國，朕恕你無罪，但是你得罪公主，一定要給她賠個不是。」董宣不願賠罪。光武帝只好使眼色給兩旁的太監。太監會意，壓著董宣的脖子讓他給公主叩頭賠罪。董宣硬著脖子，雙手撐地，怎麼都不願低頭。湖陽公主生氣地說：「皇上當年做百姓時，都敢將逃犯藏在家裡。怎麼現在做了皇帝，連一個小小的縣令都降服不了。」光武帝笑著說：「正是由於做了皇帝，才不敢

像百姓一樣辦事了。」說完，他對董宣說：「你這個硬脖子縣令，脖子真是夠硬的，趕緊退下去吧，別在這裡惹公主生氣了。」後來，光武帝為了嘉獎董宣，賞給了他三十萬錢。

此後，董宣繼續打擊洛陽的不法豪門，很多土豪聽到他的名字都會發抖，稱其為「臥虎」。京城的百姓則說：「有了『強項令』董少平，洛陽城枹鼓不鳴。」

董宣死後，劉秀派人去他家裡問候，使者回來說董宣家家徒四壁，連買棺材的錢都沒有。劉秀難過了好久，說：「董宣死後，我才真正見識了他的清正廉潔。」他派人給董家人送去了錢財，以便為董宣辦理喪事。

▌ 馬援老當益壯

馬援，扶風茂陵人，其祖是趙國名將趙奢。秦滅趙後，子孫為避禍逃往外地，因趙奢號馬服君，所以其後人改為馬姓。馬援十二歲父母雙亡，他隨長兄馬況在河南求學時，想辭別兄長去邊關墾田放牧，馬況知道他素

有奇志，就答應了他。馬況死後，馬援為哥哥守孝一年，極盡禮數。後來，他在郡中做督郵時，因為私自放走罪犯，逃亡到北郡。

天下大赦後，馬援就在當地放牧牛羊。時間久了，很多人見他勇武賢

明，都前來歸附。慢慢的，他的手下竟有了幾百戶人家。

王莽末年，馬援避難涼州時，深受西州大將軍隗囂的器重。東漢建立後，隗囂準備降漢，就派馬援去洛陽覲見光武帝。回來後，馬援對光武帝讚不絕口。隗囂遂派馬援護送自己的長子隗恂到洛陽做人質。

不久，隗囂聽信他人之言，起兵背叛朝廷。光武帝聽說後，親自帶兵前去征討隗囂，並讓馬援隨軍助戰。行軍途中，馬援用白米堆成地形圖，為漢軍說明了進軍路線。漢軍凱旋後，光武帝封馬援為太中大夫，讓他帶兵駐守長安。

不久，大將軍來歙上書說，西羌多事，涼州不寧，非馬援不能平定。於是，馬援又被光武帝調到涼州，駐守邊境。不久，武都參狼羌與塞外諸族勾結，誅殺漢朝守邊官吏，馬援率兵對其進行圍剿。

羌人占據山頭固守，馬援命令軍隊斷其水源，羌人無奈，只好逃亡塞外，他們的糧食和牲畜全部歸漢軍所有。馬援下令將糧草發給百姓，隴西一帶很快恢復安定。

光武帝聽說馬援在戰鬥中小腿中箭，派人給他送來數千頭牛羊，表示慰問。馬援謝過皇恩後，就將這些賞賜全部分給了部下。

有一次，很多鄉民在狄道縣城附近持械鬥毆，城內的人以為羌人回來了，都驚慌失措，湧進城來。狄道縣令急忙趕到馬援府上給他彙報情況，馬援笑著說：「羌人哪裡還敢來啊？誰害怕的話，可以躲到床下面去。」後來果然是虛驚一場，大家見馬援處驚不亂，對他非常佩服。

馬援歸朝後，被任為中郎將，光武帝對他極其信服，對於他提出的軍策和建議，大都會欣然採納。

光武帝建武十三年（西元37年），交趾貴族中在九真一帶發起叛亂，當地的越人也紛紛響應，公開說要脫離朝廷。光武帝任命馬援為伏波將軍，領兵平定叛亂。馬援率大軍遇山開路，遇水架橋，長驅直入，很快就斬殺叛軍首領，平定叛亂。

班師回朝後，朝廷封馬援為新息侯，食邑三千戶。馬援在慶功宴上說：「國家北方未定，男子漢大丈夫，應馬革裹屍，為國捐軀。怎可將大好年華浪費在兒女私情、閒情逸致上？」

智者孟冀聽了他的話，讚賞道：「這才是真正的烈士啊！」這就是「馬革裹屍」這一典故的來歷。

建武二十四年（西元48年），南方武陵發生暴動，光武帝派武威將軍劉尚前去征剿，結果全軍覆沒。馬援聽說後，請命南征，當時，他已經是一位六十二歲的老人了。光武帝見他年事已高，心中猶豫。

馬援對他說：「臣雖然年事已高，但是還能披甲上馬。」他飛身上馬，手扶馬鞍，精神抖擻，神采飛揚。光武帝見他鬚髮皆白，卻雄心未老，心中感動，說道：「將軍老當益壯，真是精神啊。」於是他派馬援率領四萬人馬遠征武陵。

可惜的是，由於天氣炎熱，馬援進入武陵不久，就染上了暑疫。他時常拖著帶病之軀，瞭望敵情。他手下的戰士看到後，都感動得淚流不已。不久馬援病死，由於遭人誣陷，後被草草埋葬於長安城西。後來，冤情大白，光武帝專門下詔厚葬了他。

馬援一生南征北戰，為國家安定和統一做出了重大貢獻。他老當益壯的精神讓人感動，他馬革裹屍的情懷更是讓人感慨不已。

▌ 大隱嚴子陵

嚴子陵，名光，字子陵。當年，光武帝劉秀在太學求學的時候，和他關係很好。兩人常一起談論問題到深夜，夜深了就同床而眠。後來，劉秀當上皇帝後，很多同學為了求個一官半職，都跑去巴結他。只有嚴子陵隱姓埋名，躲了起來。光武帝知道他才幹超群，想讓他出來輔佐自己，於是讓人畫了他的畫像，四處打聽他的下落。有人在大澤裡看到一個男子披著羊皮衣服在釣魚，感覺很像嚴子陵，於是就報告了光武帝。光武帝派人前去查看，果然是他。光武帝一聽，非常高興，特地備了豪華的馬車和華麗的官服，派人去請他。嚴子陵不肯前往，光武帝就派人請了一次又一次。嚴子陵沒辦法，只好跟人來到洛陽。光武帝聽說後，專門賜給了他衣物、

被褥，並讓御廚特地做了嚴子陵喜愛的飯菜，趁熱給他送去。

嚴子陵到了洛陽後，整天在驛站內閉門不出。那些權貴聽說皇帝如此器重他，紛紛前來求見，他一律謝絕。司徒侯霸與嚴子陵是多年好友，他派人送來了信並對嚴子陵說：「聽說你到了洛陽，我本想親自前來拜訪，但是由於公務纏身，實在走不開。你如果有空的話，不妨到我府上一敘。」嚴子陵懶得聽來人在那打官腔，看都沒看，就直接將信扔還給他。然後，他口述了自己的回信：「原先我只知道足下才智雙全，權傾朝野。今天我才發現，原來你拍馬的功夫也是一流啊！」侯霸收到回信後非常生氣，就將這事告訴了光武帝。光武帝聽說後，笑著說：「這個人，原先狂妄的脾氣還是一點沒改啊！」

當天，光武帝就乘車來到嚴子陵的住處。嚴子陵當時正在床上睡覺，他聽說皇上來了，依舊躺在床上一動不動。光武帝走到床邊，摸著他的肚子說：「你這氣焰囂張的傢伙，為什麼不願意幫我治理天下呢？」嚴子陵躺在床上說：「堯帝以德治理天下，即使那樣，他讓許由、巢父出來

做官時，人家都嫌弄髒了耳朵。人各有志，你何必強求呢？」光武帝聽說後，不高興地說：「子陵啊，我這個老同學就那麼讓你不能信服嗎？」然後坐上車走了。

不管嚴子陵如何不合作，光武帝始終記得他是自己的好朋友。有一次，光武帝將嚴子陵接到宮中，兩人一連好幾天都對面而坐，暢所欲言。有一天，兩人談得正高興，光武帝突然問道：「你有沒有感覺，我和以前有什麼不同？」他本以為嚴子陵會誇他做了皇帝後，有了威嚴和氣勢。誰知嚴子陵不客氣地說：「你好像就是比以前胖了點。」光武帝聽了他的話，差點被茶水嗆到，立刻轉移了話題。那天晚上，兩人還像讀書時那樣，同床而眠。夜裡，嚴子陵睡得很香，一個轉身，就將腳放在了光武帝肚子上。兩人都沒有在意，繼續睡覺。第二天一早，欽天監就急闖進來彙報，說近日會有客星侵犯帝星，請皇上多加防備。

光武帝大笑道：「哪有那麼嚴重啊！不過是昨天我和老同學嚴子陵一起睡覺時，他將腳放到我肚子上而已。」

光武帝想拜嚴子陵為諫議大夫，嚴子陵始終不願接受。光武帝沒有辦法，只好放他回去了。嚴子陵從洛陽回去後，就搬到富春江一帶，在那裡過起了不問世事的隱居生活。農忙時，他與農夫一起耕田插秧，閒時他就穩坐江邊垂釣。後人愛慕嚴子陵志向高潔，將他垂釣的地方稱為嚴陵瀨。過了幾年，光武帝想起嚴子陵，再次派人請他出來做官，嚴子陵還是沒有同意。後來，嚴子陵八十歲去世，光武帝聽說後，甚為惋惜。他下詔讓富春江當地政府為嚴子陵辦理喪事，還賞給他的兒子很多穀物和錢財。嚴子陵不畏權貴，不向世俗低頭的行為，為後代知識份子上了極有教育意義的一課。後人敬重他勇於維護自身尊嚴的勇氣，尊他為東漢的勇士和大隱。

■ 舉案齊眉

東漢時，因為政治黑暗，很多人都隱居山林。這個時候有名的隱士除了嚴子陵外，就是梁鴻和孟光了。

梁鴻，字伯鸞，扶風（陝西省寶雞市東）平陵人。他年少喪父，家境貧寒，勤奮好學。在太學讀書時，他的同學大都是出手闊綽、不學無術的富豪和官僚子弟。梁鴻雖然從來不因自己家貧而自卑，但是心中也萌發了避開塵世的念頭。他謙虛謹慎，虛心好學，很快就成為知識淵博的學者。

梁鴻結束太學的學業後，在上林苑以養豬為生。有一次，他做飯時，灶火外露，不小心引起了火災，燒壞了鄰居的房子。梁鴻找到那戶人家，將自己的全部積蓄拿出來賠給了人家。他看鄰居還不滿意，就對鄰居說：「我實在是沒有什麼東西可以給你了，要不然我就來你家工作當作補償。」鄰居答應了。

梁鴻在鄰居家夙興夜寐，任勞任怨。村裡人見了，都替梁鴻打抱不平，紛紛指責那一家人。鄰居覺得梁鴻為人忠厚，決定不再讓他工作，還要將他的豬全部退還給他，梁鴻堅決不要。村裡的人非常感動，稱其為

「夫子」，梁鴻的名聲就傳了出去。梁鴻見自己已經無法在上林苑安靜地生活，就回到了老家平陵。

平陵有很多權勢之家，他們都很仰慕梁鴻的品格，都想將女兒嫁給他，但是梁鴻都一一謝絕了。同縣有一戶孟姓的人家，家中有一個女兒，長得又黑又醜，但是力氣很大，能舉得起石臼。

孟女到三十歲了還沒有嫁出去，她告訴父母自己也不願意嫁人。父母就問她為什麼，她說：「我想嫁給梁鴻那樣的賢能之士。」

梁鴻聽說後，就給她下了聘禮。孟女於是就讓父母給自己準備好粗布衣物、草鞋，還有放紡織用品的繩子。等到出嫁的那天，她將自己打扮一番就出門了。

孟女過門七天，梁鴻都不肯跟她說一句話。孟女跪在床頭說：「我聽說你品德高尚，先前也謝絕了幾個好女子，我自己也曾拒絕過幾個男子的求婚。現在你不喜歡我，請告訴我原因，好讓我請罪。」

梁鴻說：「我的妻子，是一個可以和我同穿粗布，隱居山林的人。你塗脂抹粉，穿金戴銀，哪裡是我想要的呢？」孟女聽了他的話說：「我穿成這樣，只是想試探一下，看你的志向到底如何罷了。隱居用的東西，我已經準備好了。」隨後她換了簡單的髮型，穿上粗布衣衫。梁鴻看了非常高興，說道：「這才是我梁鴻的妻子啊，你現在可以服侍我了。」他為妻子取字德曜，取名孟光。

梁鴻與孟光在家鄉過了一段平靜的日子後，孟光對梁鴻說：「夫君早就說要隱居山林，為何現在還不走？難道準備入仕嗎？」梁鴻說：「當然不是，你說得好，我們現在就隱居吧！」當天，兩人就來到霸陵山深處，過起了隱居生活。白天，兩人一起種田，夜裡，梁鴻讀書或彈琴，孟光紡織。兩人非常仰慕古代的高士，一起為以前的二十四位有名的隱士寫了頌詞。

兩人隱居的淨土被人發現後，就輾轉來到吳國，以給人舂米為生。孟光每次做好飯後，都恭恭敬敬地走到丈夫面前，低頭將飯舉到與眉毛一樣高的地方送給丈夫。這就是「舉案齊眉」這個故事的由來。

有一天，這個動作正好被當地大族皋伯通看見。皋伯通驚訝地說：

「這個人能讓妻子如此敬重，肯定不是普通人。」於是，就將他們接到自己家裡來住。梁鴻在皋伯通家閉門讀書，一共寫了十多本書。後來梁鴻病重，他在臨死時囑咐妻子將自己埋在吳地。皋伯通等人將他埋在了要離墳旁，大家說：「要離是壯烈之士，梁鴻是清高之士，就讓他們相伴而眠吧。」梁鴻死後，孟光就帶著孩子，回了扶風老家。

梁鴻與孟光品行高尚、甘守貧困，不但是模範夫妻的典範，也是千百年來人人敬仰的夫妻隱士。

■ 梁冀權傾天下

梁冀（？—159年），字伯卓，安定（今甘肅涇川）人，他是漢順帝皇后梁皇后的哥哥。梁冀生性險惡、為人跋扈。他做河南尹的時候就惡名昭彰。他父親梁商的好友呂放好心勸了他幾句，他就懷恨在心，派人將其暗中殺死。梁商死後，他被任命為大將軍。他結黨營私、公開勒索，根本不把皇帝放在眼裡。

漢順帝死後，年僅兩歲的漢沖帝即位，梁太后臨朝聽政，梁冀掌握了朝中大權。漢沖帝僅僅做了半年皇帝就夭折了，梁冀為了獨掌大權，故意在皇族裡面找了一個八歲的孩子來繼承王位，就是漢質帝。漢質帝年紀雖小，卻聰明伶俐，他也看不慣梁冀的蠻橫勁兒。有一次，他在上早朝時當著文武百官的面，指著梁冀說：「真是個跋扈將軍。」梁冀聽後，極為惱怒，他心想：「這個小孩現在就這麼厲害，長大了那還得了？」他當時雖然沒有發怒，但心中卻已經有了害人之心。

一天，漢質帝用膳時，梁冀讓人將放了毒藥的餅端給漢質帝吃。漢質帝吃過餅後，覺得肚子不舒服，馬上命人將太尉李固找來。李固見皇上十分難受，趕忙詢問病因。漢質帝說：「我吃過餅後肚子就難受得要命，現在非常口渴，想喝水。」梁冀在一旁阻止說：「喝了水恐怕會吐，還是不要喝了。」話音剛落，漢質帝就倒在

地上，一命嗚呼。

梁冀毒死漢質帝後，又在皇族裡面挑選了十五歲的劉志，將其扶上帝位，就是漢桓帝。梁冀為了隻手遮天，又害死了太尉李固和前任太尉杜喬，從此，朝政大權完全落到梁冀一人手裡。梁冀更加跋扈，他前後給自己封了多達三萬戶的食邑，還將洛陽附近的民宅全部霸占下來，用來開闢園林。他開闢園林時，命令全國各地從各處運來土石、假山。他還和妻子孫壽在洛陽街上比著興建房屋，房屋裡面都堆滿了金銀珠寶、奇珍異玩。梁冀的園林建好後，裡面玉樹瓊花、飛禽珍獸、亭臺樓閣、歌舞侍女，應有盡有。

梁冀愛養兔子，為了滿足自己的喜好，他在河南城西建了一個兔苑，面積縱橫將近十公里。他還發布公文，讓地方官府向百姓徵收活兔子。兔子收來後，他命人在兔子身上做上標記，如果有人膽敢獵殺兔苑裡的兔子，都要被抓起來處死。一個從外地來京的西域人，不小心在兔苑裡誤殺了一隻兔子，結果不但自己被活活打死，還連累十多個無辜的人受到牽連。

梁冀的老婆孫壽十分潑辣，梁冀非常怕她。孫壽讓他提拔自己娘家的人，他不敢不從，就大肆提拔孫家的人，孫家一個還在母親懷裡吃奶的孩子都被封為三品官。梁冀提拔的人上任後，都唯他馬首是瞻，因此，梁冀權力越來越大。他的妻子與自己的僕人秦宮私通，那些刺史、太守來京城辦事時，都要先來拜見秦宮，梁冀的勢力可見一斑。

朝野上下都知道梁冀生性貪婪，所以，各地向朝廷進貢時，都要將最好的留給梁冀。梁冀仍不滿足，他派遣自己的手下四處為自己搜刮錢財、美女。梁冀曾經將幾千名良家女子抓入自己的府中，充作奴隸，他還自鳴得意地為她們取名為「自賣人」，意思就是說這些人是自願賣給梁家的。朝野上下見他無惡不作，都憤恨不已。

梁冀雖然權傾天下，但是還不滿足，他為了奪人錢財，壞事做盡。他經常派人去調查京城裡哪些人家有錢，然後再指示手下對他們進行栽贓陷害，他將那些有錢人逮捕以後，嚴刑拷打，直到他們家裡願意拿錢出來贖人為止。梁冀聽說扶風人孫奮非常

有錢，就想敲詐他。他先派人給孫奮送去一匹馬，然後開口向他「借錢」五千萬。孫奮知道梁冀勢大，就忍痛給了三千萬。梁冀大怒，派人將孫奮抓進官府，誣陷孫奮的母親是自己家看守庫房的奴隸，偷了自己家的財物後逃跑了。他將孫奮兄弟拷打致死後，霸占了他們的全部家產。

梁冀把持朝政，為所欲為。漢桓帝長大後，對他的所作所為逐漸不滿。他和身邊最信任的幾個太監商量，準備誅殺梁冀。漢桓帝趁梁冀不備，派兵包圍梁冀的住宅，梁冀和妻子見無路可走，雙雙自殺，梁家全家老小全被處死。梁冀的黨羽有的被殺，有的被罷黜，受到牽連的將近有三百多名官員，朝廷一下子空了下來。漢桓帝將梁家的財產、園林全部沒收，一共價值三十億，相當於全國稅收的一半。

漢桓帝殺掉梁冀後，論功行賞，將身邊的宦官全部封侯，外戚的權力很快就轉移到宦官之手，東漢進入了另一個更加黑暗的時期。

▌ 清官第五倫

第五倫，字伯魚，是戰國田氏的後人。他年輕時，中正耿直，而且很講義氣，在家族中具有極高的聲望。

王莽末年，天下大亂，賊盜橫行，第五倫家族的人爭著依附他。他帶人在險要的地方修築堡壘，如果有強盜來襲，他讓族人躲在裡面，然後帶上年輕子弟負責抵抗。先後有數十隊人馬前來騷擾，都被他們打敗了。後來第五倫去找郡長官鮮于褒，為族人尋求幫助。鮮于褒對他的膽識非常欣賞，讓他在自己手下為官。後來，鮮于褒因失職被調往別地時，握著第五倫的手，連聲說相見恨晚。

過了幾年，第五倫由於鮮于褒的推薦做了京師市場的管理官。第五倫統一了衡器，核定了度量的標準，對那些弄虛作假的奸商堅決打擊，市場上欺瞞顧客的現象從此絕跡，百姓歡欣悅服。不久，光武帝親自召見了他，對他的才能極其賞識。第二天又特地召他進宮，與他談了一天。光

武帝跟他開玩笑說：「聽說你毆打岳父，還不讓兄長和你一起吃飯，是真的嗎？」第五倫回答說：「我娶過三個老婆，她們都沒有父親。我深知饑荒之苦，實在不敢隨便請人吃飯。」聽了他的話，光武帝大笑不止。第二天第五倫出京時，被任命為扶夷縣令。他還沒有走馬上任，皇上又將他追任為會稽太守。

第五倫在任時，雖然俸祿兩千石，但還是親自除草餵馬，挑水劈柴。他的妻子也親自下廚做飯。他的俸祿，除了留下口糧，剩餘的全部低價賣給窮苦百姓，因此，百姓都非常愛戴他。第五倫因觸犯法令被徵召回京時，老百姓都圍在他的馬車周圍痛哭，不讓他離去。

有時候，一天時間，他的馬車最多只能走幾里路。第五倫怕耽誤了進京的日期，只好偷偷坐船走了。百姓聽說他吃了官司，趕到京城為他上書求情的多達千人，後來，他被無罪釋放，又被拜為蜀郡太守。

蜀郡土地肥沃，物產豐富，當地的官吏和百姓都很富裕。那裡的很多官員在職期間，爭相中飽私囊，搜刮錢財。第五倫上任後，決心扭轉這種不良的社會風氣。他將那些貪汙腐敗的官員都替換掉，錄用了一批出身貧寒、公正廉潔的人為官。

他以身作則，帶頭抵制腐敗之風。不久，郡中社會風氣大有好轉。老百姓都將他比作西漢的貢禹（兩漢賢臣）。

第五倫中正耿直、忠厚老實，漢章帝即位後，想封馬太后的族人為高官。第五倫多次上書，表示反對。陳留縣令劉豫等人雖然能幹，但是喜歡用嚴刑酷法來約束百姓，第五倫對此極其不滿，上書彈劾他們。他見外戚竇憲位高權重，卻不知修身養性，就對他說：「你雖然喜歡行善，但是很多依附你的人都帶有某種不可告人的目的。長久以往，不但會給你帶來危害，還會玷汙外戚的名聲。為了永保富貴，你最好閉門思過，遠離小人。」他上書皇帝時也是如此，從來不會咬文嚼字、修飾雕琢。他的兒子們擔心他會招來禍端，就勸說他以後不要再這樣了。他們每每這樣，都會遭致第五倫的一頓斥責。

有人聽說第五倫公正無私，就問他：「你難道從來就沒有為自己考慮過？沒有私心嗎？」第五倫說：「以

前有人要送我一匹好馬，我沒有接受，但是每當朝廷讓我推薦人才時，我心中總會想到他。我姪子生病時，我一晚上去看他十次，回來還是能安然入睡。我兒子病時，我雖然沒去看望，但是我擔心得一宿都沒睡著。

從這些事可以看出，我也是有私心的。」第五倫就是這樣樸實無華。

第五倫年老時，多次上書請求告老還鄉，皇上最終答應了他，賞給了他五十萬，還送了他一間房子，讓他照樣享受朝廷的俸祿。

黃昌夫妻破鏡重圓

黃昌字聖真，會稽餘姚（今浙江餘姚）人。他出生在貧窮的農民之家，自小無錢讀書。但是，離他家不遠的地方有一間學校，他見在學校裡學習經學的儒生們出來後都知書達理，很有學問，因此對學問起了渴望之心。他虛心向人請教，苦讀詩書，自學成才。

長大後，因為精通法律文案，黃昌被推舉為郡中決曹。他精明能幹，處事果斷，嚴於法制，因此在當地頗有威名。當地一個有名的盜賊見黃昌上任不久，就對很多盜賊進行了嚴懲，心中憤恨不平，於是他偷走了黃昌的轎子門簾以示警告。黃昌知道後，祕密派人找到那盜賊的家中，將贓物悄悄取走，然後，大張旗鼓將盜賊全家捉拿歸案，並將他們全部處死，郡中那些平日喜歡作威作福的大戶見他兇猛嚴厲，都嚇得收斂了許多。

會稽刺史去地方巡查的時候，見黃昌才智過人，就提拔他為州從事。不久，黃昌又被朝廷任命為蜀郡太守。前任太守李根年邁無能，荒廢政務多年，致使郡中文案、訴狀堆積如山。黃昌上任伊始，前來告狀的百姓就達七百人之多。他一一過目，明察秋毫，在很短的時間內就將案件處理完畢，贏得了郡中百姓的稱讚。當時，蜀郡強盜橫行。黃昌暗中使人拘捕了一個匪首，迫使那個匪首交代了地方上各處匪徒的姓名和住處，然後派人分頭拘捕，那些強盜全部落網。

自此人心威懾，那些奸惡之人見狀，紛紛逃往外地。

黃昌原先在會稽任職的時候，娶姚戴次公的女兒為妻，兩人相濡以沫、感情深厚。不幸的是，有一天，他的妻子在回娘家探親的路上遇到劫匪，被人劫去。黃昌多次尋找，再無音訊。

原來，黃妻幾經輾轉被人賣到了蜀地，做了別人的妻子，為別人生兒育女。後來，她的兒子長大後犯了案，作為母親，她不辭辛苦，來到州府為兒子求情。時任蜀郡太守的黃昌聽她的口音不像蜀郡本地人，就問她原因。她說：「我本是會稽書佐黃昌的妻子，只因在回家的路上，遇到劫匪，才流落到此地。」

黃昌聽後大吃一驚，他問道：「你說你是黃昌的妻子，那你知道怎樣認出他嗎？」她說：「我相公才幹超群，因為他的左腳心有一顆黑痣，所以常常說自己以後會做俸祿兩千石的大官。」黃昌聽後，伸出腳來給她看，兩人抱頭大哭，仍舊結為夫妻。

十常侍之亂

漢桓帝死後，漢靈帝即位，漢靈帝荒淫無道，重用宦官，以張讓等人為首的宦官開始獨霸朝綱，權傾天下。

張讓原是宮中的雜役太監，他靠投機一步步爬到領頭太監的位置後，設法慫恿昏庸貪婪的漢靈帝縱情聲色、大肆斂財。在他的慫恿下，漢靈帝劉宏設立「賣官所」，將朝廷官職明碼標價，公開叫賣。漢靈帝還在漢宮西苑修建「裸遊館」，專供自己淫樂。張讓還讓皇帝將其身邊的宦官趙忠、夏惲、郭勝、孫璋等十餘人皆任中常侍。然後他與這些宦官勾結在一起，無惡不作，時人稱之為「十常侍」。

十常侍在替漢靈帝大肆斂財的同時，也趁機中飽私囊。他們為了剝削地方，時常與外戚爭權，一時間朝廷上下被他們搞得烏煙瘴氣。張角領導民眾發動黃巾之亂的時候，戶部侍郎張均上書朝廷，指出十常侍才是導致

國家動亂的禍根。他說，為了平息民憤，皇上最好將十常侍殺掉。漢靈帝將張均的奏章拿給十常侍看，他們看過後大驚失色，趕忙一起跪在地上求皇上饒命。漢靈帝不辨是非，安撫他們後，又派人去責備張均。不久，漢靈帝命何進等人討伐張角，黃巾之亂終被平息。後來，十常侍趁漢靈帝下令搜捕黃巾餘黨之際，暗中使人誣陷張均是黃巾餘黨，將他抓進監獄，亂棒打死。

黃巾之亂沒有給漢靈帝帶來任何影響，他依舊如從前一樣，重用十常侍變本加厲地為自己搜刮錢財。十常侍在幫助漢靈帝賣官的同時，不但自己趁機大肆撈錢，又放縱自己的父兄子弟橫行鄉里，魚肉百姓，惹得民怨沸騰。他們害怕有人會再像張均那樣站出來彈劾他們，就顛倒黑白，捏造各種罪名誅殺朝中的有功之臣，終於引起以何進為首的外戚的不滿。

何進是漢靈帝的皇后何皇后同父異母的哥哥，以外戚貴顯，漢靈帝時，他因領兵討伐黃巾起義而掌握了軍中大權。漢少帝即位後，他見十常侍玩弄小皇帝於股掌之間，氣焰囂張，一心想除掉他們。但是何進本身是一個才能平庸、優柔寡斷的人，他想除掉十常侍，自己又不敢動手，於是，就想調集地方武裝進京剿滅十常侍。他的親信虎賁中郎將袁紹說：「將軍手握重兵，要想除掉幾個宦官還不是手到擒來。如果調集地方軍隊入京，走漏了風聲怎麼辦？」何進不聽，還是讓人請董卓借勤王之名帶兵進京，剿滅十常侍。

十常侍聽到這個消息後，非常害怕。他們見已經無路可走，決定鋌而走險，先發制人。他們在宮中設下埋伏後，派人以何太后口諭宣何進進宮。何進剛進宮門，就被張讓、趙忠等人殺死。袁紹聽到何進的死訊後，立刻領兵入宮，對宦官展開殺戮。張讓見大事不好，劫持漢少帝劉辯和陳留王劉協從複道衝出皇宮，倉皇外逃。袁紹進宮後，命人關閉宮門，四處搜尋張讓，未果。他命令士兵將宮中宦官不論老幼，一律斬殺。有些不長鬍鬚的人也被人錯當成宦官殺掉，死者多達兩千多人，趙忠等人皆在其中。

張讓等人帶著皇上和陳留王走到黃河邊上，被領兵進京的董卓追上。張讓等人見走投無路，留下皇帝和陳

留王聽天由命，自己投河自盡。董卓追上來後，下馬向皇帝詢問情況。漢少帝少不經事，已經嚇得說不出話來。倒是年紀更小一些的陳留王表現得相當鎮定，將事情的前因後果有條不紊地說了一遍。董卓看在眼裡，覺得陳留王更適合當皇帝，當下心中就起了廢帝之心。他回到洛陽，掌握大權後，廢掉漢少帝，擁立陳留王為皇帝，就是漢獻帝。

十常侍之亂給國家和人民帶來了深重的災難。在這次動亂中，外戚和宦官的勢力都受到了沉重的打擊，地方軍閥趁機掌握了國家大權。

它揭開了東漢末年軍閥混戰的新局面，為後來的魏、蜀、吳三分天下打下了基礎。

■ 董卓禍國殃民

董卓，字仲穎，隴西臨洮（今甘肅省岷縣）人。他出生於地主豪強家庭，體格健壯、通曉武藝，性格兇狠、好鬥。年輕時他與羌人相鄰而居，與羌族部落酋長交往甚密。地方上的豪傑對他有事相求時，他都宰牛殺羊，殷勤接待，很多亡命之徒聽說後，都紛紛前來追隨他。

東漢末年，中央政權衰弱，農民抗爭不斷。朝廷為了鎮壓農民，便開始扶植地方勢力，希望透過招撫地方豪強來平息戰亂。董卓被官府招撫後，擔任了州兵馬司的職務。他上任後，對羌人恩威並施，很快就平定了羌族叛亂。然後趁機兼併土地，擴充勢力，權勢逐漸壯大了起來。

漢少帝繼位後，十常侍把持朝綱。外戚何進為了誅殺宦官，不顧朝臣反對，私召董卓入京。董卓進京後，先控制了何進的部隊。他看到執金吾丁原兵力強大，重金收買丁原的義子呂布，命他殺死了丁原。

董卓吞併這幾個人後，實力大增，開始控制朝廷局勢。他先是廢除漢少帝，立陳留王劉協為君，是為漢獻帝。然後在他的示意下，漢獻帝拜董卓為宰相。朝中的軍政大權，悉數落入董卓之手。

董卓生性殘暴，他進入洛陽後，一朝得勢，貪婪兇惡的天性便暴露無遺。他封自己的母親為池陽君，將其地位拔高到與皇室公主相當的地步，又將自己的弟弟和兒子皆封為侯。董卓知道洛陽城有很多富裕的王貴家族，就下令士兵可以隨意搶劫。有了董卓的支持，那些士兵出入別人的門戶，搶掠財物、姦淫婦女，猶如匪徒一般。主人稍有異議，就兵刃相向。董卓還命人挖掘漢族王室的陵墓，將裡面的寶物搶掠一空。他不但允許手下的士兵公開搶奪民婦，自己也搶擄婦女，姦淫宮女，無惡不作。

董卓以漢臣自居，實為漢賊。為了排除異己，他經常玩弄權術，濫殺無辜。董卓進入洛陽後，因與何太后言語不和，就歷數何太后的過錯，將她遷居永安宮，然後又毒死了她。入朝議事時，佩劍上殿，遇君不拜，稍有不快，就對皇上加以斥責。衛尉張溫對董卓跋扈的行為極為不滿，曾在朝堂上指責他。董卓為了除掉張溫，指使人散布謠言，說張溫私下與袁術勾結，對抗朝廷，然後以此為藉口，將張溫殺掉。董卓靠陰謀和陷害將自己的對手清理一空，很多朝中大臣，

在他的淫威之下，只好屈服。

董卓常常因小事大開殺戒，使得洛陽城人人自危。有一次，陽城集會時，董卓派軍隊搶掠集會上的百姓，他們將搶來的婦女和財物裝在車上，然後將集會上的男子全部殺死，把他們的頭顱掛在車周圍，一起帶回洛陽城，說是打敗敵人後繳獲的勝利品。他擊敗長沙太守孫堅後，將俘虜用布條纏裹起來，澆上油膏，用火活活燒死。有一次，董卓在家中宴請朝中官員。酒過三巡，他鼓掌狂笑，說宴席冷淡，想請一些人為大家助酒。他讓手下人將戰爭俘虜押出來，在百官面前，先割掉他們的舌頭，再挖去他們的眼睛，然後又砍斷他們的手足，最後將屍身聚攏起來，準備用鐵鍋煮了來吃。在場有人嚇得筷子都掉在地上。董卓卻若無其事，平靜如常。

董卓的殘暴行為，引起了很多人的不滿。袁紹興兵討伐董卓時，董卓挾持漢獻帝遷都長安。他臨走時，在洛陽城及其方圓二百里的地方縱火焚燒房屋、宮殿，洛陽城變成一片廢墟。到達長安後，董卓橫徵暴斂，在自己的封地上修築了氣勢恢宏的塢堡，並以「萬歲塢」為其命名。他

還規定，任何官員經過他的封地時，都必須下馬，恭恭敬敬地對他行大禮。很多官員因為不甘受辱，而喪失性命。董卓專權時期，殘暴橫行，人民深受其害，都希望他早日死去。當時民間流傳著這樣一首歌謠：「千里草，何青青；十里卜，不得生。」「千里草」、「十里卜」組合到一起是董卓的名字，「何青青」、「不得生」則是人民對他的詛咒。失民心者失天下，可知董卓的死期已經為期不遠了。

王允除董卓

奸臣董卓禍國殃民的行徑引起很多人的憤慨，很多人都密謀除掉他，但是都失敗了。司徒王允看在眼裡，決心以一己之力，擔當起匡扶漢室的重任。

王允曾與司隸校尉黃琬、尚書鄭公業等人多次商議誅殺董卓的事情，有一次，他們幾個人又聚在一起時，有人提醒道：「現在董卓實力強大，我們無法硬拚。他身材雄壯，武力過人，平時身邊又守衛森嚴。要想除掉他，除非等到天下沸騰之際。」王允聽後心想，內鬼難防，也許只有董卓身邊的人才能除掉董卓。於是，他開始暗中留意董卓身邊的人，準備為謀殺計畫尋找一個合適的人選。

呂布原是丁原的義子，他武藝超群、勇冠三軍，卻見利忘義，被董卓收買後，殺死丁原，投降了董卓。董卓作惡多端，怕別人暗算自己，他見呂布勇猛，就收他為義子，讓他負責保護自己的安全。董卓性情暴躁，常常因為一點小事而大發雷霆。有一次，呂布因言語不慎惹惱了董卓，董卓不由分說，隨手抽出刀就朝呂布擲去。幸虧呂布眼明手快，才躲了過去。呂布趕忙向董卓謝罪，董卓才不再追究。事後董卓很快就將此事忘了，但是呂布卻對董卓懷恨在心。後來，呂布與董卓的婢女私通，他怕董卓知道後怪罪自己，心中非常不安。

王允知道呂布的事後，決定以呂布為內應，一起誅殺董卓。他找來呂布，將自己的意思告訴了他。呂布

聽後，猶豫不決，他說：「我和他有父子之名，怎敢行大逆之事。」王允說：「你姓呂，他姓董，根本沒有血緣關係。他用刀擲你的時候，又何曾有半點父子之情？」呂布聽了，新仇舊恨湧上心頭，他點頭答應了王允的要求。

漢獻帝大病初癒，在未央宮宴請群臣。董卓準備赴宴，剛坐上馬，他的坐騎不知何故，一聲驚叫，將他掀倒在地。手下謀士覺得這不像好兆頭，建議他不要前去，他有恃無恐，在外衣下套上鐵甲，加派了護衛，帶著呂布走了。

王允向漢獻帝透露過誅殺董卓的事後，就安排同郡騎都尉李肅等人帶領十多名親兵，換上宮中侍衛的裝束，埋伏在宮殿門側門兩邊。董卓剛到側門，李肅就領兵殺出。李肅手持長戟，率先刺中董卓。董卓摔倒地下，由於內穿鐵甲，並未受傷。董卓見情況危急，心中駭然，就大聲向呂布呼救：「奉先（呂布字）快來救我！」。呂布大聲說：「我們奉旨討賊，你死有餘辜。」董卓拚死反抗，眾人一擁而上，將董卓殺死。王允見董卓已死，命呂布將董卓帶來的人殺光，又讓皇甫嵩領兵滅了董卓全族。

董卓被殺的消息傳出後，士兵們都高呼萬歲，長安的百姓聽說後，都來到街上，載歌載舞地慶祝這件事。董卓死後，屍體被曝曬在鬧市。收屍的士卒將燈撚插在他屍體上，用火點著，因為董卓體肥脂厚，那燈撚一直著了好幾天。董卓死後，他的女婿牛輔和部將李傕為了替董卓報仇，開始領兵攻打長安。

王允派李肅迎戰李傕，西涼軍氣勢兇猛，李肅抵擋不住，吃了敗仗。李傕領兵圍困長安，呂布準備與李傕大戰一場，但是他的部下看形勢不對，起兵作亂。呂布猝不及防，殺出一條血路逃走了。王允保護漢獻帝退到宣平門城樓上，漢獻帝問李傕等人意欲何為。李傕說：「董太師為國操勞，卻被奸人王允害死，我等不想造反，只想要陛下交出兇手。」

王允向漢獻帝行了君臣大禮後，就隨兵走下城樓，後來被李傕殺害。王允雖然死了，但是他不畏強權、力挽狂瀾的勇氣還是讓人很佩服。後來為了表揚他，漢獻帝重新安葬了王允，並舉行隆重的殯禮來哀悼他。

一次讀完二十五史 故事

蔡文姬歸漢

蔡文姬，名琰，字文姬，東漢末年陳留圉（今河南開封杞縣）人。蔡文姬的父親蔡邕是東漢著名的學者，當時的人都尊他為文壇領袖。蔡文姬從小跟著父親長大，在父親的薰陶下，蔡文姬成為一個聰明博學的才女。

董卓進入洛陽後，聽說蔡邕很有學問，就召他出來做官。蔡邕推託不掉，只好答應。董卓非常敬重他，曾經在三天之內讓他連升三級。董卓被殺後，蔡邕無意中談起董卓對自己的知遇之恩，感慨不已。王允聽說後，將蔡邕抓起來殺了，父親死後，蔡文姬流落民間。

李傕圍攻長安時，長安老百姓開始四處逃難，蔡文姬也跟著流民四處逃亡。北方的匈奴看到中原大亂，也乘虛而入，經常來中原地區搶掠。有一天，蔡文姬碰上了匈奴兵，被他們俘獲。匈奴兵見她年輕貌美，將她當做禮物送給了南匈奴的左賢王。蔡文姬深受左賢王喜愛，她在胡地一住就是十二年，為左賢王生育了兩個孩子，雖然她後來適應了胡地的生活，卻還是非常思念故鄉。

曹操平定北方後，在北方威望極高，南匈奴的呼廚泉單于特地來到鄴城（河北省臨漳縣西南）拜賀。曹操就想起了他的朋友蔡邕的女兒蔡文姬還在胡地，就派人帶著禮物，將蔡文姬接回來。左賢王不敢違抗曹操的命令，只好放蔡文姬走。蔡文姬日夜渴望回到故國，如今聽說要回去，當然非常高興，可是想到要離開自己的孩子，心裡又非常悲傷。帶著這種矛盾的心情，蔡文姬寫下了著名的詩歌《胡笳十八拍》。

回到鄴城後，曹操看蔡文姬一個人孤苦無依，就將她嫁給陳留人董祀。董祀官職不大，只是個屯田都尉。後來他犯了法，被抓住判了死刑，很快就要被處死。蔡文姬聽說後，非常著急，急忙跑到魏王府裡向曹操求情。曹操正在宴請賓客，他聽說蔡文姬來找他，就對座上的賓朋說：「蔡邕的女兒現在就在外面，我請她進來跟大家見面。」蔡文姬被人

領進來時，光著雙腳，披散著頭髮。在場的很多人都認識蔡邕，他們見到蔡文姬如此可憐，都非常同情她。蔡文姬一見到曹操，就立刻跪拜在地上為丈夫求情。她言語懇切，聲音悲痛，很多人都被感動了。曹操聽了她的話後說：「我也很同情你，但是判罪的文書已經發出去了，恐怕已經沒有辦法補救了。」

蔡文姬說：「您府中有那麼多勇士和良馬，大王如果派出人馬，追回文書，或許就能救回董祀的命。」曹操被她的話打動了，於是派人前去赦免了董祀。當時天氣寒冷，曹操見蔡文姬衣衫單薄，就命人拿來頭巾和鞋襪，讓她穿戴起來。曹操問她：「以前你家裡收藏了很多古書，現在還都在嗎？」蔡文姬說：「父親留給我的

那四千多卷古書，經過戰亂，一本都沒有了，不過我還能背誦下來四百多篇。」曹操說：「那我派人去夫人家，把你背誦的文章都記下來。」蔡文姬說：「如果您賞給我些紙筆，我自己就可以把它寫下來。」

後來，蔡文姬將自己記住的那幾百篇文章都寫出來，送給了曹操。曹操看到這些歷史文獻後，非常滿意。蔡文姬的作品除了《胡笳十八拍》之外，還有《悲憤詩》，她的詩作悲愴激昂，情真意切，是建安詩歌中風格另類的佳作。

曹操將蔡文姬從匈奴那裡接回來，既成全了自己的名聲，又成全了蔡文姬的歸鄉之情，同時，也為保護歷史文化做了一件好事。從此以後，人們將「文姬歸漢」傳為美談。

三國志

魏武帝曹操

曹操，字孟德，沛國譙郡（今安徽亳州）人。曹操的父親曹嵩是宦官的養子，所以他家裡雖然有錢，卻被很多人看不起。曹操機智伶俐，輕財好義，放蕩不羈，很多人都認為他並無過人之處。名士橋玄卻不這樣認為，時常對人說：「天下將亂，曹孟德就是那個能扭轉乾坤的人！」

二十歲時，曹操被推薦為孝廉，涉足政壇。黃巾之亂爆發後，曹操參加了鎮壓黃巾賊的隊伍，因軍功被拜為濟南相。當時，濟南國有數十個縣城，很多地方官吏與豪強勾結在一起胡作非為、貪贓枉法，民眾苦不堪言。曹操上任後，大力整頓吏治，罷黜了很多官吏。他剷除豪強，嚴厲打擊不法行為，使得貪官汙吏紛紛逃竄，於是郡縣太平。

董卓進入洛陽後，倒行逆施。曹操與很多地方勢力聯合起來，一起討伐董卓。董卓遷都長安時，聯盟軍首領袁紹不敢派人追擊，只有曹操領著人馬對董卓緊追不捨。曹操遇上董卓的軍隊，與之大戰一場，雙方戰了平

手，曹操也在戰鬥中負了傷。

不久，由於內部分歧嚴重，聯盟軍解散。曹操回到河內，以此為據點，開始招兵買馬，發展自己的勢力。初平三年，青州黃巾賊大獲發展，連破朝廷兵馬。濟北相鮑信等人迎曹操出任兗州牧，與之合力圍剿黃巾軍。鮑信戰死後，曹操擊敗黃巾軍，收降三十多萬士兵和百萬百姓。曹操挑選精銳，組建了一支強大的私人軍隊，號稱「青州兵」。漢獻帝因為兵亂，四處逃難，曹操將漢獻帝迎到許都，從此贏得了「挾天子以令諸侯」的先天優勢。

曹操愛才若渴，他善於識人，又知人善任。劉備被呂布打敗後，曾去投靠曹操，曹操收留了他。曹操知道劉備是個人才，就不顧眾人的反對，一直沒有殺他。曹操推舉魏種為孝廉，後來魏種聽信別人的話，背叛了曹操。曹操惱羞成怒，發誓抓住魏種，一定不會輕饒他。但是魏種被曹操俘虜後，曹操還是重用了他。張遼、臧霸等人本是呂布的部將，投降後都被曹操委以重任。

曹操雄才大略，能屈能伸。當時，袁紹是北方的霸主，他打敗公孫瓚後，又向曹操發起了進攻。曹操力量遠弱於袁紹，但是他揚長避短，用奇兵偷襲袁紹糧倉，透過官渡之戰，殲滅了袁紹的主力。他滅掉袁紹後，基本上統治北方。曹操為了統治全國，又開始南下征討劉表。滅了劉表後，又將矛頭指向了江東的孫權。孫權與劉備聯合起來，在赤壁打敗曹軍。曹操好不容易保住性命，但是元氣大傷。他回到許昌後，開始發展內政，整頓部隊，準備捲土重來。與劉備兵敗白帝城後一命嗚呼相比，曹操顯得更加堅韌頑強，確實稱得上是世之梟雄。

赤壁之戰後，曹操頒布《求賢令》，大力選拔人才，天下奇才都盡歸其用。第二年，曹操開始出兵關中，打破關中諸軍。曹操率兵與馬超對峙時，知道馬超疑心很重，於是他向韓遂寫信時，故意將其中的很多地方做出塗抹、修改。果然，馬超以為韓遂暗通曹操，就殺了他。馬超自亂陣腳，不久大敗。曹操占據關中。兩年後，曹操領四十萬精兵，親征孫權，攻破孫權設在江北的大營。孫權見狀，親自率兵抗擊曹軍。曹操見孫權軍紀嚴明，士氣高昂，知道自己難

以取勝，遂撤軍北還。

漢獻帝在曹操的挾持下，整天戰戰兢兢。為求自保，他封曹操為魏公，加九錫、乘萬乘。漢獻帝還給予曹操「面君不拜，劍履上殿」的特權。曹操雖然野心勃勃，但是還沒有稱帝之心，所以漢獻帝的帝位暫時得保無虞。

西元220年，曹操病逝於洛陽，享年六十六歲。同年，他的兒子曹丕受獻帝禪讓，建立魏國稱帝，尊曹操為魏武帝，廟號太祖。

曹操在文學、書法、音樂等方面都有較高的修養。他的文學成就，主要表現在詩歌上。他的詩歌《陌上桑》、《對酒》、《短歌行》等都是詩歌中的傑作。

曹操生於亂世，能夠在英雄輩出的年代脫穎而出，並最終廣納人才，完成大業，確實如橋玄所說的那樣，可以稱得上是扭轉乾坤的勇士了。

文武全才鐘繇

鐘繇，字元常，穎川長社（今河南長葛）人。鐘繇是書法大家，是楷書的創始人，在書法方面造詣很深。人們將他與晉代的大書法家王羲之一起，合稱為「鐘王」。其實，很多人都不知道，鐘繇不但書法造詣頗深，還具有較強的軍事和政治才能。

鐘繇出身於東漢望族，他父母去世早，由叔父鐘瑜撫養成人。他少小聰明，相貌奇特。他小時候與叔父一起去洛陽時，在路上遇到一個算命先生。那個人仔細看了看鐘繇的面相，然後對鐘瑜說：「這個孩子一臉富貴之氣，將來一定會成就一番事業。但是他近日有水災，請多加注意。」結果，還沒走出十里，鐘繇所騎的馬匹在過橋時突然受驚，將他掀翻到水裡，鐘繇差點被淹死。鐘瑜看到算命先生的話應驗了，感覺鐘繇將來一定會有出息，於是，對他悉心培養，好讓他學有所成。鐘繇勤學苦讀，長大後果然不負叔父所望，先是被推舉為孝廉，做了尚書郎，後來董卓逃竄時，他又因將漢獻帝救出長安被拜為

御史中丞,接著,又遷職侍中、尚書僕射,並被封為東武亭侯。

在曹操統一北方的戰爭中,鍾繇發揮了極其重要的作用。馬騰、韓遂盤踞關中時,起了衝突。曹操派鍾繇持書前去,化解了他們之間的恩怨,並說服他們歸順朝廷。官渡之戰,曹操與袁紹大軍對峙時,鍾繇及時給曹操送去了一千多匹戰馬,為曹軍大勝立下大功。因此,曹操寫信給鍾繇說:「你送來戰馬,為我解了燃眉之急。當年蕭何鎮守關中,保軍隊衣食無憂,你的功勞可以與他相媲美。」

鍾繇在平陽抵禦匈奴時,袁紹舊部河東太守郭援駐軍河東,準備對他發起進攻。鍾繇的部下見敵軍人數眾多,心中害怕,皆想不戰而退。鍾繇說:「我們不戰而逃,受苦的只有百姓。郭援有勇無謀,他肯定會渡過汾水安營紮寨。我們在他未到岸前發起襲擊,一定可以將其擊破。」果然不出鍾繇所料,郭援不顧眾將反對,一定要過河作戰。鍾繇等到他還沒有靠岸時,指揮士兵發起猛攻。馬援又派兒子馬超來支援鍾繇,郭援大敗,率餘眾投降了單于。鍾繇趁機領兵圍剿其餘的叛亂勢力,很快就平定了河東一帶。

鍾繇身為朝臣,因為嚴於律己,有過自罰,而在朝廷內外素有威名。鍾繇在洛陽做官時,皇上下詔讓河東太守王邑入京,王邑因為天下未定,不願應詔。河東百姓也不願他離去。於是王邑的屬下就找到鍾繇,讓他幫助王邑留任。但是皇上詔書已下,並且新任太守也已來到河東。鍾繇沒有辦法,只好催王邑趕快將印綬交予下任,進京赴任。王邑非常生氣,他賭氣來到許昌,親手將印綬交給漢獻帝。本來河東官員交接過程中出現了失誤,錯在王邑,與鍾繇無關。但是鍾繇卻認為自己沒有盡職,內心自責不已。他向皇上上書,自劾請罪。漢獻帝見他如此,不但不允許他辭職,還表揚了他。

漢獻帝從長安遷都洛陽後,將鍾繇封到關中為官。鍾繇在那裡勵精圖治,經過幾年時間,就使西北荒蕪之地變成百姓安居樂業的樂土。曹操領導軍隊南征北戰時,關中為部隊提供了豐富的物質基礎。鍾繇雖然不能跟隨曹操四處作戰,但是還是被曹操封為前軍師。魏國建立後,曹丕任命鍾繇為大理寺卿,後來又陸續拜他為相

國、廷尉、太尉。曹丕數次對朝中大臣說：「鐘繇、華歆、王朗三公，是國家的支柱，德高望重，他人不能比也。」

鐘繇機智聰敏，深知為臣之道。曹丕做太子時，聽說鐘繇藏有一塊世間少有的玉石，心中豔羨不已。他非常渴望得到它，但是又不好意思開口強要。後來他想出了一個主意，派人將自己的想法委婉地告訴了鐘繇。鐘繇聽說後，立即將玉石拿出來送給了太子。曹丕非常感激，寫信對他表示謝意。鐘繇在回信中，將自己一些不為人知的祕密也告訴了曹丕。曹丕於是釋然，與鐘繇的關係也日益密切。

曹丕死後，魏明帝曹叡即位，拜鐘繇為太傅，並封其為定陵侯，為他新增食邑一千八百戶。到了晚年，鐘繇因為腿上有病，入朝觀拜皇帝時極其不便。皇上就免去了他面君時的跪拜之禮，由此開了三公有病皆可入朝不拜的先河。鐘繇死時，魏明帝身穿孝衣親自去其靈柩前跪拜。

生前功勳顯赫，死後哀榮至此，不論是作為書法家還是政治家，鐘繇都可以瞑目了。

鄧艾滅蜀

鄧艾，字士載，義陽棘陽（今河南新野）人。他自幼喪父，由母親撫養成人。他做典農都尉時，因去洛陽彙報屯田情況，見到了司馬懿。司馬懿對他的才能極其賞識，讓他做了自己的下屬，後來又將他提拔為尚書郎。鄧艾有勇有謀，有將帥之才，多次領兵作戰，未曾有敗績，因此深受司馬懿器重。

景元四年（西元263年）八月，魏國大將軍司馬昭看到滅蜀時機已經成熟，就徵集二十萬大軍，兵分三路，大舉伐蜀。魏軍的戰略部署是：東路軍將領鐘會，領軍十萬餘眾，攻占漢中；征西將軍鄧艾，領兵三萬，牽制姜維，掩護大軍攻蜀；中路軍將領諸葛緒，領兵三萬，進攻武都，切斷姜維退路。

蜀國方面聽到消息後，派車騎將軍廖化率軍支援姜維，張翼前往陽

安關狙擊魏軍。但是由於蜀軍未對斜谷、駱穀等咽喉要道加以嚴守，鐘會很快就打破蜀軍部署，攻破漢中，長驅南下。

姜維聽說鐘會已經進軍漢中，心中駭然。他為了擺脫鄧艾，領軍退往陰平，諸葛緒急忙領軍狙擊。金城太守楊欣按照鄧艾的指示，前來助陣。姜維佯敗，然後採用聲東擊西的手法，引開魏軍，與廖化、張翼等人順利會師，據守劍閣。

劍閣是由漢中進入成都的咽喉要道，地勢險要，素有「一夫當關，萬夫莫開」之稱。鐘會率軍至此，多次進攻，都被姜維帶人擊退。鐘會久攻不下，糧草難續，只好引兵退去。鄧艾上書司馬昭說：「蜀軍新敗，不宜給其喘息之機。我軍如果出其不意，攻其不備，必能大勝。涪城在劍閣西面，與劍閣相距百里，離成都僅有三百多里遠。請允許我帶領一支精銳部隊，由小路趕往那裡。然後以奇兵衝擊其腹心，劍閣守軍必然會趕赴涪城。這樣的話，鐘會就可以率兵攻占劍閣。如果劍閣守軍不去支援涪城，我們必然可以占領涪城，震懾蜀郡。」司馬昭非常贊同他的想法，讓他帶兵偷襲涪城，並命令鐘會加強對劍閣的進攻。

十月，鄧艾見姜維被鐘會牽制在劍閣，自率軍從陰平出發，沿景谷道向南轉進。剛出劍閣不遠，隊伍就進入了陰平小道，陰平山區方圓七百里長，途中有很多鳥獸絕跡、山高水深的無人之境。鄧艾帶人披荊斬棘，遇山開路，遇水架橋，艱難前進。他們多次身陷險境，糧食也快吃完了。鄧艾一行來到馬閣山，走著走著，道路斷絕，一道陡崖橫在面前。鄧艾身先士卒，用毛氈裹著身體滾下山坡，然後招呼眾人繼續前行。其餘的人鼓足勇氣，攀著樹枝、樹幹，魚貫而行。

鄧艾一行首先到達江油（今四川綿陽一帶），江油守將馬邈見魏軍從天而降，不戰而降。蜀國衛將軍諸葛瞻聞訊，立即率兵從涪城退回綿竹，擺下陣勢，準備與鄧艾展開決戰。鄧艾派自己的兒子鄧忠從右側攻打蜀軍，司馬師纂從左側進攻蜀軍，兩人指揮不力，被蜀軍打得退了回來。他們對鄧艾說：「蜀軍強大，無法攻克。」鄧艾大怒：「此乃生死存亡之際，哪有不可攻破之說？」他破口大罵，準備將這二人斬首。二人見大事

不好，只好飛奔回去和蜀軍再戰。鄧艾隨後親自上前督陣，魏軍士氣大盛，一鼓將蜀軍擊破，諸葛瞻及尚書張遵都死於亂軍之中。

綿竹淪陷後，鄧艾帶領魏軍乘勝回擊，攻破雒縣（今四川廣漢北），逼近成都。蜀主劉禪見大勢已去，派人拿著印綬和投降信，去鄧艾營中請降。鄧艾進入成都後，蜀漢滅亡。

他避敵主力，迂迴深入，直搗成都，更是為滅蜀戰役的勝利，做出了巨大貢獻。

▍關羽大意失荊州

關羽跟隨劉備南征北戰，立下了赫赫戰功。他忠孝仁義，智勇雙全，深受劉備信任。劉備得到荊州後，見荊州東連吳會，西通巴蜀，地理位置重要，就命關羽駐守此地。

孫權曾派人為自己的兒子向關羽的女兒求婚，本來這樣的政治聯姻對孫劉兩家都有好處，但是關羽卻沒有這樣想。他破口大罵東吳使者：「吾虎女豈能配給犬子！」孫權聽到回話後，心中大怒，自此與關羽交惡。南郡太守糜芳與大將傅士仁分別駐守在江陵和公安，關羽認為他們才智平庸，心中極其看不起他們，糜芳二人對關羽懷恨在心。東吳力主聯劉抗曹的魯肅死後，孫權一向想收回荊州。他多次派人向劉備索要荊州，但是都被關羽拒絕了。

建安二十四年（西元220年），曹仁領兵進攻樊城，關羽水淹七軍，斬殺曹軍大將龐德，曹軍膽戰心驚，關羽聲名遠揚，驕氣日盛。司馬懿見關羽鋒芒畢露，不能硬取，就建議曹操從關羽下手，去離間孫劉之間的關係，曹操採納了他的建議。曹操一邊調五萬精兵去救援樊城，一邊派人聯繫東吳，讓孫權去偷襲荊州。

關羽進攻樊城時，為了嚴防呂蒙偷襲荊州，留下重兵在荊州把守。陸遜對呂蒙說：「關羽派重兵留守荊州，所忌憚的就是將軍。將軍如若稱病辭職，率領人馬回建業，關羽一定會撤走防守的軍隊。」呂蒙聽後，依計行事，關羽大意輕敵，果然上當，

將荊州重兵都調來攻打樊城。

關羽大敗曹軍後，因人馬增多，將孫權囤積在湘中的軍糧占為己有。孫權見關羽新近得勝，驕傲輕敵，命令呂蒙趕快行動。

呂蒙率兵到達潯陽後，讓精兵都隱藏在大船裡，然後招了很多老百姓來划槳搖櫓，晝夜兼程，直達江陵。吳兵登岸時，呂蒙命他們都化裝成商人模樣，守城的蜀軍措手不及，全被活捉，江陵城一片混亂。

呂蒙到達江陵後，先是寫信勸降公安守將傅士仁，接著又讓他勸降南郡太守糜芳，兩人皆應聲而降。呂蒙在江陵整頓軍隊、安撫民眾後，又順江而下，直取荊州。他到達荊州，俘虜關羽及其部下的家屬後，對他們厚加安撫。他又嚴令禁止士兵騷擾百姓，不得擅取民眾財物。呂蒙還派人慰問當地的老人，出錢贍養孤寡之輩，於是，吳兵很快就在當地贏得了民心。關羽聽說呂蒙取得江陵後，在返回途中，多次派人和呂蒙聯繫。呂蒙每次接見關羽的使者時，都非常熱情。那些士兵的家屬都託使者給親人帶信，關羽手下的將士收到家人的信後，都無心再戰。

東吳大將陸遜按照呂蒙的指示，領兵攻占夷陵、秭歸，切斷關羽退回蜀中的後路。關羽腹背受敵，走投無路，只好逃往麥城（今湖北當陽）。關羽曾派人向駐紮上庸的蜀將劉封、孟達求助，二人看呂蒙勢眾，都拒絕了關羽的請求。十二月，關羽率領少數騎兵從麥城突圍，向西逃到漳鄉（當陽縣東北）。他的部下見大勢已去，多數都投降了孫權，沒有投降的也四散而逃。孫權見狀，派朱然、潘璋截住關羽的去路。關羽筋疲力盡，與其子關平同被潘璋手下擒獲。孫權勸關羽投降，關羽不從，與關平一起被潘璋斬殺，時年五十八歲。

關羽有勇有謀，身經百戰，後人稱其為「武聖」。但是他還是因為剛愎自用、粗心大意而失掉了荊州，遭遇了一生中最為慘痛的失敗，實在令人惋惜。

一次讀完二十五史 故事

夷陵大戰

曹丕廢掉漢獻帝後，稱帝建魏。劉備在蜀地為漢獻帝舉行過喪禮後，也自立為帝，建立蜀國。隨後，孫權也被曹丕冊封為吳王。至此，三國鼎立的局面正式形成。

東吳經過荊州一戰，殺了關羽，還奪去了荊州，讓劉備非常痛心。他建國後的第一件事就是宣布討伐東吳，為關羽報仇。趙雲力諫：「當前的主要對手是魏國，如果先聯合東吳滅掉曹魏，東吳自然會不戰而降。」劉備不聽，執意要傾全國之力，攻打東吳。孫權幾次派人求和，未果，只好任命陸遜為都督，率兵阻擋蜀軍。

西元221年七月，劉備讓諸葛亮留下輔佐太子，自己準備率兵前去江州與張飛會師。張飛還沒有出發，就被手下張達和范彊殺死，這二人殺死張飛後，投奔東吳而去。劉備怒不可遏，發誓一定要滅掉東吳。

出兵伊始，蜀軍進展順利，奪峽口，占秭歸，很快就占領了東吳大片土地。陸遜見劉備報仇心切，就帶領吳軍實施退卻戰略，一直後撤到夷道（今湖北宜都）、猇亭（今湖北宜都北古老背）一線，準備在那裡展開防禦。西元222年正月，蜀漢吳班、陳式的水軍進入夷陵地區，屯兵長江兩岸，與劉備率領的步兵遙相呼應。

吳蜀雙方在夷陵相持有半年之久，互有勝敗。陸遜見蜀軍出征多日，人馬疲憊，就堅守不出，準備伺機反攻。這樣持續了一段時間，劉備見陸遜堅守不出，也無計可施。南方的夏天，天氣悶熱，酷暑逼人。劉備見將士們苦不堪言，只好讓水軍轉移到陸上，然後在叢林茂密之處安營紮寨。蜀軍人數眾多，營帳連貫起來將近有七百里長。

陸遜看到蜀軍舍舟登陸，處處結營，心中大喜。他上書吳王孫權說：「劉備身經百戰，原先我所顧慮的就是他會水陸並進，兩面夾擊，誰知道他並沒有那樣做。現在他無計可施，部隊又士氣低落，運糧困難，是反攻的時候了。」孫權批准了他的作戰計畫，軍中大事，讓他一人做主。陸遜在反攻前，先派少數人馬進行了試探

性的進攻，結果被劉備擊敗。敗軍回來後，很多將領都埋怨他讓人白白送死。他卻笑著說：「這次並非是一無所獲，至少我們知道了蜀軍的營寨都是用木柵欄連在一起的，我已經想到破敵之計了。」

是夜，陸遜決定突襲蜀軍大營。出發前，他讓每個士兵都隨身帶上一捆茅草。吳軍來到蜀軍營帳前，順風放火。蜀軍的營寨是用木頭連接在一起的，遇火就著，大火很快就蔓延開來，蜀軍亂成一團。陸遜趁機率領大軍猛攻，他又命令吳將朱然率五千精兵斜插到蜀軍後部，韓當率軍圍攻涿鄉（今湖北宜昌西），切斷了蜀軍的退路。蜀軍抵擋不住，全盤崩潰。蜀將張南、馮習及沙摩柯等陣亡，劉甯、杜路等人投降。劉備見大勢已去，率殘眾狼狽逃往夷陵西北馬鞍山，陸遜在後面緊追不捨。

陸遜率兵追至馬鞍山，四面圍攻，蜀軍傷亡無數。劉備見難以堅守，只好趁夜突圍，行至石門山，險些被吳將孫桓活捉。石門山驛站守衛見蜀軍處境艱險，將敗軍遺留下來的鎧甲彙集在通道上，放火點著，才堵住了後面的吳兵。劉備趁此機會，逃回白帝城（今重慶奉節東）。蜀軍傷亡慘重，水陸軍用物資喪失殆盡，長江水面上飄滿了蜀軍的屍體。

吳國大將潘璋、徐盛等人都主張乘勝追擊，陸遜顧忌曹魏會趁機攻擊東吳，下令主動撤軍。九月份，曹魏果然攻吳，但是由於陸遜早有準備，魏軍無功而返。

劉備回到白帝城後，又羞又怒，很快就病倒了。他知道自己來日不多，就將諸葛亮從成都召到身邊，對他說：「你才幹超群，一定可以完成大業。我將劉禪託付給你，他如果可以做國君，你就輔佐他。如果不行，你可以取而代之。」諸葛亮表示一定要輔佐劉禪完成統一大業。劉備白帝城託孤後，很快就亡故了。夷陵之戰就這樣以蜀國的潰敗而結束。

蜀國在夷陵大戰中損失慘重，不但失去了大片的領土，很多優秀的將領也在戰爭中喪生。從此以後，蜀國失去了問鼎中原的優勢，成為三國中實力最弱的國家。

出師未捷身先死

劉備死後，諸葛亮繼承他的遺志，將收復中原作為自己的首要目標。他先後五次率軍北伐，但是由於各種原因，五次北伐都以失敗而告終。

諸葛亮第四次北伐的時候，魏文帝曹丕派司馬懿領兵攔擊。諸葛亮總結前幾次糧草供應不足導致失敗的教訓，用「木牛流馬」運送糧草，但是後來李嚴督運糧草不力，蜀軍被迫撤軍。司馬懿派張郃前往追擊時，諸葛亮在木門道設下伏兵，張郃中箭而逝，司馬懿再也不敢輕舉妄動。

西元234年春天，諸葛亮經過三年的厲兵秣馬，再次率領十萬大軍從斜穀出兵，出師北伐。出師同時，他派使臣出使吳國，讓吳主孫權同時出兵攻魏。很快，孫權就兵分三路何魏國進軍。蜀軍也趁魏國手忙腳亂之際，占領了五丈原。魏明帝曹叡知道諸葛亮想速戰速決，就令司馬懿率領魏軍在五丈原對面背水築城，準備用持久戰拖垮諸葛亮。魏明帝親自率軍擊退孫權，諸葛亮聽後，非常失望，

只好做出長期備戰的準備。他派出士兵和當地百姓一起開墾耕地，以保證部隊的糧食供應。

魏明帝打敗東吳大軍後，給司馬懿交代了四個字：「只守不戰」。司馬懿堅守皇上的指示，死守不戰。諸葛亮非常著急，他多次派人在魏軍營外挑釁，但是司馬懿就是不做回應。諸葛亮想激怒司馬懿，就派人給他送去一套女人的衣物，意思就是嘲笑他像女人一樣膽小怕事，不敢出營決戰。誰知司馬懿見到諸葛亮派人送來的東西後，毫不生氣，只是一笑置之。司馬懿雖然不生氣，但是他的手下卻都忍不住了，他們叫囂著要與諸葛亮決一死戰。司馬懿見狀就說：「如果你們執意要戰，我先上個奏章請示一下皇上的意見。」奏章上去後，等了很長一段時間才有了回音，魏明帝的意思是：「不准出戰！」魏營裡這才安靜下來。諸葛亮聽說後，更加憂慮。

司馬懿知道諸葛亮日理萬機，就一直在偷偷打聽他的身體狀況。有

一次，諸葛亮派人到魏營下戰書，司馬懿客客氣氣地接待了使者。他在與使者交談時，假裝漫不經心地問道：「聽說丞相最近一直在忙，不知身體怎樣？胃口可好？」使者不明就裡，老老實實地回答說：「丞相不論大小事都親力親為，最近由於過於勞累，胃口不佳，吃的也很少。」使者回去後，司馬懿高興地說：「諸葛亮如此操勞，吃的又那麼少，身體肯定撐不了多久了。」果然，諸葛亮由於操勞過度，於當年八月，終於病倒了。

後主劉禪聽說諸葛亮生病的消息後，非常擔心，急忙派大臣李福前來探望。李福回去後對劉禪說：「丞相身體欠安，陛下該考慮一下由誰來接任宰相的事了。」

劉禪對國家大事知之甚少，他無計可施，只好讓李福等上一段時間，再去徵求諸葛亮的意見。不久，李福再次來到五丈原，他看到諸葛亮臉色焦黃，病情加重，傷心地哭了起來。諸葛亮醒來後看到是朝廷的使者，就告訴他說：「我已經知道了你的來意，你可以轉告皇上，我死之後，蔣琬可以為相。」李福趕忙問道：「那蔣琬之後，誰最合適呢？」諸葛亮說：「蔣琬之後，費禕可以繼任。」李福還想再問，諸葛亮閉上眼睛，不再回答。眾人趨向前一看，諸葛亮已經去世了，時年五十四歲。

按照諸葛亮生前的囑咐，蜀軍沒有洩露諸葛亮去世的消息。他們將諸葛亮的屍體放在車裡，開始有組織地撤退。魏軍打聽到諸葛亮去世後的消息後，立即報告給了司馬懿，司馬懿聽後，率領魏軍在後面追殺過來。結果剛過五丈原，蜀軍就調轉方向，向魏軍衝殺過來。司馬懿見狀，以為自己又中了諸葛亮的誘兵之計，急忙領兵撤退。魏軍撤走後，蜀軍又開始有條不紊地向蜀中撤退。

司馬懿見蜀兵完全撤去，這才敢領兵露面。他後來視察蜀軍安營紮寨的遺址時，看了諸葛亮的兵營布局，不禁連聲贊道：「諸葛亮真是天下奇才啊！」一代奇才諸葛亮積勞成疾，病死五丈原後，他的遺體遵照遺囑，被葬在定軍山。為了一統江山，諸葛亮五次出兵中原，都壯志未酬，給人留下了很多遺憾。他統一中國的理想雖然沒有實現，但是他超人的智慧和鞠躬盡瘁、死而後已的精神，卻永遠被後人所傳頌。

司馬懿戰勝曹爽

魏國大將軍司馬懿出身名門，曹操剛開始與人爭奪天下的時候，曾請他出來做官。他嫌曹操身分低微，藉口自己中風在床，不想應召。曹操懷疑他是有意推託，就派一個刺客前去查探。刺客進入司馬懿的臥室，看到司馬懿果然僵臥在床。他拔出刀，假裝要劈下去，看司馬懿是不是假裝的。司馬懿非常聰明，他料想那人肯定是曹操派來的，於是不管那個人如何比畫，他只是瞪大眼睛，身體卻一動不動。刺客見狀，以為他真的中風了，就收刀回去，向曹操報告去了。

司馬懿知道曹操生性多疑，肯定不會放過他，所以，過了一段時間，他就放出話來，說自己已經病癒了。曹操聽說後，再次請他出山，他欣然答應了。

司馬懿先後在曹操和魏文帝曹丕手下擔任要職。等到魏明帝繼承大統時，司馬懿已經是魏國元老級的人物了。諸葛亮幾次北伐，魏國都是由司馬懿率兵抗擊，時間一長，魏國的兵權都落入司馬懿之手。司馬懿去遼東平定公孫淵叛亂的時候，魏明帝病重，於是，將司馬懿緊急召回京師。魏明帝臨死前，將太子曹芳託付給司馬懿和皇族大臣曹爽。

魏少帝曹芳即位後，任命司馬懿為太尉，曹爽為大將軍，兩人雖然地位相當，但是能力與資歷都相差甚遠。曹爽剛開始的時候，非常尊重司馬懿，事事都會徵求一下他的意見。後來，他的手下提醒他：「司馬懿老謀深算，大人可不能將大權分給別人啊。」曹爽聽了，對司馬懿起了防備之心。他藉魏少帝的名義，提拔司馬懿為太傅，奪去了他的兵權。為了瓦解司馬懿的勢力，曹爽還將自己的親信、兄長都授以要職。司馬懿看在眼裡，佯裝不知，心中卻自有打算。他藉口自己年邁多病，向魏少帝提出以後不再上朝。

曹爽聽說司馬懿病了，心中暗自高興。他不清楚司馬懿是不是真的有病，於是，就派親信李勝前去打探。

李勝藉口自己要去荊州做刺史，前來司馬懿府中與之告別。他來到司

馬懿的臥室，看到司馬懿躺在床上，旁邊有兩個侍女在侍候他喝粥。他見司馬懿連動一下都非常艱難，粥碗擺到他面前，他只是身子向前，將嘴湊上去喝。剛喝幾口，粥就順著嘴角流了下來，湯湯水水，弄得胸前狼藉一片。李勝看到這裡，覺得司馬懿實在是病得可憐。

李勝對司馬懿說：「承蒙皇上恩典，我被任命為本州（李勝是荊州人，所以稱荊州為本州）刺史。我不久就要走馬上任了，所以今天特地來到這裡向你告別。」

司馬懿氣喘吁吁地說：「并州遠在北方，那裡的胡人極其兇悍，你要多加防備啊。我年事已高，恐怕以後再也見不到你了。」李勝以為他耳聾，就大聲說：「我是去荊州，不是去并州，太傅你聽錯了。」司馬懿說：「我年紀大了，沒辦法。你要去荊州的話，實在是個好差事。」

李勝回去後，對曹爽說：「司馬懿已經是垂死之人，不足為慮。」曹爽聽了，非常高興。他認為司馬懿已經日薄西山，自己從此以後可以高枕無憂了。於是他開始縱情聲色，過著尋歡作樂的荒唐生活。

西元249年，魏少帝曹芳率領群臣去高平陵掃墓，曹爽帶領自己的親信也一併跟去。因為司馬懿病得嚴重，大家都將他忘記了。曹爽他們剛出城門，司馬懿立即披甲上馬，帶領兩個兒子司馬師和司馬昭占領了城門和兵庫。然後他假傳太后口諭，免除了曹爽大將軍的職務。

曹爽在城外聽到消息後，手忙腳亂。有人建議他帶領皇帝退到許都，然後在那裡招兵買馬，對抗司馬懿。但是曹爽只是一個繡花枕頭，根本不敢有所舉動。

司馬懿派人告訴曹爽，只要他交出兵權，絕不為難他。曹爽聽後大喜，於是舉手投降。但是沒過幾天，司馬懿就藉口曹爽謀反，將他及其人馬全部處死。從此，司馬懿成為魏國大權的真正掌控者。

司馬昭狼子野心

司馬懿殺死曹爽兩年後，自己也得病死了。他的大兒子司馬師廢掉魏前廢帝曹芳，另立十三歲的曹髦為帝，是為魏後廢帝。後來，揚州刺史文欽起兵討伐司馬氏，司馬師帶兵鎮壓，在戰鬥中身受重傷。結果，在班師回來的路上，司馬師就死掉了。

司馬懿的二兒子司馬昭接替了哥哥的位置，做了大將軍後，為了獨攬大權，開始大肆殺戮曹氏家族成員。司馬昭又讓魏帝曹髦封自己為相國、晉公，並加賜九錫。司馬昭權重一時，但是仍不滿足，謀權篡位之心昭然若揭。

曹髦見司馬昭步步緊逼，知道自己遲早也會被司馬昭廢掉。他憤恨不已，對這種有名無實的傀儡生活忍無可忍。他想，與其這樣坐以待斃，不如鋌而走險，與司馬昭放手一搏。魏元帝景元元年（西元260年），曹髦將自己的心腹大臣侍中王沈、尚書王經、散騎常侍王業叫至身旁，對他們說：「司馬昭狼子野心，路人皆知。我不能坐等他來殺我，今天，我要與你們一起去剷除這個逆賊。」王經說：「司馬昭手握重兵，朝廷內外都是他的同黨。陛下不宜魯莽行事，應該慎重考慮後再做決定。」曹髦心意已決，哪裡還聽得進去勸告。他將黃絹詔書扔在地上說：「我已經決定了，不用再勸。死有什麼好怕的，再說還不知鹿死誰手。」他說完，就率領數百名太監、侍衛，朝雲龍門方向而去。

王沈、王業兩人見狀，趕快溜出去向司馬昭告密，以免一死。只有王經忠心耿耿，不肯前去。中護軍賈充是司馬昭的心腹，他聽說曹髦領兵出宮的消息後，立刻集結軍隊，在皇宮南門將曹髦截住。曹髦見大事不好，不計後果，舞劍直衝。他邊殺邊說：「我是當今天子，看你們誰敢攔我！」他手下的人見皇帝親自動手，都不甘落後，紛紛向前。賈充這邊的士兵都不想背上妄殺天子的罪名，紛紛後退。

太子舍人成濟見形勢危急，跑去問賈充怎麼辦。賈充厲聲說：「養兵

千日，用兵一時。司馬家如果被滅，你們誰能活命？還能怎麼辦，趕快還擊！」成濟聽後，斗膽向前，伸出長戈，將曹髦戳倒在地。曹髦大叫一聲，鮮血四濺，當場身亡。

司馬昭聽說曹髦被殺的消息後，跑進宮裡，對著曹髦的屍體假仁假義地哭了一場。然後下令召集百官，商量對策。他怕自己殺死皇上會引起那些世家大族的不滿，因此非常心虛。他請貴族百官入宮議事，很多人迫於他的威勢，都應邀而來。

時任尚書的大世族陳泰卻沒有前來，司馬昭派人再三催請，陳泰只得前往。司馬昭見到陳泰後，握著他的手哭著說：「天下人將怎麼看我啊，玄伯（陳泰的字），我該怎麼辦才好啊？」陳泰說：「事已至此，只有殺賈充以謝天下。」司馬昭說：「容我想一下。」他考慮良久，然後宣布：「成濟大逆弒君，誅滅九族。」狡猾的司馬昭不想殺掉自己的心腹賈充，就讓成濟做了替死鬼。

司馬昭為了掩蓋自己殺戮國君的真相，逼太后下旨，給曹髦羅列了一系列罪名，將他廢為庶人，以百姓之禮安葬。他的叔叔司馬孚在曹髦被殺後，曾經抱著曹髦的屍體大哭。現在他見司馬昭如此妄為，拉著一批大臣堅決反對。司馬昭沒辦法，只好將曹髦以親王之禮下葬。

曹髦下葬前，司馬昭就將告密有功的王沈封為安平侯，又將不依附自己的王經以禍亂朝政的罪名殺掉。時人聞聽後，皆搖頭嘆息。

曹髦被殺後，司馬昭想篡位稱帝，但是他感覺時機還不太成熟，就從曹操的後代中找了一個十五歲的少年，讓他繼承了帝位，就是魏元帝曹奐。後來，司馬昭滅掉蜀漢還沒有多久，就死掉了。他的兒子司馬炎執政時，繼承了父親的野心和遺志，廢黜魏元帝，自立為帝，建立了西晉。

曹髦已死，但是他說的那句話，「司馬昭之心，路人皆知」卻流傳了下來。後來，人們就用它來形容人所共知的陰謀或野心。

晉書

放浪形骸的才子阮籍

阮籍（西元210—263年），字嗣宗，晉時陳留尉氏人。阮籍三歲時，父親阮瑀去世，他透過勤學而成才。他崇尚清談和玄學，行為狂放，藐視封建禮教。他經常與嵇康、劉伶等一行七人，在竹林間開懷暢飲，世稱「竹林七賢」。

阮籍儀表堂堂，氣質灑脫。他博覽群書，尤其喜歡《老子》和《莊子》。他喝酒時，經常以琴弦助樂，有時候還會伴以長嘯。有時候他經常一個人駕著車，走到路的盡頭才哭著回來。當時的人都說他很狂，但是與他接觸過的人都知道，阮籍不但內心純潔，而且志向高遠。他遊覽楚漢對峙的戰場遺跡時，感慨道：「那時世間沒有英雄，才會讓劉邦這個小子成了名！」

阮籍本來有治國救世之志，但是由於社會黑暗，政治險惡，為了活命，他只好遠離政治，借酒避世。曹爽曾經召阮籍為參軍，他以有病為藉口謝絕了。司馬昭本人也曾多次找他談話，試探他的政見。阮籍深知

他的用意，因此在他面前時，總是滿口玄論，從不多言是非。司馬昭多次試探，都沒有任何結果。後來，司馬昭不得不說：「阮嗣宗這個人，真是太謹慎了。」司馬昭曾經為自己的兒子向阮籍的女兒求婚，但是阮籍天天喝得大醉，一醉就是六十天。司馬昭一看，提親之事只好作罷。但是，迫於司馬氏的淫威，阮籍也不敢完全得罪司馬昭。後來他接受了司馬昭授予的官職，陸續擔任了東平相、散騎常侍、步兵校尉等職。他還被迫為司馬昭自封晉公、備九錫寫過「勸進文」。司馬昭見他還算合作，就對他採取了寬容態度，所以阮籍得以安享天年。鐘會是司馬氏的心腹，他為了抓住阮籍的把柄，多次就一些時事問題請教阮籍的看法。阮籍每次見到他，都喝得大醉，鐘會終無所獲，阮籍也避免了被人陷害。

阮籍博覽群書，口才很好。有一次，他聽說一個人殺死了自己的母親，就驚訝地說：「殺死父親還可以，怎麼能殺死自己的母親呢！」周圍的人聽了他的話，驚問其故。他說：「雖然有些禽獸不認識自己的父親，但是都知道自己的母親。殺死父親的人與禽獸無異，但是殺死母親就禽獸不如了。」大家聽了他的話，恍然大悟。

阮籍行為狂放，不拘禮節。司馬昭任命他為東平相時，他騎著毛驢赴任，到了地方就讓人將衙門周圍的圍牆拆掉，然後自己將法令修改一番，十天後就騎著毛驢回家了。他擔任步兵校尉時，聽說兵營裡一個廚師善於釀酒，非常高興。他上任後，什麼都不做，整天耗在那個廚師身旁喝酒。將廚師儲存的幾百罐酒全部喝完後，阮籍就辭職回家了。他的嫂嫂要回娘家，他專門回到家中與嫂嫂見面並告別。人們都議論紛紛。阮籍說：「禮教不是專為我一個人制定的，我用不著用它來束縛自己。」鄰居有個賣酒的婦人，非常漂亮。阮籍經常去她那裡買酒，有時候喝醉了，就直接躺在那個女人身邊呼呼大睡。那個女人的丈夫觀察了很久，也沒有發現他有什麼越禮行為，也就沒有懷疑自己的妻子。鄉里有個才貌雙全的女子去世，阮籍本來與她素不相識，但是出殯時，阮籍也夾雜在送葬的隊伍裡放聲大哭。

阮籍雖然性情狂放，但是深明大

一次讀完二十五史故事

義，事母至孝。他母親死的時候，他正在和別人下棋。對方想停止下棋，讓他回家看看，他不願意，非要將棋走完。他下完棋後，飲了兩斗酒，然後放聲大哭，哭得咳出了好幾升血。他母親下葬時，他就著一隻熟豬腿，又喝了兩升酒。和母親的遺體告別時，他再次大哭，又吐了幾升血，差點死去。他母親去世後，他在一年之內，消瘦了好多。

阮籍善用青白眼看人。看到自己喜歡的人，他就用黑眼珠盯著人家。看到不喜歡的人，他就兩眼上翻，用白眼珠對著人家，露出非常鄙視的神情。嵇康的哥哥嵇喜來他家弔喪時，阮籍就用白眼對他。嵇喜心中不悅，回去後，就告訴了嵇康。嵇康聽說後，帶上好酒來找阮籍，阮籍看到他，滿心歡喜，就用黑眼珠來看他。因為這樣的關係，那些衣冠楚楚、一本正經的士大夫都很痛恨阮籍，但是由於司馬昭的保護，他們也不敢對他怎麼樣。阮籍五十四歲時，病重去世。他的作品有散文、詩歌等傳世，因為風格樸實凝重，不事雕飾，深受人們喜愛。

▌賈南風干政

晉武帝司馬炎雄才大略，他的兒子晉惠帝司馬衷卻是個昏庸無能的人。晉武帝在位時，曾多次考慮要不要廢掉他另立太子。

一天，晉武帝派人給司馬衷送去了一份試卷，想考一下他的學識和智商究竟如何。司馬衷拿到試卷後，兩眼發愣。太子妃賈南風聽說了，就找了個小太監為他答題。司馬衷問她為什麼，她說：「你太笨，而那些老師們又水準太高，找一個能力一般的，皇上不容易看出馬腳。」晉武帝拿到答卷後，感覺兒子還不算十分愚笨，就打消了對他的疑慮。

司馬衷即位後，整天吃喝遊玩，不理朝政。有一次，他與隨從走到池塘邊，聽見青蛙叫，就問：「這些東西叫個不停，到底是為了公事還是為了私事呢？」隨從聽了皇上的這個白癡問題，竊笑不已，答道：「公田

裡的是為公事，百姓地裡的是為私事。」後來，晉惠帝越來越嚴重。有一年，地方上鬧饑荒，餓死了很多人。有人將災情上報到朝廷後，晉惠帝問大臣們：「這些人怎麼能餓死呢？」大臣說因為沒有糧食。晉惠帝就說：「既然沒有糧食，為什麼不吃肉粥呢？」大臣們聽了他的話，哭笑不得。

賈南風是賈充的女兒，當初選太子妃時，晉武帝因為賈家的女兒醜，就反對娶賈家的女兒。但是皇后和群臣都出面為賈家說話，晉武帝沒辦法，只好答應了。晉武帝本來打算為兒子娶賈充的二女兒賈午，但是由於賈午年紀太小，只好娶了賈充的大女兒賈南風。賈南風不但又黑又矮又醜，還陰險狡詐，詭計多端。她雖然極度看不起司馬衷，但是也會為了他醋海生波。她身為太子妃時，聽說太子身邊的侍女懷了太子的孩子，心中大怒，順手拿起一把畫戟就朝那個侍女扔去，正中侍女的肚子，胎兒也流產了。晉武帝聽了非常生氣，準備將她廢掉，大臣們紛紛為她求情，晉武帝也就原諒了她。司馬衷當上皇帝後，不理朝政，皇后賈南風趁機將全部大權掌握在自己手中。她知道皇上昏庸，自己要想永保無虞，只有將潛在的對手一一除掉。於是，她重用賈氏族人，誅殺異己大臣楊駿、衛瓘，廢掉並殺死太子，又借刀殺人除去汝南王司馬亮，接著又殺了楚王司馬瑋。趙王司馬倫見賈后用心險惡，當機立斷，發動兵變，將她廢為庶人，後來又將其用毒酒殺死。賈南風「專朝」時期，西晉宗室之間互相殘殺，國事日益衰敗。賈南風的干政，最終導致了「八王之亂」的爆發，使得中國再度陷入了分裂割據的局面。

▍石勒建後趙

石勒，是羯族人，他是後趙的建立者，也是從奴隸到將軍的古今帝王第一人。石勒的祖父和父親都是部落的將領，到了石勒這一代，權勢已經沒落。

他十四歲去洛陽時，曾倚在洛陽

東門長嘯。晉朝丞相王衍見他相貌奇特，恐其將來會擾亂天下，就派人去殺他，但是，謀殺計畫卻因為石勒提前離開而落空。

石勒二十歲時，在戰亂中被人抓獲，賣給他人為奴。主人家很器重他，就恢復了他的自由。後來他再次被人抓走，為了生存，他就和幾個夥伴一起做了強盜。他的隊伍發展到了十八個人時，被他取名為十八騎。八王之亂時，石勒參加了汲桑的軍隊，他因為作戰勇敢，被汲桑任命為前鋒。石勒攻下鄴城後，在全城展開了大屠殺。他的強硬手段引起了朝廷的不安，朝廷派大軍前來圍剿他。汲桑死於亂軍之中，石勒大敗而逃，投靠了漢王劉淵，受到了他的重用。石勒總結失敗教訓，此後領軍作戰時，嚴禁士兵騷擾百姓，這為他贏得了不少威名。

劉淵稱帝後，石勒幫助劉氏打下了後晉。石勒胸懷大志，重用賢良。他召集了四方名士，組成了君子營。他領兵打仗時，都會讓營裡的謀士隨軍出行。他攻城掠地時，這些人出謀劃策，使他受益匪淺。石勒討伐東海王司馬越時，司馬越病死，王衍等人護送其屍體葬於東海，在半路上被石勒追上。石勒燒掉司馬越的屍體後，向王衍詢問晉朝滅亡的原因。王衍侃侃而談，石勒聽得如癡如醉。但是王衍在談話中極力為自己推卸責任，說自己對政治並無興趣，迫不得已才做了丞相。為了討好石勒，他還勸石勒稱帝。

石勒雖然很尊敬讀書人，但是他聽了王衍這種不負責任的話，還是怒不可遏。他指著王衍大罵道：「你年輕時就做官，直到鬍子白了還身居高位，怎麼能說自己不關心政治呢？如今天下敗壞，就是你這種人造成的！」他對自己的謀士孔萇說：「我長了這麼大還沒有見過這種人！那還留他何用！」他見襄陽王司馬範堅貞不屈，不肯就範，深為敬佩。他命令手下不要用刀殺死他，好讓其死後留個全屍。當天夜裡，司馬範、王衍等人就被人縛住手腳，壓死在牆壁下。

劉淵和繼任者劉聰死後，劉聰之子劉粲即位，後來輔政大臣靳准殺死劉粲，自立為帝。石勒和相國劉曜一起，發兵攻打靳准。劉曜在途中即位，封石勒為趙公，兩人關係開始惡化，並逐漸加深。劉曜曾多次殺掉石

勒派往朝廷的使者，石勒大怒，對人說：「沒有我石氏一族，你劉氏一族能做皇帝嗎？」他在自己的封地內修建宮殿，設置官僚、醫學等機構，發行錢幣，制定法令，開始為稱帝做準備。不久，他起兵滅掉劉曜，統一了北方，自立為帝。

石勒稱帝後，仿效漢朝制度來治理國家。他鼓勵人民發展農業，開墾荒地；他在全國各地創辦了很多學校，號召人們尊師重教；他重用文士，根據才學來選拔官員；他提倡節儉，多次頒布禁酒令；他還注意調和胡、漢人民之間的問題，他採用胡、漢分治政策，嚴禁胡人侮辱漢人；為了減輕人民的苦難，他注重與別國建立良好關係。高麗人遣使來朝時，他回送了很多禮物。西域各國聽說後，紛紛派使者前來覲見。就連東晉的陶侃，也派人向後趙送來了江南的特產。所以，石勒在位時，國家沒有大的戰事，人民生活比較安定。

石勒雖然沒有文化，但是對知識非常重視。他經常請人念書給自己聽，並時常就書中的問題發表自己的看法。有一次，手下為他講讀《漢書》，讀到劉邦要封六國舊貴族為

侯時，他急忙說：「這樣不行，會引起天下大亂的！」讀書的人告訴他，由於張良的勸阻，劉邦最後沒有那麼做。他長舒一口氣說：「這樣做才是對的。」石勒對才學之士非常尊敬。石勒是胡人，他對「胡」、「羯」之類的字眼比較敏感，因此他下令，任何人不得在他面前提到這些字眼。有一次，漢族官員樊坦前來覲見，石勒見他衣衫破爛，就問他怎麼回事。他口無遮攔地說：「我在路上碰到一群可惡的羯人，衣物馬車都被他們搶走了。」他剛說完，想起了禁令，嚇得跪在地上叩頭不止。石勒笑著說：「他們確實可惡，我替他們賠償吧。你雖然觸犯了禁令，但是對於你們這些讀書人，我是不會怪罪的。」

石勒對晉朝貴族崇尚的厚葬之風深惡痛絕，他臨死時，囑咐後人不要為自己厚葬，也不要舉行全國哀悼。他死後十二天就下葬了，這在古代帝王中還為數不多。石勒出身於窮困的少數民族之地，能在亂世之中稱王，統一北方，可以稱得上是十六國時期最為傑出的帝王了。他武將出身，卻又能因為文治而為後人稱道，在封建帝王中也是極其少見的。

周處除三害

周處，東吳吳郡陽羨（今江蘇宜興）人，他本是鄱陽太守周魴的兒子。周魴去世早，周處由於缺少管教，養成了一副兇殘好鬥的壞脾氣。他長大後，依仗身強力壯，爭強好勝，欺負鄉鄰。鄉人深受其害，將他與南山猛虎，義河蛟龍（鱷魚）合稱為「三害」。

有一天，周處看到一位農夫愁眉苦臉地站在路邊，就上前問道：「今年風調雨順，你有什麼不開心的呢？」農夫說：「南山的猛虎經常出來吃人，河裡的蛟龍經常出來吞咬牲畜，大家既不敢上山砍柴，又不敢下水捕魚，誰不煩惱啊！」周處聽了，拍著胸脯說：「那還不容易，我為你們除去就是了。」

第二天，周處就手提寶劍，奔赴山上，殺死了白額虎。他下山後，又來到河邊，跳進水裡，追殺蛟龍。那條蛟龍中了周處一劍後，負痛逃竄，周處在後面緊追不捨。蛟龍在水裡時隱時現，周處也跟著他時隱時浮。他跟在蛟龍身後，追了三天，直到下游才追上它，將牠殺死。村裡的人見周處三天沒有回來，都以為他與蛟龍同歸於盡了。大家都興高采烈，奔相走告：「三害都被除掉了！」

第四天，周處回來後，看在大家正在慶祝「三害」之死，他深受觸動，原來鄉人忌恨的三害中最大的禍害就是自己。他滿面羞愧，決心改過自新，重新做人。他離開家鄉，來到吳郡，準備拜當時最有名的學者陸雲、陸機為師，學習文化，修身養性。周處來到陸家，將自己的想法告訴了陸雲，說自己想要重新做人，就是不知道還有沒有機會。陸雲告訴他：「聖人說過，朝聞道，夕死可矣。你只要有決心，有意志，什麼時候都不算晚。」周處聽後，遂即拜陸雲為師。他在陸家研讀詩書，修身養性，過了很長一段時間，終於成為一個德才兼備、人人尊敬的人。

周處入東吳朝廷做官後，因為有勇有謀，成為朝中重臣。晉朝滅吳後，晉朝大將王渾是吳國人，他借著酒意問席間的吳臣：「你們的國家滅

亡了，你們不難過嗎？」周處站起來說：「漢末三國鼎立，魏國滅吳後，最後也是被人滅掉。朝代更替如此，該難過的又不是一個人！」王渾聽後，啞口無言。

周處在西晉做官時，由於剛正不阿，得罪了很多權貴。氐羌叛亂時，朝廷聽信讒言，派他領兵征討，由於寡不敵眾，他最後戰死沙場。

周處由一個禍害鄉鄰的無賴棄惡從善，並最終成為一個以身殉國的賢臣，實在是難能可貴啊。

書聖王羲之

王羲之出身於東晉的名門望族，他的祖父王覽曾經官至太尉，父親王曠做過淮南太守，伯父王導是當朝丞相。王羲之小時候就對書法很感興趣，他先是師從衛夫人，後來又拜草聖張芝為師。他集眾家所長，精通隸、草、正、行各體，被奉為「書聖」。據說王羲之當年在臨川學習書法時，因為常用池水洗毛筆，日久天長，池子裡的水都成了墨色。王羲之因書法出名後，世人將他當年洗筆的池子取名為「墨池」。

太尉郗鑒聽說王家子弟都很優秀，就派門客去王家為自己的女兒選個女婿。門客回來後，告訴他：「王家的年輕人都不錯，但是他們聽說我是為你挑女婿時，一個個馬上正襟危坐，擺出一副一本正經的樣子。只有一個年輕人躺在東床上敞著懷睡覺，跟不知道這回事一樣。」郗鑒聽了很高興：「我要選的就是這個東床快婿。」他仔細一問，原來那個年輕人就是大名鼎鼎的王羲之。不日，郗鑒就與王府結為姻親，後人將女婿稱為「東床快婿」和「令坦」就是這麼來的。

東晉永和九年（西元353年），王羲之與謝安、孫綽等四十一人，在紹興蘭亭修禊（一種祈禱驅除疾病、厄運的活動）時，眾人飲酒作詩，輯為《蘭亭集》。王羲之為此書寫了前序，就是有名的《蘭亭序》。作者在序中記載了蘭亭景色之優美與聚會時高朋滿座的場景，抒發了作者

對良辰美景與世事無常的感慨。全書共二十八行，三百二十四字，不但章法、結構別致，筆法更是健若蛟龍、氣勢如虹，具有很高的藝術價值。後人評價《蘭亭序》時，將其推為「天下第一行書」。

王羲之非常喜歡鵝，因為他認為養鵝不僅能陶冶情操，還能從鵝的動作形態中領悟到一些與書法有關的道理。會稽郡有個老婦人養了一隻鵝，叫的時候聲音很好聽。王羲之聽說後，就帶著朋友前去欣賞。那個老婦人聽說王羲之要來，就將鵝殺了，做成菜來招待他。王羲之到了那裡，發現鵝已經死了，惆悵良久。有一次，王羲之外出遊玩，看到一群白鵝非常漂亮，就想買下來。他一問才知道，原來這些鵝是一個道士養的。他找到那個道士，想將那些鵝買下來。那個道士聽說王羲之要買鵝，說道：「只要你能為我抄一部《道德經》，我就將這些鵝全部送給你。」王羲之欣然答應，抄完經書後，就高高興興地帶著鵝回去了。王羲之性情直率，有一次他在街上看到一個老婆婆在賣竹扇，叫賣了半天都沒人來買。他心生同情，走上前去，對老婆婆說：「我

給你題上字，你就說是王右軍寫的，一個可以賣一百錢。」老婆婆半信半疑地答應了他，他在扇子上題上了幾個字，寫完之後就離開了。老婆婆照著他的話叫賣，人們圍上前去，很快就將她的扇子搶購一空。幾天後，老婆婆拿著扇子，找到王羲之，請他題字。王羲之見她貪心，笑著拒絕了。

王羲之成名後，還是非常謙虛，他對人說：「我的書法與鍾繇不相上下，但是比起張芝來，我就自愧不如了。有幾個人能像他那樣，以帛為紙時將竹帛洗爛，臨池學書時將池水染黑呢？」王羲之勤學不輟，終於使自己的書法技藝達到爐火純青的地步。

王羲之的書法剛開始時，還比不上庾翼，後來庾翼見到王羲之的章草體書信後，將其視為珍寶，回信說：「我以前收藏有張芝的章草，但是都因為戰亂遺失了。我以為再也見不到那樣的書法珍品了，今天看了你的信，心中大為寬慰，張芝的書法後繼有人了。」王羲之聽說後，趕忙回信答謝。王羲之的兒子王凝之和王獻之也都擅長書法，其中，王獻之的書法造詣頗深，後人將他與王羲之一起，合稱為「二王」。

苻堅重用王猛

苻堅，氐族人，前秦開國君主苻洪之孫。苻堅年幼時，因為聰明伶俐，舉止有度，備受祖父苻洪寵愛。他九歲，讓祖父為自己請一個老師。苻洪見他胸懷大志，欣然答應。所以苻堅雖然是氐族出身，但是卻遍覽儒家經典，博學多才，讓很多漢族士子都自愧不如。

苻堅的伯父前秦景明帝苻健去世後，其子苻生繼承帝位後，因為殘暴不仁，盡失人心。不久，苻堅將苻生殺死，自立為大秦天王。

王猛博學多才，是世間奇才。但是他卻因為家貧，不得不賣簸箕為生。東晉桓溫去見王猛時，王猛披著粗布麻衣，一邊與他高談闊論，一邊旁若無人地捉著身上的蝨子。桓溫對王猛許以高官，請他出山。王猛因為東晉朝廷已不得人心，堅決推辭。苻堅聽說王猛的名聲後，就派人將他接來，與他一起商討國家大事。他與王猛一見如故，拜其為中書侍郎。王猛上任後，就將一個作惡多端的奸吏當眾打死。苻堅將王猛捉拿下獄後，親自問他為何如此殘暴。王猛說：「治理亂世就要用嚴法，我為陛下剷除惡徒，陛下不以我有功，反說我殘暴，我實在不能接受。」苻堅聽後，對左右說：「王猛真是管仲、子產一類的偉人啊！」說完，就把王猛放了，從此對他更加信任。

苻堅採用王猛重禮尊法的主張，重用漢族儒生，嚴懲不懂禮教的氐族貴族，使得朝中氣象煥然一新。尚書仇騰和丞相長史席寶見王猛受到重用，心生嫉妒，就在苻堅面前說王猛的壞話，苻堅大怒，將這兩個人都貶了官。自此，再沒有人敢說王猛的壞話。

苻堅登基時，國家政局混亂，法律和政治制度都極不健全。為了開創清明繁華的政治局面，他採納王猛的建議，頒布和推廣了很多有利於國家發展的措施。他整頓吏治，嚴懲不法豪強；他採取了休養生息的政策，勸農桑，修水利，發展農業；他在全國大範圍內推行儒家思想和尊儒國策，在全國各地大建學校，透過考試選拔

人才，很多品德高尚、操守清廉的人都因為他的提拔而做了高官；為了選拔人才，苻堅多次到太學巡察，有時候，還親自主持考試。至於那些貪汙受賄的考官和營私舞弊的學生，他都嚴懲不貸。在他的大力提倡下，全國出現了爭相學習漢族文化、養廉知恥的社會風潮。這樣一來，不僅統治階層的文化素質得以提高，民族間的文化交流也得到了發展。

不久苻堅任命王猛為丞相，將國家大事悉數委託於他。王猛賞罰分明、精簡機構、整頓軍紀，使前秦很快就強大起來。苻堅對王猛說：「我得到你，就像文王得到姜太公一樣，任何事都有人代勞了。」王猛說：「我才疏學淺，只求陛下不要責備我的過失，哪裡敢與古人相比啊！」苻堅對太子苻宏和長公主苻丕說：「你們要像對我一樣，對待丞相。」苻堅就是如此信任王猛。

後來，王猛由於操勞過度患上重病，苻堅多次派太醫為他醫治，其病情卻始終不見好轉。王猛臨死時上書苻堅，對他說：「晉國偏安於東南一隅，國家景象剛剛有些好轉。鮮卑和羌族與我們是世仇，早晚會成為我們的禍患。陛下要想長久立國，切記與鄰友善是立國之本，千萬不要對晉國有所企圖。只有這樣，將來才有能力除掉鮮卑和羌族。」說完，他就去世了，享年五十一歲。

王猛出殯前，苻堅曾經三次去他靈前哭拜。他對太子說：「難道是上天在嫉妒我嗎？不然的話，為何這麼早奪去王公的性命？」王猛死後八年，苻堅出兵東晉，經歷淝水之戰，慘敗而歸。他在逃亡的路上，想起王猛的遺言，悔不當初，但是已經是為時已晚。

王猛出身貧寒，卻能在十六國繽紛多變的歷史舞臺上大顯身手，做出了一番驚天動地的豐功偉績，多虧了苻堅對他的信任。而苻堅正是由於王猛的幫助，才帶領前秦走向繁榮發展的頂峰。不論他結果如何，他與王猛之間那種至真至切的君臣之情，確實是讓人感慨，古今難尋。

謝安退敵

王猛死後，苻堅依仗國力強盛，一心想要南進晉國。他滅掉燕國、羌族，統一北方後，將東晉看成統治上最主要障礙。

建元十九年（西元383年），苻堅召集群臣商議滅晉之事，群臣紛紛反對。苻堅生氣地說：「我軍兵強馬壯，每個人將手裡的馬鞭扔到水裡，就能隔斷長江，有什麼好怕的。」群臣退下後，苻堅之弟苻融再次勸諫苻堅不要攻打東晉。苻堅左右搖擺，拿不定主意。他寵信的前燕宗室慕容垂和羌帥貴族姚萇，非常怨恨苻堅滅了自己的國家，都希望苻堅失敗。他們在苻堅舉棋不定時，極力慫恿他出兵東晉。苻堅聽後大喜，五月，正式率兵進攻東晉。

苻堅率領九十萬大軍，揮師南下的消息傳到東晉京師建康時，東晉朝廷一片驚慌。宰相謝安卻處變不驚，他任命自己的弟弟謝石為征討大都督，侄子謝玄為前鋒都督，帶領八萬人馬前去抵抗敵軍。他又派大將胡彬率領五千水軍前去接應步兵。謝玄手下的軍隊在當時被稱為「北府兵」，士兵全部由流民所組成，戰鬥力極強，但是與前秦大軍相比，就顯得數量過少。謝玄臨行前，心中有些許不安，決定藉向謝安辭行之際，打聽一下他的戰略部署。

謝安見到謝玄時，笑著說：「你不用擔心，我已經都安排好了。」餘下的時間，關於軍情，他不再多說一個字。謝玄回去後，還是不放心，又託老朋友張玄前去打聽。謝安看到張玄，拉著他就下起棋來。張玄始終找不到時間開口說話。晚上，謝安將謝石、謝玄等人都召集過來，將自己的部署一五一十地給他們交代清楚。眾人見謝安神情淡定，胸有成竹，心中的石頭也落了地。

駐守荊州的桓沖，聽到消息後，特地派了一支三千人的精銳部隊前來支援。不料，謝安將部隊遣了回來，還寫信給桓沖說：「朝廷這邊已安排好了，你只需守護好自己的駐紮地就行了。」桓沖看完信，搖頭嘆息：「謝公固然有宰相的度量，但是對打

仗卻一竅不通。現在大敵當前，他卻派沒有經驗的年輕人來指揮隊伍。看來我們淪為外族臣民之日，為期不遠了。」

苻堅派人圍住胡彬的水軍後，派朱序（東晉襄陽降將）前去勸降。朱序是迫不得已才投降苻堅的，他見到胡彬後，將前秦的情況全部告訴了胡彬。他與胡彬密謀，自己做內應，與東晉軍隊裡應外合，擊敗苻堅。謝玄、謝石接到消息後，派兵擊敗秦軍的前鋒部隊。苻堅見前鋒受挫，便命令部隊在淝水擺好陣勢，以待後方大軍到齊後，一起進攻晉軍。

謝石不等秦軍到齊，就寫信給苻堅說，如果秦軍能空出一塊地方，讓晉軍擺陣，晉軍願意與秦軍決一死戰。苻堅打算等晉軍過河之時，趁機出擊，於是，他就答應了謝石的要求。誰知，秦軍在後撤之時，朱序領著人在軍中大喊：「秦軍敗了，秦軍敗了！」

秦軍首尾不能相望，後面的人根本不知道發生了什麼事，一聽說軍隊敗了，立刻不要命地往後跑。東晉軍隊趁機發起進攻，秦軍死傷過半，苻融死於亂軍之中，苻堅也被流箭射中。苻堅帶人逃到洛陽後，幾十萬人馬只剩下十幾萬人。自此，前秦元氣大傷，從此一蹶不振。不久，苻堅被慕容垂和姚萇殺死後，前秦滅亡。

謝石和謝玄擊敗秦軍後，派人火速將捷報送回建康。信使趕到謝安府上時，謝安正在和一個客人下棋。他接過捷報，看了一眼，又隨手放下了，依舊下棋。客人知道那是前方送來的戰報，忍不住問道：「前方戰況如何？」

謝安神情自若地說：「孩子們總算將敵人打退了。」客人聽後，為了將好消息告訴別人，趕忙告辭了。謝安其實也很激動，他送完客人回來後，由於高興，邁門檻時竟然忘了抬腳，把木屐底上的木齒都給碰斷了。

宋書

不為五斗米折腰

陶淵明，是東晉開國元勳陶侃的曾孫。他九歲喪父，與母親、妹妹一起與外祖父孟嘉生活。孟嘉是當時名士，行為端正，學識淵博，好飲酒，經久不醉。在外祖父的督導下，陶淵明博覽群書，精通文史。他長大後，頗有外祖父的遺風，身上既有儒家志向高遠的抱負，又有道家安貧樂道的情懷。

陶淵明二十九歲時，才出仕為官。他所擔任的也都是些祭酒、參軍之類的小官，根本無法施展自己的抱負。他對灰暗、無聊的官場生活越來越失望，他做江西祭酒時，因為不甘忍受官場束縛，辭官回家。而後，州官一再徵召他出任州中主簿，他都沒有接受。後來，叔父陶逵推薦他出任彭澤縣令，陶淵明再次踏入仕途。上任八十一天，適逢潯陽郡督郵來到彭澤視察。縣吏告訴陶淵明趕快穿上官服，束緊腰帶，前去迎接。陶淵明生氣地說：「我不能為了每月五斗米的俸祿，向那種小人彎腰！」他說完後，就解下官印，辭職回家了。

回鄉後，陶淵明的思想發生了重要的變化，他極度渴望內心的平靜與淡泊，因此對於自給自足的躬耕生活產生了強烈的嚮往。從此，朝廷多次徵召他，他再也沒有應召。陶淵明在鄉間過著自耕自足的田園生活，人們見他家門前有五棵柳樹，就稱呼他為五柳先生。陶淵明的妻子翟氏，與他志同道合，兩人經常一起躬耕於壟畝之間。閒暇時間，陶淵明就與友人飲酒賞菊，棋琴為樂。

陶淵明嗜酒如命，只要有朋友前來，他必定與人開懷痛飲，一醉方休。飲酒前，他都會告訴朋友，「我要是喝醉了，你可以自行離去」。陶淵明晚年，生活貧困，朋友知道他不可一日無酒，就經常送錢救濟他。他的老朋友顏延之，擔任安郡太守時，每次經過潯陽，都要去陶淵明家裡飲酒。他臨走時，還會留下一些錢當做酒資。陶淵明將錢全部存在酒店裡，想喝酒時，他就直接去酒店裡要酒喝。有一年重陽節，陶淵明在菊花叢裡坐著，正在想去哪裡找酒喝時，他的老朋友江州刺史王弘帶著幾罈好酒前來找他。兩人席地而坐，話不多說，馬上就喝了起來。陶淵明醉醺醺地醒來時，王弘已經回去了。陶淵明回到家中時，身上、頭上都是菊花花瓣。

陶淵明雖然生活貧困，但是他為人處世，都是非常講究原則的。有一天，鄰居老翁帶著酒前來叩門，請陶淵明與之共飲。陶淵明非常高興，但是老翁又說：「舉世皆濁，先生何必自命清高，還是出仕為家人賺個溫飽才是根本。」陶淵明因為與他話不投機，謝絕了他的勸告，連酒也沒喝，就起身離去了。

陶淵明四十歲時，家中著火，全部家當被大火一掃而光。陶淵明只好與家人住到船上，靠著朋友的救濟艱難度日。

檀道濟做了江州刺史後，親自到他家慰問。這時，陶淵明已經因為又病又餓，躺在床上無起身之力了。檀道濟對他說：「人說賢者當世，無道則隱，有道則至，今天下太平，你何必如此刻苦自己。」陶淵明對他關於天下太平的理論深為厭惡，堅決謝絕了他饋贈的酒肉。陶淵明晚年，生活更是艱困，其隱居田園的決心也愈堅。他將自己固守寒廬，淡泊渺遠的思想與恬靜優美的自然風光相結合，

寫出了很多膾炙人口的田園詩作。

元嘉四年（西元427年），陶淵明在貧病交加中與世長辭，享年六十三歲。陶淵明是魏晉南北朝時期最傑出的詩人，他的作品除了詩歌外，還有散文、賦等傳世。其中，《桃花源記》是陶淵明的散文代表作之一。

范曄之死

《後漢書》作者范曄出身貴族，從年輕時就博覽群書，寫得一手好文章。劉裕代晉稱宋後，范曄做了劉氏宗族彭城王劉義康的冠軍參軍，後來他又陸續擔任了幾個閒職。

劉義康的母親彭城太妃去世時，劉義康將故僚召集到府中，幫助料理後事。別人的母親去世了，范曄根本感覺不到有什麼好悲傷的。臨葬的前一天，恰好輪到范曄的弟弟范廣淵值班。范曄兄弟二人邀請了一位朋友一起躲在屋子裡喝酒。他們越喝越有興致，還打開了窗戶聽挽歌來助興。劉義康聽說這件事後，勃然大怒，在皇上面前告了范曄一狀，不久，范曄就被貶為宣城太守。

此次被貶使范曄受了很大的打擊，他的心情十分苦悶，為了排解苦悶，他開始將全部精力投入到漢史的編撰工作中。他搜集資料，刪繁就簡，自著了一部漢史，就是《後漢書》，時年，范曄才三十五歲。《後漢書》寫成後，范曄官運亨通。

范曄的母親去世的時候，報信的人跟他說是生病了，因此他未能及時奔喪。等到他出發的時候，他又隨身帶了幾個侍妾同行。當時的人們很看重孝道，范曄的違禮行為引起了一片譁然。劉裕因為欣賞范曄的才華，就沒有怪罪他。

范曄身材矮胖，面目黝黑，但是才華洋溢，不但善文史，還精通音律與書法。但是他恃才放曠，因此得罪了很多人。宋文帝劉義隆聽說范曄擅長彈琵琶，還能夠作曲，就想聽一聽。他多次委婉地表達了這個意思，但是范曄都裝聾作啞，始終沒有為皇上彈奏過。有一次在宴席上，宋文帝

直接對范曄說：「朕想唱歌，愛卿願意為我伴奏嗎？」范曄無法推辭，只好為皇上伴奏。但是宋文帝一唱完，他立刻停止了彈奏。范曄雖然狂放，對同僚還算尊重。但是，范曄的同僚因為嫉妒他的才華，都想辦法排擠、打擊他。例如，皇上同時召見他和沈演之時，如果范曄先到，他必須等沈演之來了，和他一起覲見皇上。如果是沈演之先到，他從來沒有等過范曄，都是自己先進去見皇上。范曄見同僚用心險惡，就寫了很多文章對他們進行諷刺。這樣，眾人更是恨他。

彭城王劉義康由於權威日盛，受到宋文帝猜忌，被貶到外地。劉義康不甘心失敗，與人密謀奪權。劉義康見范曄掌管禁軍，就派心腹孔熙先去拉攏他，范曄一開始拒絕了。後來孔熙先用朝廷拒絕與范曄家族聯姻之事刺激他，范曄終於答應參與。孔熙先寫好檄文後，讓范曄以劉義康的名義起草政變宣言。但是，政變還未舉行，劉義康的黨徒徐湛之就向宋文帝告了密，並聲稱范曄是政變的主謀。於是，范曄被捕，不久就慘遭殺害。

范曄恃才放曠，在充滿險境的官場上，不懂得保護自己，最終為自己引來了殺身之禍。

無道昏君劉子業

劉子業是宋孝武帝劉駿的長子，他從小就脾氣暴躁、是非不分。有一次，劉駿對他說：「你整天學問不見長進，脾氣倒是越來越大，這樣的話，我怎麼敢將國家交給你啊！」劉駿死後，劉子業繼承了王位。父親剛剛去世，劉子業不僅一點都不難過，還指著父親孝武帝的畫像說：「這個人以前老批評我，其實他自己就是一個貪財好色之人。」大臣們聽了他的話，都愣住了。

劉子業當上皇帝後，驕橫殘暴，簡直達到了人神共憤的地步。他討厭大臣戴法興，就將他刺死，然後又殺了他的兩個兒子。諫官見皇帝無故亂殺大臣，紛紛進諫。劉子業不聽，還命人將所有諫官拉出去棍棒伺候。朝野上下人心惶惶。劉子業殺完近

臣後，又開始收拾自己的同姓骨肉。他非常忌憚自己的六個叔叔，因此將他們全部召進宮關了起來。他有三個叔叔長得很胖，分別是湘東王劉彧、建安王劉休仁、山陽王劉休佑。他命人將他們關在豬籠裡當豬養，他叫人在豬槽裡放上豬食，讓自己的叔叔們用嘴拱著吃，他在一旁樂得哈哈大笑。他高興時，就讓人抬著自己的三個叔叔去過秤。湘東王劉彧因為體重最重，還被劉子業冠以「豬王」的名號。劉子業每次出宮，都會讓人抬著這三個當豬養的王爺，去各地展示，如此變態的行為，真是匪夷所思。

劉子業不僅殘暴，而且荒淫無恥，古今少有。他才剛即位，就將京城裡所有的王妃和公主召進宮，然後讓事先埋伏好的幾百名侍衛，將她們全部強暴。他還讓將軍劉道隆當著他和他叔叔建安王的面，強暴他的嬸嬸建安王妃。他經常讓宮裡的宮女脫光衣服，嬉戲打鬧，不服從者殺無赦。他和自己的姐姐山陰公主有染，山陰公主要求他賞賜自己男寵，讓自己恣意享樂，他竟然也答應了。劉子業見

自己的姑姑新蔡公主年輕貌美，就將她召進宮侍候自己，他將新蔡公主娶為夫人後，令她日夜侍寢。他殺掉一個宮女抬去給駙馬，說公主死了。駙馬只能忍氣吞聲，將棺材埋掉。他想封新蔡公主為皇后，新蔡公主顧及廉恥，死都不肯答應，他只好作罷。

劉子業的母親生病時，派人來叫他過去看看。劉子業當時正在和宮女淫樂，他不肯過去，就對來人說：「人家都說生病的人屋子裡有鬼，我才不去呢。」太后聽了回話，氣得大叫：「快去拿刀，我要將自己的肚子剖開，看看我怎麼生了這麼一個混帳東西！」

在他即位一年之後，劉彧找到機會，買通劉子業手下的宦官壽寂之和衛戍將領姜產兩人，趁劉子業到御花園射鬼之際，將他殺死。這個荒淫無道、眾叛親離的暴君，最終落了一個可悲的下場，死後連個諡號和廟號都沒有。由於此後南北朝時期也有一個暴君被廢，所以後人將劉子業稱為「前廢帝」。隨即，湘東王劉彧為帝，史稱宋明帝。

劉休仁功高致禍

劉休仁是宋文帝的第十二個兒子，因為能力出眾，深受宋文帝喜愛，被封為建安王。前廢帝劉子業是劉休仁的侄子，是一位喪失天良，滅絕人倫的無道昏君。因為害怕六位叔父對自己不利，劉子業就將他們全部召進宮關了起來。

劉子業時常對叔叔們肆意侮弄。桂陽王劉休范、巴陵王劉休若年紀小，倒還相安無事；東海王劉褘因為愚笨，被劉子業賜號「驢王」；劉休仁、劉彧與山陽王劉休佑則被劉子業裝進豬籠當豬養。劉子業多次將劉彧脫光衣服，扔到泥水坑裡餵食，並且時常將三王過秤。後來，劉子業分別為三王起綽號為「殺王」、「豬王」、「賊王」。他還常常當著劉休仁的面，讓劉休仁的手下侮辱劉休仁的母親楊太妃。他的手下沒有辦法，只好從命。後來，劉子業將楊太妃賜給了右衛軍將領劉道隆。

因為三王年紀最大，劉子業多次想除掉他們。劉休仁工於心計，經常講笑話給劉子業聽，劉子業心中高興，就一再放過了他們。有一次，劉彧惹惱了劉子業，劉子業命人脫光他的衣服，然後將他的手腳綁在木棍上，說道：「今天要殺豬！」劉休仁笑著對劉子業說：「豬今天不應該死。」劉子業問他為什麼，劉休仁說：「等皇太子生下來後，再殺了他摘肝取肺也不遲。」劉子業這才放過了劉彧。後來，劉子業想殺了三王再去南方巡遊，但是，當天晚上就被劉彧指使人殺掉了。

劉彧當上皇帝後，感激劉休仁的救命之恩，多次給他加官晉爵。當時，劉道隆任護軍首領，因為劉休仁的一句話「我不能與那種人同朝為臣」，就被劉彧殺掉。不久，各地不服朝廷管治，紛紛起兵，劉休仁奉命征討，終於平定了四方叛亂。為了表彰他的功勞，劉彧前後為他增加了近萬戶食邑。

劉休仁為劉宋江山立下大功後，深受朝廷上下愛戴，每次入朝，大臣們都眾星捧月般地圍著他轉。宋明帝劉彧看在眼裡，心裡很不高興。劉休

仁從他的眼神裡，讀懂了他的意思，於是上表主動請求辭去揚州刺史一職，劉彧允許了。不久劉彧升任他為太尉，劉休仁堅決辭讓，不肯赴任，劉彧這才心中稍安。

劉彧晚年，疑心日重，他見太子年幼，恐怕朝廷將來會不安定，於是開始大肆殺戮功臣。與其患難與共的劉休佑被殺後，劉休仁的憂慮也與日俱增。劉彧病重時，將朝中大事悉數委託於劉休仁，以試探其心。劉休仁不知是計，為朝中之事忙得不亦樂乎，那些正直的人看在眼裡，都為他擔心不已。果然，一天夜裡，劉彧召劉休仁進宮議事，事畢，他對劉休仁說：「今天就在尚書省休息吧，明天可以早點來。」當天夜裡，劉休仁就被皇上毒藥賜死了。

劉休仁由於功高震主，丟掉了性命，實在讓人可惜。劉彧殺了他後，也悔恨不已。他每每想起兩人以前在一起時的事，都淚流不已。

南齊書

蕭道成建齊

蕭道成，東海蘭陵（今山東棗莊市嶧城鎮東）人。蕭道成年輕時，勤學好問，機智英勇。宋文帝時，其父蕭承之深受皇帝信任。他十七歲時就跟著父親南征北戰，因為屢立戰功，成為朝野上下頗為器重的將領。

宋明帝登基後，朝廷內部因為爭奪權力而發生兵亂，晉安王劉子勛率領諸侯起兵反對宋明帝。宋明帝派蕭道成領兵征討叛軍，蕭道成不負眾望，很快就平定了叛亂。宋明帝大喜，封蕭道成為兗州刺史，讓他帶兵鎮守一方。

為了鞏固自己的統治，宋明帝多次採用暴力手段剷除功臣、異己。蕭道成由於老謀深算，謹言慎行，得以無虞。有一天，蕭道成帶人在外面打獵時，突然接到聖旨，原來是皇上宣他進京任職。他知道皇上對自己起了疑心，為了打消其顧慮，他進京赴任時，除了家人，未帶一兵一卒。上任後，他更是兢兢業業，克勤克儉，時刻將皇恩浩蕩之類的溢美之詞掛在嘴邊。宋明帝聽說後，心下寬慰，再沒

有懷疑過他。

宋明帝去世後，太子劉昱即位，蕭道成受遺詔參與朝內機要事務。江州刺史劉休範見皇上年幼，舉兵造反。劉休範親率兩萬大軍、五百輕騎從潯陽出發，晝夜兼程，直逼京師。朝廷委任蕭道成為平南將軍，率兵狙擊叛軍。蕭道成帶領部隊來到新亭，見敵人來勢洶洶，知道不能與其硬拚。於是，他命人修築工事，加固堡壘，擺好了與叛軍打持久戰的架勢。他屢次讓部隊佯敗，然後派心腹張敬兒到敵營中假裝投降，麻痺敵軍。後來，他趁叛軍放鬆之際，帶領部隊發起猛攻，擊敗叛軍。不久，蕭道成因為平定叛亂，威望大增。

回朝後，蕭道成被皇帝委任為中領軍並封侯拜爵。皇帝又將蕭道成與輔政大臣袁粲、褚淵、劉秉並稱為朝中「四貴」，蕭道成正式跨入執政重臣的行列。

宋皇室成員見皇帝年輕，皆有不臣之心。小皇帝劉昱不僅不居安思危，勵精圖治，反而殘暴驕橫，失盡人心。一天，天氣炎熱，劉昱閒來無事，帶人闖入領軍府。當時蕭道成正袒胸露腹，在竹床上仰面而睡。

劉昱對人說：「蕭中軍的肚臍眼真是一個好箭靶啊，快把他喊醒，朕要射箭。」蕭道成醒後，嚇得出了一身冷汗，跪在地上連聲求饒。護衛隊長王天恩與蕭道成交情甚好，看到此處，就對皇上說：「蕭將軍腹部肥碩，確實是一個好靶子，但是今天將他射死了，以後就找不到這麼好的靶子了，皇上還是留著日後再用吧。」劉昱不允，王天恩只好勸他用假箭來射，劉昱於是用假箭射了一番方才離去。蕭道成見小皇帝殘暴不仁，心中也有了不臣之心。他開始在暗中招兵買馬，蓄積力量，準備殺掉皇帝，取而代之。

升明元年（西元477年）七月，蕭道成帶兵入宮，殺後廢帝劉昱。他見稱帝時機還不成熟，就以太后名義，立十歲的安成王劉准為皇帝。隨後，皇上封蕭道成為齊王，任命他為司空、錄尚書事，兼職驃騎大將軍。於是，蕭道成隻手遮天，將軍國大權盡攬手中。

為了掃清稱帝道路上的阻礙，蕭道成在朝中安插親信、扶植黨羽，將忠於宋室的大臣袁粲、劉秉等人的權力剝奪殆盡。袁粲不服，與荊州刺

史沈攸之、黃回等人起兵謀反，但是很快被蕭道成派兵鎮壓。袁粲等人被殺後，蕭道成藉口清理叛軍餘黨，將朝中反對派消滅乾淨。一時間，世人皆知蕭道成有稱帝之心。西元479年三月，在蕭道成的逼迫下，宋順帝禪讓帝位，劉宋滅亡。蕭道成稱帝，是為齊高帝，南齊建立。有感於劉宋滅亡的慘痛教訓，為了不重蹈覆轍，齊高帝採取了很多有利於社會發展的措施。例如，整頓吏治、發展生產、清理戶籍、開辦學校等。這些措施，有力地促進了國家政治、經濟的發展。

但是不幸的是，齊高帝僅僅做了四年皇帝，就病重身亡。他採取的那些措施，由於妨礙了地主官僚的利益，死後幾乎全部被廢除。

▌書法大師王僧虔

王僧虔，字簡穆，王羲之四世族孫。他是當時有名的全才，不但喜歡研讀文史，還擅長音律、書法。他的書法外形質樸而內含硬骨。可以說，他是南朝時期「王家軍」的代表人物。

王僧虔出生於書法世家，家學淵博，兩晉南北朝時，王家出現了很多書法高手。在這樣的成長環境下，王僧虔從小就對書法充滿了興趣。他勤學苦練，四時不輟，終於練得一手好字，成為書壇名家。他成名後，其書法廣為世人推崇，影響深遠，就連應有盡有的皇室，都將他的書法視為珍寶。王僧虔不僅才華卓越，而且機智聰明，他先後侍奉過三位皇帝，都因為精通為臣之道，深受他們的欣賞。

有一次，王僧虔在白絹扇面上作書，宋文帝看後，讚嘆道：「你的書法不僅外形比王獻之的漂亮，而且氣勢和力度也要高出一籌！」王僧虔見皇上對自己如此賞識，心中也很高興。他知道，作為一個臣子，不能只顧著自己高興，只有皇上高興了，才能皆大歡喜。於是，他對皇上說：「我能有這些成就，都是託了皇上的洪福。如果沒有今天這個國泰民安的好環境，臣就算能信手塗鴉，恐怕也

要因為顛沛流離而化為泡影了。」劉義隆聽了他的話，渾身舒坦，重賞了王僧虔。

孝武帝劉駿即位後，政治專權。他雖然書法水準一般，但是也酷愛書法，他聽說王僧虔的名氣很大，有事沒事就找他的麻煩。王僧虔知道，在這樣的皇帝手下，要想活命，就要夾起尾巴做人，讓孝武帝面子上好看。於是，劉駿召集名臣雅士揮毫潑墨時，王僧虔故意留下敗筆，任由別人對自己的書法指指點點。再後來，他故意用壞掉的毛筆寫字，這樣寫出來的字更是糟糕，既沒有「二王」之風，又不符合章法。

結果，劉駿將自己的作品與他的一比，心中釋然：「王僧虔也不過如此，我何必跟這樣的人斤斤計較呢！」於是，他從此以後，對王僧虔就寬容了許多。

齊高帝蕭道成雖然戎馬一生，但是也喜歡書法，與孝武帝比起來，他就顯得開明、寬容得多。他經常召王僧虔入宮，與之一起設案潑墨，切磋書法。王僧虔見皇上開明，便也放開了手腳，鋒芒畢露。有一天，蕭道成與王僧虔各書一副後，問他：「愛卿評價一下，我倆的書法誰的更好一些?」王僧虔眯著眼睛，想了一會兒，回答說：「我的書法，在臣子裡數第一。陛下的書法，在帝王裡數第一。」齊高帝聽了大笑不止，他拍著王僧虔的肩膀說：「你這個王僧虔呀，真會說話，奉承別人的時候，也不忘誇一下自己。」

永明三年（西元485年），王僧虔去世，享年六十歲。朝廷追贈他為司空，諡號「簡穆」。王僧虔為後人留下了很多書法精品，其有《王琰帖》等傳世。

梁書

昭明太子蕭統

蕭統字德施，南蘭陵人。他是梁武帝蕭衍的長子，不到兩歲的時候就被立為太子，只是尚未等到即位就離開了人間，諡號昭明，所以後世又稱蕭統為「昭明太子」。

十二歲那年，蕭統去觀看刑部審判犯人。他仔細研究了案犯的卷宗，然後說：「這個人犯罪也是情有可原，不知可不可以由我來判決？」刑部的官員答應下來，蕭統揮筆就做出了從輕的判決。事後，刑部的官員向蕭衍彙報了這件事情，蕭衍因此更加欣賞他。

十二歲那年，他的母親病重，蕭統於是就從自己的住處搬到了母親那裡，衣不解帶地照顧她，寸步不離母親身邊。

母親最終因為病情過重而去世，蕭統悲痛欲絕，吃不下任何東西。蕭衍幾次下旨逼迫，說道：「我還在世，你卻為了母親的離去茶飯不思，你孝順母親，難道就不孝順我了嗎？」蕭統這才開始努力加餐，勉強吃一些水果和蔬菜，其他的東西仍是

一口都不想碰。蕭統本來是個體格健壯的男子，等到服喪期滿卻變得瘦弱不堪，人們看到他如此敬愛自己的母親，無不為他感動落淚。

蕭統少年時酷愛讀書，而且過目不忘，小小年紀就熟讀五經。他還結識了很多有學識的知識份子，經常在一起討論古籍。

到了十幾歲，蕭統已經閱覽群書，滿腹文韜武略。他在宮中從不理會其他事情，只知道埋頭讀書，後來乾脆對蕭衍說，他要離開皇宮，去找一個安靜的地方讀一輩子書。可蕭衍還指望著這個才華橫溢的兒子接替自己的帝位安邦定國，所以並沒有同意。無奈蕭統天天纏著蕭衍不放，總是在他耳朵旁說這事，蕭衍只得同意放他出走。

蕭統到了離京城很遠的地方，終於在鎮江招隱山找到了自己滿意的環境，決定在這裡建造房屋做學問。山上除了幾間破房子什麼也沒有，喝水還要從山下一步步挑上來。蕭衍得知後十分心疼，派了幾個宮女和太監，帶著山珍海味、珠寶古琴來到招隱山陪蕭統。

可是蕭統什麼也不要，他對前來的大臣說：「我不需要這些宮女為我彈奏絲竹，山間的清水和風聲是最動聽的生意。」他留下了八個太監，其他人全部趕回宮中，還讓大臣帶話給父親：「如果父王心疼我，就叫人把家中我那三萬卷藏書運來就可以了。」

過了幾個月，地方官將房屋和讀書臺造好。蕭統整天約上當時的一幫文人們在這裡談天說地，編選文章。著名的《文心雕龍》的作者劉勰當時就在鎮江城的寺廟裡當和尚，蕭統時常會將他請來招隱山，當面請教他。

蕭統在山上住了十一年，編選了舉世聞名的《昭明文選》。由於過度操勞，他不到三十歲就雙目失明，三十一歲時便過早地離開了人間。可他留下的《昭明文選》讓人們記住了這個風雅的男子，他的仁義、孝義和睿智在歷史的長河中從不曾熄滅過。

一次讀完二十五史故事

名將韋睿

韋睿，字懷文，京兆杜陵（今陝西西安東南）人。作為士族子弟，他從小就受到了良好的文化教育。他的祖父厭惡官場，隱居在山中不願意出仕，他的父親任南朝宋的長使，長輩們對於官場兩種截然不同的態度影響了韋睿，他不像祖父一樣消極避世，同時對官場也保持著高度警惕，這種態度使得他在三朝任職而安然無恙。

南朝宋初年，雍州刺史袁豈欣賞韋睿的才能，邀請他出來做官。韋睿在和袁豈交往了一段時間以後，發現他心性膽小懦弱，不能成事，因擔心會被害，於是要求到偏遠的縣城任職，這個決定果然為他免除了內亂的禍害。宋的政權被齊代替後內亂的戰火一直不息，韋睿再一次請求到名不見經傳的地方做個小小的太守，得以保全了身家性命。

西元499年，太尉陳顯達和護軍將軍崔慧景相互勾結，率軍進逼建康，預謀搶奪齊的政權，一時間人心惶惶。眾人求教於韋睿，他回答說：「這兩人，一個無才一個懦弱，並不足以成事。」然而私底下，他結交了當時的雍州刺史蕭衍，日後蕭衍起兵之時，他帶領兵馬乘著竹筏前去增援。這使得蕭衍很高興，他所提出的建議基本上也都被採納。蕭衍奪得政權之後，改國號為梁，自己為梁武帝，韋睿為廷尉，封梁子爵。

為了維護梁的政權，韋睿做出了可謂巨大的貢獻。西元506年，梁朝向北魏反擊，梁將領王超率軍與北魏軍隊激戰良久，不得獲勝，求教於韋睿。韋睿來到陣前，看到魏軍營寨外面有數百精銳騎兵，他號令進攻。部下擔心地說：「我們現在都是輕裝上陣，是否應該回去穿上甲冑再出戰。」韋睿搖頭說道：「魏軍如果有兩千兵馬，那麼閉門自守就可以自保了。現在有這麼多精銳騎兵出現在營門外，肯定有一些原因。我們如果突襲，殺盡他們的精銳部隊，那麼魏軍自會大敗。」眾將士仍然心存疑惑，步履猶豫間，韋睿又下令：「軍令如山，遲疑者斬。」眾將士奮力拚殺，把魏軍嚇得節節敗退，最終連夜拔寨

而逃。

西元503年，北魏發起戰爭想要兼併南朝各政權。戰場主要在淮水南岸的鐘離展開，西元504年淮水暴漲，北魏的士兵不適應環境，只得撤兵；西元506年，北魏捲土重來，再次逼近鐘離，十一月鐘離告急。

西元507年，北魏在大將元英的帶領下強攻鐘離，守城大將曹景宗一時無法抵禦，鐘離城危在旦夕。梁武帝調遣時任豫州刺史的韋睿前去支援，韋睿立即率兵出發，乘著夜色將自己的軍隊在曹景宗營前二十里處安營紮寨。元英早上醒來看到梁營大驚，派出楊大眼前去進攻梁軍新立營寨。韋睿用弓弩將楊大眼射傷，魏軍敗退，曹景宗早已派人向城中送信，告知援軍已來，城內的士兵軍心大振，意志堅定。城內外一鼓作氣，共同打擊敵軍。

相持數日之後，韋睿發現魏軍的氣勢已經被消磨得差不多了，士兵進攻的精神已經呈現出疲軟狀態，士氣大不如從前。他認為反攻時機已到，組織軍隊向魏軍發起了反攻：曹景宗進攻北橋，韋睿進攻南橋，淮水漲潮之時，梁軍將灌滿了油脂放著乾草的小船點燃推到魏軍所在的橋邊，橋被燒毀，軍心渙散的魏軍見大勢已去，只得開始撤退。梁軍奮勇追殺，韋睿率領著敢死隊率先在陣前追殺，魏軍頓時潰敗，元英獨自逃走，楊大眼放火燒營撤退。梁軍乘勝追擊，俘虜敵人數萬人，鐘離之戰梁軍大勝。

韋睿活到七十八歲，於家中終老一生，死前遺言要薄葬。梁武帝十分傷心，賜予他的家人很多布匹和錢財，命專人負責他的喪事，諡號為「嚴」。韋睿一生勤儉節約為官清廉，堪稱具有諸葛武侯遺風。

▌ 忠臣羊侃

羊侃，字祖忻，泰山梁父（今山東泰安縣東南）人。他出生於著名的高門泰山羊氏，是南朝梁末的著名大將。他身材魁梧，身高近八尺，從小就喜歡閱讀文史書籍。他剛成年的時候即追隨父親立下了戰功，被北魏皇

一次讀完二十五史故事

192

帝任命為尚書郎。這個官職可以接近皇帝，所以是個十分重要的職位。有一次，北魏皇帝不知道從哪裡聽來了傳聞，聽說他力大無窮，故將他召至殿前，問他道：「我聽很多人說你如同一隻老虎。我想看看，你到底是真正的老虎，還是只是一隻披著虎皮的羊。」羊侃聽了以後，馬上匍匐在殿前地上，雙手扣著地上的臺階，脖頸高昂，像隻真正的老虎一樣氣勢洶湧地大吼了一聲。待他起來的時候，皇帝和眾大臣發現臺階上羊侃手指抓過的地方已經留下了十個指洞。皇帝十分驚喜，賜給了他一把寶劍，稱讚他是真正的「壯士」。

正光年間，秦州有個羌人莫遮天生造反，占據了州城自稱皇帝，還派出自己的弟弟率領軍隊進攻雍州城。北魏朝廷任命蕭寶夤為主將，羊侃為偏將前往討伐叛軍。羊侃藏身在戰壕中，尋找到一個機會一箭射殺了莫遮天生的弟弟。敵軍因而軍心大亂，部隊頓時作鳥獸散。北魏皇帝欣賞他的勇氣和謀略，將他升為使持節、征東大將軍、東道行臺，兼領泰山太守，晉爵為鉅平侯。

此時的北魏政權已經動盪不安，

羊侃的父親又在此時離世，按照父親的遺願，羊侃率領自己的部下準備回歸梁朝。大通三年（西元531年），羊侃到達建康，被任命為徐州刺史，封高昌縣侯。只是，羊侃在梁朝並不是很得志。作為一員武將，他自然渴望能夠統帥大軍馳騁沙場，立下一番功績。但是梁武帝老年昏庸，只肯任用自己那些沒有真材實料的親屬，而不肯重用羊侃。

太清二年（西元548年），從東魏投降過來的侯景舉兵反叛，來勢洶洶。梁武帝急忙向羊侃請教有沒有破敵的好辦法，羊侃立刻建議梁武帝派人加強採石要地的防守，以阻止侯景的大軍過江；然後命劭陵王帶領軍隊突襲壽春，使得侯景叛軍後方大亂，自然能夠打亂他們進攻的計畫。但是朝堂之上那些昏庸無能之輩，居然一起反對羊侃的建議，認為羊侃只不過是一個跳樑小丑，並大放厥詞說侯景根本沒有膽子過江，如果他的大軍敢過江，朝廷重臣們一定將他手到擒來。梁武帝輕信了這些馬屁之言，沒有採納羊侃的建議。

叛軍幾乎毫無阻礙就渡了江，直逼都城建康。江南已經很久沒有過戰

事，老百姓們聽說叛軍打進來了，紛紛尋找躲避。軍隊也亂成一團，軍人們爭先恐後往武器庫裡擠，搶著去拿兵器穿鎧甲，局面頓時一片混亂。羊侃當機立斷，用劍斬殺數人，這才讓大家冷靜了下來。

不久，侯景圍城。城中的士兵們都十分害怕，整天心神不定。羊侃得知，欺騙大家說他已經得到了書信，他們的援軍會馬上到來的，軍心慢慢被穩定了下來。侯景發動了一次又一次地進攻，均被羊侃化解。侯景首先放火想燒開東城門，羊侃親自帶領士兵來到城門之上，叛軍燒火他們就澆水，使他們無法得逞；叛軍又用斧頭劈砍城門，妄圖將城門劈開，羊侃在門上開了個洞，舉箭射殺好幾人，嚇退了叛軍；侯景又做了木驢用來攻城，羊侃命人用投石機將其擊碎；侯景於是在木驢上披上堅韌的生牛皮再次進攻，投石機已經沒有了作用，羊侃於是命人製作雉尾炬，淋了油脂點燃後，扔到木驢上，木驢馬上被燒得乾乾淨淨。

侯景想出來的辦法，羊侃都能一一應對，叛軍遲遲不能有效攻破建康城。侯景只能在城外將建康城圍死，企圖困死建康。不久之後下起了大雨，這場大雨幾乎使得建康淪陷，當時侯景的叛軍和羊侃的守城軍隊正各自堆土山作戰，這場大雨澆塌了土山，使得敵軍幾欲攻進城來。羊侃急中生智，讓大家將一切能夠點燃的東西點起火扔向叛軍，叛軍這才無法前進，為守城士兵爭得了時間重新築起了一道防禦線，抵禦住了叛軍的進攻。只是羊侃的努力最終還是沒有挽救建康的命運，這年十二月份，羊侃在建康去世，時年五十四歲。羊侃逝世後，城中再無大將能夠代替他主持大局，建康沒過多久就被攻破，南朝百年的歷史即終結於此。

▎山中宰相陶弘景

陶弘景，字通明，號華陽隱居或隱居先生，為丹陽秣陵（先江蘇南京）人。他生於江東名門，在南朝歷經宋、齊、梁三個朝代，在當時他是

一位非常具有影響力的人物：他是思想家、醫藥家、煉丹家和文學家，在齊、梁時期還是道教茅山派的代表人物之一。

陶弘景自幼就聰明伶俐，他的家境雖並不寬裕，但他酷愛學習。四、五歲時，他經常以蘆荻為筆在沙地上練習寫字，練就了一手好書法，隸書、行書和草書寫得都很棒；十歲時通讀葛洪的《神仙傳》後立志養生；十五歲即著《尋山志》；二十歲他被引為諸王的伴讀書僮，在宮中任職，後來又升至左衛殿中將軍；三十六歲時，梁朝取代了齊的政權，無心官場的他辭去了官職，隱居在茅山中鑽研學問、煉丹修仙，有時會去遊歷名川大山，求仙問道。梁武帝因早年間和陶弘景就有交情，稱帝之後有心請陶弘景出來做官，為他輔佐朝政。陶弘景沒有回答他的話，而是畫了一幅畫給他。畫面上有兩頭牛，一頭在草地上悠然自得地吃草，另一頭帶著金色的籠頭，一個拿著鞭子的人牽著牠的鼻子。梁武帝看過這幅畫，知他不願意被官場的規則和朝堂俗事所束縛，便不再強求。但是梁武帝與他書信不斷，經常會向他請教一些朝廷大事，

詢問他的意見如何。所以，人們都稱他為「山中宰相」。後來，陶弘景乾脆在山上建了一幢房屋，從此每日兩耳不聞窗外事，一心唯讀聖賢書。

陶弘景喜愛醫學，讀過很多醫藥專著，但他並不拘泥於書中的言論，而是親自走到大自然中尋找並觀察這些藥物，印證事實是否和書中所寫相符合。有一次，陶弘景在閱讀《詩經》的時候，讀到了這樣一句詩：「螟蛉有子，蜾蠃負（抱）之，教誨爾子，式穀似之。」意思是說，螟蛉的小幼蟲被蜾蠃帶走當做自己的孩子來養，用心教育你的子女，就像蜾蠃帶走螟蛉的小幼蟲一樣。然而，《詩經》的舊注中卻說，蜾蠃只有雄性，沒有雌性，因而牠們需要把螟蛉的幼蟲帶到自己的窩裡，將其變成自己的樣子，成為自己的後代。陶弘景覺得不可思議，便看了很多資料，發現這些資料上都是你抄我我抄你，說的都是一模一樣。他便親自去庭院中找到一窩蜾蠃，親自觀察牠們的生活習性。終於，他發現，蜾蠃將螟蛉的幼蟲帶到自己的窩裡並不是為了撫養牠，讓牠成為自己的後代，而是將牠們放在自己的窩裡，等待自己產下的

卵孵出後，將這些螟蛉的幼蟲作為糧食。蜾蠃有雄性，也有雌性，能生育後代，帶走螟蛉幼蟲做自己孩子的謎底，終於被陶弘景揭曉。陶弘景一生著書立說，合計大約有二百三十二篇，其中最為著名的是他整理了古代的《神農本草經》，他在親自進行藥物採集和調查研究的基礎上對魏晉年間使用到的新藥進行了增補，將藥物種類從原有的三百六十五種增加到了七百三十種，大大擴展了藥物種類；同時他摒棄了一些雖被指為藥物，實際上毫無藥用功能的植物。可惜的是，陶弘景的著作很大一部分沒有流傳下來，但是他勤奮好學和實事求是的精神卻影響著後來的很多人們向他學習。

▌無神論者范縝

范縝，字子真，約於西元450年出生在南鄉舞陰（今河南泌陽縣西）。他幼時父親早逝，只得與母親相依為命，過著孤苦的生活。

十八歲時，他拜儒學家劉獻為師，因為他做起學問來很刻苦，很快就得到了劉獻的器重。幾年後，范縝已精通儒家經典，成為了當地頗具聲望的學者。

西元470年，范縝二十六歲，他上書陳述自己關於改革的政見觀點，無奈石沉大海，報國無門的他年僅二十九歲就白髮蒼蒼，寫下了《傷暮詩》和《白髮詠》。西元479年，齊朝政權建立，范縝才開始踏上了仕途。一開始只擔任主簿，後來升任長史、太守，梁朝政權建立後又出任尚書左丞。西元510年，范縝時任國子博士，他在這個官職上與世長辭，也算是為國家操勞了一生，死得其所。詩中說「南朝四百八十寺」，可見南朝時期佛教盛行，頻繁的朝代更替帶來的是戰亂和流離，這讓人們苦不堪言，渴望死後精神可以升入仙界不再受苦。而范縝卻反對這種鬼神之說，他提出「神滅論」，駁斥人們的這種思想，說人死後精神自然會隨之湮滅，不可能升入仙界成佛；他在擔任

太守的時期，還不斷勸導人們不要信任鬼神之說，並下令不許祭祀神廟。在有神論占據主流的情況下，范縝的言行自然在全國上下引起了軒然大波，遭到無數百姓甚至王公貴族的責難。

西元489年暮春，當朝宰相蕭子良設宴招待一些達官貴人、佛教高僧和學者，范縝也應邀在列。蕭子良信奉佛教，而范縝則是無神論堅定不移的推崇者，一場辯論很快在他們中間產生。蕭子良問他：「你不相信因果報應，那麼你告訴我世間為什麼有貧賤和富貴之分呢？」范縝回答說：「人生就如同一棵樹上的花朵，有些落在了廳堂，就像是你生在了貴族之家；有些落在沙地上，就像我出身貧寒。雖有貴賤不同之分，但無因果報應之說。」蕭子良無言以對，和范縝的關係從此慢慢疏遠。

西元507年，皇帝帶領朝廷重臣、佛教僧侶等七十多人一起上陣，與范縝就「有神」和「無神」展開了激烈論戰，這次論戰中范縝的書面論文就是著名的《神滅論》。佛教信徒王琰譏笑范縝：「范先生，不知道您的先祖神靈何在呢？」范縝回答說：「既然您知道您的先祖神靈在何處，為何您不自殺前去追隨他們？」一句話駁斥得王琰面紅耳赤。王融說：「神滅論真是荒唐，你固執己見才會有損你的威名；若先生你放棄這種說法，何愁做不到中書郎？」范縝說：「如果我放棄我的思想尋求官位，不要說中書郎，尚書令也不在我話下啊！」雖然遭到這麼多人的圍攻，但沒有人能夠成功地駁倒范縝的觀點，折不了他的銳氣，皇帝無奈之下向他許以高官厚爵，卻被他毫不猶豫地拒絕了。

范縝的神滅論思想具有積極的影響，當時人們信奉佛教已經達到了愚昧的地步，范縝在一定程度上讓人們看到了迷信的麻痺和欺騙性，讓人們看清了統治者信仰宗教只是出於維護自己統治的目的。

陳書

褚玠懲惡除奸

褚玠，字溫理，為河南陽翟人。他曾官至侍中和吏部尚書，死後謚號為貞子。他的祖父褚湮在梁朝任御史中丞，他的父親褚蒙官至太子舍人。褚玠九歲時，他的父親去世了，叔父驃騎將軍將他養大。

褚玠小時候就被人所稱讚，老人們很喜歡這個聰明又懂事的孩子，說他有「才士器度」。隨著年齡增長，褚玠身上獨特的風采越發展現出來，他才思敏捷，善於應對，為人樸素而不喜歡華麗奢靡的格調，受到大家的讚譽。

陳宣帝時，會稽的山陰（今浙江紹興）縣城案件頻發，多是當地的地主豪強們強搶民女、姦淫擄掠，好幾任縣令都無法解決這種境況。陳宣帝內心憂慮，對中書蔡景曆說：「山陰縣算是個大的縣城，可是這麼久了都沒有出過一個深得民心的好縣令了。依你之見，眾多文士之中，誰最適合擔任此職位呢？」

蔡景曆說道：「褚玠為人清廉簡樸，能力過人，不知他是否能擔此重

任？」陳宣帝點點頭道：「我也在考慮他，既然你這麼說，那就這麼定了吧。」陳宣帝於是任命褚玠為戎昭將軍、山陰縣令。

山陰縣縣民張次的、王體達和當地的奸吏們相勾結，將當地人丁興旺的大戶人家全都藏匿起來，以躲避國家的賦稅。

褚玠二話不說就將張次的和王體達關押起來，並向尚書臺彙報了情況。陳宣帝下詔派遣了使者前去幫助褚玠進行調查，最後總共搜查出八百餘戶逃避國家賦稅的人家。

當時有個叫做曹義達的人非常受陳宣帝的寵愛，山陰縣的陳信就借助自己殷實的家境，用大量的錢財去賄賂曹義達，陳信的父親陳顯文以為有了曹義達做靠山就可以無憂無慮，在鄉里欺行霸市，無惡不作，人人都對他深惡痛絕。

褚玠派人將陳顯文拿下，抽了他一百皮鞭以儆效尤，果然再無人敢隨意觸犯法令。

陳信看到自己的父親受了委屈，自然不肯放過褚玠。他想辦法透過曹義達誣告褚玠，褚玠因此而被免職。此時褚玠在山陰縣做縣令已經一年有餘，但是他卻沒有錢返回京都，只得留在山陰縣，自己種菜。

有人譏諷他，說他空有滿腹經綸，卻連個縣令都當不了。褚玠說：「我向朝廷繳納的賦稅並不比其他縣的少，我除掉的貪婪殘暴的人，能讓那些有心作奸犯科的人心驚膽寒。如果你說這話，是因為我不為了自己的私欲去搜刮民脂民膏，那麼我承認我不是這樣的人；但是如果你說我不懂得怎麼去做個好官，那我不服氣。」皇太子陳叔寶知道了褚玠沒有錢返京的事情，親自給他寫了信，賜給他粟米二百斛，褚玠這才順利返回了京城。

陳叔寶欣賞褚玠的文采，讓他進入直殿省；太建十年（西元578年），又任命褚玠為電威將軍、淮南王長史，不久又讓他以本官掌東宮管記；太建十二年，他遷任御史中丞，死在任上，時年五十二歲。

蕭摩訶戎馬一生

蕭摩訶，字元胤，蘭陵（今山東嶧縣）人，南北朝時期陳朝名將，以勇猛著稱。西元548年，南豫州牧侯景率諸軍在壽陽起兵反叛梁朝，攻占了建康和三吳一帶。西元550年，陳霸先率兵前去支援建康，半路被蔡路養率領的兩萬軍隊拒於南野，無法前進。年僅十八歲的蕭摩訶單騎出戰，沒有人敢阻擋他。但是他一人之力沒有阻擋住陳霸先，蔡路養戰敗，蕭摩訶歸附了陳霸先的部將侯安都。侯安都欣賞他的智勇，經常帶領他外出征戰。

西元556年，北齊攻梁，梁軍的陳霸先、吳明徹和沈泰三軍夾擊北齊軍隊，侯安都則負責襲擊北齊後退之路。戰前侯安都就鼓勵蕭摩訶說：「你驍勇善戰，百聞不如一見。」蕭摩訶則說道：「今天就能讓將軍您看到了。」戰爭中，侯安都從馬背上墜落，被北齊軍隊包圍，蕭摩訶單騎突進重圍，將侯安都救出。在梁軍的猛烈攻勢下，北齊大敗。西元577年，陳宣帝聽聞北周滅了北齊，想趁機爭奪淮北地區，於是派吳明徹率軍北伐。吳明徹行軍至北周呂梁，蕭摩訶率先率領軍隊突襲，奪走了北齊的軍隊大旗，北齊大敗。

北周滅掉了北齊之後，又派出大將宇文忻伐陳，宇文忻統帥精銳騎兵幾千人前來，而蕭摩訶只帶了十二個騎兵就殺進了敵軍大營。北周又派人前來增援，布置包圍圈以切斷陳軍的退路，蕭摩訶於是建議吳明徹主動進攻，但吳明徹卻很不高興地說道：「運籌帷幄是我的事情，你只需要衝鋒陷陣就是了。」意思就是嫌蕭摩訶多管閒事，不願意採納他的建議。蕭摩訶很生氣，但是也無可奈何。後來，北周的軍隊越來越多，無奈之下陳軍只好撤退。蕭摩訶率領八十萬大軍在前方開路，衝破北周的層層防線，才得以突圍。

陳宣帝駕崩，陳叔寶即位之時，陳叔陵前來行刺，失敗後從東府城慌亂逃走。陳叔寶命蕭摩訶前去追擊，蕭摩訶帶了幾百個人駐紮在東府城的西門，一刻不停地盯著。陳叔陵畏懼

一次讀完二十五史故事

蕭摩訶，想偷偷從南門溜走，被蕭摩訶發現，抓住他斬了首。蕭摩訶立了大功，陳叔寶將他的女兒立為了太子妃，還把陳叔陵的財寶都賞賜給了他。

隋朝建立後南下攻陳，蕭摩訶卻被朝廷召回不許他出戰，隋軍得以渡過長江長驅直入。一直到隋軍打到了鐘山，蕭摩訶依然在向陳叔寶請求：「隋軍現在孤軍深入，暫時沒有援兵，此時將是一舉殲滅他們的最佳時機。」陳叔寶依然不加理會。最後等到隋軍大軍壓境，陳叔寶終於同意讓蕭摩訶出戰。蕭摩訶在大軍前宣誓道：「我們出兵打仗從來都是為了國家，但是今天這一戰，我們也要想想自己的妻子兒女。」陳軍軍隊綿延二十里，一開始打得隋軍措手不及。

沒過多久，隋軍緩過勁來開始反擊。陳軍將領孔范貪生怕死，見到敵人就逃跑，其他陳軍士兵見了也紛紛逃竄。陳軍軍心渙散，不久便大勢已去。無奈蕭摩訶徒有一人之勇，也抵抗不了萬人進攻，兵敗被俘。

建康淪陷以後，陳叔寶被隋將賀若弼安置在德教殿，派了士兵把守。蕭摩訶請求賀若弼說：「我現在是囚犯，早晚要死的人了，我也沒有別的要求，只是想再見一眼皇上，我死也無憾了。」賀若弼憐他忠心耿耿，答應了他的要求。蕭摩訶見到陳叔寶，伏地號啕大哭，跟他訣別。在場的士兵們無不為之落淚，不忍直視。

後來，蕭摩訶跟隨漢王楊諒起兵反叛，不幸兵敗被俘，最後被殺，時年七十三歲。

陳後主亡國

陳叔寶就是陳後主，字元秀，是南朝陳國的皇帝。西元582年，他登上了皇位，江南之地一向富庶，陳朝開國時天下漸安，所以陳叔寶即位後，大部分時間都沉迷在奢侈的生活中，生活放縱，不理朝政，只知道與嬪妃文臣吟游作樂，大賦豔詞。

陳叔寶的後宮有一個美人叫做張麗華。張麗華本是貧困人家的女兒，父親和兄長以織席謀生，後來被

選入宮中，做了陳叔寶的愛妃孔妃的婢女。那時候張麗華年僅十歲，有一天陳叔寶偶然看到了她，不由得怦然心動，問孔妃道：「她可真是國色天香啊，你為什麼要藏起來不讓我知道呢？」孔妃回答說：「她年紀尚幼，我恐怕她還不能服侍您，所以不便過早帶她見您。」

陳叔寶看著張麗華幼小柔弱的樣子，微微地笑了，心裡生出了憐愛之情。回去後他作詞一闋，寫在金花信箋上派人送給張麗華。張麗華天資聰穎，吹拉彈唱、跳舞賦詩都無所不能，隨著年齡的增長，她出落得越發漂亮，每一個回眸都令人酥到了骨頭裡。在一個晚上，半醉的陳叔寶借酒意和張麗華同寢，從此兩個人如膠似漆，恨不得一分一秒都不分開。

不久，陳宣帝駕崩，陳叔寶即位。他對張麗華的寵愛又上了一個臺階，冊封其做了貴妃。他命人建造了臨春、結綺和望仙三閣，高數十丈，寬數十間，窗戶牆壁用檀木製作，用來裝飾的金玉珠翠更是不計其數。閣前堆石為山，蓄水為池，水邊植花草樹木。陳叔寶自居臨春閣，張麗華居結綺閣，孔妃和龔妃居望仙閣，三個

閣樓中間又有複道相連接。更有因為美色可餐而被陳叔寶看中，臨幸前來服侍的美人。

張麗華確實才貌雙全，她偶爾會在閣樓上梳妝，或者僅僅只是臨軒獨坐，但即使這樣，看到她的人都會以為是仙子降臨。除了美貌，她的聰明更加深了陳叔寶對她的迷戀。當時百官的奏摺都會由兩個宦官初步批閱後再呈給陳叔寶，有時候這兩位宦官都會忘記一些內容，張麗華卻可以對答如流。慢慢地，張麗華不再只掌管後宮內事，而開始干預朝中外政了。陳叔寶極其寵愛她，無論誰犯了罪，只要張麗華代為求情，就可以得到赦免或輕判；而不論誰惹了張麗華不痛快，只要她一句話，這個人就會被降級，甚至罷免。

陳叔寶天天沉浸在花天酒地之中，疏於政事，這個消息很快傳到了長安。隋文帝正有削平四海一統天下之志，群臣紛紛請求討伐陳朝，於是隋文帝下詔歷數陳叔寶二十大罪狀，宣布伐陳。他修建戰艦，命楊廣、楊俊、楊素為行軍元帥，率兵分道直取江南。隋兵旌旗招展，橫亙數千里，無不奮勇爭先，大有一鼓作氣滅了陳

一次讀完二十五史故事

朝的氣勢。

　　隋兵入侵的戰況很快傳到陳叔寶耳中，可朝廷上下竟然只有僕射袁憲一人請求出兵抵禦，陳叔寶不聽。各州郡相繼告急，陳叔寶依舊沉浸在酒色之中，孔範說：「長江自古以來就是隔斷南北的天險，難道隋兵還能插上翅膀飛過來？」陳叔寶深以為然，絲毫不把戰況放在心上，君臣照舊如往常一般飲酒、賦詩，皇宮陷在一片靡靡聲色中。

　　隋兵渡江之後，沒有遇到任何實質意義上的抵抗，百萬大軍馬上打到了陳叔寶的眼皮子底下。陳叔寶這才驚慌失措，召集群臣商議對策。可是這個時候還有什麼對策可以挽救陳朝的命運呢？大臣們各自逃命，只有袁憲留了下來，勸急於逃竄的陳叔寶：「事情已經到了這樣的地步，陛下您能往哪兒逃呢，不如穿戴好衣冠，坐在正殿，仿效梁武帝見侯景的故事。」陳叔寶不聽，說：「刀都架到脖子上了，怎麼能兒戲，我自有妙計。」說完他到後宮，抱了張麗華和孔妃跳到一口枯井中躲藏起來。

　　隋軍攻破建康，毫不費力地抓獲了陳叔寶。隋文帝傾慕張麗華的美色，私下裡交代隋將高熲留張麗華一條命，但高熲認為張麗華禍國殃民，將其斬殺。而陳叔寶也沒度過幾年好日子，仁壽四年死於隋朝大興城，時年五十二歲。

魏書

毀譽參半的馮太后

馮太后（西元442—490年），長樂信都（今河北冀縣）人，漢族。她是北魏文成帝皇后、獻文帝時的皇太后，孝文帝時的太皇太后。她是中國歷史上有名的女政治家，在文成帝死後曾兩度攝政，為北魏王朝做出了很大的貢獻。

馮太后出身於北燕皇族，她的父親本是北魏的高官，後因犯罪被殺。父親死後，年幼的馮太后淪為宮中奴婢，幸虧有當昭儀的姑姑（北魏太武帝的左昭儀）親自養育，她才能成為一個不凡的女子。後來，文成帝即位，馮太后被選為妃子，當時她只有十四歲。後來，她又被冊封為皇后。

文獻帝即位後，馮太后被尊為皇太后。當時，丞相乙渾趁機造反，而年僅十二歲的文獻帝又在守喪，馮太后便當機立斷，挫敗了乙渾的陰謀，並將其處死。從此，她開始操縱了朝政大權。馮太后這次攝政，前後僅用了十八個月的時間，就將動盪的北魏王朝給穩定了下來。但是文獻帝不是馮太后的親生兒子，因此對馮太后掌

權很不滿。後來，他又找藉口殺了馮太后的情人李弈。母子二人的關係越來越糟，後來馮太后不能忍受，便祕密將文獻帝給毒死了。

之後，馮太后輔佐年僅五歲的孝文帝登上了皇位，而自己成了太皇太后。由於孝文帝年幼，朝政大權自然落到了馮太后手裡。馮太后為人聰明，通曉事理，將繁雜的交易處理得井井有條，而且她對孝文帝的感情也很深，親自撫養他成人。孝文帝長大後，很感激祖母的恩德，而且知道她篤信佛教，於是下令道：「我幼年繼承大業，多虧有一位英明的太皇太后，國家才能這樣安寧。對於她的恩德，我無以報答，只好借助佛祖的力量。因此，皇宮裡飼養的所有動物都應放歸山林，然後在飼養場上建造佛塔，專供太皇太后使用。」有一次，馮太后和孝文帝到方山遊覽，馮太后覺得那是一個好地方，想死後安葬在那裡。孝文帝回到宮中後，就馬上命人為太后在方山上修建陵墓。

馮太后足智多謀，孝文帝凡是遇到大事，都會請她做決斷。她還賞罰分明，誰要是犯了錯，即使她所寵信的人也絕不縱容。但是她也不會記誰的仇，不久之後又會像從前一樣寵信他們。因此，朝廷的官員、後宮的妃子和宮人們都對她十分敬畏。馮太后的權力非常大，她可以直接提拔官員，許多宦官和官員都是受她的寵信而提拔上去的。王叡因姿貌偉麗，精通天文卜策之術，而得到馮太后的寵信，進宮沒幾年就升到了吏部尚書的位置。李沖因為有才幹，且風度不凡，姿貌俊秀，也逐漸被馮太后看中，成了她的情夫，並得到了重用。但是，馮太后對那些受百姓愛戴的人，比如元丕、遊明根等人也都以禮相待，還賞給了他們很多財物。每次要褒獎親信的時候，為了顯示自己沒有私心，馮太后就會將他們和元丕等人一起獎勵。這些人，組成了馮太后第二次攝政時期的心腹集團。

馮太后生性簡樸，不喜歡穿華麗的衣服，吃得也很簡單。她還寬以待人，不像其他的主子隨意打罵下人。有一次，馮太后病了，想喝點粥。宮女把粥端來的時候，由於已是黃昏，沒有發現有只蟲子落在了粥裡。馮太后看到後，沒有說什麼，只是用勺子將蟲子舀了出來，孝文帝正在床邊伺候，看到蟲子後，十分惱怒，要治那

個宮女的罪，馮太后卻笑著說不要。那個宮女才沒有被治罪。

馮太后去世的時候，孝文帝非常悲痛，他連續五天都吃不下東西。孝文帝給馮太后定諡號為文明，所以後人也稱呼她為文明太后。

孝文帝改革

孝文帝不僅是一位有名的政治家、軍事家，還是一位改革家。他親政後，開始大刀闊斧地進行漢化改革。他一向崇尚漢族文化，希望透過漢化，來提高鮮卑人的文化水準，並促進各個民族之間的大融合。

西元490年，二十四歲的孝文帝開始實行漢化改革。他所做的第一件事，就是遷都洛陽。為了便於學習和接受漢族的先進文化，並且進一步加強對黃河流域的統治，孝文帝決定將都城從平城遷到洛陽。為了避免大臣們反對遷都，他先提出了要大規模攻打南齊的想法。大臣們紛紛反對，其中反對最厲害的是任城王拓跋澄。隨後，孝文帝將拓跋澄單獨留下來，對他說：「實話跟你說，我並不想攻打南齊，我的真實想法是覺得平城這個地方太落後了，不適合改革政治。我想要改革，就非得遷都不可。這次我出兵伐齊，實際上是想藉此機會，將文武百官都帶領到洛陽去。你覺得怎樣？」拓跋澄這才恍然大悟，他本來就贊同孝文帝改革的主張，於是立刻同意了遷都。

西元493年，孝文帝以攻打南齊的名義親自率領士兵三十萬南下。走到洛陽時，正好碰到秋雨連綿，足足下了一個月，道路泥濘不堪，行軍十分困難。但是，孝文帝毫不在乎，下令繼續行軍。大臣們本來就不想攻打南齊，趁著這個情況，又出來阻攔。孝文帝故作嚴肅地說：「這次我們興師動眾，結果連敵人的影子都沒見到就撤軍了，這豈不是讓後人笑話。如果不能向南繼續前進，那麼就將都城遷到這裡吧，這樣也算做了點什麼，你們覺得怎麼樣呢？」許多大臣雖然不贊成遷都，但一聽這樣可以停止南伐，也都只好表示擁護遷都了。就這

樣，孝文帝巧妙地將都城從平城遷到了洛陽。

遷都洛陽成功後，孝文帝決心進一步改革舊的風俗習慣。在改革期間，他不但重用那些主張改革、提倡漢化的鮮卑貴族，而且還重用了許多有才幹的漢族人。正是由於不拘一格地重用人才，孝文帝的一系列改革才得以進行下去。孝文帝從改革鮮卑舊俗，學習漢族的生活方式和典章制度入手，開始了大規模的改革。

他禁止鮮卑貴族穿著胡服，令其一律改穿漢服。官員及家屬，不論是哪族人，都必須穿戴漢服。起初，這遭到了很多人的反對，但夏天一到，就沒有人再發牢騷了。因為洛陽夏天比較炎熱，而鮮卑族的衣服一般比較厚重，要是在夏天穿鮮卑服會很熱。他還禁止鮮卑貴族講鮮卑語，令其一律改說漢語。但是年齡在三十歲以上的鮮卑人，因使用鮮卑語已成為習慣，可以暫緩改變。而三十歲以下的就必須改說漢話，否則就降職或罷官。他要求將鮮卑族的姓氏改為漢族姓氏，皇族的姓氏由拓跋改為元，他把自己的名字從拓跋巨集改成了元巨

集。他還鼓勵鮮卑人與漢人通婚，自己帶頭娶了一名漢族的女子做妃子。

此外，他還採用漢族的官制、法律、條令。並要求鮮卑人學習漢族禮法，尊崇孔子，以孝治國，提倡尊老、養老的風氣。

在改革的內容中，也存在著一些比較極端的措施，比如，他規定遷入洛陽的鮮卑人死後不能歸葬平城，只能葬在洛陽。這一條與當時的社會風俗和社會道德不符，給改革增添了不小阻力。

當時，太子屬於頑固派，極力反對遷都。其實他的原因很簡單，他比較胖，怕熱，而洛陽的夏天比平城要炎熱很多。後來，他實在受不了，就趁孝文帝外出的時候，私下裡鼓動大家將都城遷回去。孝文帝知道了這件事後，非常生氣，下令廢掉了太子。

後來，太子參與謀反，孝文帝忍痛處死了他。不久之後，孝文帝也因病去世，年僅三十九歲。

孝文帝推行的漢化改革，雖經歷了不少阻力，但總結來說，還是成功的，北魏王朝也因此而逐漸強大了起來。

魏書

爾朱榮不知進退終亡身

爾朱榮（西元493—530年），字天寶，契胡族人，北魏末年重要將領、權臣。他本是契胡部第一領民酋長，後來招兵買馬，勢力逐漸壯大，在亂世中南征北戰，最後挾帝自重，權傾朝野。

爾朱榮出生在契胡部一個酋長家庭，他的祖父跟隨北魏太武帝四處征戰，立下了不少戰功。北魏孝明帝時，爾朱榮繼承了父親的爵位，當上了部落酋長。爾朱榮自幼聰敏，且行事果斷，更稀奇的是，他生得皮膚白皙，容貌俊美。繼承了父爵之後，正趕上北魏兵亂四起，爾朱榮便趁機發展自己的勢力，組織了一支強悍的契胡軍隊。隨後，藉著為朝廷效力的機會，他逐步建立起了自己的霸業。在鎮壓起義軍的過程中，他不斷為自己廣絡人才，如高歡、侯景、宇文泰等人，都是他從降兵中收羅起來的將領。後來，爾朱榮成為了北魏一名得力的將帥。但在多年的征戰過程中，他逐漸認清了北魏王朝的虛弱本質，再加上自己勢力不斷強大，他開始等待時機，以控制北魏的朝廷大權，進而成就帝王的霸業。

當時，北魏朝政大權落到了胡太后的手裡，朝中寵臣小人當道，政治腐敗不堪，國家內亂不休，朝廷沒有一點威信。後來，孝明帝逐漸長大，開始對剝奪他權力的胡太后表示不滿，於是，他私下密詔爾朱榮進兵洛陽。爾朱榮大喜過望，心想終於有了機會，於是就立即發兵。但是，走到半路的時候，消息傳來，說胡太后毒死了自己的親兒子孝明帝，並立只有三歲的元釗為皇帝。

正在興頭上的爾朱榮問訊後，怒不可遏，馬上發表了一篇慷慨激昂的宣言，擁立元子攸為皇帝（北魏孝莊帝），借他的名義起兵，進洛陽討伐胡太后。胡太后派自己的情人李神軌帶兵抵抗，還沒交手，李神軌就嚇得逃跑了。爾朱榮率領部下，不費吹灰之力就攻進了洛陽城，將胡太后和幼帝扔入黃河淹死了。

隨後，爾朱榮把孝莊帝元子攸接到了洛陽，自己則控制了朝廷大

權。當時，爾朱榮考慮到自己在朝中的根基尚淺，擔心今後不能服眾，就想藉誅殺來樹立自己的威信。他聽從親信費穆的勸說，採取了這樣一個狠招：他請孝莊帝將大臣們引導至行宮西北，謊稱要祭天，不能請假。大臣們到齊後，爾朱榮對他們說：「天下大亂，先帝暴崩，都是你們輔佐不力造成的。而且你們貪婪肆虐，個個該殺！」話音剛落，手下的士兵就衝上去大肆屠殺，一共殺了一千三百多名大臣。史稱「河陰之變」。隨後，他又派人衝進孝莊帝的軍帳，殺掉了他的兩個兄弟，並把孝莊帝軟禁了起來。

孝莊帝無比生氣，又萬分害怕，擔心自己也會被爾朱榮殺掉，便命人去告訴爾朱榮，他要禪位於爾朱榮。但是爾朱榮的部下除了高歡以外，都反對他稱帝。爾朱榮很迷信，派人為自己鑄造金像，以卜吉凶。但鑄造了四次都失敗了，爾朱榮去請教巫師，巫師說天時人事都還不成熟。於是，爾朱榮暫時放棄了篡位的念頭。他將孝莊帝重新迎回皇宮，並叩頭謝罪。爾朱榮的女兒本是先帝孝明帝的妃子，他為了更好地控制孝莊帝，於是想將女兒嫁給孝莊帝。孝莊帝雖極不情願，但也做不了主，只得勉強同意。

爾朱榮仗著自己權傾朝野，變得越來越專橫跋扈。爾朱榮的女兒也仗著父親的權勢，根本就不把孝莊帝放在眼裡。因此，孝莊帝對他們父女倆是又恨又怕。最後，孝莊帝終於忍無可忍，決心除掉爾朱榮。於是，孝莊帝便與城陽王元微一起合謀，將爾朱榮騙進了皇宮，用刀捅死了他。

爾朱榮被殺後，爾朱氏很快發動了政變，將孝莊帝活活勒死。但是，惡有惡報，最後爾朱氏被爾朱榮的部下高歡所滅。

北齊書

昏庸的暴君高洋

高洋（西元529—559年），字子進，北齊的開國皇帝，即文宣帝。高洋剛當上皇帝的時候，十分勤於政事，以法治國，且善於用人。後來，不知為何，他竟然神志大亂，胡亂猜忌，變得異常狂暴，甚至虐殺自己的兄弟。他的前後行為舉止判若兩人，以致於很多人猜測他是患了精神分裂症。

高洋是東魏權臣、北齊王朝的奠基者高歡的次子，高澄的同母弟弟。高洋出生時，相傳有異兆顯現。高洋自幼其貌不揚，沉默寡言，但其實他是大智若愚，聰慧過人，且氣度非凡。雖常被兄弟們嘲笑和捉弄，但他的才能還是深得父親欣賞。高歡曾讓兒子們各自去整理一堆亂麻，大家都細心地梳理，只有高洋拔出刀來將亂麻砍斷，說：「亂者就必須斬掉！」高歡知道後，讚嘆不已。

哥哥高澄被刺殺後，大家都十分驚慌，不知所措，只有高洋還很冷靜，他布置軍隊除掉了叛黨，並祕不發喪，穩定了人心。後來，高洋又逼

迫東魏皇帝立太子，然後將大權控制在了自己手裡。當時，高洋寬厚待人，對下屬推心置腹，逐漸樹立起了自己的威信。

西元550年，高洋逼迫東魏孝靜帝讓位於他，自立為皇帝，定國號為齊，改元天保，年僅二十一歲。他就是北齊文宣帝。高洋即位之初，曾發憤圖強，且善於用人，因此深得人心。他賞罰分明，不論誰犯了法，即便他是皇親國戚或者功臣，也不會得到姑息縱容。因此，朝廷上下都不敢違抗他的命令。至於軍國大事，從來都是他一個人說了算。不過，他確實對行軍打仗很有一套。有一次和敵人作戰，明知敵人有五萬多人，他卻只派幾千騎兵去堵敵人的後路。帶兵的將領向高洋請求，多給他派點人，高洋很生氣，反而將他的人減少了一半，結果士兵們奮勇衝殺，取得了勝利。

高洋當了幾年明君後，就性情大變起來，他飲酒逐漸無節制，而且越來越殘暴。他變得越來越喜歡殺人，被他殺的人，不是被肢解，就是被火燒或者扔進河裡。由於酗酒過度，高洋後來變得越發瘋狂起來。他每次喝醉後，就會拔出劍來，亂砍亂殺，誰運氣不好就會被他殺死。他還喜歡到街上隨手亂扔錢，為的是看人們搶錢時瘋了一般的樣子。

有一次，大司農穆子容觸犯了高洋，高洋竟命令穆子容脫光衣服趴在地上，然後用箭射他。因為沒有射中，高洋一氣之下，竟拿起一根木棍插進了穆子容的肛門裡。楊愔長得很胖，高洋就很討厭他。高洋叫他楊大肚，還曾用馬鞭打他的背，將他打得血肉模糊。有一次，高洋還想用刀剖開楊愔的肚子，最後被崔季舒救了下來。後來，高洋又逼死了彭城王高澈的母親。高洋還曾用長矛刺人玩，把都督尉子耀刺死了。後來，他又用鋸子將都督穆嵩活活給鋸死了。更殘忍的是，他只因一時心血來潮，就將完全無罪的都督韓哲砍成了好幾段。高洋不但非常殘暴，而且大修宮殿，動輒就動用民夫十萬，給老百姓帶來了沉重的苦難，致使天怒人怨。大臣李集不顧自己的性命，向他進諫道：「你比夏桀和紂王還要殘暴。」高洋憤怒不已，便命人將李集捆起來扔到了河裡。過了片刻，又命人將他撈了上來，問道：「我和夏桀和紂王比

如何？」李集說：「有過之而無不及。」高洋於是又命人把李集扔到了河裡，然後又撈了上來，還是問了那句話，如此折騰了好幾次，但李集每次的回答都是一樣的。最後，高洋樂了，說：「天底下居然有這樣的笨蛋！」於是將他放了。但是李集後來又向高洋進諫，說他殘暴昏庸，高洋便下令將他處以腰斬之刑。

最後，殘暴的高洋終因酗酒過度而死於酒精中毒。

■ 勇將高昂

高昂（西元491—538年），漢族，字敖曹，渤海蓚縣（今河北景縣東）人，南北朝時期北齊大將，東魏徐州刺史高幹的弟弟。

高昂年少時便很有膽量，長大後很有才能，膽識過人。史稱他「龍眉豹頸，姿體雄異」。

他的父親高翼為他請了嚴格的老師，並請老師對他嚴加管教。可高昂根本就不怕老師，也不遵從老師的訓導，到處亂跑。他常常說：「男兒應當橫行天下，靠自己去爭取富貴，哪能老是端坐在屋裡讀書，當個老師傅呢？」高昂隨哥哥高幹到處搶劫，官府也不敢懲治他倆。兄弟倆還傾家蕩產，招攬會武藝的賓客，因此，鄉民們非常害怕，沒人敢做有悖於他們的事情。高翼常對人說：「我的兒子高昂將來不是毀掉我的家業就是光宗耀祖，而且不僅僅是做個州縣的土豪。」高幹想娶博陵人崔聖念的女兒，但遭到了拒絕，兄弟倆便把此女給劫到了村外。高昂對高幹說：「為什麼不就在這兒行禮呢？」於是，高幹便將此女給強暴了。

北魏建義元年（西元528年），高昂兄弟聚集流民起事，回應葛榮起義。兄弟倆屢次大破魏軍，很快就被授予了官爵。後來，因為高幹與魏帝曾有交情，便奉旨歸降了朝廷。歸降後，高昂被任命為通直散騎侍郎，封武城縣伯，賜食邑五百戶。當時的柱國大將軍爾朱榮認為高昂兄弟先叛亂後歸降，朝廷不應該再讓他們擔任要

職。高昂兄弟知道後，便主動辭官回鄉了。二人回到家鄉後，繼續搶劫掠奪。爾朱榮聽說後，十分痛恨，便給刺史元仲宗下了一道密令，讓他把高昂抓了起來，囚禁在了晉陽。

北魏永安三年（西元530年），爾朱榮叛亂，攻入洛陽，掌握了北魏軍政大權，高昂也被押到了駝牛署。後來，北魏孝莊帝因不滿爾朱榮控制朝政，便將其誘殺。爾朱榮死後，高昂這才得以釋放。爾朱家族發動反擊，四處起兵，圍攻洛陽。當時，高昂剛被釋放，對孝莊帝非常感激，於是披掛上陣，拿起兵器與其侄子高長命等一起衝出去殺敵，所向披靡。孝莊帝在城樓上觀戰，見高昂如此英勇，便大加讚賞。

高昂認為敵人勢力強大，請求皇帝讓他回家鄉招募士兵。他走後不久，洛陽城就被攻破了，高昂便在家鄉起兵。不久後，他跟隨高歡作戰，很快就打敗了爾朱家族的勢力。在與爾朱家族的最後一場戰鬥中，高昂率領一千名自己招來的漢族騎兵，從側面殺向了敵軍，把敵人阻斷，給高歡的部隊贏得了戰機。那次如果沒有高昂的話，高歡不但不會獲勝，而且恐怕還會丟掉性命。

北魏孝武帝初年，高昂被任命為侍中，晉爵為侯，賜食邑七百戶。後來，他的哥哥被孝武帝殺了，他便帶著十幾個手下逃到晉陽，投奔了高歡。不久之後，孝武帝發動了對高歡的戰爭，高歡反擊，命令高昂為先鋒，很快就打敗了孝武帝。孝武帝向西逃跑，高昂率領五百騎兵拚命追趕，一直追到崤山一帶，最後也沒有追上。隨後，高昂代理豫州刺史，討伐三荊地區不肯歸附的地方，最後都平定了下來。東魏孝靜帝初年，高昂被任命為司徒。

當時，關隴一帶有人叛亂，高歡任命高昂為西南道大都督，率軍前去平反。到達關隴後，高昂見那裡地勢險要，且敵人已經占據了有利地形，他便帶領部下邊打邊進。很快，他們就取得了勝利。

高昂回去後，高歡任命他為軍司大都督，和侯景一起在虎牢關訓練士兵。當時，鮮卑人都看不起漢人，但對高昂這個漢人，他們沒有不害怕的。就連高歡本人，也對高昂另眼看待。高歡每次對將士發布命令時都用鮮卑語，但只要高昂在旁邊，他就改

用漢語，以示尊敬。有一次，高昂到高歡府上去，門衛不肯替他通報，高昂一怒之下，便將那個門衛給殺了，高歡知道後也沒有怪罪他。後來，高昂率兵攻打被西魏占領的洛陽城，最後戰敗被殺，年僅四十七歲。

史學家魏收

魏收（西元507—572年），字伯起，巨鹿下曲陽（今河北晉縣）人，北齊著名的文學家、史學家。

魏收是北魏驃騎大將軍魏子建的兒子。他自幼聰明，博覽全書，十五歲便很會寫文章。父親駐守邊疆的時候，他也跟著去了，漸漸愛上了騎馬射箭，於是，他也想靠武藝來建功立業。有人見他生得溫文爾雅，便調侃道：「魏公子您能耍多少個戟呀？」魏收聽了，覺得很羞愧，從此改變了志向，開始專心讀書。

夏天悶熱的時候，他就把板床搬到樹蔭下，坐到上面讀書，樹蔭移動，板床也跟著移動，時間久了，板床的木料也因此磨損了不少。功夫不負有心人，魏收長大後很有才學，尤其擅長寫華麗的文章。

後來，朝廷任命魏收為太學博士。爾朱榮迫害文人學士時，魏收也受到了迫害。魏閔帝即位後，想考一考魏收的才能，便命他以《封禪書》為題寫篇文章。魏收提筆就寫，下筆如神，很快就寫好了。當時，黃門郎賈思也在旁邊，他看了後吃驚不已，對魏閔帝說：「即使是具有七步成詩之才的曹植，寫《封禪書》也不會如魏收寫得好。」因此，魏閔帝開始賞識魏收，並任命他為散騎侍郎，隨後，又讓他參與編寫國史。

孝武帝即位後，有一次發動很多士兵陪他出去打獵，由於天氣寒冷，大家都十分不情願。再加上皇帝和陪同的官員、妃子的穿著打扮都不符合禮儀的規定，魏收便寫了一篇題為《南狩賦》文章來諷諫，文辭十分華麗。皇帝看後，竟然沒看出其中的真實含義，還表揚了魏收。

魏收為人機敏，且很會寫文章，與當時的溫子升、邢子才號稱三才

子，但他生性輕薄，恃才傲物，就連自己的伯父魏季景也不放在眼裡。魏季景也很有才能，官職和名聲也都在魏收之上，但魏收卻很不服氣。當時，有個叫李庶的人以善於辯論著稱，他曾對魏收說：「朝廷裡有兩個姓魏的人才。」指的就是魏收和魏季景，魏收聽了，卻傲慢地說：「把我和我伯父相提並論，就像把耶輸和您相比一樣。」耶輸是當時有名的傻子，魏收這樣比喻，很明顯是說伯父魏季景是個傻子，這是很不尊敬長輩的行為。

高洋建立北齊後，由於魏收曾說自己想編寫歷史，高洋便命他寫北魏的歷史。高洋還對魏收說：「你只管寫，要實事求是，我不會像太武帝那樣殺害史官的。」於是魏收開始專心寫起了史書。很快，他就將《魏書》寫好了。這部史書是現存的唯一一部完整記述北魏歷史的史書。但由於此書有失公允，因此可直接繼承和借鑒的文獻並不多。

魏收在編寫這部書的時候，不是非常客觀地書寫，那些曾與他有過節的人，他便將他們所做的好事多數都給淹沒了。但對於一些壞人，他卻為他們編了不少好事。比如，魏收曾得到過朋友陽修之的恩惠，他便將陽修之的貪官父親寫成了一個清官；爾朱榮本是個奸臣，但由於高歡曾是爾朱榮的部下，而且魏收還收了爾朱榮兒子的禮物，於是在寫爾朱榮的時候，就將他寫得好了很多。因此，魏收也得罪了很多人。

《魏書》寫好後，很多人都向皇帝告狀，說魏收不公。皇帝無奈，只好下令將此書收了起來。魏收死後，很多人依然痛恨著他。北齊一滅亡，人們就將魏收的屍骨從墳墓裡挖了出來，拋到了野外。

周書

宇文憲功高遭忌

宇文憲，字毗賀突，北周太祖宇文泰的第五個兒子。他是北周的重要將領之一，一生中多次參與對北齊的戰爭，後隨周武帝平齊，立下大功。

宇文憲為人聰明機敏，性格豁達，且善於謀略和用人，尤其擅長撫慰和統帥部下，每次衝鋒陷陣的時候，他都身先士卒，因而深得屬下誠服。後來，他由於功高權重，且極富名望而遭人忌妒。

宇文憲小時候，就十分聰明。有一次，周太祖宇文泰想把幾匹駿馬賞賜給兒子們，於是就將他們帶到馬場，讓他們挑選自己喜歡的。別人都選了毛色純正的馬，只有宇文憲選了一匹雜毛馬。宇文泰問他理由，他回答說：「這匹馬毛色特殊，或許有其他的優點，如果帶到戰場上去，也容易辨認。」宇文泰聽了，高興地說：「這孩子才智不凡，將來一定能成大器。」以後宇文泰每次見到雜毛色的馬，就會命人把馬捉住送給宇文憲，說：「這是我兒子的馬。」

宇文泰將蜀地平定之後，因為

那裡地勢險要且很富裕，便不想派部將去守衛，想在自己的兒子當中挑選一人。於是，宇文泰就問幾個兒子誰願意去，別人還沒來得及回答，宇文憲便搶著說自己願意去。宇文泰說：「做刺史要安撫百姓，治理民眾，這個不是你能做到的，按照年齡大小，應該讓你的哥哥去。」宇文憲說：「每個人的才能是有所不同，但這跟年齡大小沒有關係，如果讓我去了，做的不好的話，甘願接受處罰。」宇文泰聽後很高興，但由於宇文憲年齡太小，還是沒有派他去。周明帝即位後，根據父親生前的意思，任命宇文憲為益州（蜀地）總管兼益州刺史。宇文憲當年還只有十六歲，他到任後善於治理，不管有多少訴訟，他都毫無倦怠地審理。蜀地的百姓感念宇文憲，便立碑頌揚他的仁德。

周武帝即位後，派宇文憲和宇文護一起討伐北齊。尉遲迥任先鋒，率兵將洛陽包圍了起來。不料，幾萬齊軍突然從後面襲擊了過來，使周軍全軍大為驚恐。其他的將領嚇破了膽，只有宇文憲和王雄等人率軍迎戰，王雄戰死後，周軍士氣更加低落。宇文憲親自督戰，這才將士氣重新鼓舞了起來。

不久之後，執政大臣宇文護圖謀不軌，被周武帝誅殺。宇文憲當時與宇文護關係很好，他害怕受到牽連，便向周武帝謝罪，周武帝對他說：「宇文護目無君長，想以下犯上，所以我才會殺了他。你是我的弟弟，骨肉相連，而且你並沒有參與這件事，用不著謝罪。」周武帝雖然這麼說，但對於名望很高的宇文憲，他還是存有戒心的。因此，他以升官的名義，削弱了宇文憲的兵權。

當時，衛王宇文直忌憚宇文憲，想趁機除掉宇文憲，所以他堅持讓周武帝殺了宇文憲。周武帝說：「宇文憲的為人和心跡我都十分清楚，你不要再懷疑他了。」太后去世後，宇文直又誣告宇文憲，說他在服喪期間仍吃肉喝酒。周武帝說：「我和宇文憲都不是正室所生，按理說我和他的繼承權是一樣的，可他不但沒有與我爭皇位，反而一直支持我，你居然還這麼說他，不覺得慚愧嗎？你是太后的兒子，自小得到的寵愛就比我們多，你管好你自己就行了，不要管別人。」

後來，周武帝得了重病，宇文

直乘機造反。周武帝派宇文憲去平反，宇文憲還沒到，宇文直就嚇得逃走了。周武帝要討伐北齊，宇文憲非常支持，還請求將自己的財產捐獻出來，給軍隊當軍餉，但周武帝不同意他這樣做。周武帝派宇文憲為前鋒，攻打黎陽，宇文憲節節取勝。後來，因為周武帝生病了，所以才撤了兵。第二年，周武帝再次攻打北齊，並再次讓宇文憲擔任前鋒。宇文憲不負眾望，為周軍贏得了戰機，使北周滅掉了北齊，因而立下了很大的功勞。

之後，宇文憲也知道自己功高權重，遭人妒忌，便開始暗暗考慮隱退之事。後來，周武帝征伐突厥的時候，宇文憲謊稱身體有病，推託了隨軍參戰。不久，周武帝去世，周宣帝即位。周宣帝非常忌憚宇文憲的功勞和才略，於是誣陷宇文憲謀反，將其殺害。

▌ 姚僧垣醫術高超

姚僧垣（西元499—583年），字法衛，吳興武康（今德清縣武康鎮）人。他原本是梁代人，梁朝滅亡後，入北周，成為北周名醫。

姚僧垣的父親姚菩提，精通醫理，因而受梁武帝重用。由於父親的影響，姚僧垣叢小就對醫學很感興趣，二十四歲那年繼承了父業。

梁武帝召姚僧垣入宮討論醫學，姚僧垣對答如流，梁武帝很欣賞他，任他為醫官。當時，武陵王的兒子葛修華患病很久，一直都治不好，梁武帝命姚僧垣為他醫治。姚僧垣很快就治好葛修華的病。梁武帝稱讚姚僧垣說：「你為人治病，萬分用心，憑藉這種態度，還有什麼病治不好呢？」不久，梁武帝將他調任為太醫正。

姚僧垣醫術高妙，且用藥審慎。梁武帝有一次發熱，想服用大黃。姚僧垣認為大黃藥性兇猛，不宜隨便使用，但梁武帝不聽，結果導致病情加重。後來，梁元帝有一次生病了，眾太醫都主張用藥性平和的藥，只有姚僧垣說：「非用大黃不可，一定不會有什麼差錯的。」梁元帝服用大黃後，病果然好了，於是賞賜姚僧垣百

萬錢財。從此，姚僧垣名聲大振。

大將軍龍集突染風疾，精神錯亂，看了很多醫生，都說這病治不好了。龍集的家人不死心，便請姚僧垣來看。姚僧垣診斷後說：「此病要治好確實很困難，但也不至於死。如果專門讓我來治的話，就能治好。」

他的家人就讓姚僧垣來治病。姚僧垣為龍集調製了幾幅湯藥，龍集吃下後就好了。龍集患病期間，永世公叱伏列身患痢疾，但叱伏列每天仍堅持上朝。于謹對姚僧垣說：「龍集和叱伏列兩人的病都難以治癒，依我看，叱伏列的病要輕些。」

姚僧垣說：「疾病有深淺，但並不代表深的一定會死，而淺的一定會痊癒。龍集的病雖然很重，但最後還是能治癒的。叱伏列的病雖然輕些，但這次肯定免不了一死。」於謹問：「那您能預見他什麼時候會死嗎？」姚僧垣答道：「不會超過四個月了。」結果，果然如姚僧垣所說。建德三年（西元574年），文宣太后患病，太醫們的診斷結果都不一樣。周武帝請姚僧垣說出實情，姚僧垣說：「太后的時日不多了。」周武帝一聽，便流著淚說：「愛卿既然都這麼說了，我也沒什麼辦法了。」不久，太后果然就去世了。

第二年，周武帝率兵攻打北齊，到河陰時卻患了重病。他不但說不了話，看不見東西，而且一隻腳變短，路也沒法走了。姚僧垣為武帝診治後說：「皇上五臟都有病，不能同時治療，要慢慢來。」統領軍隊，最重要的莫過於語言，於是先治口，很快周武帝就能開口說話了；接著又治眼睛，很快也能看見了；然後治腳，也好了。到達華州時，周武帝的病就全好了。

後來，周武帝又得了重病，讓姚僧垣醫治。有人私下向姚僧垣詢問醫治結果，姚僧垣悲傷地說：「唉，沒辦法了，沒有人是不死的。」不久，周武帝果然死了。

周宣帝還是太子的時候，經常心口痛，讓姚僧垣給他治療，很快就好了。為此，周宣帝一直記在心裡，等他即位後，封姚僧垣為長壽縣公，賜食邑一千戶。不久，周宣帝生病，病情日益加重，姚僧垣晝夜守護，全力治療，但最後宣帝還是去世了。三年後，姚僧垣也去世了，享年八十四歲。

姚僧垣一生治病救人無數，累積了不少經驗，著有《集驗方》十二卷，《行記》三卷。如今，部分遺文尚存於《外臺祕要》、《醫心方》等書中。

北周大將赫連達

南北朝時期，時逢亂世，當政者又都是軍人出身，所以在文治方面有不少欠缺，以致大小官吏紛紛貪汙橫行。尤其在當時的軍界，貪汙腐敗的武將更是不計其數。然而，北周有一名武將，卻是一個例外，他就是以廉潔著稱的大將軍赫連達。

他在駐守邊疆期間，為了維護與胡人的關係，在接受胡人贈送的羊後，他拒絕主管官員用官物回贈的建議，堅持用自己私人的繒帛來回報胡人。單從這一點，就可以看出他是一位清廉的官員。

赫連達，字朔周，匈奴族著名首領赫連勃勃的後裔。他的曾祖父庫多汗為了避難，將姓氏改成了杜。後來，由朝廷下詔書讓他複姓赫連氏。

年輕的時候，他便膽識過人，很早就參了軍，跟隨賀拔嶽四處作戰，立下了不少戰功。很快，他被任命為都將，並被賜爵長廣鄉男，後來又榮升為都督。

賀拔岳被侯莫陳悅殺害後，軍中人心惶惶。趙貴建議將宇文泰迎接過來，讓他主持軍務，但眾將都猶豫不決。赫連達說：「夏州刺史宇文泰以前擔任行臺左丞的時候，就表現得謀略過人，是當時的豪傑。要擺平今天的事情，非他不可。趙將軍的建議十分正確，我願意親自率領一支騎兵去報告主公遇害的消息，並請宇文泰前來。」當時，有的將領說可向南把賀拔勝追回來，有的將領說可向東將此事上報給朝廷。赫連達卻說：「這些都是遠水救不了近火，沒什麼好說的。」於是，趙貴就把迎接宇文泰的計畫給定了下來。赫連達隨即向夏州趕去。見到宇文泰後，赫連達失聲痛哭，宇文泰連忙問他為什麼，他便如實講出了情況。宇文泰聽後，趕緊

派數百名騎兵趕赴平涼，自己則率領大軍向高平進發，並命令赫連達率領騎兵占據彈箏峽。當時，有許多百姓惶恐不安，認為要爆發大的戰爭了，便四散逃跑。有許多村民，正扶老攜幼，趕著牲畜，想要到山裡去避難。赫連達的部隊正好碰見了這批村民，將士們想搶劫他們。赫連達說：「遠近的黎民百姓，大多受賊人牽制著，如今我們這些當兵的還要搶掠他們，這怎麼行呢？不如趁著這個機會，將他們安撫下來，還可以顯示出我們義軍的品行。」

於是，將士們就以恩德信義來安撫那些百姓，使百姓很快對他們產生了好感，都願意歸附。此後，百姓們將赫連達善待百姓的事相互轉告，前來歸附的百姓越來越多。宇文泰知道這件事情後，對赫連達頗為讚賞。

侯莫陳悅被平定後，赫連達被封為平東將軍。宇文泰對眾將說：「當清水公（賀拔嶽）遇害之時，你們的性命都掌握在賊人手中，雖然想要來告訴我，但無路可通。杜朔周（赫連達）冒死給我送信，我們才能在一起為朝廷盡忠，共同報仇雪恨。這雖然是靠大家的力量，但杜朔周在其中的

作用非常關鍵。對於這樣的功勞如果還不加賞賜的話，以後我還怎麼能勸他人為善呢？」

於是，宇文泰就賞給了赫連達二百匹馬。赫連達一再推辭，無奈宇文泰堅持要他收下。北魏孝武帝入關後，論功行賞，以赫連達首先迎請元帥，光復秦、隴地區的功勞，晉爵為魏昌縣伯，封邑五百戶。後來，赫連達跟隨李虎作戰，攻破了曹泥，被任命為鎮南將軍、金紫光祿大夫，加封食邑，加上先前的一共達到了一千戶。不久，他又跟隨文泰收復弘農，參加沙苑之戰，都立下了戰功，因此被任命為白水郡守，增封食邑八百戶。後來，他又被任命為雲州刺史，進爵為公。不久，又被授予儀同三司。赫連達跟隨大將軍達奚武進攻漢中，大勝而歸。因此，他升任為驃騎大將軍、開府儀同三司，並晉爵為藍田縣公。赫連達雖然官越做越大，但他一直保持著剛直、清廉、質樸的作風。他還一如既往地愛護著自己的士兵，雖然也經常處罰犯錯的士兵，但他從不像其他將軍那樣，動不動就殺人。他這種廉潔仁厚的行為，深受人們稱讚。

南史

▌蕭宏有名無實

蕭宏（西元473—526年），南朝梁代皇族，字宣達，梁武帝的六弟。他身高八尺，長相俊美，舉止優雅，外表無可挑剔。但他猶如繡花枕頭，中看不中用。

梁武帝蕭衍對自己的皇室親屬都格外照顧，甚至有些徇私護短。就連他弟弟蕭宏這樣誤國害民的人，他都一直非常寬容，始終如一。

梁武帝即位後，封蕭宏做了臨川王，到揚州任刺史。不久之後，梁武帝打算征伐北魏，命蕭宏擔任大都督。蕭宏率領的軍隊器械精新，軍容嚴整，梁朝的百姓認為這是一百多年來都未曾見過的壯觀，他們想蕭宏應該會獲勝而歸。不料，蕭宏率軍達到洛口後，卻多次違反原本制定好的軍事計畫，指揮屢次失誤。他還極為膽小，常常畏縮不前，甚至想班師回朝。當他召集大家，準備撤軍的時候，呂僧珍首先站出來表示同意，但其他的將領都紛紛反對。蕭宏見大家都反對撤軍，也沒有別的辦法，只好按兵不動。會議結束後，很多將領都

責罵呂僧珍，說他貪生怕死。呂僧珍悄悄對他們說：「大都督不但沒有一點謀略，而且極為平庸和膽怯。軍隊由他指揮，註定會失敗，所以我才會同意撤軍的。」北魏軍隊知道蕭宏膽小懦弱，就派人送來女人用的頭巾和頭飾，以作羞辱，但蕭宏卻跟沒事人似的，根本就不在乎。

自這件事後，呂僧珍對蕭宏徹底失望了，他私下對其他將領嘆息道：「如果讓我去輔佐始興王或吳平侯的話，中原早就平定了，而現在居然遭到了敵人這樣的羞辱。」呂僧珍建議分兵攻打壽陽，但蕭宏不答應，結果搞得軍政不和，軍心渙散，士氣低落。

沒過多久，一天夜裡，突遇暴風雨，梁軍因此大亂，蕭宏誤以為是敵人乘雨前來偷襲，便嚇得帶著幾個騎兵逃走了。將士們見蕭宏都逃走了，也都四散而逃，百萬大軍就這樣崩潰了，兵器也丟得到處都是。然而，見蕭宏逃回來後，梁武帝並沒有生氣，他不但沒有給蕭宏以應有的責罰，反而還升蕭宏為司徒和太子太傅。

由於梁武帝的縱容，蕭宏雖常常犯罪，結果都沒有被追究。

蕭宏任揚州刺史二十餘年，不但從未盡心為國效忠，反而竭盡全力搜刮百姓，聚斂錢財。他家光庫房就有百餘間，堆積的錢財多達三億，絹帛、奇珍更是多得數不勝數。他還在京城開了十幾個店面，專門放高利貸。放貸時，要求百姓用田產作抵押，等債務一到期，就把主人的田產據為己有，致使很多百姓失去了田產，變得更加窮困不堪。豫章王蕭綜看不慣蕭宏的所作所為，便針對此事寫了一篇諷刺蕭宏的文章。梁武帝看到此文後，不但不去責備蕭宏，反而批評蕭綜不顧自家人的顏面。那篇文章，也被梁武帝下令銷毀了。

蕭宏小妾的弟弟依仗他的勢力，常常在外橫行霸道，有一次竟然殺了人。被害者的家屬含冤告狀，梁武帝下令嚴查。那個小妾的弟弟便躲到了蕭宏家裡，官府的人知道後，也不敢上門抓人。最後，還是梁武帝出面，才將小妾的弟弟依法處死。蕭宏這次雖犯了窩藏之罪，但還是沒有得到應有的處罰。

對於皇帝哥哥梁武帝的恩寵，蕭宏不但不感恩，反而以怨報德，竟然派人行刺梁武帝。行刺失敗後，梁武

帝從刺客口中得到了真相，但他還是沒有處罰蕭宏，只是把他叫到跟前，哭著對他說：「我比你聰明百倍，當皇帝還怕被推翻，你怎麼能繼承我呢？我平生最反感皇帝濫殺宗室，所以我不殺你，你好自為之吧。」蕭宏趕緊跪下謝罪，並一再保證不會再有這樣的事。不過，這一次，梁武帝免去了蕭宏的官職。

後來，蕭宏病重，梁武帝不計前嫌，前前後後一共去看望了他七次。蕭宏死後，梁武帝還很傷心，並追贈他很多財物。

侯景幾易其主

侯景（西元530—552年），字萬景，北魏懷朔鎮人。他一生反覆無常，幾易其主。

侯景年少時，十分頑劣，常常欺負鄉里，因此獲得了惡名。成年之後，他身高不滿七尺，卻驍勇異常，雖然因左足生有肉瘤而走路不穩，但擅長騎射，因而被任命為懷朔鎮兵。

北魏末年，邊鎮各胡族群起反抗鮮卑族的統治，侯景與當時的懷朔鎮隊主高歡也參加了起義。西元528年，爾朱榮乘孝明帝被胡太后毒死之機，率兵攻打洛陽，攫取了北魏軍政大權。之後，各地豪強紛紛投奔爾朱榮，侯景也率私兵歸降了爾朱榮。為了自己的前程，侯景向爾朱榮的部將慕容紹宗學習兵法。由於機敏善學，侯景很快就提高了作戰指揮能力，他的軍事才能也超過了慕容紹宗。於是，他開始得到爾朱榮的器重。

不久，河北變民軍起義，號稱有百萬之眾，葛榮擔任首領。爾朱榮率兵討伐葛榮，任侯景為前鋒，他們一共率領了七萬將士。葛榮自詡久經戰場，威名遠揚，且己眾敵寡，所以必勝無疑。爾朱榮和侯景利用葛榮驕傲輕敵的弱點，兩面夾擊，從薄弱處進攻，很快大敗起義軍，活捉了葛榮。侯景在這次戰鬥中立下了大功，被封為定州刺史，開始嶄露頭角。

西元530年，爾朱榮被朝廷所殺。三年後，爾朱氏集團又被高歡

一次讀完二十五史 故事

所滅。從此，北魏大權落到了高歡的手中。侯景見高歡得勢，便又率部下投奔了高歡。不久，由於他悍勇善戰，且馭軍有法，便得到了高歡的重用。侯景居功自傲，對高歡手下的猛將高昂和彭樂等不屑一顧，說他們：「這些人笨得跟野豬一樣，能有什麼出息？」高歡死後，其子高澄掌握了大權。侯景素與高澄不和，高澄怕他生異心，便想奪回他的兵權。侯景知道後，乾脆一不做二不休，投降了西魏。但是西魏對他也有戒心，於是侯景又向梁武帝強求歸順。梁武帝很高興地接受了他，並封他做了大將軍。當時，梁朝有大臣知道侯景的為人，於是就說：「亂事就要來了。」

不久之後，東魏請求和梁朝和親。侯景害怕兩朝和好後，梁武帝會出賣自己，就上書給梁武帝說：「陛下要和高氏和好，我將何去何從？」梁武帝信誓旦旦，保證不會出賣他。侯景不太放心，又向梁武帝請求娶王、謝兩家的女兒為妻。梁武帝說：「這兩家門第都太高，我看不如這樣，你就在朱氏和張氏以下的門第裡找個老婆吧。」侯景很生氣，說：「什麼門第，總有一天，我要把那些人的女兒配給奴隸。」為摸清梁武帝的真實態度，侯景假造了一封東魏的書信送給了梁武帝，說願意以蕭淵明（逃到東魏的一名梁朝宗室）來交換侯景。梁武帝中計，回信說願意交換。侯景勃然大怒，從此有了造反的想法。

西元548年九月，侯景叛亂，起兵攻打南梁。次年三月，侯景攻入建康，在城中大肆燒殺搶掠，並將梁武帝活活逼死。五月二十六日，侯景立蕭綱為帝（即梁簡文帝）。

西元511年，侯景篡奪皇位，自立為帝。第二年，江州刺史王僧辨、揚州刺史陳霸先先後起義，率軍攻打侯景，侯景軍隊一觸即潰。真是「多行不義必自斃」，侯景死後，屍體被分成了好幾塊，被痛恨他的百姓搶食。

北史

沉迷女色的高緯

高緯（西元556—577年），即北齊後主，在北齊建國十七年後即位。他是一個典型的「只愛美人不愛江山」的昏庸無道的皇帝。

高緯即位時，腐朽的北齊政權本已搖搖欲墜，但他自己仍然荒淫無道，致使政治越來越腐敗。他不分晝夜與後宮的嬪妃、宮女廝混在一起，每日過著醉生夢死的生活，十天半月也不上一次早朝。他常常譜曲，並手拿琵琶，自彈自唱，還不知羞恥地稱自己為「無憂天子」。另外，他還經常讓宮內的近千名太監、婢女一齊伴唱，使整個皇宮歌聲繚繞，一片「太平盛世」景象。在這個昏君的心裡，從來就不曾有過「江山」和「社稷」，倘若哪個大臣勸他要勤於政事，輕則就會被罷官，重則就要被砍頭。而那些善於阿諛奉承的人，只因為他物色了美女，或者為他修建了遊玩的場所，卻都得到了提拔和重用。

當他整日沉迷於醇酒美人、聲色犬馬的生活時，卻渾然不知北齊的軍隊已經衰弱到了何種程度，北齊的政

治已經腐敗到了怎樣的地步。就在這時，他還親手為北齊製造了最大的致命傷——誅殺了名將斛律光，讓北齊從此失去了唯一可抗擊北周侵略的將領。

馮淑妃，原名馮小憐，本是穆皇后的侍女。後來，穆皇后見自己年老色衰，為了挽回皇帝高緯的心，便把貌美如花、能歌善舞的馮小憐獻給了高緯。不料，穆皇后弄巧成拙，不但沒有得逞如願，反而將皇帝推向了另一個女人的懷抱。

高緯一見馮小憐，便被迷住了，從此專寵於她，一步都不願意離開。高緯將馮小憐封為馮淑妃，讓她住到富麗堂皇的隆基堂去，但馮淑妃嫌棄那裡曾被曹昭儀住過。於是，高緯就讓馮淑妃到所有嬪妃住處走一遍，以挑選她最喜歡的住所。

西元575年，北周武帝派兵大舉進攻北齊，已經把平陽攻了下來。然而，就在這危急時刻，高緯仍與馮淑妃在打獵玩樂。在晉州多次派人來告急之後，高緯這才有點慌了，想馬上率兵趕回去。但此時，馮淑妃的興致正高，不願就走，請求高緯再玩一會兒。高緯一向對馮淑妃言聽計從，便

答應了她。等馮淑妃玩夠了，高緯才帶領著大軍向晉州開赴過去。

等高緯他們趕到晉州時，北齊的軍隊正在反攻平陽，眼看就要攻下來了，高緯卻下令暫時停止進攻。原來，高緯知道馮淑妃還沒見過士兵攻城，就想請她過來一起觀看這一盛況。將士們無奈，只得停下來等待馮淑妃的到來。而馮淑妃卻只顧化妝，等她慢吞吞地化好妝出來時，北齊軍隊已經錯過了攻城的最佳時機。北齊將士因此而士氣大挫。

此時，北周武帝率領的八萬援軍也趕到了晉州城外。高緯見勢不妙，就打算逃跑。而大將們反對臨陣脫逃，並率軍向北周發起了反攻，北周拚力相抗，北齊軍隊不但沒有前進，反而向後退了半里。高緯和馮淑妃騎著馬在後面觀戰。馮淑妃一看將士後退，便嚇得大叫：「大軍戰敗了！」高緯一聽，馬上帶著馮淑妃逃走。北齊軍見皇帝都跑了，鬥志一下子就沒有了，很快就被北周軍擊敗了。

就這樣，北齊被北周所滅，高緯和馮淑妃也被周軍抓到了長安。見到周武帝後，高緯所做的第一件事就是乞求他把馮淑妃還給她。周武帝冷

冷地說：「我連整個天下都不放在眼裡，哪裡會在乎一個女人！」於是，就把馮淑妃還給了他。

不久之後，高緯就被周武帝處死了。而馮淑妃，被周武帝賜給了代王宇文達。宇文達也非常寵愛馮淑妃，於是，馮淑妃在代王府中便有恃無恐，常常胡作非為，最後竟然誣陷宇文達的王妃，並差點將其致死。隋文帝即位後，看不慣馮淑妃，便將她賜給了宇文達王妃的哥哥李詢做婢女。後來，馮淑妃被李詢的母親逼得自殺身亡。

餓彪將軍元暉

元暉，字景襲，是北魏宗室。他自小機敏聰慧，博覽文史。宣武帝元恪即位後，任命他為給事黃門侍郎。

當初，孝文帝元宏遷都洛陽的時候，很多老臣權貴都不願遷走。為了安撫這些人的情緒，再加上洛陽夏天比北邊炎熱，孝文帝於是就允許他們冬天在洛陽居住，夏天再回北邊居住。

宣武帝即位後，很多人建議將都城遷回北邊，宣武帝聽信了他們的話，不過還沒有下定決心。但是，很快這個消息就傳了出去。大家開始不安心居住，有的人甚至變賣了洛陽的田地和房子，只等著遷回北邊。元暉知道這件事情後，便請求單獨面見皇帝，他對皇帝上奏說：「先帝遷都後，由於百姓懷念故土，所以才發布了冬夏季節可以分別居住在兩地的詔令，這是為了安定大家的情緒。

這完全是出於當時的情況而定的，其實不是先帝的本意。而且遷到洛陽的人，安居時間已經很久了，各項公共事業也都已經建立了起來，沒有必要再遷回去了。希望陛下能完成先帝已經確定下來的事業，不要相信那些奸邪小人不合情理的說法。」宣武帝聽後覺得很有道理，便採納了他的意見。

後來，元暉升遷為侍中，領右衛將軍。雖然他在職期間沒有為朝廷做出多大貢獻，但卻深受宣武帝的寵

信。凡是宮中所發生的機要祕密的事情，元暉都會另外接到一份聖旨，讓他收藏在櫃子中。只有元暉才能打開，別的侍中、給事黃門侍郎都不知道。

當時，侍中盧昶也受到宣武帝的寵信，因此，人們稱他們為「餓彪將軍，饞鷹侍中」。後來，元暉被任命為吏部尚書，他開始大肆收受賄賂，他任用的每一個官職都有定價，按價錢出售官職。例如，大郡的太守要出兩千匹綢緞，中等的郡要出一千匹綢緞，最次的郡要出五百匹綢緞，其餘官職的價錢也各不相同。

因此，老百姓就將吏部稱為「市曹」，就是市場的意思。元暉後又出任冀州刺史，到冀州赴任時，他動用了大批車輛裝載物品，一路上他裝載財寶的車輛首尾相接，絡繹不絕。他的車缺少裝飾用的牛角，就從途中所碰到的牛身上活生生地截下牛角，拿來給自己使用。元暉一上任，就下令清查那些藏匿起來的戶口，允許他們自首，因此多收了五萬多匹絹帛。但他沒有休止地聚斂財物，使當地百姓整日憂慮不安。而元暉就成了當時有名的貪官。

孝明帝即位後，元暉回朝擔任尚書左僕射。他提議安定邊境以及在全國範圍內檢括戶口，得到了採納。不久，他又掌管了吏部選用官吏的事務，又有了發財的好機會。他再次買賣官職，並明碼標價，稱童叟無欺。這次，元暉又發了一筆大財。事後，他不但沒有受到朝廷的處罰，反而步步高升。

不久後，皇帝下詔讓他與任城王元澄、京北王元愉，以及東平王元匡共同負責議決門下省的大事。從此，元暉掌握了朝中大權。

元暉雖然是個大貪官，但他也不是一無是處。掌握朝中大權期間，他也向皇帝提出了一些建設性的意見。比如，御史的職務一定要讓賢臣擔任；一定要安定民心，讓邊境安寧，儘量少打仗；國家收取賦稅時，要按規矩辦事，才能使國庫的資源得以儲備，百姓的日子也好過一點。他還喜愛文學，並召集了一批儒士，讓他們撰錄諸子百家的要事，按類編排，取名為《科錄》。

此書共二百七十卷，上起伏羲，下到晉朝，包含了十四個朝代。元暉病重時，將此書獻給了朝廷。元暉去

世時，皇帝賜給他東園祕器，並追贈使持節。等到要下葬的時候，皇帝又令羽葆、班劍、鼓吹二十人，羽林一百二十人前往護送。元暉這個買賣官職的大貪官，最後居然善終，而且死後還這麼風光，實在是老天不公。

地理學家酈道元

酈道元，范陽涿鹿（今河北涿鹿縣）人，是北朝北魏著名的地理學家、散文家。酈道元一生最大的成就就是撰寫了地理學巨著《水經注》。

三國時期，中國出現了一部名叫《水經》的書，此書記載的是各地的水文狀況，但這部書並沒有什麼名氣，而另一部為它做注解的書卻非常有名，那就是由酈道元所著的《水經注》。《水經注》以《水經》為藍本，以各地的水道為主要線索，全面而系統地介紹了各條河流流經地區的地理、經濟等諸方面內容。

另外，此書還記錄了全國各地三十處水利設施。它既是一部內容豐富多彩的地理著作，也是一部優美的山水散文集，堪稱中國遊記文學的開創之作，對後世遊記散文的發展有著重要的影響作用。

酈道元不但是一位偉大的地理學家，還是一位北魏的忠良賢臣。但他一生仕途坎坷，終未成盡其才。

酈道元自幼聰慧，博覽全書，後來繼承了父親的爵位，被封為永甯伯，擔任太傅掾。酈道元執法清正廉明，因此被御史中尉李彪看重，舉薦為書侍御史。後來，李彪被李沖趕下了臺，酈道元也遭到了罷免。北魏宣武帝景明二年（西元501年），他被任命為冀州鎮東府長史。到任後，見此地匪盜猖獗，惡勢強大，他便立即採取了嚴厲手段，對其進行有力的打壓，終於使匪盜聞風喪膽，紛紛逃離冀州；使邪惡勢力得以鎮壓，再也不敢為非作歹。永平元年（西元508年），酈道元被調往魯陽，擔任太守。到任後，他便向皇帝上表，請求在當地建立學校，以教化鄉民，皇帝下詔允許。酈道元在魯陽任職期間，當地的老百姓都很服從他的威名，不

敢違法亂紀。五年後，酈道元升為輔國將軍，任東荊州刺史，就像在冀州一樣，他用威嚴和兇猛的手段治理此地。後來，當地的一些刁蠻百姓實在忍受不了了，就向皇帝告狀，說他太過苛刻，請求把前任刺史史寇祖調回來。皇帝同意了他們的請求，把寇祖調了回去，將酈道元調回了洛陽。

魏孝明帝正光四年（西元523年），酈道元任河南尹，治理京城洛陽。隨後，酈道元被皇帝派往北方各鎮，去整編相關的官吏，並籌備軍糧，為防守邊關做好準備。

孝昌元年（西元525年），梁朝派兵攻打揚州，刺史元法僧又在彭城發動了叛亂。酈道元奉召率軍前去征討，他指揮部隊在渦陽與敵軍奮勇拚死，結果大勝。回到京城後，他榮升為御史中尉。

擔任御史中尉後，酈道元主要負責糾察、彈劾等事務。有一次，皇帝元微誣陷自己的叔父元淵，酈道元卻說出了事實的真相，使元淵得以昭雪，但酈道元從此遭到了元微的記恨。皇族元悅喜歡男妓丘念，兩人同吃同睡。憑藉與元悅的關係，丘念得以掌握了權力，在選舉州官的時候，

他便從中作梗。酈道元知道此事後，便決心除掉這個禍害。他暗中跟蹤丘念，終於找到機會將丘念逮捕，並關進了大牢。元悅向皇太后求情，請求放了丘念。皇太后本來也是不乾淨之人，就下令釋放丘念。酈道元早有防備，便搶在太后命令到達之前，依法將丘念處死了，並用這件事檢舉彈劾元悅。元悅從此對酈道元懷恨在心。

孝昌三年（西元527年），北魏雍州刺史蕭寶夤在長安發動叛亂，元微、元悅就想用借刀殺人的計謀來除掉酈道元，於是他們竭力慫恿太后任命酈道元為關右大使，去監視蕭寶夤。蕭寶夤知道後，立即發兵將酈道元等人包圍在陰盤驛亭。酈道元憤怒地盯著叛賊，破口大罵，最後被叛賊殺害，終年五十六歲。

與此同時，酈道元的兩個弟弟和兩個兒子也都被叛賊殺害。蕭寶夤敬佩酈道元的為人，便派人將酈道元等人的屍體收殮，葬於長安城東。第二年，魏軍平定了蕭寶夤的叛亂，酈道元等人的屍骨被遷回洛陽安葬。酈道元被朝廷追封為吏部尚書、冀州刺史。他的第三個兒子酈孝友承襲了爵位。

隋書

楊堅建立隋朝

楊堅，生於西元541年，漢族，弘農郡華陰（今陝西省華陰縣）人。

楊堅之所以最後能奪取北周政權，建立隋朝，跟楊氏家族的地位有著直接的關係。其父楊忠是北周的開國功臣之一，官爵升至柱國，封隨國公。

楊堅在青少年時期，學習成績並不好，但由於其父親的關係，他年僅十四歲就開始做官，後來借父親的光，升為驃騎大將軍、大興郡公，不滿二十歲時又做了隨州刺史。西元557年，當朝柱國、大將軍獨孤信看上了楊堅，便將剛滿十四歲的女兒獨孤伽羅許給了他，從此，多了獨孤家族勢力的保護，楊堅的仕途之路變得更加順利。

到了西元578年，周宣帝即位，封楊堅的長女為皇后，而將楊堅升為柱國、大司馬。從此，楊堅開始掌握了朝政大權。楊堅見年少的周宣帝整日沉迷酒色，荒淫無度，在群臣中也沒有什麼威信，便打算取而代之。

後來，楊堅的動機被周宣帝察

覺到了，但因為沒有真憑實據，他也不能將楊堅怎麼樣。楊堅得知皇帝開始對他有猜疑了，為了消除皇帝的戒心，他就想到地方去任職，順便積蓄自己的實力。西元580年，機會終於來了，周宣帝下令出兵南伐，憑藉好友鄭譯（當時的內史大夫，深得皇帝的信任）的舉薦，楊堅這才當上了揚州總管。但是，還沒有等到出征之時，周宣帝便得了重病，臥床不起。在鄭譯的幫助下，楊堅以周宣帝的名義做了一封假詔書：「楊堅總管朝政，輔助剛八歲的周靜帝宇文衍。」

幾天後，宣帝駕崩，楊堅等人並沒有立即將此消息公布出去，而是趁機利用假詔書奪取了軍政大權，還有京城軍隊的指揮權。在一切準備妥當之後，他們這才公布了宣帝的死訊，並輔佐小皇帝登上了皇位。

小皇帝周靜帝即位後，楊堅做了輔佐大臣。楊堅利用自己的權力，建立了新的領導團隊，招納了不少有才幹的人，從而穩定了政局。接著，楊堅開始對威脅其地位的皇族宗室展開了進攻。當時，周宣帝的弟弟宇文贊在朝中的地位與楊堅不相上下，是楊堅執政的第一大障礙，於是楊堅就派人迷惑宇文贊，使年輕而又沒有謀略的宇文贊心甘情願放棄了自己的職權，回家做起了「皇帝夢」。因為，來人對宇文贊說：「您何必這麼操勞呢，以後的帝位肯定非您莫屬，現在您還不如回家等著，豈不甚好？」

除去身邊的心腹大患後，楊堅又利用假詔書將其他的五個宗室王召回京城，收繳了他們的兵權和印信。這五個王心中不服，便尋機設下了鴻門宴，準備謀殺楊堅，但最後被楊堅的隨從察覺到，幫楊堅逃脫了。楊堅回去後，便命人將這五人以謀反罪致死了。就這樣，宗室的勢力被消除掉了，而楊堅的皇帝之路平坦了許多。

中央的威脅解除後，楊堅又開始了與地方勢力的較量。他與河南、四川、湖北等地的起義官兵，戰鬥了長達半年之久，最後楊堅取得了勝利，並徹底掌握了北周的政權。到了這個時候，對於楊堅來說，做皇帝只不過是一個形式上的問題了。

西元581年，楊堅讓人替周靜帝寫了一封退位禪讓詔書，並當著文武百官的面宣讀了出來，楊堅假意再三推辭後，才接受了天命，登上了夢寐以求的皇帝寶座。此時，楊堅剛剛

四十歲。因為楊堅是承襲父親的爵位隨國公，後來又晉封為隨王，所以他將新朝定名為「隨」。後來，他覺得這個字有個和「走」同義的偏旁，不吉利，於是就將新王朝改為「隋」。就這樣，楊堅建立了大隋王朝，將年號改為開皇。

隋朝建立後，隋文帝（楊堅的諡號）勵精圖治，他不僅成功地統一了處於分裂局面幾百年的中國，而且使政權穩固、社會安定、人口銳長、墾田增速，讓國家迅速強大和繁榮起來，成為當時世界上的強國之一，史稱「開皇之治」。

■ 德才兼備的獨孤皇后

獨孤皇后，即隋文帝的皇后——文獻皇后，獨孤伽羅。獨孤伽羅（西元543—602年），隋朝雲中（今山西大同）人，是北周大司馬獨孤信的二女兒，嫁給隋文帝時，年僅十四歲。

西元581年，隋文帝即位，將獨孤伽羅冊封為皇后。獨孤皇后，從小飽讀書詩，她不但通達古今，而且品德高尚，更是歷史上一位著名的德才兼備的皇后。

獨孤皇后懂謙卑、知恭孝、識大體、尚節儉，深為人們稱讚。有一次，突厥與隋貿易時，帶來一盒價值八百萬銀子的明珠。當時的幽州總管殷壽勸獨孤皇后買下此珠，皇后卻婉言謝絕道：「如今戎狄屢次侵犯，邊境戰士征戰疲勞，不如將這八百萬獎賞為有功之士，豈不更好？」皇后此舉立刻傳遍朝野，深為官員和百姓稱讚。

還有一次，獨孤皇后的表兄大都督崔長仁，觸犯了國家的王法，按律當斬，隋文帝顧及皇后的情面，欲赦免其死罪。但是，皇后知道文帝的心思後，立刻進諫道：「國家大事豈可顧私。」於是，隋文帝便將崔長仁處死了。

此外，還有一件事，更加表現出了獨孤皇后品德的高尚。皇后的異母兄弟獨孤陀曾因仗勢欺壓百姓而遭皇后訓斥，故懷恨在心，常常詛咒皇

后，按律當處於斬刑。皇后得知此事後，氣得三天都吃不下飯，但她還是向文帝請求道：「如果獨孤陀犯的是禍害百姓、威脅朝政的罪，臣妾自不敢為其說情。但如今他是因為詛咒我而犯罪，所以我才敢請求陛下赦免了他。」獨孤陀這才免於一死。

獨孤皇后從小飽讀詩書，加上聰慧過人，因而具有很高的政治才能和治家才能。

隋文帝喜歡與獨孤皇后議論國家大事，因為每當二人在一起議論時，皇后的看法往往都會與他不謀而合，十分一致。

另外，在管理皇家後宮方面，獨孤皇后也很有一套，她將人員龐雜、事務繁多的後宮管理得井井有條。俗話說：「清官難斷家務事」、「朝朝後宮多是非」，平民百姓之家的內務都難以了斷，更何況事務糾纏不清的後宮了。

但是，獨孤皇后大力施展其才能，再加上嚴格辦事，就將後宮治理得卓有成效，使文帝都不得不畏懼她三分。

前朝亡國的故事，獨孤皇后記憶猶新，她深知紅顏禍水的道理。因此，為了大隋王朝的長治久安，她首先想到的就是杜絕後宮內訌。於是，她利用皇后手中的大權，整飭了千百年來的後宮體制，廢除了皇家三宮六院的慣例，提倡簡樸，禁止宮中女子濃妝華服，不允許妃嬪隨意親近皇帝。獨孤皇后這樣的行為，雖然有些強硬和霸道，但治理出了一個秩序謹嚴的後宮，更重要的是能夠讓文帝專心致力於朝政。

除了管理好嬪妃之外，聰明的獨孤皇后還十分注意保持與皇帝的感情，她深諳作為女子必須以自己的柔情和體貼，才能長久地牢牢抓住丈夫的心。於是，每天她都親自小心翼翼地侍奉皇帝洗漱穿戴，然後與他同坐一輦，把他送到朝閣中，皇帝上朝，她就在殿外靜靜等候，待散朝後，二人又同輦而回。由於她日復一日、年復一年不厭其煩地堅持著，隋文帝感動不已，所以一直對她寵愛有加，也從不敢怠慢上早朝。

楊廣篡位

楊廣（西元569—618年），隋文帝次子，又名英，小字阿嬤，其母為獨孤皇后。楊廣從小聰慧機敏，好學習，善詩文，且容貌俊美，因此深得文帝和皇后的喜愛。

開皇元年（西元581年），楊廣被封為晉王。六年，任淮南道行臺尚書令。九年，年僅二十歲的楊廣任行軍大元帥，統帥五十一萬大軍南下進攻富裕強盛的陳朝，並幫助父皇完成了統一大業。滅陳後，楊廣晉升為太尉，在抵禦北方突厥的過程中，又立下了大功。

在建功立業的同時，楊廣也不忘為自己籠絡一批人才，以便將來可取代同胞兄長楊勇的太子地位。

楊廣不但慧敏、有心計，而且十分偽善。獨孤皇后對朝三暮四、妻妾成群的男人十分厭惡，不僅對丈夫隋文帝嚴加看管，而且對兒子的行為也十分留意。而隋文帝崇尚節儉，十分討厭生活奢侈、貪圖享受的人。於是，為了迎合父皇與母后的心意，楊廣便偽裝出生活儉樸，不好聲色的樣

子。每當文帝或皇后到他府中，他就將貌美妝濃的姬妾藏入屋內，只安排幾個又老又醜的宮女，穿著粗布衣服，在左右侍奉。楊廣與妻子蕭妃，穿著打扮也很陳舊、簡單。另外，家裡的一切陳設也都因陋就簡。他還故意把樂器上的弦弄斷，使樂器上布滿了灰塵，看上去是許久不動的樣子，給人留下他不喜歡玩樂的印象。

楊廣夫婦還十分會籠絡人心，凡是朝中的大臣，他們都傾心與其交往；凡是皇上和皇后派來府中辦事的人，不論貴賤，夫婦二人都到大門口迎接，並周到招待，還贈送厚禮。因此，朝中的許多大臣和宮中的許多婢僕，都稱讚楊廣夫婦的仁德和孝心，皇上和皇后聽了，心裡很高興有這麼一個兒子。

而太子楊勇生性率直，為人寬厚，但由於生活奢華，寵姬很多，因而逐漸遭到皇上和皇后的厭惡。尤其是皇后，十分看不慣其寵姬妾、疏嫡妃的行為。楊勇與嫡妃元氏性情不合，因此每夜宿於其他美姬住處，而

讓元氏獨守空房。獨孤皇后得知此事後，極為氣憤，自此對楊勇再也沒有過好臉色，而且還在皇上耳邊吹枕邊風，經常數落楊勇的不是，致使皇上也開始疏遠楊勇。

楊廣見太子楊勇漸漸失寵，便抓住時機，向皇上和皇后誣告楊勇：「父皇與母后都知道，兒臣是個十分看重兄弟情誼的人，對太子更是真心相待，但不知怎麼得罪了他，他一直想殺掉我。兒臣每當想到不知哪天就會被毒死、害死，就整日恐慌不安。」

楊廣一面哭訴，一面裝出萬分可憐的樣子，這使得皇上和皇后對楊勇更加厭惡。後來，楊廣又勾結越國公楊素，誣陷楊勇在文帝生病期間盼父快死。文帝聽後，惱羞成怒，派人逮捕了楊勇，並於西元600年將其廢為庶人，而將楊廣立為太子。至此，楊廣終於取得了篡位勝利的第一步。

西元604年七月，文帝病重，臥床不起。楊廣認為自己是時候登上皇位了，便迫不及待地給楊素寫了一封信，請教該如何處理將要到來的文帝的後事。不料，送信人誤將楊素的回信送到了文帝手中，文帝看後，惱怒不已，當即宣召楊廣入宮，要當面指責他。

正在這時，文帝的陳夫人衣衫不整地跑進來，向文帝哭訴楊廣調戲她的無恥行為，文帝一聽，頓時清醒過來，知道自己受了楊廣的矇騙，便急忙命身旁的大臣柳述、元岩草擬詔書，廢黜楊廣，重立楊勇為太子。可是，詔書還沒來得及公布，楊廣就透過安插在文帝周圍的爪牙，知道了這件事。於是，楊廣忙與楊素密謀後，帶兵包圍了皇宮，將柳述、元岩逮捕，並殘忍無情地謀殺了文帝和兄長楊勇。就這樣，楊廣最終利用　父殺兄的手段，篡奪了皇位，史稱隋煬帝。

楊廣奪得帝位後，於第二年將年號改為「大業」。即位之初，楊廣就揭掉了其偽善的面具，並充分暴露出了荒淫奢侈、殘暴酷虐的本性，成為中國歷史上一位著名的暴君。

暴君隋煬帝

隋煬帝（西元604—618年在位），是中國歷史上名聲最差的皇帝之一，後人常拿他與秦二世胡亥相比，認為二人一樣，都是最殘暴的皇帝。

在位十四年間，隋煬帝一直驕奢淫逸，窮兵黷武，大興土木，濫用民力，拚命地搜刮民財，弄得民不聊生，最後激起了全國規模的民變。西元618年，他被起義大軍的浪潮困於江都，為發動兵變的部下宇文化及等逼迫自縊，終年五十歲。

楊廣本性兇殘，野心勃勃，這一點單從他　父殺兄，靠踩著親人的屍體登上皇位就可以看出來。

自即位第一年起，他就每月役使二百萬人，營建東都洛陽，為自己修造華麗的宮殿和花園。在建都的過程中，他不惜過度浪費人力財力，到全國各地徵集奇材異石，運送至洛陽。人民被迫運輸，千里絡繹不絕，使許多人活活累死在半路上。

同一年，為了巡遊作樂以及加強對南方的統治，隋煬帝又徵調一百

多萬民工，歷時六年，修建了規模宏大的京杭大運河。此運河，北起涿郡（今河北省涿縣），南到蘇杭，全長四千多裡。大運河的開鑿，前後共用了大概一億五千萬工人，平均當時每戶百姓要出近二十個人工。由於趕時趕工，許多挖運河的民工都累死在了河中。

更殘暴的是，其中有一段河道挖得淺了些，隋煬帝竟下令將挖掘此段的官吏和民工五萬多人全部捆住手腳，活埋於河岸邊。

京杭大運河的開通，雖然在此後的近千年都發揮著便利南北交通，促進南北經濟文化交流，有利於國家和民族統一的重要作用，但在客觀上，確實造成了當時無數勞動人民的流血犧牲，為千百萬家庭帶來了深重的災難。

隋煬帝喜歡遊樂，因此經常出去巡遊，他北到過榆林、長城，西到過張掖，此外，他還順著京杭大運河，三下江都。每巡遊一次，他都會大肆揮霍勒索，致使許多百姓傾家蕩產。

大業元年（西元605年），隋煬帝第一次游江都，就出動了數千艘船隻，使舳艫相接，綿延二百餘里。每過一處州縣，皆令方圓五百里內均要貢獻食物，如果有多得吃不完的山珍海味就隨地掩埋。

更可惡的是，有野史記載，出巡時煬帝的船在後，所用縴夫皆是赤身裸體的青年男女，且女退男進，行進在鋪滿黃豆的岸邊，用這樣荒唐的黃色鏡頭，只為搏得隋煬帝一笑。

隋煬帝還先後四次發動了對高麗的戰爭，但結果都以失敗告終，而隋朝的老百姓卻為此付出了極為沉重的代價。大業八年（西元612年），在第一次征討高麗前，隋煬帝徵調了大批工匠，派往山東東萊（今山東省掖縣）海口大規模造船。

工匠們被迫在水中不分晝夜地辛苦勞作，時間久了，腰部以下的部位都生了蛆，死亡人數高達十分之四。另外，煬帝還徵調江南地區的民工和船隻，要他們把黎陽倉和洛口倉的糧食運到涿郡，幾十萬民工和士兵晝夜不停地奔走在路上，結果累死病死無數，使千里之路，屍臭不絕。準備就緒後，煬帝命官兵一百多萬人分海、陸兩路大舉進攻高麗，結果長途跋涉卻大敗而歸，最後逃回來的只有兩千七百多人。

綜合上述，可見隋煬帝真不愧為一代昏君、暴君，他使國無寧日、民不聊生。他的殘暴統治，最終導致廣大人民群眾走上了一條「官逼民反」的道路，也讓剛剛維持了三十八年的隋朝葬送在了自己手裡。

俗話說：「多行不義必自斃。」隋煬帝的悲慘結局，是咎由自取，更是歷史的規律。

隋朝法官趙綽

趙綽，隋河東郡（今山西省永濟縣）人，大約生於西元539年至542年之間。趙綽是隋文帝楊堅時期的大理丞，主掌刑法，為人剛正不阿，執法嚴明，深為後人敬仰。

身為法官，趙綽十分注重維護

法律的尊嚴，曾屢次糾正隋文帝違法量刑的錯誤行為。開皇元年，社會上偷盜搶劫等犯罪現象屢禁不止，隋文帝楊堅非常氣憤，下令只要抓到此類罪犯，就處以斬刑，以嚴明法紀。但是，趙綽卻不同意這麼做，他向文帝進諫道：「法律是天下最大的信約，難道可以失信嗎？」文帝聽後，覺得很有道理，便下令還是按律行事。

隋文帝滅掉陳國後，陳國舊將蕭摩訶的兒子蕭世略在江南地區舉兵叛亂，按照律例，蕭摩訶當受連坐之罪。但隋文帝卻說：「蕭世略年紀還不滿二十，能做什麼呢？只因為他是名將的兒子，受人逼迫而已。其父蕭摩訶，為人忠厚，且氣節高尚，是一代良將，雖曾是陳朝大將，但現在忠於我朝，又沒什麼過錯，這次就赦免了他吧。」然而，趙綽堅持依法辦事，不同意赦免。隋文帝見說服不了趙綽，就打算讓他離開後再赦免蕭摩訶。於是，文帝命令趙綽退朝回家，而趙綽卻說：「我所奏獄事還沒有定下來，不敢退朝。」文帝說：「大理官，看在我的情面上，就赦免了蕭摩訶吧！」無奈，趙綽只得命人將蕭摩訶釋放了。

有一次，刑部侍郎辛亶穿了一條紅色的褲子，因為俗話說這有利於升官。隋文帝一向崇尚節儉，最討厭衣著華麗的人，於是便十分厭惡辛亶，還下令斬掉他。隋文帝這濫用刑罰的命令，自然遭到了趙綽的反對，他當即便說：「辛亶的罪過按法律來定不應當是死罪，因此我不敢接受詔命。」隋文帝一聽，便惱了，對趙綽吼道：「你顧惜辛亶的性命，難道就不顧惜你自己的嗎？」說罷，就命人將趙綽當場斬首。趙綽當下就跪在朝堂上，脫下衣服準備受斬。這時，文帝問趙綽：「怎麼樣，你還敢固執己見嗎？」文帝只想嚇唬一下趙綽，並沒有想真的殺掉他。不料，倔強、正直的趙綽卻回答道：「我執行法律專心執一，不敢顧惜自己的生命。」文帝見趙綽無論如何也不肯威屈，只好把他放了。第二天，文帝還專門向趙綽道歉，並賜給他三百段東西，以作慰勞和勉勵。

當時，隋文帝禁止惡錢流通，而市集上還有人用惡錢交換好錢。有一天，武侯官抓住了兩個用惡錢交易的人，並上報了朝廷。隋文帝十分痛恨這二人的行為，便下令處斬了他們。

趙綽知道這兩人雖犯了法，但判刑是要依據法律的，不能拿好惡來做標準，於是就上奏道：「這兩個人按法律應處於棍棒杖責，如果要將他們殺了，那是不合法的。」隋文帝生氣地說：「這不關你的事！」趙綽卻說：「陛下不覺得我愚笨，把我安置在御史執法部門任職，你想胡亂地妄殺人命，怎麼能不關我的事呢？」文帝一聽，更加惱怒了，說：「天子的威嚴是不可侵犯的，你想尋死嗎？」趙綽便不再說話，而是跪拜在皇帝面前，不肯起來。文帝本是喜歡趙綽的，見他牛脾氣又上來了，也沒有辦法，只好答應不再殺那二人了。

隋文帝到了晚年時，猜忌心理加重，用刑更不依法律，動輒就想用嚴刑酷法來維護自己的威嚴。凡遇到這樣的情況，趙綽必定以死護法，糾正文帝的錯誤行為。

隋文帝也是一代明君，他自然明白趙綽的這番「忠心」，所以，他也屢次妥協，任憑皇威受損，也沒有真的處死趙綽。趙綽守法不阿的精神，是非常令人敬佩的。

▌權臣楊素

在一千四百多年前的北周至隋朝，有一位聰明睿智、才華橫溢，懂權術、善謀略的權臣，名叫楊素。因其生性貪財，為人奸詐，隋朝時又曾參與廢太子、文帝等陰謀，所以被後人稱為「卑鄙小人」。

楊素（西元544─606年），弘農華陰（今數陝西）人。他出生於北朝士族，曾任北周的車騎將軍，與隋文帝楊堅交好。楊堅稱帝後，封楊素為御史大夫，後因其參加滅陳有功，被升為越國公，出任內史令，權傾一時，助楊廣即位後，被任司徒，改封楚國公。

西元600年，突厥首領步伽可汗帥兵進犯隋朝邊境。楊素隨晉王楊廣一同出征，合擊步伽可汗。在此次出征期間，楊廣為了培植自己的勢力，便親自與楊素結交。楊素也早已知道楊廣有奪位之心，便趁機投其門下。

此時的太子楊勇，因生活奢侈和寵愛妻妾，已失寵於文帝和獨孤後。而覬覦太子之位已久的楊廣，在父皇和母后面前，又刻意矯飾自己，做出生活儉樸、不愛聲色的假像，從而達到了得寵的目的。見楊廣已得到了皇上和皇后的專寵，楊素便乘機煽風點火，在獨孤皇后面前極力誣告太子楊勇的不才和不是，結果皇后盡信不疑，從而加速了廢立之事的進行。

太子楊勇聞得廢立的風聲後，恐懼不已，可又不知如何是好。隋文帝也知道楊勇的不安，怕他作亂，便派楊素去東宮查看太子的舉動。

楊勇知道後，便穿著禮服等候接待，但楊素故意不進門，以此激怒楊勇。性情直率的楊勇見楊素如此侮辱他，便大怒不已。這下，楊素抓住了把柄，遂回去向文帝報告：「勇怨恨不已，恐怕他會發動叛亂，還要繼續察訪。」自此以後，隋文帝更加懷疑楊勇了。

同年十月，隋文帝在武德殿召集文武百官，廢楊勇為庶人。楊勇長子甯王楊儼是隋文帝的長孫，肯求文帝讓他繼續留在宮中，其言哀切，令文帝很感動。楊素卻從中挑撥，最終文帝還是沒有答應楊儼的懇求。

不久之後，在楊素的陰謀陷害下，曾與太子交好的元昊、唐令則等數人被文帝處於斬刑。而楊素則從此更加得勢。

楊素的卑鄙小人形象，在史萬歲將軍之死這件事上，也暴露無遺。

太平公史萬歲曾是楊素的副將，與他一起平定了江南的叛亂，後因戰功卓著而步步高升。在突厥進犯的時候，他被授予跟楊素等同的軍權統兵出征，並立下了比楊素還要高得多的軍功。

楊素忌妒其功，便在隋文帝面前進諫讒言：「突厥本來就已經歸降我朝了，這一次，史萬歲完全是為了邀功而向毫無準備的突厥人進攻。」結果，史萬歲不僅有功不賞，反而在隋文帝心裡留下了極惡劣的印象。

此時，隋文帝剛剛廢了太子楊勇，所以很怕東宮結黨謀變，便嚴加防範。有一天，隋文帝問史萬歲在哪裡，其實這時史萬歲正在朝堂上，但楊素卻故意說：「史萬歲在東宮。」文帝一聽，憤怒不已，於是立即下令召來史萬歲，不問青紅皂白，便給他定了一個「懷詐要功」的罪名，命人

當堂將他活活打死。

史萬歲，這一隋朝百戰名將，就這樣慘死在了楊素的陷害之下。史萬歲之死，如漢代李廣將軍之死一樣，消息傳出後，天下之人，莫不為其鳴冤流涕。

其實，在楊素掌握政權後，朝中的另外一些大臣，如賀若弼、李綱、柳彧等，也都先後遭到了楊素的暗中陷害和排擠。很多名將名臣，之所以丟掉官職，背後總少不了楊素這個卑鄙小人的幕後運作、打壓報復。

▋ 悍將韓擒虎

提起閻羅王，大家一般都會想到宋朝的包拯。相傳，包拯因生前斷案英明、剛直不阿，死後被奉為了陰間的閻羅王。而事實上，在中國歷史上最早被說成閻羅王的人，是隋朝的名將韓擒虎。

韓擒虎（西元538－592年），原名擒豹，字子通，河南東垣（今河南省新安縣）人。韓擒虎出身於將門之家，其父為北周的大將軍，手握重兵。在父親的影響下，韓擒虎從小就喜歡練武，到少年時已擁有了一身好武藝。他不但武藝高強，而且膽略雄威，還愛好讀書，因此被宇文泰看重，助他進入了軍界。不久之後，他繼承了父親的爵位，成為了北周的一名大將。周武帝親自率兵討伐北齊時，韓擒虎也隨他一起出征，並說服了北齊大將獨孤永業投降，因此立下了大功。楊堅做北周宰相時，陳朝軍隊多次進犯，韓擒虎作為行軍總管屢次將其擊敗，大挫陳軍銳氣。隋朝建立後，隋文帝為消滅割據南方的陳朝，統一全國，大力選拔有才能的將領負責對陳用兵。因為韓擒虎文才武略無所不能，便被封為盧州總管。韓擒虎奉旨赴任後，就立刻著手備戰。

西元589年正月初一，長江江面被滿天濃霧封鎖。韓擒虎認為此時渡江，實乃天賜良機，於是就與廣陵的大將賀若弼約好，一同渡江滅陳。韓擒虎大膽出奇兵，僅率五百名精銳士兵，悄然渡過大江，對採石發動了突襲，並順利攻破，然後一路直逼建康

城下。最後，在陳朝降將的幫助下，韓擒虎得以順利攻入陳朝皇宮，將陳後主活捉，滅掉了陳朝，平定了江南。回到京城後，隋文帝論功行賞，封韓擒虎做了上柱國大將軍。

平定江南後，有一次，突厥前來朝貢，隋文帝為了威懾他們，便問使者：「江南地區曾有個陳朝天子，你聽說過沒有？」使者答道：「聽說過。」隋文帝又問：「那麼，你見過那個抓獲陳朝天子的人嗎？」使者回答：「沒有。」於是，隋文帝便召韓擒虎入宮，並讓他站在了突厥使者面前。韓擒虎瞪大雙眼，十分嚴厲地盯著突厥使者看，突厥使者一見這種氣勢，當場就嚇住了，便不敢直視韓擒虎的眼睛。隋文帝見韓擒虎果真這麼有威懾力，便派他坐鎮涼州，使突厥不敢輕易冒犯隋朝的邊疆。由於有韓擒虎在，邊境地區的人民獲得了和平和安寧。

西元592年，韓擒虎因積勞成疾，不治而逝，終年五十五歲。相傳，在韓擒虎去世前，曾發生了兩件十分奇異的事。第一件事是，一天鄰居的老大娘到韓擒虎家去，發現他家門前儀衛儼整，猶如諸侯王的威儀。老人覺得奇怪，就詢問這些人道：「你們是幹什麼的？」其中一人回答道：「我們是來迎接大王的。」話音剛落，這些人就不見了。另外一件事是，一天，有一個病重的人忽然跑到韓擒虎家門前，大聲喊道：「我要拜見大王。」

韓府的家丁問他要拜見什麼王，那人回答說：「閻羅王！」家丁們覺得那人說話不吉利，便想抓住他打一頓，卻被韓擒虎阻止了。韓擒虎說：「生為上柱國，死做閻羅王，斯亦足矣。」此後不久，韓擒虎就去世了。從此以後，韓擒虎「生為上柱國，死做閻羅王」的故事就流傳了下來。

■ 賀若弼禍從口出

與韓擒虎一樣，隋朝的另一名大將賀若弼，也是將門之後，同樣文武雙全，並做過隋朝的上柱國大將軍。

賀若弼（西元544—607年），

字輔伯，河南洛陽人。其父是北周大將賀若敦，以武猛而聞名。北周時，賀若敦曾任金州刺史，後因口出怨言，得罪了晉王宇文護，被宇文護逼迫自殺。臨死前，賀若敦對兒子賀若弼說：「我平生最大願望就是平定江南，統一全國，可惜臨死還心願未了，你一定要完成我的遺志；還有，我的嘴愛發牢騷，因此招致了殺身之禍，你一定要吸取這個教訓。」說完，他用錐子將兒子的舌頭紮出了血，以作「錐舌之戒」。這一年，賀若弼二十二歲。

賀若弼從此發憤圖強，以便將來有機會完成父親的遺志。其父在朝為將時，賀若弼有機會認識了齊王宇文憲。宇文憲發現賀若弼武藝出眾、能寫詩文，認為他是個人才，便將他吸收到了自己門下，讓他先從記室做起，後來又升為小內史。

賀若弼憑藉自己的才學和任小內史的便利條件，廣泛結交上層人士，並多方參與謀劃，很快就出了名。

當時，周武帝對太子要求十分嚴格，而太子德行不端，害怕被父皇知道，於是便竭力掩飾，所以，對於太子的過失，周武帝是一點都不知情。

時任上柱國的烏丸軌曾對賀若弼說：「太子將來肯定擔當不了皇帝的重任。」賀若弼也認為是這樣。

一天，烏丸軌對周武帝說：「太子沒有做皇帝的才能，這件事賀若弼也曾和我談論過。」武帝聽後，連忙召來賀若弼，詢問此事。賀若弼深知太子的地位已不可動搖，且牢記父親臨終的遺言，害怕自己惹禍，於是對武帝說：「太子的德行和學問每天都在進步，沒有看到他有什麼缺點。」事後，烏丸軌指責賀若弼背叛了自己，賀若弼卻說：「君王的口不緊就會失去信譽，而大臣的口不緊則會丟掉性命，所以我不敢隨便議論什麼。」後來，太子即位，烏丸軌就被殺了，而賀若弼則免去了殺身之禍。

西元577年，北周滅掉了北齊，統一了北方，接著開始派兵滅陳。賀若弼看到父親的遺願有望實現了，很是高興。隨後，他便參加了攻打陳朝的戰鬥，並且獻出了很多計策，使北周軍隊連戰連勝。然而，不久之後周武帝就病逝了，滅陳之事就暫且停滯了下來。

等到隋文帝即位後，滅陳之事很快被重新提起。在挑選攻打陳朝的

將領時，元帥長史高潁對隋文帝說：「朝中眾臣，若論文武才幹，沒有一個可以比得過賀若弼的。」

隋文帝深表贊同，於是任命賀若弼為吳州總管，要他出鎮廣陵，參與平定陳朝。賀若弼大喜過望，並當即獻上了滅陳的十個計策，隋文帝看後很高興，直誇他不忘父志。

賀若弼領命後，立即赴任廣陵。直到此時，賀若弼終於有了繼承父志的條件，因此到任後，他馬上全力以赴為滅陳做準備。他晝夜訓練水師，多方籌措船隻，並且欺詐敵人，這每一步行動都是在為伐陳創造條件。在賀若弼施展的招術中，最有效的就是以馬換船和詐敵誤機。

以馬換船，是指賀若弼用退役的老馬同陳朝的百姓做交易，換取他們的船隻，為渡江作戰籌措了大量船隻。為了防止陳軍生疑，賀若弼命令將換取的船隻隱藏起來或者分散放置。

詐敵誤機，是指每次換防時，賀若弼都下令軍隊全部集結起來，然後虛張聲勢，做出進攻江南的假象，時日一久，陳軍習以為常，便不再準備迎戰，認為隋軍集結只是為了換防而不是要進攻江南。

後來，賀若弼又另換新招，他帶著大隊人馬沿江狩獵，弄得人喧馬囂。陳軍一看，立即集結軍隊，加強防禦。可當陳軍緊張一番之後，卻發現隋軍只是狩獵取樂。如此反覆，陳軍覺得這是在戲弄他們，當隋軍再有行動時，他們已經麻木了。

西元589年正月初一，賀若弼與韓擒虎商議後，率先打響了渡江滅陳的戰役。他親率精銳士卒八千人，將早已藏在江邊蘆葦叢中的戰船開出，乘陳軍毫無準備的時候，一舉突破陳軍沿江防線。順利過江之後，賀若弼率部向陳朝都城建康挺進。六天之後，賀若弼部已經攻下了建康的東北門戶京口，隨後直逼建康。

此時，守候建康的陳軍尚有十萬人，而賀若弼所率兵士不足八千，但隋軍是精銳部隊，賀若弼更是虎狼之將，所到之處，陳軍皆一觸即敗。正月初十，賀若弼的部隊已攻到建康城下，而韓擒虎及其率領的五百士卒則已搶先進城，並活捉了陳後主。隨後，韓擒虎打開城門，將賀若弼部隊迎接入城。至此，陳朝宣告滅亡，而賀若弼也終於完成了父親的遺願。

在滅陳的戰役中，賀若弼與韓擒虎並列頭功。班師回朝後，賀若弼被隋文帝奉為上柱國大將軍，晉爵宋國公。後來，賀若弼又升至右武侯大將軍。然而賀若弼最後還是犯了和父親一樣的錯誤，因私自議論朝廷的得失，被誣為「誹謗之罪」，遭隋煬帝殺害，終年六十三歲。

瓦崗軍起義

隋朝末期，由於再也無法忍受隋煬帝的暴行，各地農民開始紛紛起義。在這些農民起義軍隊中，有一支軍隊的戰鬥力最強，那就是曾橫行天下的瓦崗軍。

瓦崗軍最早由翟讓領導。翟讓是東郡韋城縣（今河南滑縣）人，原是當地的一名小吏，只因得罪了上司就被判處死罪。翟讓為人和善、正直，深得人心，有一個獄卒很同情他的遭遇，便私自釋放了他。於是，翟讓就逃到了瓦崗寨，聚眾起義，那年是大業七年（西元611年）。

大業十二年（西元616年），有個叫李密的人也來瓦崗寨投奔。李密本是貴族之後，由於參加楊玄感起兵，失敗後在走投無路的情況下，聽說翟讓正在聚眾起義，便投奔了過來。翟讓見李密是個有謀略的人，就派他去勸說周邊的其他起義軍來合併，李密果然不負使命，所到之處，大家都紛紛表示願意依附於瓦崗軍。從此，翟讓開始器重李密。

李密很有政治眼光，他給翟讓提議說：「現在我們的人馬已經不少了，可是糧食還很缺乏，如果長期這樣下去，遲早都會瓦解的。更嚴重的是，只要敵人一來，我們就全完了。榮陽是中原的戰略要地，東邊是一片平原，西邊是虎牢關。而在虎牢關以西的鞏縣，有隋朝的大糧倉洛口倉。取得洛口倉，不僅可以得到大量的糧食，而且可逼近東都洛陽，豈不是兩全其美？」翟讓一聽，覺得很有道理，便開始攻打榮陽。面對強大的瓦崗軍，榮陽太守楊慶無力抵抗，便向隋煬帝求助。隋煬帝特派名將張須陀為榮陽通守，鎮壓瓦崗軍。李密知道

張須陀的為人，認為他有勇無謀，便建議翟讓與張須陀正面作戰，然後佯裝失敗向北逃走。李密率精兵在半路設下埋伏，等張須陀部隊追來時便將其團團圍住，並一舉殲滅。

瓦崗軍獲得大勝後，聲勢大振，揮兵北上，順利攻下了洛口倉。然後，瓦崗軍立刻打開糧倉，向百姓放糧。受饑挨餓的農民聞訊後，從四面八方趕來，最後都高高興興背著糧食回去了。此番舉動，深得民心，大量貧苦農民參加了起義軍，使瓦崗軍的隊伍迅速擴大。不久之後，隋朝在洛陽的越王派大將劉長恭率領二萬五千大軍前來討伐，李密事先做了周密部署，經過一場大戰就擊敗了他們。經過這幾次戰鬥，翟讓覺得李密的才幹遠遠超過了自己，於是就把首領的位子讓給了他。不久，李密便自立為「魏公」，改元永平，建立了瓦崗軍自己的政權。之後，瓦崗軍的戰鬥力大增，接連打了許多勝仗，軍事實力不斷增強，很快就成為了一股能和隋朝政權相抗衡的力量。

然而，正當瓦崗軍日益強大的時候，領導集團內部的矛盾卻逐漸激化。起先，翟讓見李密善於作戰，且威望越來越高，便主動將領導權讓給了李密。後來，在其兄翟弘和部下王儒信等人的勸說下，翟讓又決定奪回領導權，這樣一來，矛盾便日益激化，以致最後翟讓被李密所殺。瓦崗軍內訌，大大削弱了自己的力量。

大業十四年（西元618年），宇文化及和王世充在洛陽城下聯合進攻瓦崗軍，致使瓦崗軍大敗，李密西逃。

此次失敗後，李密走投無路，只得降於新建的唐朝。唐朝皇帝李淵一開始還能容下李密，但不久之後就命人殺了他，曾橫行天下的瓦崗軍就這樣滅亡了。

舊唐書

李淵建唐

李淵，出生於官宦世家，他的祖父李虎因為助周代魏有功，和宇文泰、獨孤信等人被封為「八柱國」。北周閔帝即位後，李虎被追封為唐國公。

李淵七歲的時候，父親李　病逝，李淵就順理成章地繼承了唐國公的爵位。李淵的生母與北周明帝明敬皇后、隋文帝文獻太后分別是獨孤信的四女、長女、七女。用現在的話說，李淵是獨孤皇后的外甥，李淵與隋煬帝是姨表兄弟，因此，李淵很受隋文帝的器重。

隋煬帝即位後，李淵也是官運亨通。他為人灑脫，每到一處，都喜歡結交豪傑，廣納賢才。西元613年，隋煬帝楊廣發動了入侵高麗的戰爭，他任命李淵在懷遠鎮督運糧草。當時，大貴族楊玄感起兵反隋，楊廣命李淵抵禦楊玄感，楊玄感兵敗後，李淵駐守弘化郡，看到人民困苦不堪，怨聲載道，心中遂有反意。

西元617年，李淵被任命為太原留守，太原地區兵力充足，物產豐

富，糧餉充足，李淵到來後，廣樹恩德，結納豪傑，不斷發展壯大自己的力量，準備因勢借力，先取關中，再圖天下。

於是，李淵先是用吃喝玩樂的汙濁行，打消隋煬帝對自己的戒備之心，暗地裡卻祕密召回兩個兒子準備起兵，還讓李世民去各地招兵買馬。接著他又卑辭厚禮結交始畢可汗，解除了塞北突厥對自己的威脅。而後他又極盡謙恭吹捧之能事，使李密心甘情願地充當了為自己「阻擋東都之兵」的角色。然後，李淵趁太原和朝廷失去聯繫之際，祕密殺死準備向隋煬帝告密的王威，宣布起兵。

李淵自起兵之日起，就將拿下長安作為最終目的，當時，擋在他面前的第一個障礙就是西河郡，令他喜出望外的是，他的兒子李建成和李世民不到十天就拿下了西河郡。第二道障礙是霍邑，當時由隋朝大將宋老生把守。李淵先擺出攻城牆的架勢引宋老生出戰，然後讓李建成和李世民領兵搶占了霍邑的東門和南門，切斷了他的退路。接著在隋軍中散布謠言，說宋老生已死，隋軍軍心渙散，全軍覆沒，李淵很快占領霍邑。隋朝大將屈突通布重兵鎮守河東，拆毀黃河河面上的所有浮橋，但是對隋煬帝的暴政早就深惡痛絕的關中百姓紛紛幫助李淵的軍隊過河，李淵順利地占領了關中地區。

李淵占領長安後，立代王楊侑為皇帝，自封為唐王。一年後，李淵廢掉楊侑，自立為帝，改年號為武德，定都長安，建立唐朝。李淵稱帝後，廢棄了很多隋朝的舊政，修訂了唐律，在官僚制度和農業生產等方面採取了很多項改革措施。這些措施推動了社會經濟的發展，為「貞觀之治」的出現奠定了堅實的基礎。

李淵建唐後，全國各地仍處於分裂割據的狀態，隋朝舊臣、農民領袖等各霸一方。為了統一大業，他領著幾個兒子開始了長達十年的統一戰爭。他平隴西，滅薛舉；收河西，滅李軌；大敗王世充，收復洛陽；討伐竇建德、劉黑闥，占據河北、山東；滅蕭銑和杜伏威，收江陵和江淮。經過南征北戰，終於剿滅割據稱霸的群雄，統一了全國。

唐高祖李淵文才武略兼備，但是他在立儲的問題上搖擺不定的態度，為後來太子李建成與秦王李世民之間

的矛盾埋下了禍根。後來兩人之間的矛盾日益加深，他更是採取了不聞不問的態度，最終導致了悲劇的發生。「玄武門之變」兩個月後，唐高祖李淵將皇位傳給李世民，自己選擇了去做一個安享榮華富貴、不問世事的太上皇。

李世民雖然透過殺弟　兄取得了天下，但是他對父親李淵還是極其尊敬的。李淵退位後，在很多重要的場合，李世民還依舊尊李淵為上位。

他在設宴款待前來朝見的西突厥使者時，流著眼淚對李淵說：「今天四方歸附，之所以有此盛況，多虧了父親對孩兒的教導。」李淵聽了也非常高興。

唐高祖李淵戎馬一生，又統治國家多年，不但是一個足智多謀的軍事統帥，也是一個富有遠見的政治家。但是很多人在描述唐朝歷史的時候，總是將他刻畫成一個平庸之輩，這實在是有失公允。

西元635年，李淵去世，廟號高祖。與那些父子相殘、不得善終的帝王相比，唐高祖李淵真可以稱得上是一個傳奇了。

竇建德自立

隋朝末年，各地出現了很多起義領袖，其中最有名的就是竇建德。竇建德，貝州漳南（今河北故城東北）人，世代務農。竇建德年輕時就以俠義聞名鄉里。鄉中有人去世，但是家中貧困，無錢安葬。正在耕地的竇建德聽說後，馬上將自己的耕牛送給那戶人家，讓他們籌辦喪事。鄉鄰為此更加敬重他，以致於他父親去世時，前來送葬的多達上千人。

隋煬帝討伐高麗徵兵時，竇建德應徵入伍，被選為百夫長。他的一個同鄉孫祖安也被選中，但是孫祖安因妻兒餓死，不想入伍。縣令大怒，讓人把他打了一頓。孫祖安氣憤難當，殺了縣令後投奔竇建德去了。竇建德為他招攬了幾百人，讓他去成就一番大事。官府懷疑竇建德與附近的起義軍勾結，就殺害了他全家老小。竇建德只好去投奔高士達，受到高士達重

用。孫祖安死後，他的部下也都投靠了竇建德。幾年後，官府派兵圍剿竇建德，但是都沒有成功，竇建德的勢力進一步發展壯大。後來朝廷派楊義臣前去討伐竇建德，高士達沒有聽從竇建德的建議，貿然出擊，兵敗被殺。竇建德的手下也所剩無幾，他只好轉戰饒陽，在那裡養精蓄銳。

竇建德在饒陽很快就恢復了元氣，當時很多起義軍抓到隋朝官吏和士人後，大都不問青紅皂白，一律殺掉，只有竇建德爭取、禮待他們。因此，那些害怕被其他起義軍殺害的隋朝官員紛紛向竇建德靠攏。於是，竇建德兵不血刃地得到很多城池，他的實力逐漸增強，手下士兵多達十多萬。大業十三年（西元617年），竇建德在河北自立為長樂王，建立農民政權。隨後他開始率兵攻占清河諸郡，河間郡王琮曾多次率兵抵抗竇建德，拒不投降。後來王琮聽說隋煬帝已死，加上城中糧食已經吃光，他只好投降。王琮說起隋煬帝之死，伏地長哭，竇建德的手下都很恨他。

他們請求殺掉王琮，竇建德說：「這是位義士，為了鼓勵那些忠臣，我要重用他。以前我們做盜賊的時候

可以隨便殺人，現在要救助百姓、平定天下，怎麼還可以殘害忠良呢？」他重用了王琮，前來歸降他的人越來越多。竇建德平定清河諸郡後，又兼併了王須拔、魏刀兒等多支起義軍，攻克易州、定州、冀州。後又率十萬大軍進攻幽州，由於幽州由羅藝把守，竇建德終未能得手。無論是失敗還是勝利，竇建德繼續擴張的腳步從未停止過。宇文化及　逆隋煬帝後，在河北稱帝。

農民出身的竇建德認為宇文化及主篡位實屬大逆不道，決定討伐宇文化及。他一鼓作氣，將宇文化及擊敗並殺死了他。竇建德攻破聊城後，先去拜見隋蕭太后，並穿素服為隋煬帝發喪，然後將傳國玉璽等收入囊中，時人盡知其已有稱帝之心。

李淵建唐後，竇建德將其看做是自己的主要對手，因此雙方交戰頻繁。竇建德進攻洺州（今河北趙縣）時，唐淮安王李神通被迫退守相州。竇建德攻克相州後，李神通率軍投靠李世。竇建德攻破黎陽後，俘唐淮安王李神通、李世父李蓋、魏徵和李淵之妹同安公主。附近州縣及反唐武裝也望風歸降，自此，竇建德占河北、

山東，王世充占據洛陽，與立足關中的唐朝形成鼎立之勢。

李淵滅薛仁杲和劉武周後，為統一天下，命秦王李世民率軍東征王世充，同時遣使與竇建德言和。竇建德聽從了中書舍人劉斌的建議，決定聯鄭（王世充國號）抗唐，待機滅鄭，然後再與唐爭奪天下。李世民擊敗王世充之後，立即率驍騎伏擊竇建德，並派人截擊竇建德運糧隊，將竇建德置於被動的局面。竇建德奮起反抗，但是李世民驍勇善戰，兵多將廣。竇建德接連失利。

竇建德準備乘唐軍草料將盡、牧馬河北之機襲擊虎牢，李世民將計就計，將其引進埋伏圈。李世民等到中午竇建德的士兵疲憊不堪、爭搶水喝的時候，突然發動攻擊。竇建德頑強抵抗，但是被唐將秦叔寶、史大奈、程知節等率精銳從背部攻破。竇建德率軍退至牛口渚，唐軍緊追不捨，竇建德墜馬被捕。前有童謠：「豆入牛口，勢不得久」，竇建德深惡之，誰知今日果不其然。

竇建德生活簡樸，寬以待人。每次打勝仗之後，他都將繳獲的財物全部分給手下的將士。他生活作風樸素，不喜肉類，穿著簡單，婢女、侍妾總共才十幾人。他攻克聊城後，俘獲上千宮女，但是他下令將她們全部釋放了。但是竇建德也有愛信讒言、不辨是非的毛病。他手下有一名大將名叫王伏寶，因為多次立過戰功，常受到獎賞。那些嫉妒他的人就在竇建德面前誣告他，竇建德就殺掉了王伏寶。王伏寶死後，竇建德就經常吃敗仗。西元621年八月二日，竇建德於長安遇害，時年四十九歲。竇建德死後，河北人民感其恩德，在河北建「竇王廟」，四時祭奠。

玄武門之變

西元618年，隋煬帝被殺之後，李淵稱帝。李淵立長子李建成為太子，封李世民為秦王。李世民在起兵和建立唐朝的過程中功勳卓著，加上他有勇有謀、任人唯賢，因此身邊聚集了一大批能人智士。其中文有房玄

齡、杜如晦，武有尉遲恭、秦瓊等。

秦王勢力日益壯大，太子李建成都看在眼裡，他對李世民越來越不放心，於是他與齊王李元吉結成聯盟，一起排擠、打擊李世民。他們透過多種手段收買、拉攏李淵寵愛的妃子張婕妤等人，讓她們在李淵面前講李世民的壞話，使李淵逐漸對李世民有了成見，並疏遠了他。

李建成把李世民看成眼中釘、肉中刺，一心想除掉他。有一天，李世民前往太子宮中赴宴，李建成在酒中做了手腳，絲毫沒有防備的李世民剛喝了幾杯酒就腹部劇痛，嘔吐不止，若非陪席的淮安王李神通救護及時，李世民恐怕就要命赴黃泉。李建成看一計不成，又施一計，他知道秦王府有很多驍勇善戰的部將，他想用重金將他們拉攏過來，這樣既可以讓他們為自己效命，又可以架空李世民。但是那些和李世民一起衝鋒陷陣的部將們都對李世民忠心耿耿，李建成的計畫又落了空。

太子和秦王之間的明爭暗鬥，李淵心知肚明，但是他也無計可施，只能採取聽之任之的態度。正是他的這種態度，才造成了諸子之間同室操戈、兵戎相見的悲劇。

西元626年，突厥兵侵犯中原，李建成提議讓李元吉領兵出征突厥，但是李世民手下的大將尉遲敬德、秦瓊等人要隨軍出行，李建成還要求接管秦王府的兵馬管制權。形勢危急，秦王府的幕僚們強烈要求李世民立即採取措施，除掉李建成和李元吉。

對太子的挑釁一再忍讓的李世民這次終於聽從了眾人的勸告。李世民深夜入宮，向高祖密奏建成、元吉淫亂後宮，並將自己的冤屈一一訴來。李淵看完奏章十分驚愕，讓李世民明早與太子和齊王一起來朝參。張婕妤暗中派人將奏章內容告知太子，李元吉原想託病不上朝，但是李建成認為兵防具備，盡可以放心入朝察看情況。殊不知，李世民早已布下天羅地網，只等他們前來。

西元626年七月二日（武德九年六月四日），李建成和李元吉從東面走進宣武門時，看到守門的正是自己的人，其實，當值將軍常何已經投靠了秦王陣營。他們到來臨湖殿，察覺情況異常，立即調轉馬頭想奔回宮府，但是已經來不及了，李世民的伏兵殺氣騰騰包圍了他們。李世民在後

一次讀完二十五史 故事

面呼叫，李元吉想開弓射殺李世民，但是由於心裡緊張，拉了幾次都沒把弓拉開，李世民發箭射殺了李建成。李元吉則被尉遲敬德帶來的兵士亂箭射死。

尉遲敬德領兵找到高祖時，高祖正在乘船遊玩，他只聽到外面亂成一團，但是不知道發生了什麼事。尉遲敬德稟告說太子和齊王陰謀作亂，已經被秦王誅殺了，自己前來是遵秦王之命保衛陛下安全。高祖聽後大吃一驚，近臣伺機建議他順應形勢，將國事委任於秦王，於是高祖大赦諸將士，命令諸軍都接受秦王調度。他找來秦王，安撫他說：「最近朕差點被小人蒙蔽。」李世民跪在地上大哭不止。三天後，李淵正式立李世民為太子。這場發生在玄武門的流血事件就是歷史上赫赫有名的「玄武門之變」。

兩個月後，唐高宗李淵傳位給李世民，史稱唐太宗。透過玄武門之變，李世民順利登上了王位，他登基後，開始著手打造屬於自己的帝國，於是，一幅欣欣向榮的大唐盛世的錦繡畫卷在人們面前緩緩展開。

貞觀之治

唐太宗即位後，他心裡非常清楚，國家要想興盛，不但需要君主勵精圖治，還需要不拘一格，廣開賢路。只有選賢任能，才能真正實現國富民強。於是，為了選拔德才兼備的人才，唐太宗採取了一系列措施。

他罷免了一大批思想守舊的保守官僚，起用了很多庶族地主階級的知識份子，例如劉洎、馬周、李勣等人。用現在的話說，這些人大都在下層摸爬滾打過，處理事務時比較接近實際、雷厲風行。其次，他修改《氏族志》和發展科舉制度，透過各種管道為國家選拔人才。

唐太宗認為，用人一定要用賢才，資歷和關係根本不能決定官職大小。他登基後對大臣們論功行賞，他的叔叔李神通看到房玄齡排在文臣第一位，心中很不服氣，他找到太宗說：「起兵的時候是我第一個站出來

回應的，齊王他們毒害陛下的時候又是我冒死背著陛下逃走的。房玄齡就動動筆桿子，也排在我前面，未免太不公平了。」太宗說：「叔叔，你是至親，我對你尊敬有加，但是治理國家應公私分明。」李神通聽後也無話可說。

正是由於唐太宗推行「任人唯賢」的政策，所以大量人才脫穎而出。像魏徵、王珪等，以前都曾是李建成的手下，他也一樣不計前嫌，提拔任用。馬周本來是一個教書先生，因為愛喝酒誤事，就辭職不幹了。後來四處遊歷時，經人介紹去中郎將常何家記帳，代常何寫了一份奏章，被太宗發現後，請到宮裡交談，被任命為中書令，成為朝中重臣。

唐太宗不但注重選拔人才，還具有坦誠納諫的優良作風。魏徵是出名的諫臣，經常在朝堂之上和太宗據理力爭，太宗有時會惱羞成怒，但是他那些中肯的意見，太宗都會欣然接受，並且事後還對他稱讚有加。唐太宗常以隋煬帝拒諫飾非為鑒，勉勵自己從諫如流。

有一次在責備了王珪和溫彥博後，唐太宗對房玄齡說：「古代的那些帝王，向來不喜歡聽從臣子的建議。周武王聖明，還是置伯夷、叔齊的意見於不顧，周宣王賢良，也殺了進諫的杜伯。我非常仰慕古代的明君，希望自己也能像他們一樣，但是我總不能及。昨天我責備了王珪和溫彥博，自己現在還在後悔，你們不要因為這件小事，就不再向我提意見啊。」

就是這樣，唐太宗透過各種途徑選拔了大批人才。他在這些人的支持下，實行了一系列的開明政策和改革措施，完善了科舉制、府兵制、均田制、租庸調製等各種制度，推動了大唐國家制度的完善和經濟的繁榮昌盛。

唐太宗說：「水可載舟，亦能覆舟，民眾是水，人君是船。只有民眾擁服，國家才能鞏固。」

因此，唐太宗非常重視吏治和民生。在吏治和民生方面，唐太宗以寬簡的原則立法，變重為輕，實行輕徭薄賦的政策。他在地方選用清明的官吏，注重農業發展，獎勵農耕。

唐太宗還本著「中國既安，四夷自服」的方針，注重發展與周邊少數民族的友好關係。他說：「自古皆貴

一次讀完二十五史故事

中華而賤夷狄，朕獨愛之如一。」他採取了很多緩和民族矛盾、加強民族交流的措施，文成公主入藏就是最為典型的一例。他的這些措施為飽受戰亂的人們提供了休養生息的機會，也為中華民族的繁榮發展注入了強大的活力，整個社會的經濟很快得到恢復和發展。據史書記載：貞觀時期，牛馬遍野，穀滿倉廩，社會景象歌舞昇平。唐太宗經過二十多年的努力，將唐朝建設成為當時世界上最為繁榮的國家之一，當時的唐朝疆域廣闊，國富民強，萬國使節紛遝而來，人們把唐太宗開創的這段繁榮盛世稱為「貞觀之治」。貞觀之治是唐朝的第一個盛世，也為唐朝另一個盛世「開元盛世」的出現打下了良好的基礎。

仁孝賢慧的長孫皇后

太宗的長孫皇后是北魏皇族拓跋氏後裔，生母高氏，出身於北齊皇族，為名臣高士廉之妹。長孫皇后十三歲時嫁於李世民為妻。唐太宗登基後，身為秦王妃的長孫氏被立為皇后。

長孫皇后明事理，好讀書，性情寬厚，仁孝賢慧。她與太宗感情深厚，兩人時常在一起討論古事。她是太宗的所有後妃中生育子女最多的，太宗的第一個兒子承乾和最後一個女兒新城公主皆是她所生。

長孫皇后時常與皇上在一起討論國家大事，原先她不願以自己的特殊身分干涉國家大事，她認為男女有別，應各司其職，但是太宗卻堅持要聽她的意見，她拗不過，只好說出自己的見解，但是她從不願意以自己的見解去影響皇上。

長孫皇后位及至尊，但是她公私分明，從來不依仗權勢謀取私利。其兄長孫無忌從太原起兵之日，就為唐太宗出謀劃策、奔走效勞。後來位居凌煙閣二十四功臣之首。但是，長孫無忌在長孫皇后在世時始終沒有掌握大權的原因，就是因為長孫皇后。長孫皇后多次告誡長孫無忌，漢代呂家專權，給江山社稷帶來無窮災

難，身為皇親國戚，應嚴於律己，一心為公，自己已經身居高位，實在不願哥哥再步入朝堂，成為萬人矚目的焦點。在長孫皇后的告誡下，長孫無忌多次向皇上辭官。為此李世民專門向皇后解釋，長孫無忌得到重用，是因為他才幹超群。不過，在長孫皇后的堅持下，李世民最終答應了她的請求。

長孫皇后雖然常居後宮，但是氣度恢弘，見識超群。有一次，唐太宗退朝後非常生氣，長孫皇后問何故如此，他說：「還不是因為魏徵那個老小子，朕要出去狩獵，他卻當眾給我過不去，總有一天我要殺掉他，才能洩心頭之恨。」

長孫皇后聽後，什麼也不說，只是悄悄地回到室內換上朝服，然後莊重地來到太宗面前，叩首下跪。皇上驚訝地問她原因，她說：「我聽說只有英明的君主手下才有正直的臣子，魏徵剛正不屈，可見陛下英明。」唐太宗一聽，覺得很有道理，滿腹怒火也煙消雲散。

長孫皇后與太宗的長子李承乾很小就被立為太子，東宮的日用開支皆由他的乳母遂安夫人掌管。當時長孫皇后在宮中實行節儉制度，太子宮中費用也不寬裕，於是遂安夫人時常在皇后面前說太子是未來的君王，現在的供應過於寒酸，實在不是皇家的樣子。但是長孫皇后並不因為鍾愛太子就有所破例，她說：「作為未來的君王，所患的應該是德不立名不揚，而不是器物短缺和用度不足。」她的公正廉明，使她深得宮中各類人的愛戴，人人都以聽從她的安排為榮。

貞觀八年，長孫皇后隨太宗出巡，在路上受了風寒，病情日漸加重，太子李承乾請求以大赦囚徒來為她祈福，群臣連聲附和。但是長孫皇后自己堅決反對，她說：「生老病死非人力所能左右，赦免囚徒是國家大事，何必因我一婦人，而亂天下法度。」眾人聽了都感動得落下淚來。

貞觀十年，長孫皇后去世，享年三十六歲。她在彌留之際，還囑咐太宗要善待百姓，重用賢臣，不要讓外戚專權，還要求喪事一切從簡。

長孫皇后死後，諡號為「文德皇后」。太宗為其修建了氣勢恢宏的昭陵，並在墓園中特地建造了一座高臺，以便皇后的英魂隨時可以登上高臺，放目遠眺。並且，在她死後，太

一次讀完二十五史 故事

宗再未立後。這位皇帝想用這種方式表達自己對妻子的懷念與敬仰。

長孫皇后以她高尚的品格和賢良恭儉的美德，贏得了人們的敬仰。無論從智慧、性情、品德哪方面說起，她都是歷代皇后中的佼佼者。同時，她也為後世樹立了賢妻良母甚至賢後的典範。

▌禪宗的分裂

禪宗是中國佛教宗派之一，相傳，是由印度僧人菩提達摩創立的。達摩是天竺國國王的兒子，他出家修行是為了保護國家。後來，他遊歷南海時領悟了禪宗的教義，於是，在南北朝時期，他從印度來到中國傳法。

達摩先是來到了梁，然後來到了嵩山少林寺，開始面壁修行。有個儒生出家的和尚名叫慧可，因為仰慕達摩的修行，於是，不遠萬里來到嵩山，請求達摩傳他佛法。達摩因為看不出其誠意，就拒絕了他。慧可用刀砍斷了自己的左臂，以表誠意。達摩被他的精神感動，遂收他為徒。慧可跟隨達摩六年，精通了佛法一乘的宗旨。達摩出禹門遊化後，慧可傳承了他的衣鉢。後來，禪宗經三祖僧璨、四祖道信、五祖弘忍世代相傳。

唐時，五祖弘忍和他的師父道信都住在東山寺，所以後人稱他們的禪學為「東山法門」。弘忍門下有很多著名的弟子，如神秀、惠安等，其中神秀是眾弟子中最出色的一個。神秀在隋朝末年出家，偶爾聽到弘忍談禪，大為佩服，自願跟隨弘忍從事擔水砍柴的工作，以求學習佛法。弘忍對他也甚為器重，稱他為「神秀上座」、「教授師」。弟子們都認為神秀最有可能繼承師父的衣鉢，可是弘忍又說：「雖然你在佛法理解方面無人能比，不過我想你還需要有所突破。」

不多日，寺院裡來了個出身貧寒、目不識丁的慧能和尚，慧能是南方人，自幼喪父，靠賣柴奉養老母。一天，他在市井之中聞聽有人誦《金剛經》，內心頗有領悟，於是就問人書從何處來，被告知從弘忍法師

處來。他安置好母親後，開始北上尋師。弘忍收留他後，讓他在碓房舂米。

一天，弘忍為了考察弟子們的修為，就讓弟子們各作一偈。神秀的偈是：「身是菩提樹，心如明鏡臺。時時勤拂拭，勿使惹塵埃。」大家都認為神秀的偈水準很高，但是弘忍卻認為他的偈未見本性。慧能打水回來，見大家都在討論，也隨口做了一偈：「菩提本無樹，明鏡亦非臺。本來無一物，何處惹塵埃。」弘忍聽到後非常吃驚，覺得他領悟到了禪宗的真正內涵，決定把衣缽傳給他。

弘忍知道眾弟子中支持神秀的人很多，自己要是光明正大地將衣缽傳給慧能，可能會為他帶來災難。於是，他在眾人面前從不談衣缽傳承的問題，直到他圓寂之前，才將慧能叫至面前，將自己的衣缽傳給了他，並讓他趕快離開寺院，去南方宣揚佛法。

神秀雖然沒有得到衣缽，但是早已聲名在外，很多禪宗弟子都認他為宗師。神秀提倡的禪宗講究「漸悟」，主張用心去領悟佛教教義，透過對佛法的外在修行和內在理解來達到功德圓滿。他的思想和理論都繼承了前五位祖師的精髓，所以，當時的人認為，神秀的禪宗才是正宗。神秀在玉泉寺大開禪法，闡揚的禪宗風興一時，四海之內的僧俗蜂擁而至。當時有「二京之間，人人皆謁法門，法門弟子皆宗神秀」之說。武則天聽說了他的名聲，將他請到長安，給予了他極高的禮遇。長安城的王公貴族也都紛紛來拜見他。唐中宗即位後，對他更加禮重。神秀將佛法發揚到一個新的高度，人們把以他為首的禪宗流派稱為「北宗」。

慧能到達南方後，在廣果寺隱姓埋名住了下來。他提倡「頓悟」，他認為佛在人心，人人皆有佛性，只要能夠看到真性情，就能領悟佛的意境。他認為參悟禪道不需要借助很多外在的條件，只要明心見性就好。他說凡人與佛的區別只在一念之差，只要領悟了就能成佛。慧能將禪宗的種子撒播到全國各地，他的禪學思想對後來的佛學及宋明理學都產生了深遠的影響，他自己也由一個目不識丁的樵夫成為流芳千古的一代宗師。世人將以慧能為首的這一派禪宗定義為「南宗」。

神秀曾向武則天建議讓慧能去京城弘揚佛法，但是慧能拒絕了。南北禪宗分裂推進了佛教的平民化、中國化、實用化進程，從某種意義上說是對傳統佛教的分化和改革，也為禪宗在中國主流思想陣地爭得一席之地提供了動力。自此，禪宗開始呈現出蓬勃發展的勢頭，百花齊放，大師輩出。南宗在初期聲勢遠遠弱於北宗，但是後來隨著北宗的衰落，南宗開始後來居上。到了宋代，禪宗已經是南宗的天下。禪宗後來逐漸發展，形成了禪宗五派法流，在全世界範圍內都產生了深遠的影響。

諫臣魏徵

魏徵（西元580—643年），字玄成，唐巨鹿人，初唐政治家，以直諫敢言聞名，是中國歷史上名氣最大的諫臣。可以說，唐太宗「貞觀之治」的偉績與魏徵的敢於直諫是分不開的。

魏徵自幼父母雙亡，家境貧寒，喜愛讀書，曾出家當過道士，他特別喜歡鑽研縱橫之術。隋末天下大亂，各地武裝揭竿而起後，魏徵投靠了李密，向他提出了很多計策，但是並未受到重用，李密只讓他在軍中做文案卷宗的管理工作。

李密失敗後，魏徵降唐，到了長安後，很久都沒得到重用。於是他請命去山東地區做安撫工作。得到准許後，他又寫信勸降駐守黎陽的李密部將徐世（後改為李）。後來竇建德攻占黎陽，魏徵成了俘虜。竇建德失敗後魏徵再次回到長安，李建成聽說他很有能力，非常器重他，召他做了東宮幕僚。魏徵看到秦王的勢力太大，多次勸太子早作準備，先發制人。

玄武門之變後，唐太宗找到魏徵責備他在太子面前挑撥兄弟關係，魏徵說：「太子要是早聽了我的話，也不會落到今天這個地步。」太宗敬佩他的膽識，不但沒有怪罪他，還任命他為諫議大夫。

唐太宗登基伊始，想有所作為。他多次將魏徵請到內室，就朝廷大事、政事得失等徵求他的意見。魏徵

性情耿直，只會面折廷爭，從不諂媚悅主，他的意見，太宗大都會欣然採納。魏徵也很高興自己能夠遇到賢明的君主，更是殫精竭慮，一心一意輔助太宗。

有一次，太宗問魏徵何謂昏君明君，魏徵說：「兼聽則明，偏聽則暗，秦二世身居內宮，偏信趙高，所以絲毫不知天下大亂；隋煬帝偏信虞世基，江山易主還獨自不知。這樣的君王都是昏君啊。」太宗聽了他的這番話，讚不絕口。

貞觀元年，有人在朝中彈劾魏徵，說他私自提拔自己的親戚為官。太宗立即派溫彥博去調查此事，結果查出是誣告。太宗派溫彥博去責備魏徵，讓他以後多注意影響，不要再惹出這樣的麻煩。魏徵上奏說：「我覺得君臣之間應該和諧，默契如同一體，如果為了避嫌而置公道與不顧，那麼國家興亡也就沒有定數了。我不願做忠臣，請陛下讓臣做良臣。」太宗問這二者的區別，魏徵說：「皋陶之類的良臣，能讓君主獲得美名，自己也可以安享福祿；比干之類的忠臣雖有其名，但是卻給自己帶來殺身之禍，還會給君主留下罵名，這二者大

有不同。」太宗接受了他的意見，並賞賜了他。

由於魏徵能夠犯顏直諫，即使太宗大怒之際，也敢於據理力爭，從不退讓，所以，唐太宗有時對他也心懷敬畏。有天，唐太宗想要去山中打獵取樂，行裝都準備停當，卻遲遲未行。不日，魏徵問及此事，太宗笑著說：「原先是想出去，但害怕你又要直言進諫，現在已經不想去了。」有一次太宗得到了一隻訓練有素的鷂鷹，他非常高興，拿到手裡把玩不止。他看見魏徵從遠處向他走來時，趕忙把鳥藏在懷中。魏徵故意借奏事拖延了很久，等他走後，太宗發現鷂子已經悶死在懷中了。

魏徵不但在國事上對太宗多有進諫，而且在皇帝的家事上也敢於盡到一個諫官的責任，長樂公主出嫁，太宗想多送點陪嫁，但是魏徵說禮度是原先都有的，最好不要越禮。長孫皇后聽後，派人賞給他錢四十萬、絹四百匹。

貞觀十六年，魏徵染病在床，太宗派去探視的人絡繹不絕。魏徵一生節儉，住所簡陋，太宗下令用建偏殿的材料為他建房屋。次年，魏徵病逝

一次讀完二十五史 故事

於家中，太宗親自至其靈前痛哭，感嘆說：「以銅做的鏡子可以讓人正衣冠，以史為鏡可以讓人知興亡，以人為鏡可以讓人知得失。為了防止自己犯錯誤，我時常保留這三面鏡子。現在魏徵死了，我失去了一面鏡子。」

酷吏時代

唐高宗去世後，皇后武則天相繼廢掉唐中宗和唐睿宗。後來，她親臨帝位，改國號為周，自封聖神皇帝，成為中國歷史上唯一的一個女皇帝。

武則天上臺後，總擔心有人會危害自己，於是她出重金鼓勵人們告密，那些上告的人，即使查出是誣告，也不追究責任。同時，她還重用酷吏，被告密的人一經逮捕，立即酷刑加身，屈打成招。這時候，出現了很多有名的酷吏，其中最臭名昭著的就是來俊臣和周興。此外，還有很多酷吏，雖然沒有這兩個人有名，但是他們做起壞事來也是不擇手段，不甘落後。其中最有代表性的是索元禮、郭霸、侯思止。

索元禮是一個胡人，徐敬業在揚州起兵時，他猜中了武則天想用威勢威嚇天下人的心思，就大肆誣告別人。武則天就讓他在洛陽設置機構，專門審理「謀反者」。索元禮生性殘忍，常常對謀反者施以各種酷刑，審一個犯人必定要牽連出好幾十個人出來才肯放手。因此，很多無辜者受到牽連。經他誣陷致死者多達上千人，所以人們談起他來無不膽戰心驚。索元禮因為陷害別人受到武后賞賜，很多人爭相效仿，就連來俊臣和周興也是步了他的後塵。但是後來武后為了平民憤，又將他逮捕治罪。

郭霸不但性情殘暴，還厚顏無恥，他因陷害別人被武則天提拔為御史大夫，武則天召見他時，他吹噓說：「我對徐敬業恨之入骨，恨不得抽其筋、食其肉、飲其血、挖其髓！」武則天聽了他的這番奉承話分外開心，好好地賞賜了他。時人多不恥他的行為，戲稱他為「四其御史」。魏元忠生病，很多人都去看望他，郭霸故意等別人走了之後才去。

263

他見到自己的上司魏元忠之後，表現出一幅很擔心的神情，他請求看一下病人的大便，魏元忠答應了。誰知郭霸竟然親口嘗了一下大便，然後又高興地說：「要是大便是甜的，那病情就嚴重了。現在大便是苦的，說明大人您很快就要好了！郭霸想用這種方式取悅自己的上司，不過，魏元忠是一個耿直的人，看他這樣，反而更加厭惡他了。後來郭霸重刑招人致死，夢見犯人前來索命，自己驚嚇過度，瘋癲致死。他死時恰逢洛陽橋修好，有人說：「今天真是好日子，一是郭霸死了，二是洛陽橋修好了。」

侯思止本是奴僕出身，後來靠誣告別人發家。常言說得好：無知者無畏，侯思止因為沒有文化，在審問犯人時就非常大膽，但是也笑話百出。例如，他審理魏元忠時，被魏元忠罵得狗血噴頭，成為當時的笑柄。武后很欣賞他的膽識，讓他負責審理了很多大的案子。後來他由於強娶民女被李昭德活活打死，也算為世人出了一口惡氣。

別看這些酷吏們平時作威作福、高高在上，其實，他們不過是武后的一枚棋子而已，一旦武后達到了自己的目的，他們就作用全無。天下太平後，武后為了收買人心，反而將他們一一除掉，於是，惡名昭著的酷吏時代很快就結束了。

■ 姚崇拜相

姚崇，字元之，陝州陝石人，出身官宦家庭，少不經事，大器晚成。武則天時，因科舉考試成績優異，任夏官郎中。契丹入侵時，武則天讀過其處理的軍機文書後，很欣賞他，給他加了平章事頭銜，後官至宰相。

武則天退位後，唐中宗登基，姚崇因辭別舊主而哭，得罪張柬之，被放到外地做刺史，唐睿宗即位後，又被召回兵部做尚書。後睿宗立李隆基為太子，姚崇第二次出任宰相。時太平公主專權，太平公主想效其母后，廢掉太子獨掌朝政。朝中官員都依附太平公主，姚崇上書請太平公主出居

洛陽，得罪了太平公主，被貶到同州做刺史。唐玄宗即位後，知道姚崇兩任宰相職務，經驗豐富，能力超群，就不顧大臣反對，將姚崇由同州召回。

姚崇向玄宗提出「十事」，歷數自武則天以來的朝中弊病，總結了歷代興衰的原因和教訓，為玄宗開元之治奠定了基礎。姚崇擔任宰相後，實施了很多有利於社會發展和人民生活安定的措施，例如：整頓吏治，選拔地方官員，減免賦稅，發展農業生產，清理佛教寺院，強迫僧人還俗等。他採取的這些措施整頓了吏治，發展了農業生產，消除了社會隱患，當時的人們稱譽他為「就時宰相」。

開元四年（西元716年），山東河南一帶蝗蟲成災，許多地方顆粒無收。當時的人們很迷信，認為蝗蟲是神蟲，是上天派下來懲罰人們的。人們不敢滅蝗，只是設壇燒香祭奠，祈求上天讓蝗蟲離去。災情上報到朝廷，朝中的很多官員也認為，只有多做好事，才能消除蝗災。但是姚崇認為事實並不是這樣，他上奏說：「古人告訴過我們，要想消除蝗災，僅靠祈求上天是沒有用的，除非在晚上抓

住他們，將其投到火中燒死。莊稼的主人為了驅蟲，肯定不怕辛苦，邊燒邊埋，蝗蟲一定可以除盡。現在災區的人只知道燒香拜神，根本不主動做什麼事，這大概就是以前蝗蟲沒有被除掉的原因吧。只要大家一起動手，眾志成城，就能將蝗蟲消滅乾淨！」於是，姚崇主張動用人力滅蝗，他委派捕蝗使領著農民滅蝗。在他的督促下，各地農民紛紛在夜裡點火，在火旁掘坑，全力滅蝗。

就是在今天看來，姚崇的這種作法也有很多可取之處。但是在當時，這種作法卻遭到了很多人的反對。汴州刺史倪若水說：「蝗蟲是天降災害，應該靠仁德來讓它自然消滅，人們動手去消滅它們，可能會招致更加嚴重的天災。就是因為這樣，所以劉聰時期，滅蝗不成，反而深受其害。」姚崇聽後大怒，「按照你的說法，劉聰根本就不是一個聖明的皇帝，所以，他的德行壓不住蝗災。要是你的德行夠好的話，蝗蟲也不會進入你們汴州。現在你們那裡蝗災嚴重，人民饑餓難耐，你竟然坐視不管，你於心何忍？」倪若水聽後，無話可說，只好乖乖地領著官吏、農民

去捕捉蝗蟲去了。

黃門監盧懷慎說：「蝗蟲是天災，人怎麼能消除呢？殺傷蝗蟲，有傷天地和氣，希望你慎重行事。」姚崇說：「蝗蟲雖然厲害，但是大家齊心協力，還是可以消滅它們的。滅蝗要是有傷天地和氣，老百姓被活活餓死，就不傷和氣了嗎？要是殺蟲能招來天災人禍，就降到我一人身上好了。」盧懷慎聽後，再也不敢多言。

姚崇主張人力殺蟲後，朝野上下一片譁然，唐玄宗心中也沒底，他將姚崇召來，進行詢問。姚崇說：「那些書生，把書讀死了，所以才不知變通之道。有些雖然與書上說的背道而馳，卻還是有理可循的。北魏時山東爆發了蝗災，就是因為聽之任之，後來莊稼才被吃得乾乾淨淨，結果就

出現了人吃人的慘劇。後秦的時候也是這樣，地上的草都被蝗蟲吃光了，百姓餓死無數。現在山東蝗災嚴重，河南一帶糧食儲備不足，如果不及時抑制災情，百姓生計和國家安危必將受到威脅。陛下是愛惜百姓、厭惡殺戮的仁慈之君，這件殺生之事就交給我好了。如果蝗災不除，我就辭官謝罪。」唐玄宗聽後，同意了他的作法。後來，在姚崇的領導下，人們大力滅蝗，僅汴州一個地方就捕殺蝗蟲十四萬石。蝗災很快被除掉了，正是由於姚崇大力主張滅蝗，蝗災才及時得到了控制、消除，農業生產才得以繼續向前發展，這也為唐朝的另一個盛世——「開元盛世」的到來打好了基礎。

口蜜腹劍的李林甫

唐玄宗即位後，在群臣的輔助下，勵精圖治二十多年，終於開創了大唐的另一個盛世「開元盛世」。隨著國家興盛，唐玄宗的自滿情緒也越來越大。後期，他貪圖享樂，寵信並

重用奸臣李林甫，導致社會腐敗，國家也走向衰落。

李林甫，出身於李唐宗室，沒有才學，但是精通音律，善於鑽營。李林甫任御史中丞時，最受玄宗寵愛

的妃子是武惠妃。李林甫暗中派人告訴武惠妃：「我願盡全力助壽王（武惠妃之子）為天子。」因此，武惠妃對他非常感激，時常在玄宗面前誇獎他。後來，玄宗任命他為黃門侍郎。開元二十二年，李林甫官拜禮部尚書。

李林甫知道，自己要想永保無虞，就必須得把皇上哄開心了。他收買皇上身邊的宦官和妃子，讓他們為自己搜集情報。所以玄宗的喜好、動靜和想法他都知道得一清二楚，每次在朝堂上議事的時候，李林甫都能準確無誤地說出讓皇上滿意的話，因此，玄宗越來越欣賞他。

李林甫依靠投機，進入李唐高層統治集團之後，更是將自己信奉的官場厚黑學進一步發揚光大。他表面為人和順，滿嘴甜言蜜語，其實內心陰險毒辣。他挖空心思，厚顏無恥地對玄宗和他的寵妃們曲意逢迎，對於那些和自己關係不好的人，當面好話說盡，背後壞事做絕。人們形容他是「口蜜腹劍」。

當時的宰相張九齡是一個博學、正直的人，深受玄宗信任。李林甫地位雖高，但是沒有才學，他對有才能的人非常忌恨，就想方設法排擠張九齡。張九齡常常因為朝中大事與玄宗爭論，但是唐玄宗已經變成一個聽不進去任何忠言的人，所以，玄宗每次同張九齡爭論後，李林甫就在旁邊說張九齡的壞話，唐玄宗逐漸被李林甫的讒言迷惑，對張九齡的成見越來越大，最終罷免了他，任命李林甫為宰相，後來，張九齡病死在韶州曲江。

李林甫當上宰相後，更是使出渾身解數阿諛奉承皇上，排擠那些對自己地位有威脅的人。當初玄宗廢掉太子李瑛，準備另立儲君，李林甫推薦壽王李瑁，玄宗卻選擇了忠王李亨。李林甫害怕李亨執政後降罪於自己，就一直密謀陷害太子。他接近太子妃的哥哥韋堅，推薦他擔任要職，鼓動他恣意妄為，然後再向唐玄宗彈劾韋堅，說他與太子圖謀不軌，妄想借此動搖太子的地位。好在李亨洞悉他的陰謀，斷絕了與韋妃的夫妻關係，才沒有讓李林甫的陰謀得逞。

唐玄宗在勤政樓大宴群臣之際，看到兵部侍郎盧絢騎在馬上姿勢威武，讚賞不已，李林甫在旁邊將一切都看在眼裡。次日，他對盧絢說：「你威名遠揚，皇上想派你去兩廣之

地任職，那是偏遠荒涼之地，你要是不想去，現在就可以辭官回家。」盧絢聽了非常害怕，就向皇帝請行，皇上就將他貶到華州做刺史去了。李林甫還害怕皇上有朝一日會想起他來，最後削去了他全部官職，將其貶為庶人。咸甯太守趙奉章對李林甫的所作所為深惡痛絕，冒死向皇上揭發李林甫的罪行。由於唐玄宗將一切政事都交與李林甫處理，奏章還沒到皇帝跟前，就被李林甫祕密扣下了。李林甫火冒三丈，他暗中指使御史臺將趙奉章逮捕入獄，不經審問就將其打死了。與他同在宰相之列的牛仙客和陳希烈見他如此囂張，都不敢過問政事。朝中那些小官，更是如此。李林甫從此獨攬朝中大權，示淫威於朝野。有一次他得意洋洋地對群臣說：「你們看那些朝堂外作儀仗用的馬，不吭一聲就有吃有喝，要是不安分守己亂叫一聲，立刻就會被逐出去。」

群臣聽後，膽顫心寒。

李林甫也知道自己壞事做盡，結怨甚多，因此他時刻擔心有人行刺、報復自己。他的住所壁壘森嚴，警衛眾多，他為了安全，晚上常常會在幾個地方睡覺，就連他的家人都不知道他在哪裡睡覺。他的兒子對他說：「樹敵太多終非好事，父親何不急流勇退，為自己留條後路？」氣焰正盛的李林甫聽後不高興地說：「孺子無知，我現在是騎虎難下啊。」由此可見，可恨之人也有可憐之處，機關算盡的李林甫在歷史上不過是一個悲劇角色而已。口蜜腹劍的李林甫做了十九年宰相，他在位時將正直的大臣排斥遺盡，重用的都是那些會溜鬚拍馬的小人，唐朝的政治經濟在他的手中由興旺走向衰敗，「開元之治」的繁榮景象已消失不再，他的繼任者楊國忠更是引發了讓唐朝走向沒落的「天寶之亂」。

楊國忠專權誤國

楊國忠，原名楊釗，唐代永樂（今山西芮城）人，自小家境貧寒，好喝酒賭博。在四川從軍後，發憤圖強。當地財主鮮于仲通看他伶牙俐

齒，就將其推薦給劍南節度使章仇兼瓊。章仇兼瓊派其進京向朝廷供奉蜀錦時，時逢楊貴妃受寵。楊國忠這個遠房親戚也跟著沾了光，被唐玄宗封為金吾兵曹參軍。

楊國忠在長安立腳之後，並開始憑藉楊氏姐妹得寵的優勢，四處鑽營。在宮中，他時常向楊貴妃進貢各種奇巧珍品，哄其開心。侍候唐玄宗時，他察言觀色，投其所好，取得其信任。在朝中，他知道李林甫勢力很大，就千方百計巴結李林甫。韋堅一案，楊國忠積極充當打手，為李林甫出了不少力。李林甫因為他是皇親國戚，也盡力拉攏、扶持他。於是，憑藉著自己的小聰明，楊國忠在官場上如魚得水，步步高升。不到一年的時間，小混混楊國忠搖身一變，成為身兼十五職的朝廷重臣。

楊國忠得勢之後，野心逐漸膨脹。他先藉機排擠掉李林甫的幾個親信，削弱了李林甫的勢力。然後，楊國忠又趁新舊貴族展開權力鬥爭之際，開始向李林甫發難。王因為李林甫推薦做了高官，楊國忠審理一樁謀反案的時候，令主犯牽引出李林甫、王與東突厥阿布思暗中結交的事情。

唐玄宗因此疏遠了李林甫，楊國忠開始權傾天下。

唐玄宗寵信楊貴妃後，整天身居內宮，縱情聲色，將政事都委託給楊國忠。楊國忠為了獨斷恩寵，搜刮民脂民膏取悅君王。楊國忠曾經命令各郡縣的地稅變賣成布帛，送到京城。然後他領著玄宗和百官去參觀國庫，說：「現在國庫充足，是國之盛事。」玄宗看到後，信以為真，還賜予了紫金魚袋。為了給楊氏姐妹裝飾出遊用的馬車，楊國忠專門讓各地進貢黃金、翡翠、珠寶、美玉。

為了蔽塞諫路，排除異己，楊國忠總是不擇手段。天寶十二年（西元753年），關中地區爆發水災，餓死了很多人。楊國忠讓人拿著好的莊稼上報皇帝說「雨水並未影響莊稼生長」，唐玄宗也相信了。後來扶風太守說當地水災嚴重，楊國忠便讓御史臺的人審問、拷打他，自此，再無人敢向皇上稟報實情。

李林甫死後，楊國忠被任命為宰相，身兼四十餘職。他在職期間，多次發動對邊遠少數民族的戰爭。很多無辜的士卒死於異地，各地田園荒蕪，哭聲遍野。為了邀功請賞，楊國

忠還多次謊報軍情。他讓鮮于仲通率兵八萬征討南詔，結果大敗而歸，士卒死傷多達六萬。楊國忠將這個消息瞞了下來，不但沒有責罰鮮于仲通，還在唐玄宗面前大敘其功，當時的人們都罵他「專權誤國」。

楊國忠與安祿山一向不和，詭計多端的李林甫活著時，安祿山還有所收斂。李林甫死後，楊國忠看自己無法制服安祿山，多次想借唐玄宗之手除掉安祿山。但是安祿山裝聾作啞，每次唐玄宗試探他時，他都能為自己巧妙掩蓋過去。西元755年，兵強馬壯的安祿山以討伐楊國忠為名，發動了安史之亂。

楊國忠執政多年，排賢嫉能，政治腐敗，邊防早已不堪一擊。叛軍攻破潼關，長驅直入。六月，唐玄宗攜楊貴妃、楊國忠等眾出逃。行至馬嵬坡，天氣炎熱，士兵們又累又餓，怒氣沖天，拒絕前進，紛紛嚷著要誅殺禍亂國家的楊國忠。

太子李亨和將軍陳玄禮認為只有除去楊國忠，才能平息天下人的憤怒，於是陳玄禮就對士兵們說：「如今天下大亂，禍根就是楊國忠。今天只有用他的人頭，來平息人們的憤怒。」士兵們聽到後，群情激奮。楊國忠聽到消息後，正打算躲起來，恰巧這時有一些吐蕃使者過來，站在他的馬前。士兵們圍上來大喊：「楊國忠勾結吐蕃人謀反！」於是，士兵蜂擁而上，將楊國忠亂刀砍死。接著，他們又逼玄宗縊死楊貴妃。獨斷專權的楊國忠曾經何其風光，但最終還是落了一個可悲的下場。

詩聖杜甫

杜甫（西元712—770年），字子美，號少陵野老，河南鞏縣人。遠祖為晉代政壇名人杜預，到杜甫時，他的祖父和父親都只擔任過一些低微的職位。杜甫的寒微出身，為他的詩歌創作提供了更加廣闊的天地。

杜甫自幼勤奮好學，志向高遠，他曾漫遊各地，寫下了許多壯麗的詩篇。天寶三年（西元744年），杜甫三十三歲時，認識了比自己大十一歲

的詩人李白，兩人同游梁、宋故地，結下了深厚的友誼，成為詩歌史上千古傳頌的佳話。

天寶五年，杜甫奉父親之命參加科舉考試，當時李林甫掌權，他擔心那些有才幹的人威脅到自己的位置，就將那些優秀的人才棄之不用，結果，杜甫名落孫山。屢試不中，讓杜甫很受打擊，他旅居長安數十載，過著窮困潦倒的生活。在此期間，他與下層人民有了親密的接觸。他看到了勞苦大眾的疾苦，也看到了統治階級的奢侈糜爛。對黑暗統治有了深刻的認識後，他的筆鋒愈加鋒利。他飽含深情，寫下了「朱門酒肉臭，路有凍死骨」這樣讓人觸目驚心的千古絕句。

唐玄宗看到杜甫的《三大禮賦》後，很賞識他的才華，就召他前來當庭作文。杜甫下筆如有神，被唐玄宗任命為京兆府兵曹參軍。有了官職以後，杜甫總算過了一段衣食無憂的安生日子。但是，好景不長，安史之亂爆發，叛軍很快就攻破長安，杜甫不得已離開了長安。杜甫逃出長安後，聽說唐肅宗在靈武招募軍隊，就趕過去投靠肅宗。但是中途不幸被叛軍俘獲，押回長安。他在長安聽到叛軍戰敗的消息後，非常高興，寫下了《春望》、《哀江頭》、《悲陳陶》等憂國憂民的詩篇。後來，杜甫歷盡艱險到鳳翔見到了肅宗，肅宗封他為右拾遺。時隔不久，杜甫因為上書為被叛軍擊敗的宰相房琯辯護，被肅宗貶為華州司工參軍。

到了華州，杜甫經常去地方視察民情。他目睹戰亂給人民帶來的巨大痛苦，心靈受到了極大的震撼。他根據自己的所見所聞，寫下了詩歌史上的著名詩篇「三吏三別」。「三吏」即《石壕吏》、《潼關吏》、《新安吏》。「三別」即《新婚別》、《垂老別》、《無家別》。這些詩歌真實、深刻地反映了當時國破家危、民不聊生的社會現實，所以後人稱之為「詩史」，杜甫也被人們稱為「詩聖」。

第二年，九節度官軍在相州大敗，杜甫辭去官職，帶領全家老小開始逃難。當時，關中鬧饑荒，餓殍遍野，杜甫攜家人逃到成都，在那裡定居下來。雖然在成都遠離戰亂，但是生活依舊是窮困交加，為了維持生計，杜甫有時要親自上山背柴，入林

採野果，就在那時，饑餓和貧困無情地奪走了他幾個孩子的生命。

過了幾年，出鎮成都的節度使嚴武舉薦杜甫為節度參軍、尚書工部員外郎。嚴武因為杜甫是父親的好友，所以待之甚厚。杜甫性情高傲，脾氣褊躁，嚴武對其尊敬有加，但是杜甫卻因為嚴武與其父相比相差甚遠，不大喜歡他。兩人之間雖相安無事，但是也常有芥蒂。不過，杜甫這時的生活較以前相比，已經有了很大改善。相傳他常去飲酒作詩的成都草堂，就是此時所建。

嚴武死後，杜甫再度漂泊，他去投奔好友高適，去了才發現高適已經故去了。後來他帶領家人輾轉漂泊到荊楚一帶，他這時的代表作有《春夜喜雨》、《茅屋為秋風所破歌》、《登樓》、《蜀相》、《聞官軍收河南河北》等。杜甫走到耒陽的時候，洪水隔斷道路，全家老小忍饑挨餓十多天之久，杜甫還疾病纏身。耒陽縣令聽說後，親自將他接到家中，供給酒食。但是，長期顛沛流離的生活已經透支了他的健康，當天晚上，杜甫就病逝了。

杜甫是中國古代最偉大的現實主義詩人，他一生共寫了一千四百多首詩，他的詩歌沉鬱樸實、言語精鍊，藝術手法多樣，思想內涵深刻，是中國古代詩歌中現實主義的代表作。他那嚴謹務實的創作態度，憂國憂民的愛國情懷，都值得後人學習。

▎ 李光弼衛唐

安史之亂能夠平定，那些優秀的將領們實在是功不可沒。當時最出名的將領有兩個人，一個是郭子儀，另一個就是李光弼。

李光弼，營州柳城（今遼寧朝陽）人。其父楷洛原為契丹酋長，武則天當政時，歸附唐朝。李光弼很小就喜讀書，善騎射，年輕時已經是武藝超群。他在王忠嗣手下任兵馬使時，很受喜愛。王忠嗣常對人說：「日後能代我統兵的，只有李光弼。」安史之亂時，經郭子儀推薦，

李光弼擔任河東節度使。

李光弼接受任命後，率兵直出井陘（河北境內），與各地唐朝武裝一起，參與平定戰亂。他先後在常山（今河北正定）、九門、趙郡（今河北趙縣）等地大敗叛軍。

天寶十五年（西元756年），李光弼與郭子儀在常山會師。不久，他率部與安祿山手下大將蔡希德、史思明、尹子奇在嘉山展開會戰。他身先士卒，將敵人殺得鎩羽而歸。史思明為了逃命，連鞋子都沒來得及穿。這一仗，李光弼聲名遠揚，唐軍聲威大震，河北有數十個郡縣的人們紛紛起來圍剿叛軍，歸順唐軍。

李光弼很有謀略，即使身處險境也能臨危不亂。至德二年（西元757年），史思明率十萬大軍進攻太原。此時，李光弼的精銳部隊都在南方，留守太原的士兵還不滿萬人。有人建議李光弼加固城牆來防禦敵軍，李光弼不以為然。他率領士卒在城外深挖壕溝，用挖出的土造了幾十萬塊土坯。敵人攻城時，他就用大炮還擊。叛軍使用大炮轟擊時，他就用土坯來修復毀壞的城堡。他還讓人深夜挖掘地道，趁著夜色，不斷襲擊叛軍。史思明不斷受創，疲憊不堪。眼看久攻不下，史思明宣布退兵，就在這時，李光弼主動出擊，殲敵七萬餘人，並繳獲大批軍用物資。因此這次大勝，李光弼被朝廷封為鄭國公。

李光弼愛兵如子，他立下赫赫戰功，朝廷給予了很多賞賜，他卻將封賞全部拿來與士兵們分享。但是他也嚴於治軍，只要犯了軍法，不論是誰，都嚴懲不貸。他曾不顧聖命，斬了不服軍令的御史崔眾和兵馬使張用濟等。因此，有人說，李光弼治軍有方，古往今來都不多見。

李光弼和其他九位節度使一起保衛鄴城（今河南安陽）時，撤退的途中，他看到其他部隊的士兵肆意搶掠百姓財產，甚為憂慮。於是，他下令嚴禁自己的士兵搶劫百姓。沿途的民眾看到他軍紀嚴明，都非常敬佩。

李光弼接替郭子儀為朔方節度使後，史思明決定與其決一死戰。他帶領軍隊浩浩蕩蕩向汴州開來，並一鼓作氣拿下汴州。李光弼聽說後，無所畏懼。他先敵軍一步進入河陽城，然後整頓人馬開始組織防禦。他先派手下猛將守住易守難攻的要塞，然後對部下說：「看我們的旗幟行動，連揮

三次之時，諸位務必要全力進攻。退後者格殺勿論。」於是，士兵們全力向前。一個士兵不戰而退，他命令將其斬首。一個士兵作戰勇敢，他命人賞給他五百匹絹。不久，他最鍾愛的部下郝玉也退了回來，李光弼馬上命人去斬郝玉的人頭。郝玉大叫：「我不敢違抗命令，是因為馬匹中箭才退回來的。」李光弼給他換了馬，讓他繼續作戰。後來他連揮三次旗幟，全軍上下奮勇出擊，史思明大敗而歸。

李光弼為安史之亂的平定立下了不世功勳，朝廷為了表彰他，在凌煙閣上添上了他的畫像。還讓他擔任了天下兵馬副元帥一職，封臨淮郡王。

但是，唐德宗李豫即位後，重用宦官程元振、魚朝恩。這兩個人都與李光弼不合，因此，時常在皇上面前中傷他。自從被強命進攻洛陽失敗之後，自己率兵鎮守臨淮，二、三年間不敢入朝一次。待到他五十七歲病死徐州時，還將自己積攢的財務拿出來分給部屬。他去世後，朝堂上下都哀悼不已。

▌ 貪財好色的元載

元載，唐朝鳳翔人氏。他本不姓元，他幼年喪父，他的母親帶著他改嫁給元景生，他就跟了元姓。元載勤奮好學，博覽群書，尤其喜歡道學。他家境貧寒，每次參加考試都是步行前往。元載頭幾次參加科舉考試，都名落孫山。唐玄宗年老時喜歡談玄論道，他專門下詔選拔莊、老、文、列四子之類的人才。元載就在這時考中進士，正式踏入仕途。

唐肅宗即為後，元載擔任了主管財務的度支郎。他因為善於察言觀色、能言善辯，深受肅宗喜愛。唐肅宗為了鍛鍊他，先是讓他外出總領漕運事務，後來又將他調回京城，委任要職。當時李輔國專權，元載為了進一步向上爬，將自己的幾個女性親眷都送給李輔國做老婆，藉此討得了李輔國的歡心。他與李輔國搞好關係後，有一次去拜見李輔國時，他含蓄地將自己想當宰相的意思說了出來。李輔國果然是權勢遮天，第二天就讓

元載當上了宰相。元載為自己的聰明慶倖不已，從此對李輔國更是俯首貼耳。

唐代宗即位後，李輔國成為了首輔。他經常在皇上面前讚賞李元載聰明能幹，加上元載也善於琢磨皇帝的心思，因此，唐代宗對元載也極為賞識。李輔國死後，元載失去了一面靠山。他只好親自出馬，花重金攀上了內侍董秀，讓他隨時為自己報告皇帝的一舉一動，所以，唐代宗一有什麼動靜、想法，元載立刻就能知道，然後在皇上面前說出來的話都很討皇上歡心，因此，唐代宗對元載非常信任。宦官魚朝恩仗著唐代宗寵信，多次與元載作對，元載對他又恨又怕。

不久有人在唐代宗面前告發魚超恩，說他有不軌之心。唐代宗雖然不信，但是見魚朝恩驕橫刁蠻，目無法紀，逐漸疏遠了他。元載見魚朝恩失勢，趁機與北軍將領一起謀劃，在皇上面前大肆誣陷魚朝恩。次年，魚朝恩終於被唐代宗殺掉，元載開始獨攬朝政大權。

元載出身貧寒，人們原先認為，他官至高位後，一定會像那些出身寒門的賢人一樣清正廉潔。但是大家都錯了，也許是小時候受夠了缺吃少穿帶來的苦，他做了宰相後，開始忘卻根本，變本加厲地搜刮錢財。他以朝廷開支入不敷出為藉口，下令地方對百姓徵收重稅；他賣官鬻爵，將行賄、受賄公開化，助長了貪汙腐敗的不正之風；他大興土木，為自己建造了全國最豪華的住宅；他在全國各地置辦房產、地產，僅僅在長安城，他就有幾十處房子。那些投機鑽營之輩見他如此貪財，為了和他拉上關係，都爭先恐後，向他進獻珠寶、美女。

元載做了幾年宰相，搜刮了無數珍寶，據說，元載家倉庫裡的東西應有盡有。當時有人說：「宰相大人府裡的寶貝，皇宮裡都找不到一模一樣的。」可見元載肆虐、貪婪到了何種地步。

元載雖然飽讀詩書，但是他厚顏無恥，行徑與小人無異。他依仗皇帝寵信，讓自己的兒子、兄弟都擔任了朝廷重要部門的高官。元載的妻子王氏兇悍無比，她縱容兒子在外面強搶民女，胡作非為。有人看不慣，向朝廷告發她，元載知道後，不但不敢責備妻子和兒子，還利用手中的職權，對揭發他們的人打擊報復，將那個人

治罪下獄。元載畏懼王氏，不敢過多納妾，但是他在家中養了很多妓女。每逢閒暇時間，他就讓這些妓女表演一些淫蕩、齷齪的節目。他的家人都跟他一樣寡廉少恥，每到這時，都興致勃勃地圍坐在一起觀看。那些清廉、正直的大臣聽說後，都羞於與他同朝為官。

大曆十二年（西元764年），有人揭發元載賣官鬻爵，朋黨亂政，唐代宗下令將元載處死。元載的老婆、孩子都被賜死，他千方百計累積起來的萬貫家產也全部被官府沒收。

奸相盧杞

盧杞，字子良，滑州靈昌（今河南滑縣）人。他的祖父盧懷慎曾經官至宰相，有老好人之稱。他的父親盧奕是盧懷慎的次子，安史之亂時，被敵軍擒獲，不屈而死。盧杞因家蔭而踏上仕途。但是，他雖然出身於忠良之家，卻道德敗壞，陰險狡詐，與祖父和父親大不相同。

盧杞身材矮胖，相貌醜陋，臉色發藍，很多人看到他，都以為自己大白天撞到鬼了。盧杞知道自己長得醜，但是誰要是因此而嘲笑他，他一定會誓死打擊報復，很多人曾因為他的長相無意間得罪他，最後都被他整得家破人亡。郭子儀生病時，大臣們都前去探望。郭子儀為人不拘小節，同僚來的時候他也不讓侍妾迴避。後來他聽說盧杞前來探望自己，早早就讓侍妾、婢女躲開，自己單獨待在房間裡，專等盧杞前來。盧杞走後，家人驚問其故。郭子儀說：「盧杞這個人，面目醜陋，心胸狹窄。你們要是看到他的那張臉，肯定會發笑。那樣的話，他就必定記恨在心。他日後得勢時，一定會報復，所以我才讓你們走開。」

盧杞因為善於察言觀色，能言善辯，深受皇上喜愛，很快就升為宰相。但是他掌權後，不但不思精忠報國，反而利用手中大權排擠賢臣，陷害忠良。他獨攬朝政，誰要是對他稍有不滿，他都會對其加以迫害，不達

一次讀完二十五史故事

目的誓不甘休。

宰相楊炎曾與盧杞同在御史臺工作，他見盧杞不僅長得嚇人，而且品行差勁，心裡就很看不起他。盧杞掌權後，在皇上面前誣陷楊炎，結果，楊炎被發配到崖州充軍。唐德宗因兵亂曾經避難奉天，靈州大都督崔寧對德宗說：「聖上英明，若不是盧杞禍亂朝政，怎麼也不會落到今天這個地步。」盧杞聽說後，對他懷恨在心。後來，他指使人誣陷崔寧私下勾結朱泚，將崔寧害死。

四朝元老顏真卿，是書法大家，又是平定安史之亂的功臣，深受朝野上下愛戴。他見盧杞胡作非為，多次對他提出批評。盧杞想扳倒顏真卿，但是顏真卿剛正不阿，清正廉潔，一直沒有讓他抓到任何把柄。

盧杞為了將顏真卿從朝廷排擠出去，有一天，專門派人去問顏真卿，問他願意去哪裡做官。顏真卿找到盧杞，指著他說：「你父親忠勇正直，讓人敬佩。當年安祿山將他的首級送到平原示眾時，他臉上滿是血跡。我敬重他為國而死，親自用舌頭將上面的血跡舔舐乾淨。你現在對我步步緊逼，居心何在？」

盧杞聽了，驚慌失措，趕忙對顏真卿下拜，請求他的原諒。但是，他當眾認過錯後，惱恨顏真卿給自己不留情面，對他的恨更深了。李希烈舉兵造反後，盧杞想借李希烈之手除掉顏真卿，於是對皇上說：「李希烈桀驁不馴，需得一名德高望重的老臣，攜帶陛下的詔書，前去勸服。顏真卿名聞四海，是最合適的人選。」唐德宗昏庸無能，對他的意見極其贊同，於是命顏真卿前去勸服李希烈。滿朝文武聽到消息後，紛紛反對。但是皇上不作理會，後來，顏真卿果然被李希烈殺害。

唐德宗在位時，地方叛亂不斷。政府連年用兵，國庫入不敷出。盧杞做了宰相後，為了取悅皇上，大肆為朝廷斂財。他下令將全國的房屋分成三等，然後按照等級徵收賦稅；他將商業買賣的稅收由以前的每貫二十文提高到每貫五十文。

老百姓活了這麼多年，第一次聽說民房也要交稅，罵聲一片。他見長安城有很多富商資產過億，就慫恿唐德宗與商人奪利，頒布法令對商人們徵收重稅。長安城的商人對此極為不滿，曾在全城罷市抗議。盧杞上街

時，很多人堵著他的馬車與他理論。他嚇得衝出轎子，拔腿就跑。唐德宗見民怨沸騰，只好將新法令廢除。

朱泚造反的時候，唐德宗曾在奉天避難。叛軍將奉天圍了個水洩不通，並多次發起進攻，奉天守軍傷亡慘重。唐朝各地兵馬見皇上形勢危急，急忙趕來救援。靈武留守杜希全、渭北節度使李建徽等人率領一萬兵馬率先趕來，但是，在選擇入城路線時，盧杞不同意援軍從距城四里遠的乾陵入城，非要援軍從距城十二里遠的漠穀入城。大臣渾瑊和關播一致認為，如果援軍走漠穀入城，極有可能遭到敵人的伏擊，後果嚴重。盧杞一臉忠誠地對唐德宗說：「援軍如果從乾陵入城，先帝陵寢勢必受到騷擾，陛下可能要背負天下人的指責。」唐德宗聽了他的話，命令杜希全等人由漠穀入援奉天。

果然，援軍在穿越漠谷時遭遇叛軍伏擊，死傷過半，杜希全只好領兵退回邠州（今陝西彬縣）。就因為盧杞一人的愚昧無知，整個救援計畫全部泡湯。

後來，李懷光等人率唐軍進入奉天，唐德宗大喜，準備設宴款待將士

們。有人對盧杞說：「李懷光對你心懷不滿，他認為皇上逃亡至此，全是宰相執政不明的結果。現在他手握重兵，勢必會對你不利。」

盧杞聽說後，對唐德宗說：「叛軍新敗，李懷光新勝，如果讓李懷光趁勝出擊，一定可以收復京城。皇上如果設宴款待他，只會讓戰機白白流失。」唐德宗聽後，讓李懷光趕快出發，去收復京城。李懷光不辭辛勞前來營救皇上，不但沒有得到賞賜，連個休息整頓的時間都沒有，心中極為不滿。他氣呼呼地帶兵離去時，心中已有反意。後來李懷光果然起兵造反，唐德宗聽到別人議論紛紛，才知道自己被盧杞耍了，成了他算計別人的工具。他心中惱怒，將盧杞貶到新洲做司馬去了。

不久，唐德宗想重新起用盧杞，諫官們紛紛上書反對，說盧杞禍國殃民，是國之大賊，不能再重用他了。給事中袁高抓住寫好的聖旨，死活都不讓皇上頒布命令，唐德宗只好作罷。

第二天，他對宰相李勉說：「我找個小地方，讓盧杞去做刺史怎麼樣？」李勉不客氣地說：「皇上就算

給個大地方，誰也不會有意見，但是百姓不願意怎麼辦？」德宗聽了他的話後，嘆息道：「你們都說盧杞奸詐，我怎麼不覺得？」李勉說：「人人都知道，就皇上一人不知道，這正是他的奸詐之處！」德宗沉默了好大一會兒，然後對身邊的人說：「我感覺袁高是對的，決定不讓盧杞回來了。」那個人幽默地說：「近來人們都在拿漢桓帝、漢靈帝與陛下作比較，今天我才發現，原來陛下比堯舜都聖明！」盧杞徹底失去了唐德宗的信任，被朝廷拋棄。

面醜心惡的盧杞一生機關算盡，卻只落得一片罵名。後來，他孤苦伶仃，病死在新洲寓所。

二王八司馬

唐德宗統治時期，宦官專權現象嚴重，他們不但左右朝政，還欺壓百姓，無惡不作。他們在市面上私設「宮市」，隨意搶掠百姓財物。很多正直的大臣看到「宮市」惹得天怒人怨，紛紛上書要求罷免「宮市」，但是，他們除了惹禍上身之外，根本沒見朝廷有任何動靜。

王叔文，越州山陰（今浙江紹興）人，善博弈。王伾，杭州人，擅書法。兩人在東宮侍奉太子李誦時，時常向太子提起民間疾苦。太子李誦是一個聰明、正直的年輕人，他聽說宦官在外面胡作非為，一心想除掉他們。王叔文依靠太子支持，團結了一大批有才華的士大夫。這批人以二王和柳宗元、劉禹錫為中心，開始為太子即位和革新朝政做準備。

德宗病死後，太子李誦繼位，是為唐順宗。唐順宗繼位後，給二王和柳宗元等人都封了官職，在唐順宗的支持下，王叔文等人開始參與朝政。他們知道自己威望不夠，又推韋執誼（出身於宰相世家）為宰相，頒布了一系列興利除弊的新政，德宗時候留下的弊政如「宮市」、五坊小兒之類，都得以廢除。此外，他們還頒布了很多減免苛捐雜稅、限制宦官權力的政策。一時之間，朝野歡呼，人心大悅。

王叔文等人明白，要想真正消除弊政，必須得掌握兵權和財政大權，於是，他們開始計畫從宦官手中奪取兵權。王叔文任命劉禹錫的好友杜佑為鹽道轉運使，以擁護新政的老將范希朝為京西諸鎮兵馬節度使，並任命韓泰為行軍司馬，意圖從宦官手中奪取京西諸鎮的兵權。

王叔文的這些舉動，遭到宦官集團的強烈反對，他們開始串通起來，組織反攻。宦官俱文珍、劉光琦等和劍南節度使韋皋、荊南（今湖北江陵）節度使裴鈞、河東（今山西太原南）節度使嚴綬聯合起來，在永貞元年（西元805年），迫使唐順宗立李純為太子，接著，他們又逼迫皇上傳位給太子。

李純繼位後，遂即將王伾貶為開州司馬，將王叔文貶為渝州司戶，並在次年將其賜死。接著，韓泰、陳諫、柳宗元、劉禹錫、韓曄、凌准、程異及韋執誼等人先後被貶為邊遠八州司馬。那些參與新政的大臣，如李涼、李位等，也先後被貶出朝廷。王叔文等人推行的新政也被廢止了，新政徹底以失敗告終。

歷史上稱王叔文等人發起的這場抑制宦官專權、革新朝政的運動為「永貞革新」，將這些因新政而貶謫的人合稱為「二王八司馬」。

文壇領袖韓愈

韓愈，字退之，號昌黎，唐河內河陽（今河南孟縣）人。韓愈三歲喪父，由他的兄長韓會和嫂嫂撫養長大。他勤奮好學，飽讀詩書，素有治國經世之志。

韓愈十九歲時就赴長安參加科舉考試，但是一連三次，皆名落孫山。宰相鄭余慶看了他的文章，對他的才華非常賞識，常在人前誇讚他，韓愈因此聲名鵲起，不久，就考中了進士。按照唐朝的法律，考取進士後還要參加吏部的考試，韓愈三次參加吏選，都以失敗而告終。貞元十二年（西元796年），禮部尚書董晉推薦韓愈出任宣武軍節度使觀察推官，時年韓愈已經二十九歲。韓愈在任觀察

推官三年中，一邊指導張籍、李翺等士族學子學文，一邊大力宣傳自己對散文革新的主張。

韓愈回京後，擔任四門博士，三十六歲時，擔任監察御史。由於他為人正直，直言進諫，得罪了很多人。唐德宗晚年疏懶政務，宦官專權，苛捐雜稅嚴重，百姓深受「宮市」騷擾，怨聲載道。韓愈為此事專門寫了數千字的奏章，請求朝廷減免賦稅。皇上看後大怒，將韓愈貶為陽山縣令。直到唐憲宗北歸，韓愈才被調回朝廷，任國子博士。

韓愈雖然曾經因為談論朝政而遭貶，但是他正直、敢言的個性始終沒有絲毫改變。唐憲宗迷信佛法，鳳翔法門寺有一座護國真身塔，裡面供奉了一節據說是佛主釋迦牟尼的手指骨，人稱佛骨。按照經書上的說法，這節佛骨每三十年開示一次，如果在開示時用心供奉就能保佑人平安。唐憲宗對這個荒謬的說法深信不疑，他讓宦官手持香花去迎接佛骨，然後將佛骨接來，在宮中供奉三天后，再送到地方上去接受香火。整個長安城聞風而動，無論是朝廷顯貴還是平民百姓，都爭相施捨，紛紛跪拜，很多人為了能夠供養佛骨而不惜傾家蕩產。

韓愈看到後，上書勸諫皇帝。他說：「古代那些聖明的帝王，沒有佛教時，照樣能將國家治理得井井有條。漢明帝引進了佛教，自己還是短命而亡。南北朝時，佛教大興，但是並沒與給社會帶來任何好處。佛骨一說並不可信，為了不再勞民傷財，應將佛骨投入水中，永絕根本。」唐憲宗看到奏章後龍顏大怒，準備將韓愈處以極刑。宰相裴度等人知道韓愈中正耿直，就替他求情說：「韓愈大放厥詞，實屬有罪。但是他一片忠心，並無惡意，還請皇上從輕發落。」唐憲宗聽後，將韓愈貶為潮州刺史。

韓愈到達潮州後，請教師，辦鄉校，大力發展教育；減輕賦稅，釋放奴隸，關心民間疾苦；他帶領百姓興修水利，改進農具，促進農業生產，為潮州人們做了許過好事。次年，韓愈調任袁州刺史，他在袁州禁止買賣奴隸，袁州人為了紀念他的恩德，建昌黎書院以示紀念。後來韓愈被調回京，歷任京兆尹、太子右庶子，但是始終沒有得到重用。長慶四年（西元824年），韓愈病死長安，終年五十七歲，諡號文公。

韓愈是唐朝著名的文學家和思想家，他無論是在文學創作還是文學理論建設方面都碩果累累。他宣導「古文運動」，提倡學習先秦兩漢古文，然後博取所長，在繼承的基礎上實現創新，因此時人把他與柳宗元並稱為「韓柳」。他的作品主要有《韓昌黎集》四十卷、《外集》十卷、《師說》等，他的文章風格厚重，自成一體，蘇軾給予他「文起八代之衰」的千古美譽。

新唐書

用兵如神的李靖

李靖，字藥師，雍州三原（今陝西三原縣東北）人。他文韜武略，才能出眾，加上是隋朝大將韓擒虎的外甥，因此深受隋朝大臣們的器重。

李淵在太原招兵買馬時，李靖覺察到李淵有異心，因此向朝廷告發他。朝廷派人捉住李淵，準備將他押回江都，但是走到長安時，由於天下大亂，道路不通，就沒有成功。李淵起兵後，抓住李靖，準備將他斬首。李靖被押到刑場時大呼：「大人為了平定天下而起兵，如今大事未成，

為什麼就要因為私人恩怨而殺害勇士呢？」李世民欣賞他的膽識，就在李淵面前為他求情，李淵這才放了他。李靖因為此事對李世民非常感激，從此跟隨李世民南征北戰。

李淵稱帝不久，開州蠻人首領冉肇則起兵反唐，領人攻下夔州。趙郡王李孝恭奉命討伐不力，被殺得大敗。李靖見蠻夷兇猛，決定智取。他於夜間率八百鐵騎奇襲敵營，得手後急忙撤出。夷兵在後面窮追不捨，誰知李靖早在險要處布下伏兵，等蠻夷

追殺至此，大軍一起殺出，蠻夷抵擋不住，被斬殺無數，俘虜五千人。李淵聽說後，非常高興，一改往日對他的成見，還特地下詔獎賞了他。

李靖精通兵法，用兵如神。他帶兵打仗時，善用奇兵，因此，屢次獲勝。

盤踞在江陵（今屬湖北）的後樑蕭銑政權在李淵建唐後，倚據長江天險，與唐朝分疆而居。李靖認真分析了敵我的形勢後，向唐高祖上書，陳述了消滅蕭銑的對策。唐高祖非常高興，將三軍之事悉數委任給李靖。李靖接受任命後，開始建造船隻，組織士兵練習水戰，為南下江陵做好準備。是年秋天，秋雨連綿，江水暴漲，唐將見狀，都以為李靖會等到洪水退去後再進兵，李靖說：「兵貴神速，機不可失，現在江水暴漲，敵軍肯定防範鬆懈。現在不進軍，更待何時？」他力排眾議，率兩千首戰艦，順江東流而下，連破荊門、宜都二鎮，十月份就兵至夷陵（湖北宜昌）。

當時，蕭銑的驍將文士弘率領數萬精兵駐守在夷陵附近的清江上，李靖見敵軍士氣強盛，就避其鋒芒，伺機待發。趙郡王李孝恭按捺不住，領兵出戰文士弘，被殺得大敗。文士弘得勝後，趾高氣揚，縱容手下士兵四處搶掠。李靖見敵軍隊伍大亂，迅速指揮城內的唐軍出戰，文士弘軍隊措手不及，被唐軍打得潰不成軍。李靖斃敵一萬，繳獲戰船四百多艘。

李靖到達江陵後，蕭銑見大勢已去，只好出城投降。諸將都勸李靖殺了蕭銑，以免再生禍害。李靖說：「荊南地處偏遠，要想讓民眾真正歸順朝廷，不能靠殺戮，應當靠仁義。」他號令嚴明軍紀，嚴禁士兵騷擾百姓。於是民眾對唐軍真心悅服，江、漢之地望風歸附。十多天後，蕭銑的十多萬援軍趕到江陵，聽說蕭銑已經真心歸順唐朝，也都放下兵器，不戰而降。唐高祖見李靖僅用兩個月就消滅了江南最大的割據勢力，封他為上柱國、永康縣公。

武德六年（西元623年），農民領袖輔公祏攻占丹陽（今江蘇南京），舉兵反唐。唐高祖命李孝恭和李靖為正副統帥，討伐輔公祏。輔公祏見唐軍勢重，派馮惠亮率三萬精兵駐守當塗，陳正道率兩萬步騎駐守青林，並在長江上扯起鐵索，迎戰唐

一次讀完二十五史故事

軍。李靖分析敵情後說：「如果直攻丹陽，另兩處肯定會派兵支援，短時間內肯定難以攻下。如果先去攻打馮惠亮，丹陽方面肯定按兵不動。既然這樣，我們不如各個擊破。」李孝恭認為他說的有理，就聽從了他的建議，讓李靖率兵攻打馮惠亮。李靖經過苦戰，戰敗馮惠亮。然後撇開陳正道，率兵直逼丹陽城下。輔公祏見狀，無心再戰，棄城逃走，後被唐軍活捉。輔公祏兵敗後，江南的局勢完全平定下來。唐高祖聽說後，對李靖的軍事才幹欽佩不已，他說：「李靖就是叛賊的剋星啊。與古代的良將韓信、霍去病等人比起來，也是有過之而無不及。」

唐太宗即位不久，突厥頡利可汗趁唐朝政局變化之際，率兵進犯涇州（今甘肅涇川西北），一路長驅直入，直指長安，唐太宗見形勢危急，親臨渭水橋，與其歃血為盟，定下合約，頡利可汗才引兵退去。時隔不久，突厥國發生動亂，唐太宗趁此機會，命李靖領兵突擊突厥國。

貞觀四年，李靖率領三千鐵騎，頂著刺骨的寒風，一路衝殺，直到距離頡利可汗的營帳還有幾里的地方才被人發現。頡利可汗聽說唐兵到來後大驚失色，李靖派人去見頡利可汗，說此次前來，是奉唐王之命前來慰勞。他見頡利可汗放鬆戒備後，又趁機派人離間突厥各部落的關係，然後趁著夜色，突然發起襲擊，突厥人措手不及，被殺得四散而逃，頡利可汗丟兵棄甲，倉皇逃往磧口（今內蒙古二連浩特西南）。唐太宗聽到消息，高興地說：「當初李牧率五千人與匈奴作戰，雖然失敗了，還是被人寫進了史書。現在李靖僅靠三千騎兵就大敗頡利可汗，一洗我渭水之恥，真是前無古人，後無來者。」

李靖雖然戰功顯赫，但是從不居功自傲。他每次上朝，都沉默寡言，從不和別人爭辯什麼，朝中皆稱他為忠厚之人。李靖的妻子張出塵，人稱紅拂女，原是隋朝大臣楊素府中的侍女，因對李靖一見傾心，遂前往投奔，與之結為秦晉之好。兩人相濡以沫，情投意合。張出塵去世後，李靖思念成疾，身體也每況愈下。李靖病危時，唐太宗親往探望。李靖去世後，為了表彰他的功績，唐太宗下令按照霍去病墳墓的樣式，為李靖夫婦建造墳墓。

白袍將軍薛仁貴

薛仁貴，名禮，字仁貴，絳州龍門（今山西河津）人。薛仁貴家境貧寒，務農為生，少小就愛讀書、喜槍棒。父母去世後，他想遷移祖墳，其妻柳氏對他說：「真正有本事的人，要善於把握時機。現在皇上親自領兵出征遼東，正是用人的時候。你如果抓住這個機會，報名參軍，求取功名之後，再為父母遷墳也不晚啊。」薛仁貴聽後，就辭別妻子，加入了張士貴的隊伍。

貞觀十九年（西元645年），唐太宗於洛陽領兵出發，出征高麗。部隊到達安地的時候，高麗軍隊前來應戰。唐朝將領劉君邛被敵軍團團圍住，無人能救，情勢危急。薛仁貴看到後，手握方天畫戟，白衣白袍，挺身而出，只一下就將一員高麗將領刺於馬下。他在敵軍中橫衝直撞，所向披靡，殺得敵軍膽顫心寒。唐軍士氣大振，緊隨其後，齊心協力將敵人殺退。

事後，唐太宗李世民立即召見了薛仁貴，對他厚加賞賜，還提升他為游擊將軍。從此以後，薛仁貴聲名遠揚。後來，唐軍在遼東歷經百余仗，薛仁貴立下無數戰功。唐軍從遼東班師時，唐太宗對薛仁貴說：「對我來說，得到遼東不算什麼，得到將軍才是最讓人高興的。」可見薛仁貴本領超群，深得太宗賞識。

唐高宗即位後，任命程名振、薛仁貴再次出征遼東，薛仁貴在這次征戰中為大唐立下了汗馬功勞。金山之戰中，薛仁貴身先士卒，全力衝殺，領唐軍取得大勝，將高麗精銳部隊全部殲滅。石城大戰時，有個高麗戰士是個神箭手，他一連射死了十多個唐朝士兵，很多唐朝士兵看到後都非常害怕，畏縮著想往後退。薛仁貴看到後大怒，一個人騎馬向敵陣衝去。他在馬上一箭將那名神箭手射倒，然後又活捉了他。自此，薛仁貴威震遼海。他帶兵攻下扶餘城後，一連幾天，有四十多座城市直接向唐軍投降。唐高宗聽到後，親自寫詔書讚賞了他。

薛仁貴不但能征善戰，還具有優

秀的政治才幹。他攻占高麗後，唐高宗讓他留守平壤。他嚴禁士兵騷擾百姓，還修葺學堂、寺院，贍養老人，撫養孤兒。他發展生產，嚴懲盜竊，平息匪患，還大力提拔和表彰那些才能優異、品德高尚的人。高麗國上下，對他的所作所為都敬佩不已。

龍朔元年（西元661年），回紇九姓鐵勒（九個部落聯盟）舉兵進犯唐邊，薛仁貴奉命征討。出發前，唐高宗宴請眾將士時對薛仁貴說：「我聽說古代的神射手能射穿由七層鐵片鑄就的鎧甲，今天你可以用五層的射射看。」薛仁貴應命張弓，一箭就將鎧甲射穿了。唐高宗大驚，趕快命人拿出更加堅固的鐵甲賞賜給他。

九姓鐵勒率十萬精兵占據天山，想憑藉有利地勢抗拒唐軍。他們先派幾十員驍將氣勢洶洶地前來挑戰，薛仁貴看他們來勢兇猛，連發三箭，射死了三個人。其餘的人嚇壞了，趕緊勒馬回奔，敵軍見此情景，立即陷入混亂之中。薛仁貴趁機領兵掩殺過去，九姓鐵勒抵擋不住，只好投降。後來薛仁貴征討躲進沙漠深處的鐵勒殘部，同樣大勝而歸。當時軍中流傳著這樣的歌謠，「將軍三箭定天山，壯士長歌入漢關」。在將士們的口中，薛仁貴僅憑三箭就將威脅唐朝邊境十多年的鐵勒族蕩平，可見其功勳卓著、深得人心。

薛仁貴一生南征北戰，很少吃敗仗，他最大的一次失敗是青海大非川之戰。薛仁貴與副將郭待封商量好，讓其帶二萬人看守糧草，自己率軍衝破敵軍後，再迴旋與其會合。薛仁貴帶兵打到烏海，大獲全勝。但是郭待封違反薛仁貴的命令，帶著糧草前進，被吐蕃大軍阻擋，丟了糧草。

薛仁貴見前無救兵，後無糧草，只好退兵大非川。後來吐蕃舉全國之兵前來圍攻，薛仁貴只好與吐蕃講和。朝廷追究責任的時候，認為薛仁貴指揮失當，將其貶為平民。

但是時隔不久，遼西又起戰亂。唐高宗想起玄武十二年五月，夜裡天降暴雨，水淹萬年宮之時，為了喚醒自己，薛仁貴冒死蹬在門框上大聲呼叫的事，將他召進宮，對他說：「當年水淹萬年宮，要是沒有你，恐怕我早就葬身水底了。你滅鐵勒，平高麗，為國家立下大功。烏海失利，我處罰了你，這件事我至今還難以釋懷。如今遼西不穩，除了你恐怕沒有

別人可以領兵出戰了。」於是再次重用了薛仁貴。

西元682年，已經六十九歲的薛仁貴開始了人生的最後一次征戰。突厥人在大同與唐兵對陣時，問唐朝派來的將軍是誰，兵士答道：「薛仁貴。」突厥人不信，說：「我們聽說薛將軍被流放到象州，已經死了，怎麼可能還活著？」薛仁貴摘下頭盔，突厥人看到活著的薛仁貴，紛紛下馬跪拜，然後撥馬就走。薛仁貴趁機率兵追擊，俘虜幾萬人，繳獲馬匹、糧草無數。

永淳二年（西元683年），薛仁貴因病在雁門關去世，享年七十歲。朝廷專門派人將他的靈柩送回了他的故鄉，沿途州民聞聽其死訊後，當道跪哭，哀聲震天。

▌一代女皇武則天

武則天從小知書達理，性格剛強。她年少時曾隨父母四處周遊，因此頗有見識。她十四歲時入宮，入宮時她的寡母楊氏哭著向她告別，她正色說道：「侍奉聖明的天子，不是人人都可以的，豈知不是幸事？何必要做出這種兒女情長的態勢呢？」

唐太宗有一匹愛馬名叫「獅子驄」，性情暴躁，難以馴服。武媚娘知道後，對唐太宗說：「給我鐵鞭、鐵錘、匕首這三個物品，我就可以馴服它。」唐太宗驚問其故，她說：「馬不服，就用鐵鞭鞭打牠。如果用了鐵鞭，牠還是不聽話，就用鐵錘敲牠的頭。鐵錘還不行，就用匕首割斷牠的喉嚨。」唐太宗生性愛馬，對她的方法不甚贊同，也感覺武才人作風強硬，霸氣非凡，自此疏遠了她。

唐太宗生病，武則天在旁邊伺候時和太子李治有了感情。唐太宗駕崩後，武則天被按照宮中舊例送到庵裡當了尼姑。一天，唐高宗經過那裡的時候見到了武則天，武則天看著高宗無語凝噎。唐高宗想起以前的事，心中百感交集。當時，蕭淑妃專寵，王皇后為了對付蕭淑妃，將武則天接回後宮。

武則天剛強而有計謀。她剛入

宮時，對王皇后卑躬屈膝，很快就博得了王皇后的信任。王皇后就常在唐高宗面前為其美言，高宗對其大加寵愛。蕭淑妃失寵後，武則天就開始對付王皇后。武則天生了一個女兒，有一天王皇后來看孩子，和孩子玩了好大一會兒才回宮。皇后剛離開，武則天就把孩子偷偷扼死，然後又若無其事地將孩子用被子蓋好。後來，唐高宗過來看女兒時，發現孩子早死了。武則天放聲大哭，唐高宗也非常傷心。他問宮人都有誰來過，大家都說只有王皇后來過。皇上大怒：「皇后何故如此惡毒！過去她和蕭淑妃不和，現在又做出這等壞事。」武則天看到這裡，趁機又在唐高宗面前說了王皇后很多壞話。

唐高宗決定廢黜王皇后，長孫無忌、褚遂良等重臣堅決反對。而武則天的親信李義府等人卻上書請求立武則天為后。高宗猶豫不決，後來李世觀見。唐高宗向他徵求意見，他說：「這時皇上的家事，何必管外人怎麼看呢。」於是，唐高宗在永徽六年（西元655年）十月，廢王皇后，立武則天為皇后，並將長孫無忌、褚遂良等貶黜出京城。

武則天當上皇后不久，就經常幫助皇上處理國事。後來唐高宗患上風眩頭疼病，難以再處理朝政，於是大權旁落，武則天完全把持了朝政。時間一長，武則天的飛揚跋扈，讓唐高宗難以接受。恰好有人對高宗說武則天暗行巫術，詛咒皇上，唐高宗決定廢了武后，他找來上官儀，命他起草廢後的詔書，武則天得到消息後很快趕來。她看到詔書，厲聲責問皇上：「這是什麼？」皇上無言以對，只好說一切都是上官儀的意思。武則天立即下令處死了上官儀，從此氣焰更盛。高宗病重時，擔心李唐天下不保，下令傳位給太子李弘。但是武則天很快就把李弘毒死了。

高宗死後，李顯即位，是為中宗。沒多久，武則天就把中宗貶為庶民，改立睿宗，自己還上朝聽政。徐敬業想擁立中宗，就在揚州領兵造反。武后派李孝逸率大軍征討，徐敬業兵敗被殺。武則天對大臣們說：「徐敬業何其有才，都被我殺掉了。你們要是想造反，就趕快，不想造反的就老實點。」群臣畏服。有人看出武則天想稱帝，就趁勢造謠。一個叫法明的和尚寫了四卷《大雲經》，稱

武則天是彌勒佛轉世，應為天下之主，武則天非常高興。睿宗為了保命，主動提出讓出皇位。武則天假意推辭一番，就接受了。天授元年（西元690年），武則天登基稱帝，改國號為周，號曰「聖神皇帝」。

武則天稱帝後，為了鞏固自己的統治，採取了很多積極有力的措施。她勸農桑，薄賦役，大力發展農業。武則天曾多次親臨考場，主持科舉考試，她還首創「殿試」制度。她眼界開闊，知人善任，因此選拔、任用了很多優秀的人才。武則天執政時，姚崇、狄仁傑、張柬之、桓彥範、敬暉等中興之臣都受到重用。對於邊疆少數叛亂，她一面進行嚴厲打擊，一面採用溫和的民族政策來緩和關係，無論是討伐契丹有功的曹仁師和張玄遇，還是在邊疆大力屯田的婁師德，她都不吝封賞。總之，武則天在位時，社會穩定、經濟繁榮、文化復興、百姓富裕，國家景象大有「貞觀之治」的遺風。

武則天才智過人，用人有術，但是也有很多讓人詬病的地方。她為了排除王皇后和李唐舊臣，用盡心機，不擇手段，向來為後人所不齒。她重用武氏家族，起用酷吏制度，寵信男寵張易之、張昌宗兄弟，為自己的功績抹上了不少汙點。

神龍元年（西元705年），武則天病重，當時身邊只有張易之、張昌宗兄弟兩人。宰相張柬之等人藉口誅殺張氏兄弟發動政變。他們率軍殺進宮闈，誅殺張氏兄弟後，逼武則天讓位給太子李顯，恢復李唐國號。西元705年十一月，武則天病死於上陽宮，享年八十一歲。她死後與唐高宗合葬於乾陵，上立有「無字碑」，功過留與後人評說。

■ 第一酷吏來俊臣

來俊臣從小不務正業，為人陰險狡詐。來俊臣因告密得到武則天的賞識，因為他善於揣摩武則天的心意，從而獲得武則天的信任，成為武則天的爪牙。

來俊臣為了升官發財，經常網羅

罪名，陷害無辜。他在陷害某人前，必先向武則天進奏，得到允許後，就將人逮捕入獄，並沒收其家產。當時，因為來俊臣的誣陷，很多人被祕密逮捕，受到連累的多達上千家，許多無辜的人冤死獄中。來俊臣之流的大肆殺戮，使朝堂上下都彌漫一股陰森恐怖的氣氛。別說平民百姓朝不保夕，就連那些身居高位的大臣們也惶惶不可終日。很多官員上朝前，因為出了家門就生死未卜，都會悽悽慘慘地和家人含淚告別一番。

來俊臣自己審訊犯人的時候，手段更是殘忍。他發明了很多新的刑具和審訊方法，有固定在腰上的夾板，套在脖子上的鐵圈等。他審訊犯人時，以刑訊逼供為樂，經常用刀刮、火燒、割鼻、剔筋、灌醋等方法讓犯人求生不得，求死不能。武則天曾在洛陽設推事院，由來俊臣掌管其間一切事務，時洛陽有云：「推事院，推事院，入此門者，百不一返。」

為了顯示自己的聰明，來俊臣每次審訊犯人前，都會得意洋洋地領著犯人參觀自己的刑具陳列室，很多膽小的人看過後，當場都嚇得半死，接下來無論是讓他們自己認罪還是誣

陷別人都非常容易了。這其中還有一個非常有意思的典故，就是「請君入甕」。

武則天接到一封告密信，內容是周興與人謀反。周興與來俊臣一樣，也是武則天的鷹犬。武則天看到信後非常生氣，下令來俊臣將此事查個清楚。來俊臣知道周興陰險狡詐不亞於自己，僅憑一封書信，他是不會低頭認罪的。他苦思冥想，終於想出一條妙計。來俊臣請周興過來飲酒，兩人喝到酒酣耳熱之時，來俊臣問周興：「我手上有一個案子非常棘手，但是人犯就是不招，我也不知道怎麼辦，還請老兄指教一二。」周興得意地說：「此事好辦，你準備一個大甕，用爐火烤熱，人犯要是不從，你就把他請進去，我保管他服服帖帖的。」來俊臣連連稱是，然後，他讓手下人按照周興說的那樣準備好一口大甕，對周興說：「有人告你謀反，我也是奉命嚴查，請君入甕吧。」周興一聽，腿都軟了，乖乖地低頭認罪。

來俊臣依仗武則天的信任，窮凶極惡，無所不作。有一次，他看中了一個官員的侍妾，就羅織罪名，讓那名官員家破人亡，然後自己霸占了別

人的侍妾。別人問起他時，他還厚顏無恥地說自己珍愛女色，堪比石崇。

由於恣意妄為，來俊臣曾兩次獲罪入獄，但是由於武則天的庇護，後來又都無罪釋放，因此，他的膽子也越來越大。原先他陷害別人的時候，都要絞盡腦汁羅織罪名，後來乾脆連腦子都懶得用了。他讓人找來很多木頭，做成靶子，每個靶子上都寫有一個當朝官員的名字。他想誣陷別人時，就與手下站在遠處用石子投這些靶子，投中誰就是誰。朝中大員人人自危，提起來俊臣都不寒而慄。

來俊臣為了取悅武則天，與手下人撰寫了一本《羅織經》。這是一本專講如何羅織罪名、陷害別人的書，周興看過來俊臣的這本書後，自嘆不如；宰相狄仁傑看過後汗流浹背；武則天看過這本書也感覺來俊臣心思縝密，過於毒辣，心中遂有殺機。以殺人為樂的來俊臣最終落了個讓人唾棄的可悲下場。由於得罪武氏家族和太平公主，來俊臣四十七歲時被皇上下詔誅殺。他死後屍身被仇家分食，骨頭被牲畜踐踏。

▌明相狄仁傑

狄仁傑，字懷英，唐代並州太原（今山西省太原南郊區）人。他是唐朝傑出的政治家，武則天當政時期，他為國家推薦了很多優秀的人才，因此有「桃李滿天下」之稱。

狄仁傑出生於官宦世家，後來，他透過明經考試踏入仕途。他在出任汴州判佐的時候，被下屬誣告，工部尚書閻立本負責調查他的案子。閻立本在審案時不但弄清了案件的是非曲直，還發現狄仁傑是個不可多得的人才。於是他上書朝廷，推薦狄仁傑為並州發曹參軍。

唐高宗年間，狄仁傑升任大理丞，他神機妙算，斷案如神。僅用一年時間，他就將很多積壓的案件審理得一清二楚，案件涉及的人數多達一萬七千人，人人都對審判結果心悅誠服。於是，狄仁傑聲名大噪，成為備受朝野推崇的「神斷」。

一次讀完二十五史故事

武則天當政後，看到狄仁傑才幹過人，就任命他為宰相。狄仁傑雖然身居要職，但是謙虛謹慎，嚴於律己，寬以待人。有一天，武則天召見他時說：「你在汝南兢兢業業，但是朝中還有人在背後詆毀你，你想知道是哪些人嗎？」狄仁傑說：「陛下知道我沒有過錯，這就足夠了。那些背後詆毀我的同僚，我不想知道。」武則天聽後，對他的豁達和坦蕩甚為佩服。

武則天後期，皇儲位置未定之時，狄仁傑多次向武則天提議立盧陵王李顯。因此，武承嗣將狄仁傑視為自己被立為皇嗣的主要障礙。於是他勾結來俊臣，誣陷狄仁傑謀反。當時朝廷有令，凡是造反者，一經審問就承認罪行的可以減輕刑罰。狄仁傑見情況緊急，被逮捕入獄後，立即服罪。來俊臣拿到他「謀反」的口供後，就放鬆了警惕，將他收押在獄，打算等到合適的時候再行刑。狄仁傑在獄中將被子裡子拆掉一塊，給家人寫信，申明了自己的冤屈，然後他將布塊縫在棉衣中，讓獄吏轉交給家人。他的兒子狄光遠拿到冤狀後，立刻上書為父親伸冤。武則天召見狄仁傑時問他：「你既然承認造反，為什麼又要喊冤？」狄仁傑說：「如果不承認造反，臣早被人打死了。」武則天知道他沒罪，最終赦免了他，將他貶為彭澤令。狄仁傑憑藉智謀死裡逃生後，武承嗣不甘失敗，又多次上表誣陷他，但是都被武則天擋了回去。

武則天晚期，狄仁傑也身老力衰，但是他仍然盡職盡守，為國家前途和命運獻言獻策。武則天想立武三思為太子，狄仁傑知道後說：「立自己的孩子為太子，千秋萬代之後，自己還能被列於太廟，享受子嗣祭奠。但是，如果立侄子為天子，他是絕對不會將自己的姑姑列於太廟之中的。」武則天聽了不高興地說：「這是我的家事，你不用多說。」狄仁傑說：「王者以四海為家，天下之大，哪一件不是陛下的家事？既然君臣一體，做臣子的為什麼就不能預先知道陛下的決定呢？」狄仁傑又從母子親情的角度勸說武則天，武則天終於被感動了，將盧陵王叫到跟前，對狄仁傑說：「我把太子還給你！」狄仁傑趁機勸武則天昭告天下，將太子復位之事確定下來，武則天一一答應了。

狄仁傑作為一名精忠為國的宰

相，在慧眼識金、選賢任能方面常有出人意料之舉。契丹猛將李楷固曾多次率兵打敗周武軍隊，後來他兵敗來降時，有人主張將其斬首，狄仁傑力排眾議，為其請授官職。後來，李楷固率軍討伐契丹餘眾，大勝而歸，武則天親自設宴款待了他。在席上，武則天舉杯對狄仁傑說：「這一切都是你的功勞。」

狄仁傑曾對武則天說荊州長史張柬之才幹超群，可出將入相。武則天於是任命張柬之為洛陽司馬。後來她讓狄仁傑推舉將相之才時，狄仁傑說：「我推薦張柬之就是想讓他做宰相，不是做司馬。」在狄仁傑的大力推薦下，張柬之被朝廷任命為秋官侍郎。後來，張柬之趁武則天病重之時，擁護唐中宗復位，為匡複李唐社稷做出了巨大的貢獻。武則天時期，很多中興之臣例如桓彥范、竇懷貞、敬暉、姚崇等都是經過狄仁傑的推薦，才被朝廷重用。這些人上任後，剛正嚴明，兢兢業業，使政治風氣大為改善。因為狄仁傑的知人之明，有人對狄仁傑說：「天下桃李，皆出自公之門下。」

可惜的是，狄仁傑沒有等到唐中宗復位，就在久視元年（西元700年）因病去世。他去世之日，朝野上下哀聲一片，武則天哭著說：「從此以後朝堂上再無可用之人。」她下詔厚葬狄仁傑。後來，唐中宗即位，為了感謝狄仁傑對自己的扶持之恩，他下詔追贈狄仁傑為司空。

太平公主叛亂

武則天共生過六個子女，其中四個是兒子，但是，她一生中最愛的卻是小女兒太平公主。武則天認為太平公主聰明伶俐，足智多謀，不但與自己長得像，並且性格愛好也與自己非常相似，因此，她對太平極其寵愛。

太平公主原名李令月，八歲時，吐蕃派使臣來長安，向唐朝公主求婚。武則天本來還有一個女兒，但是她為了陷害王皇后，親手將其扼死。武則天不想讓幼女嫁到荒原的蠻夷之地，但是又不好意思直接拒絕。她藉

口讓女兒替自己去世的母親榮國夫人楊氏祈福，將公主送進了道觀，並為其取道號「太平」。吐蕃使者一看，只好作罷。

年輕時候的太平公主憑藉父母的寵愛，過著無憂無慮、窮奢極欲的生活。史書上記載：「太平公主食邑上千，外州供奇珍異寶，不可紀極。」時人稱太平公主「富擁天下」。武則天掌管朝政後，太平公主時常渴望與母親一樣，參與朝政。但是武則天出於對她的保護，從不允許她公開參與朝政。

太平公主結過兩次婚，這兩次婚姻都是父母一手安排的，都帶有明顯的政治性。太平公主十四歲時，穿上武官的衣服，跑到父母面前跳舞，把唐高宗和武則天都逗笑了。武則天問她：「你又坐不了武官，穿這官服做什麼？」太平公主說：「把這身衣服賜給駙馬可以嗎？」唐高宗聽出了她的弦外之音，就讓他嫁給了文武雙全又出身於豪門士族的薛紹。

武則天為了顯示對女兒的寵愛，將她的婚禮操辦得極其隆重，據說她召集了長安城所有的轎夫為女兒抬嫁妝，還下令街上的商鋪都關門去街上觀看婚禮。太平公主的第一次婚姻持續了七年，她與薛紹共生育了四個孩子。不過，武則天對高宗選的女婿並不十分滿意，她曾因為薛紹哥哥的妻子不是貴族而不高興地說：「我的女兒怎麼能跟村姑做妯娌呢。」後來，薛紹捲進琅琊王李沖通謀反案，武則天毫不留情地將其「杖一百，餓死獄中」。武則天稱帝前為了爭取武氏家族的支持，又將太平公主嫁給了自己的侄子武攸暨。太平公主的這段婚姻直到她去世的前一年才結束。

武則天後期，太平公主開始參與朝政。雖然由於母親的阻攔，太平公主從未正面干預過政事，但是由於她的處事態度與武則天高度一致，所以，武則天在處理很多大事時，都讓她在幕後出謀劃策。武則天晚年，寵信張易之、張昌宗兄弟，後來二人將其軟禁，準備謀權篡位。太平公主與宰相張柬之、大將李多祚等人聯手，誅殺張氏兄弟，擁立唐中宗即位。太平公主擁立中宗有功，被封為「鎮國太平公主」，權勢日盛。

性情懦弱的唐中宗即位後，皇后韋氏和女兒安樂公主專權。韋后後來也想效仿武則天，君臨天下，她與安

樂公主一起毒死了唐中宗，準備立溫王李重茂為皇帝，之後再將其毒死，自己臨朝。李隆基洞察其野心後，聯合陳玄禮，殺死韋後和長樂公主。太平公主與李隆基一起參與了這場行動，她來到皇宮，看到年幼的溫王還高坐在龍椅上，就對李隆基的父親相王李旦說：「這個位子是你的，這個小娃娃不該坐在那裡。」於是，她走上前，將溫王從龍椅上提了下來，將相王扶上王位，唐睿宗即位。

唐睿宗對將自己扶上王位的妹妹極其溺愛，對她的話言聽計從。太平公主向朝廷推薦了很多人，唐睿宗都將他們封了官。一時間，依附太平公主的人越來越多，太平公主的權勢變得炙手可熱，時有云「宰相七人，五出公主門」、「在外只聞有公主，不聞有皇上」。李隆基被立為太子後，為了握緊大權，讓自己的兄弟宋王等人統領禁軍。太平公主對他的作法很不滿，她將宰相召來，說太子不是長子，要廢掉他。姚崇、宋璟等人建議皇上讓太平公主遷到洛陽去住，唐睿宗沒有答應，還降了他們的職。太平公主見太子對其已有防備之心，想趁太子羽翼未豐，廢掉太子。

唐睿宗先天二年（西元713年），太平公主與竇懷貞、蕭至忠等人密謀，讓元楷率羽林軍去武德殿誅殺太子，然後大家在外面群起相應。李隆基得到消息後，決定先發制人。

他在政變的前一天，讓人去宮內以領馬匹為由，賺開宮門，誅殺左、右羽林軍將軍，粉碎了了太平公主的計畫。兵變失敗後，太平公主逃亡南山山林之中，過了三天才出來。李隆基派兵包圍了太平公主的住宅，然後將其賜死。

■ 一代詩仙李白

李白，字太白，號青蓮居士，唐隴西成紀（今甘肅天水附近）人。他的祖上因為犯罪被流放到西域，直到武則天時才從西域返回，在四川定居。李白很小的時候就飽讀詩書，長大後所學更是廣泛，還精通箭術和縱

橫之術。在岷山隱居時，州郡長官曾推薦他去參加科舉考試，但他沒有答應。二十歲時，他離開蜀地，開始漫遊天下。他北上長安，東游齊魯，四處周遊長達十年之久，由於性情豪爽、仗義輕財、文采風流，李白一路結交了很多朋友，寫下了很多壯麗的詩篇。不過，他「大濟蒼生，平撫天下」的理想和抱負卻始終沒有實現。

元寶初年，李白到達長安時，曾與人一起去拜訪譽滿天下的大詩人賀知章。賀知章看到他的詩文後感嘆說：「你簡直就是從天上來到人間的神仙啊。」自此，賀知章常在人前誇讚李白，後來，還向皇帝推薦了他。唐玄宗看過李白的詩作後，親自召見李白，兩人在一起談論詩歌，相見甚歡。唐玄宗很賞識李白的才華，任命他在翰林院就職。

李白生性豁達，好飲酒，善談笑，為時人所仰慕。他常與賀知章、李適之、王璡、崔宗之、蘇晉、張旭、焦遂在長安酒市上飲酒賦詩，時稱「醉八仙」。有一天，李白正在酒市上與人喝得酩酊大醉，唐玄宗突然派人來找他進宮填詞。使者看著已經醉爛如泥的李白，只好動手將他抬進宮去。皇上等他清醒了點後，就讓他開始動筆。李白拿起筆，不假思索，十多首辭藻絢麗、格調高雅的詩文一揮而就。唐玄宗看到後大喜，因此，時常請李白進宮赴宴。有一次李白喝醉後，讓玄宗身邊的紅人高力士為自己脫靴。高力士當時氣焰正盛，權傾朝野，他受到李白這般侮辱，心裡非常惱火。

有一天，楊貴妃看過李白的《清平調》後，讚不絕口。高力士在旁邊說：「娘娘真的覺得這首詩很好嗎？」楊貴妃聽到後就問他哪裡不好。高力士說：「他在詩中用漢成帝的皇后趙飛燕來比喻娘娘，不就是在罵娘娘嗎？」楊貴妃聽後，對李白厭恨在心，以致於後來每次唐玄宗要給李白封官加爵的時候，楊貴妃都要從中作梗。

李白正因為長居長安卻壯志難酬而暗自神傷，翰林院學士張坦又因為看不慣李白放浪形骸的行為，上書奏了他一本。加上和李白有隙的楊貴妃和高力士也常在唐玄宗耳邊進讒言，李白被皇上賜金放還。他離開長安，開始四處漂泊。

李白遊歷中原時，在洛陽遇到了

窮困潦倒的詩人杜甫。當時李白已經是詩名滿天下，並且比杜甫年長十一歲，一向心高氣傲的詩人在杜甫面前卻沒有半點的傲慢之勢。兩人惺惺相惜，結下了深厚的友誼。杜甫曾經寫詩稱讚李白：「筆落驚風雨，詩成泣鬼神。」後來他們在洛陽分手時，還約好下次要同遊梁宋故地。

天寶十四年，安史之亂爆發，李白避走廬山。永王李璘東巡的時候，李白應邀入幕。他曾勸永王勤王滅賊，但是永王后來卻自己起師稱帝。永王兵敗後，李白也受到牽連，被投入潯陽監獄。

後來，駐守潯陽的宋若思將李白從監牢中救出，並收其為幕僚。李白後來曾以宋的名義向朝廷推薦自己，但是不知何故，一直未被任用，還被流放到夜郎（今貴州境內）。

李白被流放夜郎時年事已高，他因為此去一別，前程無期，而憂心忡忡，寫下了「夜郎萬里道，西上令人老」的悲愴詩句。乾元二年（西元759年），李白行巫山，朝廷因為關中大旱而大赦天下，詩人又重獲自由。他沿長江返回時，先去江夏區投靠老友良宰正，又返回金陵，故地重遊。上元二年（西元762年），李白病逝於金陵，享年六十一歲。

李白在他充滿傳奇色彩的一生中，寫下了大量膾炙人口的詩篇，著名的有《靜夜思》、《將進酒》、《蜀道難》等。他的詩歌氣勢雄壯豪邁，語言清新飄逸，想像空靈綺麗，因此李白被後人尊稱為「詩仙」。

唐文宗即位後，御封李白的詩歌與裴旻的劍舞、張旭的草書為「唐朝三絕」。

安祿山恃寵而驕

安祿山，營州（今遼寧朝陽）人，幼時喪父，後來，其母阿史德氏改嫁突厥將軍安波注的哥哥安延偃，安祿山就跟了安姓。因為從小就生活在人口複雜的胡地，安祿山學會了九種語言。他長大後，膀闊腰圓，性情奸詐，善於揣摩人意，與史思明兩人以兇狠好鬥而聞名。

開元二十年（西元732年），張守珪任范陽節度使時，安祿山因為偷羊被人追著打殺。他見到張太守後大叫道：「大人不想消滅兩番（奚、契丹）嗎？為什麼還要打殺勇士？」張守珪看他氣度不凡，就釋放了他，還讓他和史思明都做了小官。安祿山勇猛過人，加上他又熟悉當地的地形，因此，每次打仗的時候都能以少勝多。張守珪很賞識他，很快就將他提拔為偏將，並收安祿山為義子。

開元二十四年，安祿山討伐契丹失敗，入朝奏事時見到了宰相張九齡。張九齡說：「日後禍亂幽州的，必定是這個胡人。」於是，張九齡上表懇請將其斬首，但是，玄宗沒有採納他的建議。

開元二十八年，御史中丞張利貞出任河北採訪使，來到河北時，安祿山送給了他很多財物。張利貞回朝後，在皇上面前極力為他美言，朝廷又為他升了官。嘗到甜頭的安祿山對朝廷派遣的使者都加以賄賂，官越做越大，直至兩番、渤海、黑水四府經略使。

唐朝時有規定，地方節度使御任後都要敘官。安祿山入朝時，想方設法取悅唐玄宗。他對玄宗說：「營州境內去年爆發了蝗災，莊稼都被吃光了。臣向天禱告，若是臣對朝廷一心忠誠，老天就要把蟲害自行散去。結果禱告剛結束，就來了大群紅頭鳥，將害蟲吃得乾乾淨淨。」唐玄宗聽到這裡，非常開心。

安祿山陰險狡詐，城府很深，但是在人前卻常表現出一副憨厚傻氣的模樣。他見楊貴妃深受玄宗寵愛，而楊貴妃又沒有孩子，於是不顧自己比楊貴妃還大十八歲，非要做她的養子。唐玄宗與楊貴妃都非常高興，就答應了他的請求。於是安祿山就事楊貴妃如母，處處諂媚獻寵。他每次見楊貴妃和唐玄宗在一塊兒時，總是先給楊貴妃行禮，再向皇帝行禮。唐玄宗問他為何如此，他故意傻裡傻氣地說：「我們胡人都是以母為尊。」唐玄宗聽了，被逗得哈哈大笑。

安祿山體態肥胖，在皇帝面前跳胡旋舞時，卻「其疾如風」。有一次，唐玄宗問他那肥胖的肚子裡面都有什麼，他厚顏無恥地說：「什麼都沒有，只有一顆赤膽忠心而已。」皇上聽後，對他更是深信不疑。

安祿山自恃皇帝恩寵，輕蔑群

臣，但是他對老謀深算的李林甫卻怕得要命。原先李林甫為了鞏固自己的地位，認為胡人目不識丁，難成大器，所以才主張朝廷對他們大加重用，誰知安祿山青雲直上，李林甫看到眼裡，計上心來。有一天，安祿山前來拜見李林甫，李林甫見其態度傲慢，託故將王叫來問事。當時，王身兼二十餘職，見到李林甫卻恭順謙卑如同奴僕。安祿山看了大驚，對李林甫也恭敬起來。

安祿山擅揣人意，李林甫也深諳此道，他和安祿山談話時，每次都能猜透安祿山的心思。他對安祿山說：「皇上雖然春秋已高，但是宰相寶刀未老。安將軍如今深受皇上喜愛，應好自為之，對朝廷忠心不二。」安祿山聽後，心懷恐懼，對李林甫敬畏不已。此後，安祿山將李林甫奉若神明。他每次派人進京，都會專門讓人問候李林甫。

安祿山在京時，將朝廷的情況摸得一清二楚。他看到玄宗昏庸，朝政腐敗，心中就想取而代之。他離開長安後，開始招兵買馬，為奪取天下做準備。他以禦敵為名，建築雄武城，在裡面儲備大量的糧食和兵器。他知道玄宗好大喜功，於是，他鼓動手下人濫殺契丹百姓，然後他又割取百姓首級向朝廷邀功請賞。

楊國忠上臺後，安祿山看到楊國忠才能平庸，非常鄙視他。楊國忠對他也非常惱火，因此，他藉安祿山在外招兵買馬之事，在唐玄宗面前說安祿山有謀反之心。此時，太子也發現安祿山有不臣之心，也上奏說他欲反。唐玄宗聽後，就命安祿山進京朝見。楊國忠本以為安祿山做賊心虛，不敢前來。誰知，安祿山早已猜透玄宗的心思，他飛馳進京，向唐玄宗哭訴道：「臣承蒙皇上錯愛，感恩不盡。但是楊國忠嫉妒我，屢次使人在皇上面前讒言，臣現在只是等死矣。」唐玄宗對他好言相勸，為了寬慰其心，將那些「誣陷」他的人都交與安祿山處置，還厚賞了他。事已至此，楊國忠也無計可施。當時，人人皆知安祿山有反意，但是再無敢言者。

安祿山打消玄宗的疑慮，離開長安後，如漏網之魚，疾速趕回范陽。他到達自己的大本營後，就以討伐楊國忠為名，舉兵反唐。安祿山的大軍一路直下，取太原，過河東，所向披

靡。後來，李光弼、郭子儀先後出兵井陘，大敗叛軍，張巡在睢陽也誓死抵抗，安祿山的部隊，數月不能前進。及哥舒翰潼關失守，唐玄宗逃往成都，安祿山才得以進入長安。叛軍進入長安後，大肆殺戮、搶掠，整個長安城一片狼藉，慘狀驚人。

安祿山原先就有眼病，起兵之後，視力逐漸不佳，後來竟至失明。他性格暴躁，對左右非打即罵，因此，人人怨恨。安慶緒為安祿山長子，後來安祿山的寵妾段氏生下一子，名叫安慶恩，安慶恩深受安祿山的喜愛。安祿山稱帝後，安慶緒時刻擔心自己被廢，因此，他與安祿山的親信嚴莊、李豬兒等人一起，謀殺了安祿山。陰險狡猾的安祿山一世梟雄，僅憑一人之力，就將大唐國勢扭轉，可憐的是，最後還是死在自己兒子手裡。

張巡守城

張巡，河南鄧州人，從小聰敏好學，博覽群書。長大後，他重義輕財，扶危濟困。後來入京考試，中進士，為太子舍人。楊國忠執政時，他因不阿附楊國忠，而被外調為真源（今河南鹿邑）縣令。他上任後，勵精圖治，地方安定，人民安居樂業。

安祿山起兵後，勢如破竹，很多地方的官員聞風而降。安祿山的部隊到達宋州（今河南商丘）、曹（今山東曹縣）州後，譙郡（今安徽亳州）太守楊萬石投降，他任命張巡為長史，並命其舉城迎接叛軍。張巡接到命令後，率部先去哭祭皇帝祖祠，接著又召集人馬，誓死討伐叛軍。

令狐潮本是雍丘（今河南杞縣）縣令，他投降叛軍後，他手下的士兵趁其出城時，請張巡入城。時吳王李祗在太守奉召討賊，他聽說張巡進駐雍丘後，就命張巡在雍丘抗擊敵軍。令狐潮帶領四萬大軍攻打雍丘，當時張巡手下只有兩千多人，敵人來勢洶洶，大家都很害怕。張巡說：「令狐潮知道我們兵少將寡，肯定會掉以輕心。我們趁其不備，出其不意，定能將其擊敗。」張巡趁敵軍尚未站穩，

就領兵發起猛攻，叛軍措手不及，大敗而逃。

不久，令狐潮率大軍捲土重來。張巡手下有幾個將領勸張巡投降，張巡召集手下人，將這幾個人斬頭示眾。守城將士看到後，團結一心，誓死與城池共存亡。敵軍築木樓從四方攻城，張巡命人在城牆上築起柵欄，然後點燃沾過油脂的稻草，向敵軍投擲，叛軍燒傷無數，無法接近城池。城裡的箭用光了，張巡命人紮了很多草人，趁著夜色，用繩子將草人吊下城去。叛軍分辨不清，以為是唐軍前來偷襲，就放箭亂射一氣。透過這個方法，張巡未傷一兵一卒，就從令狐潮那裡得到了很多箭。這樣反覆了幾次，敵軍屢次上當後，城內唐軍再吊人下來時，他們都以為是張巡在騙他們，不再射箭，也不再防備。張巡看到敵人懈怠，就用繩子放真人下來，向敵人發起襲擊，將令狐潮逼退了幾十里。此後，張巡與敵軍你來我往，六十天左右，歷經百餘戰，每戰必勝。

叛將楊朝宗進犯寧陵後，張巡率人馬趕到睢陽，聯合睢陽太守許遠，對敵軍發動突然襲擊，大獲全勝，殺敵近萬。許遠感覺張巡才幹在自己之上，於是拜張巡為主帥，將軍事指揮權交與張巡。安祿山死後，安慶緒派部將尹子琦率十幾萬精兵，進攻睢陽。張巡、許遠和將士們死守城池，一天應戰二十余次，士兵們雖然疲憊不堪，但是同仇敵愾、士氣高昂。

五月，叛軍為了補充糧草，在城外收割成熟的麥子。張巡看到後，命令士兵擂鼓，佯裝出戰。叛軍聽到鼓聲，立即停止收麥，集結待戰。但是，張巡卻令將士們原地休息。叛軍見後，放鬆了警惕，張巡命手下猛將南霽雲率兵衝出，直搗敵軍大營。叛軍猝不及防，死傷無數。

尹子琦失利之後，惱羞成怒，他領兵將睢陽城團團圍住，揚言要活捉張巡。張巡想射殺尹子琦，但是他又不認識尹子琦，於是，敵軍再次兵臨城下時，他讓人用蒿草做的箭射向敵軍。敵兵撿到箭後，以為城裡已經連箭都用光了，就高興地將箭拿給主帥尹子琦看。張巡趁機讓神箭手南霽雲瞄準了尹子琦，南霽雲拉弓射箭，一箭正中尹子琦左眼，尹子琦重傷在身，只好命令部隊撤軍。

七月，叛軍再次圍城，睢陽城內

糧草將盡，形勢危急。慢慢的，糧食越來越少，很多百姓都餓死了，士兵每人每天只能分到一勺米，有的人餓急了就吃草根樹皮，但是沒有一個人投降。後來，守軍只剩下一千人，大家在戰鬥之餘，都去捉老鼠、麻雀來吃，有人甚至將弓箭上的皮革拆下來煮了吃。最後一點糧食都沒有了，很多將士都餓得拉不開弓，張巡只好讓南霽雲殺出重圍，去找救兵。

南霽雲殺出重圍後，來到彭城，向彭城太守許叔冀求救，但是許叔冀對睢陽戰事，一直持觀望態度，以前張巡得勝時他尚不敢發兵，現在更不敢以卵擊石。南霽雲失望之餘，只好向駐守臨淮的賀蘭進明求救。賀蘭進明妒忌張巡的名聲，又擔心出兵後敵軍會從背後來偷襲自己，也拒絕出兵救助張巡。他看南霽雲勇猛過人，就想將其收為己有。賀蘭進明命人大擺宴席，宴請南霽雲。南霽雲在席上放聲大哭，他說：「睢陽城已斷糧多日，大人既不出兵，何必請我吃這麼精美的飯菜，請恕我難以下嚥。大人的盛情我銘記在心，我現在留下自己的一根手指來回報大人。」說完，他拔刀砍掉了自己的一根手指，起身告辭。南霽雲走出賀蘭進明的府邸後，發誓說：「破賊後，我一定要滅了賀蘭全家！」

南霽雲東奔西走，只有真源令李賁援助了百匹戰馬，寧陵守將援助了三千士兵。但是，南霽雲帶領這幾千人馬殺進城的時候，所剩下的也只有一千多人了。守城的將士聽說外面沒有援軍後，自知必死無疑，都抱頭痛哭。

叛軍聽說張巡求救無望，於是在外面加緊攻城，睢陽城很快就被攻下。張巡、許遠、南霽雲等人被俘後，毫無懼色，怒聲罵賊不止。尹子琦勸張巡投降，張巡大罵道：「我恨不能將你生吞活剝，只不過我現在沒有力氣罷了。」尹子琦命人用刀在他嘴裡亂攪，他滿嘴鋼牙俱碎，仍罵不絕口。尹子琦見狀，只好命人將他拉出去殺了，張巡被害時，年僅四十九歲。他的手下南霽雲、雷萬春等人皆因不願投降而被殺。許遠聽說後，在押往洛陽的途中不屈而死。

雖然城破身亡，但是張巡為平息叛亂，保護江淮百姓立下了汗馬功勞。百姓感其恩德，修建張巡祠，四時祭祀，香火不斷。

高力士權傾朝野

高力士，唐潘州人（今廣東省高州市城區），本名馮元一。高力士祖上曾是北齊大將，他十歲時，因株連罪被抄家後，家境一敗塗地。武則天時，高力士被人送入宮中，做了太監。宦官高延福將其收為養子，從此改姓為高。

後來，高力士被送去侍奉臨淄王李隆基，李隆基將其視為知己，待之甚厚。唐睿宗即位後，李隆基被立為太子。他對太子忠心耿耿，深受李隆基信任。太平公主叛亂，高力士協助太子平叛有功，被加封為右監門衛將軍，主管內侍省事務。唐玄宗即位後，將宮內大小事悉數委託於他，凡是下面送上來的奏摺，都需高力士過目後才能交給皇上。於是，高力士權傾朝野。

高力士雖然身為宦官，但是文武雙全，頗有眼光。唐玄宗寵愛武惠妃的兒子壽王，想立他為太子，但是肅宗是長子，因此在立儲問題上，唐玄宗一直猶豫不決。有一次，唐玄宗吃飯時，想到這個問題，愁上心來，就放下了筷子。高力士見狀就說：「陛下放下筷子是因為飯菜不可口嗎？」唐玄宗說：「高翁自己猜猜是什麼原因。」高力士說：「皇上大概是為立太子的事煩惱，自古以來，立長子為太子是天經地義的事，我想沒人會有異議。」唐玄宗感覺他說的很有道理，於是就立肅宗為太子。

高力士侍奉唐玄宗，雖然備受恩寵，但是並不是靠逢迎巴結而安身立命，他曾多次警示和提醒玄宗，警防朝臣專權，收回邊關大權。

李林甫當政時，唐玄宗對高力士說：「如今天下太平，朕想築黃金屋，將國家大事委託給宰相，你以為如何？」高力士說：「如今宰相多用鑽營之士，朝黨朋亂。國家大權，怎可委與他人之手。皇上應高瞻遠矚，以國家為重。」唐玄宗聽後，雖然有些不快，但是感覺他言之有理，也就打消了自己的想法。

唐玄宗好大喜功，駐守邊關的將領為了邀功請賞，時常會為了一些小事而和邊區的少數民族開戰。

唐玄宗對他們的這種行為不但不加制止，還會大加封賞。有一次，高力士對唐玄宗說：「我聽說南方的部隊在雲南經常打敗仗，而北方的軍隊卻力量強大。陛下準備用什麼去控制他們呢？」唐玄宗知道他是在影射安祿山，說道：「你說的有道理，我會考慮這件事的。」

與那些依仗皇帝寵信而傲慢無禮的人不同，高力士雖然位高權重，但是他生性謹慎，待人親近隨和，因此在朝堂內外並無惡名。肅宗做太子時，事高力士為兄。其他的公主和親王，都尊稱他為高翁。

安史之亂後，唐玄宗逃往成都，肅宗在靈武即位後，唐玄宗高興地說：「我兒子上順天意，下應民心，現在已經稱帝了，叛亂指日可平，我沒有什麼可擔心的了。」高力士看到皇上盲目樂觀，說道：「如今洛陽和長安均已落入叛軍之手，河南、漢北等地皆成焦土。百姓流離失所，生靈塗炭。人人皆為之痛心疾首，獨陛下不以為然，老奴實在是不敢苟同。」唐玄宗聽後，啞口無言。

馬嵬坡之亂，將士要求誅殺楊國忠、楊貴妃。唐玄宗因為楊貴妃身居內宮，不知楊國忠謀反之事為由，拒不殺楊貴妃。高力士進諫說：「楊國忠已死，如果皇上執意留下貴妃，則將士們人人自危，豈肯安心替皇上效命。皇上應審時度勢，讓將士們安靜下來。」皇上這才命其將楊貴妃縊殺於佛堂。到達成都後，高力士被加封為齊國公。

收復長安後，高力士隨唐玄宗返京。張惶後和宦官李輔國時常脅迫玄宗，玄宗處境艱難。很多人都棄唐玄宗而去，但是對唐玄宗忠心耿耿的高力士始終都陪在唐玄宗身邊。一天，唐玄宗行至睿武門，李輔國領士兵截住玄宗去路，說：「皇上請太上皇去太極宮居住。」唐玄宗受到驚嚇，幾乎掉下馬來。高力士上前屬聲呵斥李輔國：「李輔國乃下臣，見到先皇敢不下馬！」李輔國大怒，拔刀砍死了高力士身邊的一名小太監。高力士面不改色，大聲說道：「你們在太上皇面前拔刀橫向，就不怕犯法嗎？」士兵們趕忙收刀下跪。李輔國帶兵離去後，唐玄宗拉著高力士的手說：「今天要是沒有你，我早已成為刀下厲鬼了。」

時過不久，高力士被李輔國誣

陷，貶到巫州。幾年後，代宗即位，大赦天下，高力士遇赦回京。他在回京的路上，聽到玄宗去世的消息後，向北而哭。他對身邊的人說：「皇上駕崩，我連他的棺木都沒有看一眼，讓人情何以堪。」他哀傷過度，最後咳血至死。代宗因高力士護主有功，下詔追封他為揚州大都督，並讓其為唐玄宗陪葬，葬於泰陵。

郭子儀衛國有功

郭子儀，陝西滑縣人，年輕時，身高臂長，武藝超群。後來，郭子儀參加了武舉考試，被選拔在禁軍任職。安史之亂爆發前，他已官至九原太守。

安史之亂爆發後，他向朝廷推薦了李光弼，又與其一起打了很多勝仗。宦官魚朝恩看到郭子儀統領天下大權，擔心他對自己不利。於是相州失利後，他就在肅宗面前詆毀郭子儀，說他權高欺主。唐肅宗信以為真，就剝奪了郭子儀的兵馬指揮權。

史思明叛亂，唐肅宗重新起用郭子儀。但是，時隔不久，因為宰相程元振在代宗面前挑撥離間，郭子儀又被罷去了軍權。後來，史思明大敗李光弼，占領洛陽（史思明不久即被史朝義殺死），代宗看到朝中無將可用，只好重新起用郭子儀。

郭子儀看到敵眾我寡，實力懸殊，就先去回紇部落借了十萬大軍，然後再領兵攻打洛陽。史朝義敗走洛陽，一路逃竄，郭子儀在後面緊追不捨。史朝義逃到莫州（今河北任丘）後，見大勢已去，上吊自殺，自此，安史之亂才算完全平定。

安史之亂剛剛平息，次年，僕固懷恩因為輔助唐朝平叛，卻未得到封賞，而引兵作亂。僕固懷恩率領十多萬大軍揮師南下，京城人心惶惶。郭子儀啟奏皇上說：「僕固懷恩雖然驍勇善戰，但是他不得人心。我以前與他聯手平叛時，對他的部將們恩威並施，將士們必不忍與我軍兵刃相見。因此，我料定他此次肯定會無功而返。」代宗聽說後，下令將士緊閉城

一次讀完二十五史 故事

門，不與之交戰。僕固懷恩果然不戰而退。

永泰元年（西元765年）八月，僕固懷恩引吐蕃、回紇大軍約三十萬，再次南下。代宗大驚，急召郭子儀屯居涇陽，抗擊敵兵。郭子儀剛到涇陽就被敵軍包圍了，他讓部下死守城池，自己帶領兩千鐵騎在敵陣中來回衝殺。回紇首領看到後，問領頭的將領是誰，唐軍說是郭子儀。回紇首領吃驚地說：「僕固懷恩說郭令公和天子都已經死了，為什麼現在郭令公還活著？」郭子儀聽說後，就派人到回紇營中去遊說。回紇首領說：「既然郭令公還活著，我們必須見他一面才撤軍。」

郭子儀聽後，決定去回紇營中走一趟，部下都勸阻他不要去。郭子儀說：「現在國家危急，我身為元帥，不應考慮自己的安危。既然對方提出來這樣的條件，我們就應該以誠相待。」於是，他脫去盔甲，帶了十幾個隨從，朝回紇大營走去。回紇首領看到郭子儀後，立刻丟掉兵器，跪倒在地。郭子儀將他扶起，好言安慰，兩家重歸於好，並聯手制訂了一起打擊僕固懷恩的計畫。吐蕃人聽到這個消息後，想連夜撤軍，回紇和唐軍聯手，在靈武臺西原大破吐蕃，僕固懷恩於進軍途中聽到這個消息後，暴卒。

郭子儀衛國有功，但他深知禮讓之道，從不依勢自驕。僕固懷恩兵敗後，他再三懇請，要求辭去所有的官職，皇上不准，後來，他好不容易才辭去太尉一職。因此，他雖然位高權重，但是德宗從不懷疑他的忠心，還尊稱他為「尚父」。

郭子儀一生南征北戰，屢建奇功，但是他寬以待人，忠勇愛國，因此，在朝廷內外素有美名。

宦官魚朝恩素來與郭子儀不和，郭子儀在靈州和吐蕃人打仗的時候，魚朝恩派人挖掘郭子儀父親的墳墓。郭子儀回朝後，皇帝為此事安慰了他，他伏地痛哭，說道：「我做統帥的沒有好好管制手下的士兵，他們難免會做出挖掘別人墳墓的行為。現在有人挖掘我父親的墳墓，與其他人無關，是上天對我的懲罰啊。」魚朝恩後來又請郭子儀參觀他修建的章敬寺，元載提醒郭子儀多加提防，郭子儀的部下也請他在便衣裡面穿上鎧甲，以防不測。郭子儀沒有聽從。他

去見魚朝恩時，只帶了幾個僮人。魚朝恩問他為什麼帶那麼少的人。他說：「有人說你要害我，我不信，就帶了這麼多人來。」魚朝恩聽後，哭著對他說：「將軍如此深信不疑，真是坦蕩忠厚之人。」從此以後，魚朝恩對郭子儀尊敬有加。

田承嗣元是安慶緒的驍將，歸唐後被封為魏州節度使。他向來飛揚跋扈，任誰都不放在眼裡。但是郭子儀派人去魏州見他時，他在使者面前向郭子儀所在的方向恭敬下跪，並指著自己的膝蓋說：「我的膝蓋已經很久沒向人彎曲了，今天我特地為郭令公下跪。」

郭子儀一生富貴長壽，他有七子八婿，個個都是朝廷重臣。他以前的手下，有的已經官至王侯，但是見到郭子儀時，都神情恭卑如同奴僕。

郭子儀八十五歲時壽終正寢。德宗親自下詔追念他，並在出殯之日，親自至安福門痛哭送行。作為大臣，生前不受猜忌，死後哀榮至此，古往今來，也只有郭子儀一人了。

▌ 詩史白居易

白居易（西元772—846年），字樂天，號香山居士，河南新鄭人。他出生於家業雄厚的地主官僚家庭，少年時刻苦讀書，貞觀貞元十六年（西元800年）中進士。白居易是繼李白、杜甫之後唐朝詩歌史上的又一偉大詩人。他的詩通俗易懂，質樸典雅，後人稱其為「詩史」。

白居易的詩歌藝術造詣很高。他十六歲來到長安，帶著詩作去拜見著名的詩人顧況。顧況看到他的名字後，跟他開玩笑說：「白居易，長安這裡米價很貴，要想在這裡居住，可是不大容易啊。」顧況看到他的文章後，對「野火燒不盡，春風吹又生」連聲稱奇。他說：「我以為自己再也見不到這樣的文章了，誰知道竟然在你身上看到了希望。憑你的才華，要想在長安博取功名，根本就沒有什麼困難。」果然不出顧況所料，白居易很快就中了進士，官任左拾遺。

白居易性格耿直，他擔任左拾遺

後，不畏權貴，多次直言上書論事。有一年，唐憲宗因為旱災嚴重下旨減免賦稅。白居易向皇帝提議節流要從多方面做起，他提出放出一部分宮女，以節約後宮開支，皇上採納了他的建議。不久，皇上準備提拔王鍔為宰相，白居易知道王鍔貪汙成性，就上書反對。王鍔最後還是做了宰相，白居易為此得罪了很多人。白居易看到朝政腐敗，寫了很多帶有諷刺性質的詩歌，如《秦中吟》、《新樂府》等。很多當朝的權貴看到後都非常生氣，對他懷恨在心。

元和十年（西元806年）六月，宰相武元衡和御史中丞裴度遭人暗殺，整個長安城為之議論紛紛。很多人都希望朝廷儘快將兇手捉拿歸案，但是當時掌權的官僚集團卻對這件事不聞不問。白居易非常氣憤，他上書請求嚴懲兇手，限期辦案，並將自己的奏章越過宰相，直接交給了皇上。宰相對他的所作所為極為不滿，就使人中傷他說：「白居易的母親是賞花時掉在井裡淹死的，可他還寫了一篇《新井篇》，這分明就是有違孝道，這樣的人不配在朝為官。」皇上聽後，將白居易貶為江州司馬。

這次貶謫給白居易帶來了沉重的打擊，也滋長了他心中好佛論道的思想。他在江州任職的時候，經常邀請好友，開壇飲酒，抱琴引酌，共賞風花雪月。在此期間，他寫下了膾炙人口的《琵琶行》。

唐穆宗繼位後，將白居易召回了長安。但是他看不慣朝中的明爭暗鬥，多次請求外放。後來他先後擔任了杭州刺史、蘇州刺史，他在地方任職時，勤於政事，為百姓做了不少好事。他在杭州時，修築蓄水長堤，方便百姓灌溉田地。杭州百姓為了紀念他，將他修築的長堤命名為「白堤」。

晚年時，白居易被拜為太子賓客，定居洛陽。他雖然對朝中的朋黨之爭厭惡至極，但是內心還是一個憂國憂民的詩人，他看到自己的政治抱負無法實現，就將全部的心思放到了詩歌創作上。他寄情山水、酒、禪，以詩歌自娛，寫下了很多千古傳頌的詩篇。

白居易七十五歲時，病逝於洛陽，死後葬於洛陽龍門香山琵琶峰。李商隱尊他為文壇領袖，特地為他撰寫了墓誌銘。唐宣宗李忱聽聞他去

世，專門寫詩悼念他。

白居易的詩詞流傳至今的有三千首之多，數量位居唐代名詩人之首。他的代表作有《長恨歌》、《賣炭翁》、《憶江南》、《大林寺桃花》等。他的詩風格明麗輕快，讀起來朗朗上口。他的詩歌中多有感嘆世事，反映民間疾苦的佳作，對後世影響頗深。他的詩在唐朝時候就被傳播到日本和朝鮮，在東亞各國都產生了深遠的影響。

▍甘露事變

安史之亂讓唐肅宗看到了武將掌權的嚴重後果，他不再相信外臣，開始信任擁立有功的宦官。於是很多宦官開始掌管軍隊，干涉朝中大事。後來宦官的權勢越來越大，他們逼宮帝，專權橫行，無惡不作，唐朝後期的幾位皇帝都是宦官擁立的。

唐穆宗因為濫服金石之藥斃命後，宦官擁立唐敬宗登基，因為與宦官作對，唐敬宗沒做幾年皇帝，就被宦官毒死。後來，他們又立唐穆宗的弟弟為帝，就是唐文宗。唐文宗看到宦官們把持朝政，處處橫行，心裡也很不高興。他暗下決心，一定要除掉這些為所欲為的宦官。當時，宦官內部分化為兩派，他們的頭目分別是王守澄和仇士良。這兩派為了爭權奪利，處處明爭暗鬥。唐文宗看到後決定利用他們的矛盾，將他們各個擊破。有一次，唐文宗生了一場大病，醫治了很長時間，卻總不見好。王守澄見手下的官員鄭注精通醫術，就將他推薦給唐文宗。鄭注果然醫術高明，唐文宗服過他開的藥後，很快就好了。唐文宗病好後召見鄭注時，發現他博學多才、能言善辯，就將他提拔為御史大夫。李訓是鄭注的朋友，一直不得志，他聽說鄭注升官後，找到鄭注，請他提攜一下自己。鄭注又請王守澄將李訓推薦給唐文宗，一心想培植勢力的王守澄欣然答應了他的請求，向文宗推薦了李訓。李訓是一個口齒伶俐、善揣人意的人，他很容易就博得了唐文宗的信任，不久就官

至宰相。

唐文宗將鄭注和李訓兩人看做自己的左膀右臂，他將自己想除掉宦官的想法告訴了他們。這兩人也對宦官專權極為不滿，他們與唐文宗一拍即合，三人開始密謀除掉宦官的計畫。鄭注認為王守澄權力過大，必須得先用仇士良削弱他的兵權。於是，唐文宗命仇士良為左神策中尉，控制了一部分禁衛軍。接下來唐文宗又以各種藉口將王守澄的兵權剝奪乾淨，待到王守澄喪盡兵權之後，唐文宗用一杯毒酒毒殺了他。王守澄死後，仇士良成了唐文宗的心腹之患。鄭注、李訓經過一番謀劃後，聯合禁衛軍將軍韓約，決定共同除掉仇士良。

西元835年的一天，韓約上奏說，昨天夜裡，禁衛軍後院的大樹上降了很多甘露，建議皇上去看看。當時的人都很迷信，認為天降甘露是祥瑞之兆。因此，李訓就請皇上去後院觀賞甘露。所謂天降甘露，不過是李訓等人密謀的誘殺仇士良的託詞。他們早在禁軍後院布下了埋伏，想等到宦官們來到後院時，將其一網打盡。唐文宗為了讓人信服，還裝模作樣地讓李訓去後面看看情況是否屬實。李訓去院子裡轉了一圈後，回來說：「我看了一下，感覺不像是真的，請皇上派人再去核查一下。」於是，唐文宗就讓仇士良帶領宦官們去後院查核情況。仇士良讓韓約在前面帶路，自己領著人跟在後面。韓約因為緊張，臉色發白，汗流不止，仇士良看到這裡，感覺很奇怪。正在這時，突然刮來一陣風，將掛在門上的幕布吹開，仇士良發現幕後藏著很多手持利器的士兵，大吃一驚，趕忙帶著宦官逃回唐文宗那裡。仇士良見到唐文宗二話不說，將唐文宗一把拉進轎子，讓人抬起就走。李訓見狀，衝上前去拉住轎子，一個宦官搶先一步，將李訓劈頭打倒。仇士良趁機挾持著唐文宗，逃進內宮。李訓見大勢已去，換上便衣，準備出逃。仇士良一躲進內宮，就立即派兵誅殺那些參與事變的人，李訓很快就被抓住殺掉了。鄭注當時被派到鳳翔，準備帶兵進京，事敗的消息傳出後，鄭注也被監軍的宦官殺死。歷史上把這次事件稱為「甘露之變」。甘露之變後，唐文宗被宦官們嚴密監視起來，成了真正的傀儡，不到五年就病死了。

顏真卿忠貞愛國

顏真卿字清臣，京兆萬年（今陝西西安）人，他出身於家學淵博的詩書世家，幼年喪父後，由母親撫養成人。唐朝書法興盛，顏真卿為了學習書法，先是師從書法大家褚遂良，後來又師從「草聖」張旭。他嚴謹刻苦，勤學不怠，終於成為著名的書法家。他自創「顏體」，與趙孟頫、柳公權、歐陽詢並稱為「楷書四大家」。

顏真卿公正嚴肅，性情耿直，他不但是孝子，是書法家，更是義膽忠心的忠臣。

顏真卿考中進士後，被朝廷任命為監察御史。他不畏權貴，直言敢諫，因此很多人都很忌憚他。楊國忠專權時，顏真卿因不滿楊國忠的親信隨便陷害別人，上書彈劾楊國忠。楊國忠大怒，將顏真卿貶為平原太守。顏真卿到達平原後，疏通河道，發展農業，安撫黎民，熱心公益，因此深受平原百姓愛戴。

顏真卿看到安祿山兵強馬壯，氣焰囂張，料定他日後必反。於是他藉口天氣多雨，城牆毀壞，下令加固城牆，深挖戰壕，並暗中招募士兵，訓練軍隊，做好了防止安祿山進攻的準備。安祿山叛變後，河朔一帶全部淪陷。平原郡太守顏真卿與常山太守顏杲卿東西聯兵抗敵，殺死了叛將李欽湊、高邈，活捉了何千年。

河北十七郡先後響應，合兵二十萬，推顏真卿為盟主，共同抗擊叛軍。顏真卿派人火速向朝廷報告消息，唐玄宗接到顏真卿的報告後說：「我原以為河北地區再無忠臣，顏真卿這樣做，真是難能可貴。」安祿山率軍進攻潼關，聽說河北形勢吃緊，馬上返回洛陽，命蔡希德率萬餘人增援河北，顏杲卿兵敗被殺。

安祿山攻破河北諸郡後，顏真卿看敵軍士氣高昂，放棄平原，來到鳳翔朝見唐肅宗，被唐肅宗封為御史大夫。李輔國逼迫唐玄宗遷居西宮後，顏真卿率領百官詢問玄宗起居，得罪李輔國，被貶為蓬州長史。唐德宗即位後，拜顏真卿為尚書。

顏真卿看到宰相元載欺下瞞上，

一次讀完二十五史故事

貪贓枉法，心裡非常厭惡他。有一次，元載在朝堂上與顏真卿爭議請皇帝拜謁五陵之事，元載說道：「你所言甚美，但是不合時宜。」

顏真卿正色說道：「別人提出的建議，你用與不用，悉聽尊便，但是提建議的人是沒有錯的。朝廷大事，豈容你肆意破壞。」元載聽了，面紅耳赤，對顏真卿懷恨在心，後來藉顏真卿反映朝廷祭祀用的器物不乾淨之際，告他誹謗，將他貶到外地去了。

元載被處死後，盧杞做了宰相。盧杞面容醜陋，心腸邪惡，他見顏真卿中正耿直，心裡忌憚，一直想除掉他。淮西節度使李希烈見朝廷衰弱，興兵反唐。盧杞想借李希烈之手除掉顏真卿，就上書朝廷，請皇上派顏真卿去勸說李希烈歸降。滿朝文武聽到這個消息，都大吃一驚。大臣李勉認為，顏真卿是三朝元老，如果陷入亂軍之手，不但是朝廷的損失，也是朝廷的恥辱。他上書請求皇上收回成命，但是沒有成功。

顏真卿達到李希烈大營後，李希烈的養子和將領們拔出刀將他團團圍住。顏真卿不為所動，平靜地將聖旨讀完。李希烈見狀，將手下人罵退，好聲好氣地將顏真卿送到驛館。

李希烈請顏真卿上書為自己辯解，顏真卿嚴詞拒絕。李希烈讓顏真卿的親人寫信勸顏真卿改變主意，顏真卿每次寫家書的時候，都嚴詞告誡家人照顧好孤小，守護好家廟。

李希烈舉行宴會時，將顏真卿請來，然後命伶人表演侮辱朝廷的節目。顏真卿看到大怒，他指著李希烈罵道：「你是朝廷的臣子，焉敢如此無禮！」李希烈羞愧難當。有人對李希烈說：「大人如果想稱帝，顏太師應該是宰相的最佳人選。利刃加身，顏太師必然會答應做大人的宰相。」顏真卿說：「你們應該聽說過顏常山吧？他是我的兄長，安祿山反叛的時候，他第一個站出來抗擊敵軍，被俘後不屈而死。我年近八十，死都不怕，還怕你們的威脅嗎？」李希烈的手下聽了都無言以對。

李希烈稱帝後，派人向顏真卿請教登基的禮儀。顏真卿說：「我只記得臣子朝見天子的禮儀，對帝王之禮一竅不通。」朝廷的軍隊組織反攻後，李希烈看形勢發生了變化，就命人在顏真卿住的地方堆滿柴草，點燃後對他說：「你要是不投降，就讓你

葬身火海。」顏真卿站起身，毫無畏懼地向烈火撲去。李希烈趕快命人將他拉住，他見顏真卿無論如何都不肯屈服，終於起了殺機。他派人手持聖旨去殺顏真卿，顏真卿見到使者後問道：「你是從長安過來的嗎？」使者說自己是李希烈派來的。顏真卿站起來呵斥道：「叛賊派來的，還敢自稱聖旨。」

後來，顏真卿被李希烈派來的人縊殺，終年七十七歲。唐朝朝野上下聽到他遇害的消息後，都哀痛不已。

牛李黨爭

唐朝中後期，宦官專權，很多官員為了仕途命運，都選擇了依附宦官。到了唐憲宗時期，這些官員雖然同樣依附宦官，但是又分為兩派，一派是以牛僧孺為首的牛黨，一派是以李德裕為首的李黨。

這兩派之間的明爭暗鬥，紛紛揚揚鬧了近四十年，歷史上把這場黨派之爭稱為「牛李黨爭」。

以牛僧孺、李宗閔為首的牛黨大多出身寒微，他們往往是透過寒窗苦讀來考取功名，然後才獲得入朝做官的機會。而李黨大多出身於門第顯赫的世家大族，他們往往透過世襲父祖輩的官職而踏入仕途。以李德裕為例，他的父親就是大名鼎鼎的奸相李林甫。

牛李兩黨的競爭焦點先是集中在如何選拔官員上。牛黨多是科舉出身，因此，他們主張透過科舉取士。而李黨多是透過門蔭入仕，因此，他們主張透過門蔭取士。當年牛僧孺和李宗閔兩人就是因為在科舉考試時，指點了朝政，才被主考官錄取。而李林甫卻因為他們諷刺自己，將這二人貶到外地。李德裕後來做了翰林院學士，他對這二人當年冒犯自己的父親的行為一直耿耿於懷。有一年科舉考試時，李宗閔私下委託主考官照顧一下自己的親戚。李德裕知道後，向皇上告發了他，結果李宗閔被貶官，從此對李德裕懷恨在心。

唐文宗即位後，李宗閔投靠宦官，做了宰相。他和牛僧孺聯合，

一次讀完二十五史 故事

將李德裕排擠出朝廷，李德裕自然對牛僧孺兩人也是恨得牙癢癢。李德裕任西川節度使時，接受吐蕃將領的投降，收復了重鎮維州（今四川理縣）。牛僧孺為了與李德裕作對，強令把降將和城池交還吐蕃，唐文宗對牛僧孺公報私仇、意氣用事的作法也極為不滿。唐武宗即位後，李德裕被任命為宰相，李黨又重攬大權，牛黨開始失勢。

李德裕很有才幹，當年他被貶到地方時，就憑藉自己的聰明才智贏得了百姓的交口稱讚。他擔任宰相後，主張對少數民族採取懷柔政策，先拉攏團結，如果對方拒不接受，再出兵打擊。而牛僧孺對藩鎮勢力和少數民族一貫採取姑息縱容的政策，因此，牛李兩派的鬥爭焦點開始轉向中央對地方的政策上。回紇部落在邊關作亂的時候，李德裕毫不手軟，堅決派人打擊，結果將回紇入侵者殺得大敗，

唐武宗大喜，厚賞了李德裕。李黨趁機對牛黨發起攻擊，李德裕將牛僧孺、李宗閔放逐到南方，牛黨全部被排擠出朝廷。李德裕精明幹練，但是他獨斷專行的作法也得罪了很多人，後來連那些支持他的宦官也感覺他太過武斷，決定拋棄李德裕，尋找更好的合作夥伴。

唐武宗死後，唐宣宗即位，牛黨成員白敏中被任命為宰相，牛黨成員紛紛被重新起用，李黨全部遭到罷免。牛僧孺重返朝廷後，第一件事就是將李德裕貶為洛陽留守，後來李德裕又被貶為崖州（今海南三亞西北）司戶，不久就憂鬱而死。

這場統治階級內部的宗派鬥爭，給國家帶來了嚴重的損失，兩派大臣在長達四十多年的鬥爭中，因私人恩怨，置國家利益於不顧，進一步加深了政治腐敗和國家衰落的程度，使唐王朝最終走向了滅亡的深淵。

舊五代史

朱溫篡唐

朱溫，安徽省碭山人，幼年喪父。他的母親王氏在大戶人家做傭人，將他兄弟二人養大。他成年後，與哥哥朱存以兇悍好鬥聞名鄉里，鄉鄰都不喜歡他。

黃巢率領起義軍打到宋州（今河南商丘）時，朱溫參加了起義軍，開始跟隨黃巢南征北戰，他驍勇善戰，多次立下戰功，很快就被黃巢提拔為將軍。黃巢在長安建立「大齊」政權後，朱溫領兵轉戰河南一帶，很快就穩定了東南地方的局勢。黃巢看到朱

溫年輕有為，就將他調至長安，抗擊唐朝軍隊。朱溫在與王重榮交戰時，由於兵少將寡，幾次戰敗。他看起義軍內部日益混亂腐敗，就聽從謀士的建議，投降了唐朝。

唐僖宗看到朱溫歸順，非常高興。他特地賜給朱溫一個名字：全忠，並命他為征討使，率兵鎮壓起義軍。

朱溫與各路唐軍圍攻長安，黃巢只好退出長安，向南轉移，朱溫在後面緊追不捨。黃巢死後，他領兵和黃

巢餘軍作戰，大小四十餘次，取得全勝。因為追殲黃巢有功，朱溫被朝廷官拜節度使。

他開始以汴州為根據地，擴大自己的勢力，逐漸成為唐末最大的藩鎮首領。

光化三年（西元900年），唐昭宗被宦官劉季述等囚禁在鳳翔，朱溫趁機以勤王為名，將唐昭宗接回長安，把持了朝政。朱溫先是殺了七百多名宦官，將皇帝身邊的宦官清洗一淨，接著就為自己封官加爵。唐昭宗知道朱溫有稱帝之心，但是自己勢單力薄，也無計可施，只好對他言聽計從。

朱溫當年追殺黃巢時，曾與河東節度使李克用在一起飲酒。李克用酒後失言，說了一些對朱溫不敬的話，朱溫惱恨在心，派人在夜裡火燒李克用下榻的驛館，準備置他於死地。李克用身邊的人死傷無數，但是他自己卻死裡逃生，自此與朱溫結下不共戴天的深仇大恨。

朱溫擔心唐昭宗將來會利用李克用等人，對自己不利，就指使朱友恭、蔣玄暉等去誅殺昭宗。夜裡，唐昭宗正在寢宮休息，蔣玄暉說有緊急軍情稟報。裴夫人打開門後，看到士兵們都帶著刀，就大聲呵斥他們，士兵一刀將其殺死。唐昭宗見大事不好，起身就逃，士兵揮刀相向。昭儀李漸榮見狀，用身體擋住刺向皇帝的尖刀，結果與昭宗同死於刀下。蔣玄暉殺害唐昭宗後，立十三歲的李祝為帝，就是昭宣帝。

朱溫謀殺唐昭宗後，為了不讓天下人懷疑自己，就自編自演了一出好戲。他聽到皇上被害的消息後，倒在地上，嚎啕大哭。他大罵朱友恭等人不忠不孝，讓自己也背上惡名。隨後，他將朱友恭等人殺掉滅口。接著，他為了稱帝，先將昭宗的九個兒子全部殺死，又將朝中重臣裴樞、獨孤損等三十餘人滿門抄斬。為了報復那些他看不慣的常以清流自詡的大臣們，他還命人將他們的屍骨投於黃河之中。

朱溫為稱帝掃清了道路後，就於天祐四年（西元907年）四月在開封正式稱帝，建立後樑政權。他封十七歲的昭宣帝為濟陰王，將他在曹州囚禁起來。第二年，就殺害了他。

朱溫早年娶妻張氏，張氏賢明莊重，朱溫非常敬重她。張氏臨死前，

曾勸誡朱溫「戒殺戮，遠女色」。但是，野心家朱溫靠陰謀和背叛取得天下後，就將賢妻的良言拋之腦後。稱帝後，朱溫開始縱情聲色，過著奢侈淫逸的生活。他強納臣妻，大臣們憤恨不已。他趁兒子們在外面打仗之際，與兒媳做出亂倫之事。他的幾個兒子也都與他一樣厚顏寡恥，利用自己的妻子在父親面前爭寵。

朱溫因為寵愛義子朱友文的妻子王氏，就想立朱有文為太子。朱友珪（朱溫第二子）聽說後，發動宮廷政變，將朱溫祕密殺死，自己稱帝。不久，後梁政權也很快滅亡了，中國重新陷入四分五裂的局面。

▋ 李存孝之死

五代十國時候，戰亂頻繁，大將李克用為了培植自己的勢力，就收了很多養子。他的養子中有十三個人因為英勇善戰最受寵愛，人們稱之為「十三太保」。而「十三太保」中的第一猛將，當屬李存孝。

李存孝幼時就父母雙亡，以給別人放羊為生。有一天，山上猛虎來襲擊羊群，他力戰猛虎，僅憑兩隻拳頭就將老虎打死。李克用聽說他的事後，讓他改姓為李，收為義子。李存孝在「十三太保」中雖然排行十三，但是因為勇冠三軍，被李克用封為「飛虎將軍」，成為「十三太保」中最出名的一個。

李克用素來與朱溫不和，朱溫派張全義攻打澤州時，澤州守將李罕之向李克用求救。李克用接到求救信後，派李存孝令五千人前去援救。李存孝到達澤州後，朱溫的士兵在城外大罵：「現在四周都已被我們的人占據，等到我們的人馬集結到一起，你們沙陀人將死無葬身之地，就連李克用那小老兒，也要束手就擒。」李存孝聽後大怒，他率領五百騎兵衝出城外，大聲說：「我就是沙陀人，我來到這裡就是要將你們生吞活剝，趕快送個胖點的過來與我對陣！」張全義的副將鄧季筠以驍勇善戰而聞名，張全義命他策馬向前，迎戰李存孝。李

存孝手揮鐵棍，一棍將鄧季筠打到馬下，然後輕騎如飛，直取張全義。張全義見他來勢兇猛，急忙撤軍。李存孝在後面一路掩殺，斬敵一萬餘人。

張浚之入侵中原時，軍校馮霸等人殺死潞州守將李克恭，獻城投降。朱溫聽後，以朝廷的名義派大將葛從周去接管潞州。李克用聽說後，命令在澤州取勝的李存孝截擊葛從周。李存孝接到命令後，領三百騎兵在長子西崖埋伏好。葛從周領兵走到長子西崖時，李存孝突然殺出，將敵人攔腰截斷，然後自己身先士卒，手持熟鐵棍，在敵兵中橫衝直撞。敵人死傷無數，護送官韓歸范和葛從周的部將孫揆都做了俘虜。

李存孝隨後乘勝領兵攻打潞州，葛從周剛到潞州，看到李存孝勇不可當，就棄城而逃。李存孝收復潞州後，本以為李克用會論功行賞，封自己為潞州節度使。誰知李克用的養子李存信素來與李存孝不和，他看到李存孝立下大功，非常嫉妒，就在李克用面前挑撥離間，說李存孝暗通朱溫。結果，李克用不加分辨，錯信讒言，任命康君立為潞州節度使。李存孝見李克用不辨是非，非常生氣，氣得幾天沒吃下飯，就起了歸順朝廷、私通朱溫之心。

後來，李克用命李存信、李存孝兩人領兵攻打王熔，兩人因素有前隙，相互猜忌。李存信對李克用說：「李存孝無心擊賊，恐怕與朱溫早已私下結盟。」李存孝聽後，心中非常不安。他為了自保，上報朝廷，願以邢州、洺州、磁州三地歸順朝廷。李克用聽說後大怒，親自率軍征討李存孝。

李克用領兵將李存孝團團圍住後，深挖戰壕，準備活捉李存孝。李存孝不甘束手就擒，他多次領兵出擊，使對方無法挖築壕溝。他的手下牙將袁奉韜對他說：「你所害怕的就是晉王一人而已，如果戰壕挖好了，晉王一定會自己先回太原，讓別人在這裡圍城。他手下的人都不是你的對手，就算有壕溝也沒有什麼用。」李存孝聽說後，就不再出擊，任由李克用在城外折騰。壕溝挖成後，李克用並未退去，李存孝非常被動。城中糧食吃光後，李存孝哭著登上城牆向李克用請罪，他說：「父親待我恩重如山，若不是小人在其中造謠中傷，我是如何也不敢行此大逆之事。」李克

用聽到後，讓劉太妃入城將李存孝帶出。李存孝出城見到李克用，磕頭請罪，他說：「若沒有李存信，孩兒何至如此。」李克用喝斥道：「你在給王熔的書信中對我大肆誹謗，這也是李存信逼迫你嗎？」為了嚴肅軍紀，李克用將李存孝帶回太原後，將他處以車裂之刑。

李存孝有萬夫不當之勇，他每次與敵軍對陣時，都身披重鎧，舞動鐵棍，猶如猛虎下山一般，勢不可當。時有人云：「李存孝有霸王之風，古將張遼、甘寧也不能比也。」李克用殺了李存孝後，自己也甚為惋惜，因為哀傷過度，十多天沒有出來處理政事。

唐莊宗寵幸伶人

唐莊宗李存勗是李克用的兒子，小名亞子，年輕時以勇猛善戰而聞名。他曾與父親一起與朱溫對陣，朱溫看到他後大驚，說道：「李克用竟然有這樣的兒子，我的兒子跟人家比起來，簡直太懦弱無能了。」

李克用臨死的時候，將李存勗叫到跟前，交給他三支箭，對他說道：「這三支箭代表我的三個仇人。一個是朱溫，他　君篡權，禍亂天下。一個是劉仁恭，我保舉他做了高官，他竟然投靠了朱溫。一個是耶律阿保機，我們曾經相約共同中興大唐社稷，他卻背信棄義。你如果能用這三支箭將三個人殺死，我死而無憾。」

李存勗聽後，答應父親，誓死要完成遺願。

李存勗將三支箭供奉在李克用的太廟中，然後開始整頓、訓練軍隊，準備出兵討伐敵人。他攻打契丹時，到太廟中取出一支箭，用錦囊裹好，縛在身上，直到將阿保機趕回遼東，才將箭送回太廟。後來，李存勗率兵進攻幽州，將劉仁恭父子殺死，了卻了父親的第二個心願。李存勗滅掉劉仁恭後，養精蓄銳，於西元923年滅掉後梁，登基稱帝，建立後唐政權，就是唐莊宗。

李存勗在領兵打仗時，與戰士們同甘共苦，但是當上皇帝之後，很快

就發生了變化。他覺得自己已經是天下之主，應該可以好好享受一番了。唐莊宗李存勗自小喜歡看戲、演戲，登基不久，他就在宮裡組織了一個戲班子，還給自己取了個藝名叫「李天下」，有時後他還會粉墨登場，去臺上唱上幾句。大臣們看不過去，勸了他幾句。他覺得大臣們真是多事，非常生氣，就將他們痛打了一頓，再也沒有誰敢多說什麼了。

唐莊宗整天躲在戲班裡，與那些說唱的伶人們稱兄道弟。有個叫景進的伶人，經常在唐莊宗面前裝出一副忠誠無比的樣子，唐莊宗非常信任他，讓他做了高官。有些人見景進得寵，都拚命地巴結他，讓他在皇上面前為自己美言幾句。景進趁機大肆受賄，並依仗皇上寵愛，陷害那些跟自己不和的人。大臣們見景進氣焰日盛，為了不惹禍上身，都不敢得罪他。

唐莊宗寵信伶人，對他們言聽計從。有一次，他想封兩個伶人為刺史，遭到了很多人的反對。那些以前跟唐莊宗一起出生入死的功臣們認為，伶人僅憑開口唱了幾天戲就能封官晉爵，實在難以讓人信服。但是唐

莊宗卻執迷不悟，還是讓那兩個伶人做了刺史。有一次，唐莊宗竟然聽從伶人的建議，派伶人、宦官外出搶掠千餘名民女入宮，引得朝野上下，怨聲四起。

唐莊宗一意孤行，寵信伶人、宦官，終於讓自己陷入眾叛親離的境地。大將郭崇韜曾經屢立戰功，卻因為得罪宦官，慘遭滅門之災。大將李嗣源因為被伶人中傷，而受到唐莊宗猜忌。

後唐同光四年（西元926年），皇甫暉在鄴都（河北大名）叛亂，唐莊宗命李嗣源率兵討伐。李嗣源對唐莊宗的所作所為早就心懷不滿，他在魏州城下，舉兵反唐。

李嗣源領兵占據開封後，任石敬瑭為先鋒，進軍汜水關（河南滎陽汜水鎮）。唐莊宗聽說李嗣源造反後，決定御駕親征。他在洛陽任命郭從謙為都指揮使，準備率軍平叛。郭從謙看唐莊宗大勢已去，帶領部下造反。他領人直闖內宮，唐莊宗在逃跑途中被亂箭射中，很快就丟掉了性命。李嗣源進入洛陽後，將李存勗的屍骨葬於雍陵，自立為帝，就是後唐明宗。

李存勗因為沉溺安樂、寵信伶

人，而導致身死國滅，實在是令人可惜。後來歐陽修在《新五代史‧伶官傳序》中，對他的這種禍國殃民的行為也提出了批評。

兒皇帝石敬瑭

石敬瑭年輕時，沉默寡言，熟讀兵書。他入伍後，投到李克用義子李嗣源帳下，因為作戰勇敢，屢立戰功，被李嗣源提拔為大將。

唐莊宗繼位後，因為寵信伶人，朝綱敗壞。趙在禮在魏州造反，李嗣源奉唐莊宗之命領兵征討。來到魏州城下，李嗣源的部下發生兵變，擁李嗣源為主，取代唐莊宗。石敬瑭勸李嗣源先奪取開封，再圖大事，李嗣源聽從了他的意見，並任石敬瑭為先鋒，出兵奪取開封和汜水關。石敬瑭不負重望，捷報頻傳。

唐莊宗被殺後，後唐明宗李嗣源在洛陽稱帝，從此視石敬瑭為心腹，並將女兒永寧公主嫁給了他。石敬瑭以功臣身分成為駙馬後，奉公守法，清正廉明，深得李嗣源喜愛。李嗣源為了獎勵他，多次為他升職，並讓他掌握了兵馬大權，石敬瑭逐漸成為後唐舉足輕重的人物。

李嗣源的養子李從柯見石敬瑭大權在握，心中對他非常忌憚。李嗣源死後，後唐閔帝李從厚繼位。李從厚登基後，看到鳳翔節度使李從珂和河東節度使石敬瑭都大權在握，深以為慮。為了削弱他們的力量，就下令讓這兩人對調。李從珂不從，舉兵殺死李從厚，自立為帝，即後唐末帝。

石敬瑭與李從珂素來不和，他看到李從珂透過　君而取得天下後，對自己虎視眈眈，決定先發制人。他上表指責李從珂，說他只是李嗣源的養子，根本不應該繼承大統。他還建議李從珂將王位讓於許王李從益（明宗四子）。後唐末帝見石敬瑭如此膽大妄為，龍顏大怒，命建雄節度使張敬達率大軍征討石敬瑭。

張敬達率大軍將石敬瑭團團圍住，石敬瑭看形勢危急，急忙派人向契丹首領耶律德光求救。他在寫給契丹的書信中說：「若能救我，稱帝

後，臣願以父事契丹，並將雁門關以北諸郡以禮相送。」北方的契丹族在耶律德光的領導下，強大起來以後，一直覬覦物產豐富的中原地區。石敬瑭現在開門揖盜、賣國求榮，實在是讓人不齒。他的手下劉知遠看不慣他這種奴顏婢膝的態度，就勸他說：「稱臣可以，稱父實在是太不應該。契丹人貪婪成性，多用金帛，就可以讓他們出兵，又何必以國土相許。」石敬瑭不聽，執意如此。耶律德光接到信後，非常高興，出兵大敗張敬達，為石敬瑭解了圍城之困。

西元936年，耶律德光冊封石敬瑭為帝，改元天福，定國號為晉。石敬瑭稱帝後，信守「承諾」，稱耶律德光為父親，將燕雲十六州拱手送給契丹，每年送給契丹的布帛多達幾十萬匹。李從珂派盧龍節度使北平王趙德鈞攻打石敬瑭，趙德鈞也想依仗耶律德光稱帝，他給耶律德光送去了無數金銀珠寶，說自己願在中原稱帝，與鎮守河東的石敬瑭一起，共同侍奉耶律德光。石敬瑭聽後大驚，慌忙跑到耶律德光營中，跪在地上嚎啕大哭，懇求他不要答應趙德鈞的請求。耶律德光看他哭得那麼悽慘，沒有辦

法，只好答應了他。為了取悅耶律德光，石敬瑭任命耶律德光的書記官桑維翰為自己的宰相。

石敬瑭有了耶律德光在背後撐腰，開始領兵進攻後唐。後唐軍隊政權很快就土崩瓦解，石敬瑭攻入洛陽後，後唐滅亡。石敬瑭在天福二年（西元937年），遷都汴梁，石敬瑭正式成為中原之主。

後晉建立初期，戰亂頻繁，百姓貧困，國庫空虛。契丹貪得無厭，常常藉故對石敬瑭敲詐勒索，石敬瑭厚顏無恥，逆來順受，從不反抗。石敬瑭每年除了糧食、布帛之外，還要給契丹皇室送上大批的金銀珠寶。每逢節日，從皇上到大臣，人人都可以從石敬瑭那裡得到各種禮物。石敬瑭每次給耶律德光上奏章，都自稱「兒皇帝」，耶律德光只要稍有不滿，都會派使者來斥責他。契丹的使者出使後晉的時候，石敬瑭招待得稍有懈怠，他們就會在朝堂上指著他的鼻子大罵。朝廷上下極為不滿，石敬瑭卻唯唯諾諾，全盤接受。

石敬瑭卑躬屈膝做了七年兒皇帝，後來憂鬱成疾，在後晉天福七年（西元942年）死去。

長樂老馮道

馮道，字可道，自號長樂老。他可以在兵荒馬亂的五代十國時期，不但能保全性命，還位至宰相，先後侍奉了四個朝代的十多個皇帝，不能不說是一個奇蹟。

馮道出生在普通的農民之家，是一個安貧樂道之人，平時除了侍奉父母，就是看書吟詩。馮道被劉守光提拔做官後，投靠了後唐，平時幫唐莊宗做些文案的管理工作。唐莊宗李存勗領兵和後梁軍隊對峙時，組織軍官們一起會餐。郭崇韜認為會餐人數太多會加重軍隊負擔，請求減少會餐的人數。唐莊宗生氣地說：「如果我連讓手下人吃一頓飽飯的權力都沒有，那你們還是另找人來做你們的統帥吧！」他連聲催促馮道起草辭職的文書，馮道說：「我不敢違抗你的命令，郭崇韜或許有錯，但是你的話要是傳到敵人耳朵裡，他們肯定會拿我們將帥不和來大做文章。」李存勗聽他這麼說，很快就冷靜下來。將士們見馮道如此識大體，都非常敬重他。李存勗稱帝後，馮道被破格升為戶部侍郎。

馮道的處世原則就是潔身自好，因勢利導，委曲求全。晉梁交戰前線，他隨軍出征，他的營帳內，除了文件和一捆睡覺用的稻草，別無他物。他的父親在饑荒之年去世，他回到家中，不但親自耕田背柴，還散盡家財來資助鄉鄰。唐明宗李嗣源向他詢問農事時，他說：「糧食雖然豐收，但是農民生活還是很苦。糧食太貴的話，農民買不起；糧食太賤，又賣不出好價錢。」他又特意背誦聶夷中的《傷田家詩》給唐明宗聽，唐明宗聽後非常感動，特地命人抄下來，以便自己時常誦讀。有一次，他手下的一個官員因為一點小事在官署門口大罵馮道，很多人都勸馮道處罰那個人。馮道笑著說：「這個傢伙如此大膽，一定是喝醉了。」他命人擺下酒宴，然後將那人請來，與他喝了一晚上的酒，最後兩人都非常高興，喝得大醉。

正是堅持了這樣的處世哲學，馮道才能在亂世之中苟全性命，成

一次讀完二十五史故事

為「官場不倒翁」。他在閔帝李從厚時擔任宰相，李從厚出奔衛州（今河南汲縣）後，他又率百官迎接末帝李從珂入主朝廷。後晉滅後唐時，他又投靠新朝。石敬瑭封他為魯國公，將朝中的大小事悉數託付與他。契丹滅晉後，他又率領百官去京城朝見耶律德光，耶律德光問他為什麼前來，他說：「我們已經沒有一兵一卒，安敢不來。」耶律德光戲謔他說：「你這個老頭子，究竟算是什麼人啊？」他說：「應該算是一個無德無才的愚鈍之人。」耶律德光聽後也禁不住笑了，於是任命他為太傅。耶律德光曾經問馮道怎樣拯救天下百姓，馮道說：「佛祖也救不了百姓，只有皇帝才能救他們。」他的阿諛奉承之詞讓耶律德光很是開心，因此，下令軍隊不要傷害百姓。

馮道也很得意於自己能在亂世之中保全性命，為此，他特地寫了一篇名為《長樂老自敘》的文章，公然以長樂老自居。馮道雖然以長樂老自居，但是他並非毫無原則之人。他在唐明宗手下任宰相時，引薦任用了很多有才智的孤寒士子，儘管因此遭受了很多人的諷刺打擊，卻樂此不疲。

有一次，唐明宗得到一隻傳國玉杯，非常高興。馮道見到後就說：「此乃有形之寶，不足為貴。身為帝王，本身就擁有無形之寶，那就是仁義。」他趁機勸誡皇上施行仁政，善待百姓，唐明宗欣然接受了他的建議。

後周滅掉後漢之後，馮道又被周太祖郭威任命為太師兼中書令。周太祖剛剛駕崩，北漢劉崇就勾結遼國入侵中原，周世宗準備御駕親征。馮道再三勸諫，反對周世宗親征。周世宗說：「唐初賊寇橫行，唐太宗也曾親自帶兵出征。」馮道說：「陛下怎可比得上唐太宗。」周世宗大怒，讓他留在京城，處理郭威的後事。周太祖的祭祀活動剛剛完畢，馮道就患病去世，享年七十三歲。

新五代史

▌周世宗改革

　　柴榮，邢州堯山人（今河北邢臺）。柴榮從小習文練武，郭威舉兵後，他棄商從戎，跟隨姑父郭威南征北戰。郭威沒有兒子，看他謙虛謹慎，非常喜愛他，就將他收為養子。郭威建立後周，登上王位後，定柴榮為自己的繼承人。

　　郭威死後，柴榮繼位，就是周世宗，定都開封，改年號為顯德。北漢劉崇聽說郭威去世，認為柴榮少不經事，就聯合契丹人，舉兵侵犯後周。周世宗聽說後，決定親自率軍迎戰劉崇。他下令說，不論是匪徒、強盜，只要前來從軍，以前的罪過既往不咎。很多因犯法而逃亡山林的亡命之徒聽說後，紛紛前來投軍。周世宗對他們加緊訓練，組織了一支戰鬥力極強的隊伍。

　　周世宗在高平與劉崇的部隊迎頭碰上，他下令將士們猛烈進攻。大將何徽、樊愛能看契丹鐵騎兵強馬壯，想臨陣脫逃。周世宗看到後，命人將他們捉回，自己身先士卒，衝入敵陣。將士們見皇上如此英勇，都奮不

顧身，拚命進攻，敵人終於被殺得大敗而歸。周世宗凱旋後，論功行賞，懲罰了那些臨陣脫逃的人，獎勵了那些作戰勇敢的將士。他履行自己的諾言，將那些曾經是匪徒的精銳將士留下重用。經過這一仗，周世宗在三軍將士中樹立了極高的威信。

周世宗想趁年輕幹一番大事，他對左諫大夫王朴說：「如果我還能活三十年的話，我就用十年來拓展疆土，十年開荒屯田，撫養百姓；十年實現天下太平。」

為了實現自己的目標，柴榮在政治、經濟、軍事等各方面都施行了一系列的改革措施。

在政治上，周世宗選用賢才，制訂了新的刑法和曆法。他整頓吏治，嚴懲貪汙腐敗，淘汰了一批思想守舊、老弱無能的大臣。他注重法制，奉行人道，廢除了很多酷刑。周世宗統治時期，凌遲之類的酷刑都被廢除。

為了發展經濟，周世宗下令收購民間佛像，用來鑄造全國統一流通的錢幣。他頒布《均田令》，下令減輕賦稅徭役，鼓勵人民開墾荒地，興修水利。為了保證農業人口，他嚴禁興建寺廟，禁止寺院私度僧尼。周世宗在位時，還擴建了京師開封，恢復了京城的漕運。

在軍事上，周世宗淘汰老弱病殘的軍士，號召天下壯士投身行伍。他注重軍紀、軍容，賞罰分明，整頓了禁軍。周世宗注重兵權，為了防止在外的武將專權，他啟用監察制度，即用文職官員監督武將，這對北宋的軍事制度產生了深遠的影響。

周世宗銳意改革，重視人才和文化發展。他糾正了前朝科舉制度存在的弊端，使很多有才幹的人脫穎而出。他考證雅樂、史書，還下令做好雕印古籍的保護工作。周世宗還大興文教，提倡人們尊師興道。

周世宗推行的這一系列改革，為後周的發展壯大打下了堅實的基礎。

為了統一全國，周世宗多次起兵，征討南唐，收回河間、任丘、益津等地。後來他又率兵北上，發動了對契丹人的戰爭。後周顯德六年（西元959年），他在北伐契丹的途中，身染重病，不幸死去，時年三十九歲。

宋史

▋ 陳橋兵變

　　趙匡胤，涿州（今河北省涿縣）人。他出身於武官世家，自小練習武藝，長大後武藝超群。他入伍後，因為作戰勇敢，受到漢樞密使郭威的賞識。後來，郭威建立後周時，趙匡胤因為擁立有功，被任命為禁軍軍官。

　　周世宗柴榮在位時，趙匡胤跟隨柴榮討伐揚州、淮南等地有功，被拜為殿前都點檢兼任宋州（今河南省商丘縣南）歸德軍節度使。也就是說，趙匡胤既是禁軍統領，又負責防守汴京。這個時候，趙匡胤已經成了後周兵權的真正掌控者，

　　周世宗英年早逝，他死後，他七歲的兒子柴宗訓繼位，是為恭帝。恭帝年幼無知，朝中大事悉數交由符太后與趙匡胤處置。趙匡胤看主上年幼，心中有篡位稱帝之心。

　　西元960年，北漢勾結遼國軍隊，南下入侵中原。宰相范質、王溥聽說後，慌忙派趙匡胤領兵北上，抗擊敵軍。趙匡胤領兵行至陳橋驛就停了下來，駐紮在那裡。

　　趙匡胤的心腹趙普使人在軍中

傳言說：「皇上年幼，我們在外面打仗，就算有了戰功，他也不一定能賞罰分明。趙點檢年輕有為，我們不如請他來做皇帝。」經歷了唐末的動亂，那時的人們對武將篡權已經見怪不怪了，因此這個建議得到了很多人的贊同。

當時趙匡胤已經睡下了，士兵們就圍在他的大營周圍，嚷成一片。趙匡胤剛從裡面走出來，他的手下就將黃袍披到了他的身上。趙普大聲說：「天下無主，現在我們請點檢做天子。」將士們於是圍著趙匡胤下跪，口中高呼「萬歲」。趙匡胤說：「大家既然尊我為天子，就要聽從我的指揮。」大家齊聲回答願聽差遣。趙匡胤說：「太后和皇上是先朝遺孤，一定不能欺凌他們。那些曾經與我同侍一主的朝臣，也不能侵犯他們。進京後要嚴明紀律，不准騷擾百姓。」將士們都點頭答應，於是趙匡胤開始班師回京。

後周朝廷聽見趙匡胤在陳橋發動兵變後，慌亂一團。太后與恭帝抱頭大哭。副都指揮使韓通退朝後，準備回府上集結兵力，組織反抗，但是被趙匡胤的手下王彥升殺死。宰相范質、王溥被趙匡胤的手下逮捕，趙匡胤見到他們時哭著說：「我違背天意，實在是有罪，但是現在事已至此，我也無可奈何。」范質剛要說話，趙匡胤的手下羅彥威手撫寶劍大聲說：「今天，我們一定要趙點檢做天子。」范質等人迫於形勢，只好屈服。正月初五日，趙匡胤廢去柴宗訓，稱帝，定都汴京，建國號為宋，史稱北宋。趙匡胤在陳橋透過兵變而稱帝，後人稱這次兵變為「陳橋兵變」。

▋ 趙普拜相

趙普，字則平，幽州薊縣（今北京城西南）人。趙普足智多謀，但是不好讀書。趙匡胤任同州節度使時，趙普是他的隨軍判官。趙匡胤見趙普精明能幹，相待甚厚，趙普遂成為趙匡胤的心腹。

陳橋兵變，趙普和趙光義發揮了重要的作用。趙匡胤繼位後，任命趙普為右諫議大夫。後周昭義節度使李筠反宋時，趙普建議宋太祖趙匡胤御駕親征，宋太祖聽從了他的建議，凱旋後，封趙普為戶部侍郎。

趙普看到朝中諸將擁兵自重，建議宋太祖削弱諸將兵權。宋太祖按照趙普的計畫，「杯酒釋兵權」，將國家兵權牢牢掌握在自己手中。從此，宋太祖將趙普視為自己的左膀右臂。宰相范質被免職後，趙普被任命為宰相。

趙普年輕時，不喜歡讀書，做了宰相後，宋太祖告訴他，多讀書可以增長見識。他聽從了宋太祖的勸告，準備多讀書。他每天退朝回家後，都會將自己關在屋裡埋頭苦讀，天長日久，學問日漸增長。宋太祖聽說後，也時常誇他好學。趙普死後，大家都想看看宰相到底讀的是什麼書，打開他的書箱，發現裡面只有二十篇《論語》，因為《論語》共有四十篇，所以後人稱趙普是「半部《論語》治天下」。

趙普在位時，忠於職守，常常為了國事而捨身忘己。有一次，他上表推薦一個有才能的人為官，趙匡胤因為不喜歡那個人，所以不肯任用。趙普第二天繼續向皇上推薦那個人，宋太祖還是沒有接受他的請求。第三天，趙普繼續上奏，宋太祖大怒，他接過趙普的奏章，撕碎後扔到地上。趙普將奏章撿起，補好。次日又繼續上奏。宋太祖看他如此執著，只好答應了他。

趙普一心為國，宋太祖也對他非常信任，軍國大事都要與他商議後再做決定。有一天夜裡，天降大雪，身為皇帝的趙匡胤帶著酒肉，踏雪來到趙普府中。他見到趙普後說：「今天大雪，一起飲酒吃肉再好不過了。我還約了光義，他一會就來。」趙光義來後，趙普就讓人在屋中鋪上褥子，君臣三人邊飲酒取暖，邊商量統一南北的計畫，其樂融融。

趙普小吏出身，讀書不多，因此，有些時候會因為言行不慎，引起趙匡胤的反感。趙匡胤繼位後，看到趙普口無遮攔，多次將自己以前的事公布於眾，就委婉地跟他說：「普通人當然看不出來日後誰會成為皇上，更看不出宰相了。」趙普聽後，知道皇上嫌自己多嘴，就收斂了很多。

一次讀完二十五史 故事

吳越王錢鏐給趙普送來十個罐子，說是海鮮。趙普還未來得及打開看，趙匡胤就來了。他問趙普罐子裡面是什麼，趙普回答說是海鮮。趙匡胤命人打開一看，根本不是海鮮，裡面黃澄澄的全是瓜子金。趙匡胤以為趙普瞞著自己，私下勾結外臣，接受賄賂，心裡疑雲頓起。他不高興地對趙普說：「你接受賄賂也沒什麼，但是這個國家並不是由書生來左右的。」沒過多久，趙普就被罷去了宰相職位。

宋太祖駕崩後，宋太宗趙光義繼位，趙普被官拜太子少保。太平興國六年（西元981年），趙普被宋太宗任命為宰相。他在任時，勸諫皇上養兵休戰，整頓吏治。他還輔助宋太宗制訂了很多重要的方針和政策，這些政策在宋朝長達三百年的統治中，一直發揮著至關重要的作用。

楊家將

在寬廣遼闊的中華大地上，楊家將智勇雙全、精忠報國的故事可謂無人不知，無人不曉。關於楊家將的由來，還要先從楊令公楊業說起。

楊業，本名楊重貴，太原人氏。楊業的父親楊信在五代時期，占據麟州，自封麟州刺史。楊業在父親的教導下，練就一身好武藝。後來，楊業在河東節度使劉崇處任職，因為驍勇善戰，所向無敵，被人稱為「楊無敵」。

宋太宗北伐的時候，楊業在北漢皇帝劉繼元手下效命。宋太宗聽說了他的大名後，就懸賞捉拿他。北漢滅亡後，宋太宗派劉繼元的親信去勸降楊業。楊業看到劉繼元的親信後，大哭一場，歸降了宋朝。因為楊業熟悉邊關情勢，宋太宗任命楊業為左領軍大將，與河東三交口都部署潘美一起駐守代州（今山西忻州代縣）。

代州是西北地方的軍事要塞，位於契丹進入中原的必經之地。楊業上任後，大修城寨，為防禦匈奴做好了準備。宋太宗太平興國五年（西元980年），契丹十萬大軍進攻雁門關。楊業讓部將堅守城池，自己帶人

繞到敵軍背後，突發奇襲，將敵人殺得大敗。宋太宗接到捷報後，任命楊業為雲州觀察使。有些人看到楊業功勳顯赫，非常嫉妒他，就上表說他的壞話。宋太宗將這些人的奏章用袋子封好，交給楊業。楊業見宋太宗如此信任自己，心中感激不盡。

宋太宗執政時，一心想收回幽雲十六州。後來，遼景宗耶律賢去世後，蕭太后執政。宋太宗看遼國政局動亂，派曹彬、田重進、潘美率三路大軍北伐。他任楊業為潘美的副將，隨軍出征。潘美領導一支大軍，在楊業的輔助下，率先衝進雁門關，收回了四個州。但是時隔不久，曹彬和田重進率領的軍隊都被敵人打敗，宋軍只好撤退。宋太宗下令，宋軍攻下的那四個州的百姓都要遷回內地，並命楊業率軍掩護。

楊業掩護百姓撤退到狼牙村時，看到遼軍占領寰州（今山西朔縣東）後，氣焰很猛。就對潘美說：「敵軍氣盛，不能強攻。我們不如派兵佯攻，轉移他們的注意力，這樣好掩護百姓撤退。」監軍王侁跳出來說：「將軍號稱無敵，現在竟然畏縮不前，是不是別有用心？」楊業說：

「我對朝廷忠心不二，只是不想讓將士們白白送命。如果一定要打，我來打頭陣吧。」

楊業臨行前，流著淚對潘美說：「現在戰機於我軍不利，我本想伺機出兵，痛擊敵人。多虧皇上厚待我，我才能活到今天。這場仗肯定會失敗，如果你在陳家峪（今山西朔縣南）布好伏兵，等我兵退至此時，出兵救我，將士們或可以免去一死。」

楊業領兵沒走多遠，就遇到了遼軍。遼軍人數眾多，楊業拚命廝殺，也擋不住他們的攻擊，楊業只好邊戰邊往陳家峪方向撤退。潘美率人在陳家峪埋伏好後，王侁派人登臺瞭望，楊業蹤影全無。等了半天，王侁見楊業還未撤回，以為他已經將敵人殺退。為了爭功，王侁領兵離開了陳家峪，潘美見狀，也引兵退去。後來，他們聽到楊業戰敗，趕忙領兵沿小路逃走了。

楊業被遼軍纏住，一直從中午殺到晚上，才走到陳家峪。他到達那裡後，發現一個人也沒有，悲憤萬分。他知道已經沒有生還的希望了，只好與遼兵拚死搏鬥。遼兵越聚越多，楊業的部下越來越少，最後只剩下一百

多人。他對手下的士兵說：「你們都有父母妻小，不可枉死這裡，你們別管我，趕快突圍出去。」士兵們聽了他的話，感動得流下淚來，但是沒有一個人願意離去。後來，士兵們全部戰死，楊業的兒子楊延玉犧牲了。楊業身受重傷，被遼國大將蕭達凜生擒。蕭達凜與楊業多次交手，他非常敬佩楊業的智慧和勇氣，就勸楊業投降。楊業說：「我本想殺敵報國，今天因奸臣陷害，兵敗至此，哪裡還敢苟活世上？」他拒不投降，在遼營裡絕食而死，享年約五十九歲。

宋太宗得知楊業戰死的消息後，非常悲痛。他下詔表彰了楊業的忠勇氣節，然後將潘美連降三級，並將王侁和劉文裕革職流放。

楊業共有八個兒子，楊業死後，他的兒子繼續率兵與遼軍作戰。楊業的六兒子楊延昭，守衛北方二十多年，多次被皇上任命為征討遼國的先鋒，屢敗遼軍。楊延昭的兒子楊宗保，也是北宋邊防名將，曾在河北、陝西等地歷任鎮守將軍，多次帶兵打敗西夏國對中原地區的進攻。

楊業與他的後人為保家衛國，前仆後繼，捨生忘死。人們為了緬懷他們，將他們的事蹟編成故事，加入了種種傳說和演義，代代相傳，就成了楊家將的故事。

宋仁宗認母

宋太宗趙光義去世後，宋真宗趙元侃即位。宋真宗一共立過三個皇后，第一個姓潘，就是潘美的女兒；第二個姓郭；第三個姓劉，就是「狸貓換太子」這個故事中的主要角色。

劉氏容貌美麗，剛進宮就被封為美人，不久又被封為德妃，深受宋真宗寵愛。但是宋真宗始終沒有兒子，劉氏也沒有生育，劉氏知道，只有為宋真宗生一個兒子，才能保住自己在宮中的地位。不久，宮中來了一個李姓的宮女，被主管太監送到德妃那裡做侍女。

有一天，宋真宗前往劉妃宮中，劉妃正在沐浴，宋真宗閒來無事，只好坐下喝茶，他見那個端茶倒水的李

姓宮女長得楚楚動人，心中一動，就臨幸了她。事後，宋真宗很快就將這件事拋之腦後，但是敬事房太監卻將這件事記錄了下來。不久，李氏發現自己居然懷孕了。劉德妃聽到這個消息後，非常生氣，她將李氏叫來，對她說：「你私自侍寢皇上的事，我過往不究，但是你要答應我一個條件，如果你生下的是一個男孩，必須交給我撫養。」李氏又羞又怕，只好答應。

宋真宗聽說李氏懷孕後，非常高興，一心希望她能為自己生個兒子。有一天，李氏跟隨宋真宗登高遊玩，一不小心，頭上的玉釵掉在地上。宋真宗見狀，在心中暗自禱告：「如果玉釵不碎的話，李氏所生的一定是個兒子。」他命宮女取回玉釵一看，果然沒碎，宋真宗欣喜若狂。時隔不久，李氏分娩了，所生的果然是個兒子。宋真宗親自為孩子取名趙受益，並封李氏為才人。宋真宗多年無子，要是其他人為他生一個男孩，可能會被封為貴妃甚至皇后，但是，李氏只是被封為才人，可見，宋真宗對李氏並無多少感情，原先是一時興起，後來也就是將她當做一個生育孩子的機器罷了。

孩子一生下來就被抱去交給劉妃撫養，劉妃將那個孩子視為親生，極其疼愛。兩年後，劉妃被封為皇后，李氏所生的孩子被立為太子。

根據史書記載，劉妃被封為皇后，並不是因為她搶了李氏的孩子，而是因為她聰慧機敏，知書達理，深得皇上喜愛。後來，宋真宗去世，李氏被封為順容，被遣去看守永定陵（真宗之墓）。李氏一直信守她與劉皇后的約定，從來沒有回宮看望過自己的兒子。

不過，劉皇后對李氏也不薄。她派人去李氏的家鄉金華，尋訪李氏的家人，找到了她的弟弟李用和，給他封了官職。李氏一半是出於畏懼，一半是出於感恩，終其一生，都不敢與自己的親生兒子相認。

宋仁宗以為劉皇后就是自己的親生母親，他做了皇帝後，尊劉皇后為太后。很多前朝元老都知道皇上是李氏所生，但是沒有人敢多說什麼。李氏死後，劉太后下令封其為宸妃，準備以普通妃嬪的儀式為其出殯。

深知內情的宰相呂夷簡知道後，勸說劉太后：「太后如果為劉家的後

人著想，就應該將李妃的葬禮辦得隆重點。」劉太后聽了他的話，頓時醒悟，下令改用一品大禮厚葬李氏，還將李氏穿上皇后的服飾下葬。

劉太后死後，燕王對宋仁宗說：「陛下並非是劉太后所生，你的生母李妃是被人害死的。」宋仁宗聽後，悲痛不已，放聲大哭。他想到母親所受的痛苦，難過得幾天沒有上朝。他心想，母親若是被人害死的，死後肯定是被人草草埋掉。他下令找到李妃的墳墓，準備重新厚葬她，事畢後再拿劉太后家族的人問罪。

李用和開棺後回來報告，說李妃死後穿的是太后的服飾，一切都是按照太后之禮盛殮，宋仁宗聽後，氣立刻就消了。他說：「人言不可信，劉太后其實也是仁義之人。」劉太后家族的人，因此免去了一場無妄之災。

民間傳說中的狸貓換太子是這樣的：劉妃和李妃同時懷孕，宋真宗大喜，說誰先生子，就立誰為皇后。李妃先產下一子，劉妃見後，暗中命人將孩子用剝了皮的狸貓調換走，然後，命宮人寇珠將孩子縊死。好心的寇珠將孩子交與太監陳琳，陳琳為救孩子性命，將其送入八賢王府中撫養。劉妃故意引皇帝前往李妃宮中觀看，說李妃生了妖怪。宋真宗見後大怒，遂將李妃罷黜冷宮。劉妃生下一子，被封為皇后，但是孩子不幸早夭。宋真宗只好從八賢王府中過繼一子，立為太子，此子乃是李妃所生。二十年後，宋仁宗即位，陳琳在皇上面前痛陳往事，後經包拯等人協助，李氏與宋仁宗終於母子團圓。這個故事，情節曲折，扣人心弦，但是，這些不過是沒有根據的民間說法罷了。

面涅將軍狄青

狄青，字漢臣，北宋汾州西河（今山西文水）人。他出身貧寒，少小時即胸懷大志，長大後，善騎射，身材魁梧，丰姿偉岸。狄青十六歲時，他的兄長與人鬥毆時致人傷殘，他代兄受過，被逮捕入京，開始了軍旅生涯。

黨項族首領元昊建立西夏王朝

後，看到宋廷忙於中原內戰，經常出兵騷擾宋朝邊境。宋仁宗疲於應付，只好下詔在京師挑選精壯兵士奔赴邊疆，抗擊西夏軍隊。狄青就在此時被選中，派往了前線。

狄青一開始只是一名低級軍官，他英勇善戰，多次在戰爭中充當先鋒。他衝鋒陷陣時，都會將頭髮披散下來，然後頭戴青銅面具，手持長槍在敵營中橫衝直撞。西夏人見了，都以為是天神下凡，膽戰心驚，無心再戰，因此狄青多次立下戰功。他在西夏四年，參加了二十五場戰鬥，身中八箭，但是從來沒有半點畏懼之情。有一次，他在安遠與敵人作戰時，身負重傷，但是看到敵人捲土重來時，他仍舊是一馬當先，殺入敵陣。手下人見狀，也紛紛跟在他後面殺出。狄青因為戰無不勝，攻無不克，很快就聲名遠揚。

康定元年（1040年），經略判官尹洙見過狄青後，對陝西經略使韓琦和范仲淹說：「狄青有大將之才。」在他的推薦下，范仲淹和韓琦接見了狄青。范仲淹對狄青非常賞識，狄青告別時，他拿出一本《左傳》送給了他，說道：「為將者如果不知古今，只能算是匹夫之勇。」狄青從此開始發奮讀書，將秦漢以來的將帥兵書都熟爛於心，逐漸掌握了用兵之道。

儂智高在雲南發起叛亂時，北宋多次派兵圍剿都失敗了，宋仁宗為此甚為憂慮。

狄青此時剛剛就任樞密副使不到三個月，他聽說西南戰況後，主動上書請行。他說：「我出身行伍，只有用領兵打仗的方法報效國家。如果陛下給我一支部隊，我一定能剿滅叛軍。」宋仁宗認為他很有勇氣，就將討伐儂智高的事全部託付給他。

狄青率兵到達雲南後，命令部下不要輕易出戰。廣西將領陳曙藐視軍令，私自領兵出戰，在昆侖關被敵軍殺得大敗。狄青知道後，將陳曙抓起來，然後加上臨陣脫逃的三十個將領，一起處死。從此以後，軍令一出，無人不從。狄青按兵不動，然後虛張聲勢，佯裝要從各地調集糧草，與敵人打持久戰。儂智高的軍隊看到後，以為宋軍不打算速戰速決，就放鬆了心防。狄青趁敵人不備，突然發起攻擊，一舉占領昆侖關。儂智高出動全部軍隊與宋軍交戰，狄青冒著箭矢，手執白旗，指揮騎兵從兩側攻擊

敵人，敵軍猝不及防，被殺得大敗。狄青領兵直追，儂智高見大勢已去，放了一把火逃走了。有人在火中找到一具穿著龍袍的屍體，就建議狄青向朝廷彙報說儂智高已死。狄青說：「寧可讓儂智高跑了，我也不敢以欺騙的行為冒取功名。」

宋朝時，為了防止士兵逃跑，每個士兵臉上都要刺上字。狄青行伍出身，當然也不例外。他後來經過打拚，身居高位，可是他臉上的字還赫赫在目。

宋仁宗認為他臉上的字有礙觀瞻，準備讓人用藥水給他去掉。他對皇上說：「陛下不問門第，因軍功而提拔了我。我想讓字留在臉上，用來勉勵部下為國效忠。」宋仁宗對他的話非常欣賞，就不再勉強。因為狄青面帶刺字，所以當時人們都稱他為「面涅將軍」。

狄青不但英勇善戰，而且有勇有謀。宋人筆記中曾有記載，說狄青為了鼓舞士氣，每到戰時，都準備好一枚兩面形狀相同的銅錢。他在誓師時，都會將銅錢拿出來做占卜用。他說：「若是正面朝上，則我軍必勝。」結果連擲數次，得到的都是正面。軍中將士都認為王師有神靈相助，因此信心大增。

狄青不善言辭，為人謙虛謹慎，知恩圖報。曾有阿諛奉承之徒說，他是唐朝重臣狄仁傑之後，狄青聽後，正言說道：「我能建功立業，只是機緣巧合罷了，哪敢與狄公相提並論。」那個諂媚之徒聽後，灰溜溜地走了。

狄青每次打了勝仗，都會將功勞讓給別人。他手下的好多將士，都因為他而得到升遷。當年尹洙曾經大力推薦他，尹洙死後，狄青周濟他的家人長達數十年之久。

後來，狄青因為嘴上的毒瘡發作，病重去世，年僅四十九歲。宋神宗登基後，希望能重振國威，但是一直苦於朝中沒有可用之將。他想起狄青智勇雙全卻英年早逝，悲嘆不已。為了懷念狄青，宋神宗下令將狄青的畫像掛在宮中，並厚待他的家人。

范仲淹改革

范仲淹，字希文，蘇州吳縣（今屬江蘇）人，他兩歲喪父，母親帶著他改嫁到朱家，為其取名朱說。他了解自己的身世後，決心要擺脫寄人籬下的生活。他在外求學時，晝夜苦讀，一天煮一鍋粥，困了就用冷水洗一下臉，餓了就吃冷凍的粥塊。

1014年，宋真宗去亳州朝拜太清宮時，路過南京（今河南商丘）。城裡的人聽說皇帝從這裡過，都擠到街上去看。只有范仲淹如往常一樣，埋頭苦讀。有人拉他去看熱鬧，他躊躇滿志地說：「將來再見也不晚。」次年，范仲淹果然高中進士。他考取功名後，立刻將母親接到身邊贍養，並正式恢復了范姓，改名范仲淹。

天禧五年（1021年），范仲淹被調往泰州，負責監督淮鹽貯運轉銷。他見當地海堤失修，坍圮不堪。不僅鹽場亭灶失去屏障，而且農田民宅也飽受海潮虐待。他上書給江淮漕運張綸，痛陳海堤利害，建議重修海防堤堰。張綸欣然贊同，他命范仲淹全面負責治堰。范仲淹率領數萬民夫，奔赴海濱，捍海治堰。不久，就修成了一道數百里長的長堤，為當地的海鹽和農業生產提供了保障。當地的流民重返家園後，為了紀念他的恩德，建造了范公祠。同年，范仲淹因為政績顯著，被調回京師做了大理寺丞。

西夏入侵時，范仲淹請求去邊疆保家衛國，宋仁宗答應了他的請求，將他派往延州。他到達延州後，與韓琦一起選拔民兵，淘汰老弱，修建壁壘，在邊關豎起一道堅固的鋼鐵長城。西夏軍多次進攻延州，都以失敗而告終。范仲淹還時常指揮將士，偷襲西夏軍，讓西夏軍疲於應付，以致於西夏軍營中流傳著這樣一句話：「不能輕易攻打延州，小范胸中有雄兵百萬，不好對付。」范仲淹文武兼備，治軍有方，在他的提拔下，西北軍中出現了很多名將，如狄青、種世衡等。他還對羌族恩威並施，讓他們取消與西夏的合約，追隨宋廷。在范仲淹和韓琦等人的共同努力下，西北邊防局勢得到了好轉。

宋仁宗時期，政府財政開支膨

脹，百姓負擔加重，地方暴動與騷亂頻繁。宋仁宗為了實現富國強兵，多次向范仲淹等人徵求執政策略。慶曆三年（1043年），范仲淹總結了從政二十多年的經驗，寫出了一份《答手詔條陳十事》，詳細地闡述了自己的改革思想和措施。這份檔案中提及的改革內容主要有：一、嚴明官吏升降制度，對官員實行政績考勤。二、限制僥倖做官和升官的途徑。三、改革科舉考試制度，為國家選拔有用的人才。四、改革地方長官制度。五、均衡公田。六、興水利，重農桑。七、整頓軍備，建立府兵制。八、推行恩信，將赦令嚴格落實到底。九、嚴肅法令，刪減執行法令時冗雜的政治程序。十、減輕徭役，關注民生。

宋仁宗看過《答手詔條陳十事》後，對范仲淹的改革思想表示贊同。他傳令下去，除了建立府兵制這一條之外，其他的全部施行。於是，在宋仁宗的大力宣導下，北宋歷史上著名的「慶曆新政」就拉開了序幕。

新政僅僅施行了幾個月，北宋的政治局面就改善了許多：官僚機構得到精簡；科舉考試中增加了理論性文章的考核，很多有才幹的人被選拔出來；那些憑藉門第做官的世家子弟，在諸多方面受到限制；農村修建了很多水利設施；全國普遍建起了學校。

新政觸犯了保守派的利益，因此遭到了他們的強烈反對。他們群起而攻之，汙蔑新政和改革派。他們說改革規模過大，容易引起國家動亂。又說一些官員在新政實施過程中營私舞弊，新政中紕漏過多。

保守派在朝堂上下議論紛紛，不停地在宋仁宗面前說改革派的壞話，宋仁宗也開始動搖了。他在新政實施一年零四個月後，下令廢除新政，終止一切改革措施。

宋仁宗不但解除了范仲淹參知政事的職務，將其貶到鄧州（今河南鄧縣），還將富弼、歐陽修等革新派人士相繼逐出朝廷。改革雖然失敗了，但是范仲淹清正廉潔、力主革新的思想卻永遠為後人所敬仰。范仲淹六十四歲時，病逝於徐州，有《范文正公集》等作品傳世。

鐵面無私的包拯

包拯，字希仁，盧州合肥人。包拯出生於官宦之家，從小飽讀經書。他二十八歲考上進士後，因為父母年事已高，就沒有出來做官。父母去世後，包拯直待守孝期滿，才出來做官。

包拯起初擔任的只是知縣一類的小官，但是他同樣做得很好。有一天，一個人來到縣衙，說自己家的牛舌頭被人割掉了。

宋朝時，政府禁止百姓私宰耕牛。牛舌頭沒了，牛就要死掉，而牛主人肯定也要背上私宰耕牛的罪名。包拯一眼就看出這是一樁陷害案，他對牛主人說：「你回家將牛殺掉賣肉，但是不要說是我讓你這樣做的。」牛主人回家後，按照包拯說的一一照辦。沒過幾天，就有一個人跑到縣衙，控告牛主人私殺耕牛。包拯命人將那個人抓起來，那個人喊冤不止。包拯說：「人家殺牛是迫不得已，要不是你陷害他，將他家的牛舌頭割掉，他哪敢如此。」那個人聽了，不再狡辯，趕忙低頭認罪。從

此，包拯神機妙算的名聲就傳了出去。

包拯不僅斷案如神，而且為官清廉。他任端州知州時，端州出產一種名貴的硯臺，是朝廷欽定的貢品。以前很多本地官員為了賄賂京官，都會以進貢的名義大肆徵收硯臺。包拯上臺後，決心要摒棄這種陋習。他下令工匠們只按照朝廷規定的數目製作硯臺，多一塊都要造冊上交。後來他離開端州時，將自己在公堂上使用的硯臺也一併造冊上交。

當地百姓愛戴他清正廉明，就偷偷在他的船艙裡藏了一塊硯臺。他走到江中心發現後，立即將那塊硯臺丟入水中。後來，百姓將他拋擲硯臺的地方命名為「墨硯沙洲」。包拯進京後，不久就被任命為諫官。他剛正不阿，鐵面無私，多次彈劾權幸大臣，在朝廷內外贏得了清名。

宋仁宗寵妃張美人的伯父張堯佐身無所長，但是他透過鑽營，被朝廷任命為三司使。包拯上書說：「張堯佐這樣的人如果能做大官，恐怕會人

心不服。」宋仁宗不悅，又加封張堯佐為節度使。包拯並沒有因為皇上生氣而罷手，他接連三次上書，終於讓宋仁宗罷了張堯佐的官。

三司使張方平依仗權勢，假公濟私，霸占了商人劉保衡的家產。包拯知道後大為震驚。他在奏章上說：「張方平作為朝廷命官，卻巧取豪奪，實在是罪無可恕。不加以嚴懲，恐怕不足以平民憤。」張方平見狀，忙多方打點，但是終被罷官。朝中權貴見了，都膽戰心驚，不敢再恣意妄為。汾州知州任弁，利用職權，動用一百多個士兵為自己製造駝毛綢緞。包拯知道後，在朝中參了他一本。按照宋朝規定，他不但要為自己的罪行做出賠償，還要被罰充軍。宋仁宗念在任弁對朝廷有功的分上，將他判處流放。包拯知道後，力求皇上收回成命，量罪定刑。宋仁宗沒有辦法，只好收回成命，將任弁充軍。

包拯先是被朝廷任命為龍圖閣大學士，後來又被任命為開封府知縣，總管京城大小事務。他嫉惡如仇、清正廉明，為此，很多權貴非常忌憚他。他見很多權貴私建園林樓閣，侵占惠民河河道，妨礙漕運，就下令將那些樓樹全部拆除。一個權貴見狀，趕忙偽造了一張地契，說他用的那塊地是自己的。包拯見他妄想用假地契蒙混過關，將他押上公堂，狠狠打了一頓板子，然後又在皇上面前彈劾他。京城那些惡人見了，都噤若寒蟬。包拯中正耿直，大公無私。他不但愛民如子，而且執法不避親黨。過去老百姓去官府告狀的時候，都要透過小吏轉交狀紙。包拯上任後，為了方便百姓，命令打開官府之門，老百姓可以直接到他跟前告狀。京城的百姓都說：「關節不到，有閻羅包老。」有人因為他明如鏡，清如水，直呼他為「包青天」。他的侄子包勉擔任地方官後，貪贓枉法。包拯知道後，怒不可遏，將他依律斬首。他大義滅親後，又親自回家向兄嫂請罪。

包拯六十四歲時去世，死後，宋仁宗為了表彰他忠孝兩全、鐵面無私，諡其號為「孝肅」。開封的老百姓感念他的恩德，在開封府旁修建了一座包公祠，四時香火不斷。

大科學家沈括

沈括是北宋時期一位傑出的科學家，對醫藥、天文、地理、農學、化學、數學等都很精通，是中國歷史上最卓越的科學家之一，在他晚年的時候還編寫了《夢溪筆談》，這本書反映了北宋時期科學上所取得的成就，在世界文化史上也占有一席之地。英國的科學家李約瑟毫不吝嗇地稱讚說這是「中國科學史上的座標」，可見沈括在科學史上的地位。

沈括生於錢塘江的一個官僚家庭，他的母親出自書香門第，對於他的影響很大。沈括從小在母親的指導下，十四歲的時候就已經將家中收藏的書籍讀完了，在他跟隨父親出去的時候，對當時人民的生活狀態也有所瞭解，開闊了他的眼界，增長了他的視野，他的聰明才智也開始顯露出來。

據說小時候的沈括在讀到白居易的「人間四月芳菲盡，山寺桃花始盛開」的詩句時，在心裡產生了一個大大的疑問：「為什麼這裡的桃花都快凋謝了，山上的桃花才剛剛開始盛開呢？」為了弄清楚這個疑問，他決定要出去實地考察一番，所以約了幾個好朋友就上山了。這時候已經是四月了，山下已經很暖和了，但是等他們到了山上，竟然被冷風吹得一直在發抖。這一下他終於明白了為什麼山上的桃花開得晚一些，是因為山上的溫度比山下的要低。他的這種探索的科學精神是從小就養成的，之所以長大後能寫出《夢溪筆談》這樣的科學巨著，是離不開這種精神和方法的。

說到《夢溪筆談》可以說是沈括一生成就的總結，也是他最傑出的代表。當然，不僅僅是他自己的科研成果，他還記載了當時別人的許多創造和發明。比如畢昇的活字印刷術就是透過他才讓世人所瞭解。可以說活字印刷術被稱為四大發明之一，沈括也有功勞。

當時沈括正在錢塘江的老家，他無意間看到一個老工匠用黏土做成了一個個的小方塊，還在上面刻上字，之後放到窯裡面把這些黏土燒硬，這樣黏土上的字就成了活字。雖然在北

一次讀完二十五史　故事

宋之前就已經有了印刷術，但是非常麻煩，在木板上刻字，如有一個字錯了，那麼所有的字都需要重新再刻，這樣用起來很不方便。這種活字的方法出現之後就方便多了，沈括看到之後非常感興趣，就將畢昇的發明做了詳細的記載，世人才由此得知活字印刷術的來歷。

此外，在《夢溪筆談》中還記載了關於數學、物理、醫學、天文等各個方面的主要成就，真的可以算得上是一本百科全書。由此也可以看出沈括是各方面的知識都非常全面的一個人，簡直可以說是一個曠世奇才。

但是就是這樣的一個奇才，在科學上可以說是無人能及，但是他的政治生涯卻受到後人詬病。

仕途中的沈括是一個能捕風捉影和見風使舵的人，他曾經揭發檢舉過文學史上的巨人蘇軾，在王安石得勢時，依附他打擊蘇軾等人，在王安石失勢之後又寫文章，來批評王安石的一些改革策略，所以王安石曾罵他是小人，但是這只是沈括人格上的缺陷所造成的，不能因此說他是一個大奸大惡之人。也許他就不該走上政治這條路。

雖然沈括在做人和為官上是極其失敗的，但是作為一位科學家卻是實至名歸的。儘管他在其他方面有一些瑕疵，但是他的科學精神還是值得後世人們欽佩的。

靖康之變

靖康事變又稱靖康之恥，發生在北宋宋徽宗靖康年間，所以以此命名。當時金兵攻破汴京，將宋徽宗和宋欽宗以及其他的皇室人員一千多人擄走，導致北宋滅亡。歷史上就稱這一次事變為靖康之變。

之所以會出現這次事變，還要從宋金聯盟攻打遼國開始說起。

宋金聯盟使遼滅亡之後，宋朝買回燕雲十六州。金國的將領張覺用平州作為投降的條件，讓宋保護他，但是金國卻利用張覺這件事大做文章，以此為藉口開始攻打宋國。

金國派完顏宗翰和完顏宗望率兵

攻打宋國，但是完顏宗翰的部隊遇到太原守軍的抵抗，貽誤了戰機。

後來完顏宗望渡過黃河，包圍了北宋國都汴京。但是遭遇到李綱的頑強抵抗沒能攻破汴京，於是他把康王等皇室子弟作為人質，來威脅宋朝講和，最後宋朝答應將太原、中山和河間分割給金。至此，完顏宗望才開始收兵撤退。

這就是歷史上的第一次汴京之圍，由於主戰派的頑強抵抗宋才得以保住汴京，本來可以利用金軍撤退的機會，仿效澶淵之盟的故事，趁著金軍渡黃河的時候，將他們最精銳的部隊給消滅掉，這樣就可以免除後患。但是由於主和派的多次挑撥離間，使得金軍順利地渡過黃河，主戰派的代表病死的病死，驅逐的驅逐，這樣才會有第二次汴京之圍失敗導致的靖康事變。

本來金國第二次攻打宋國師出無名，但是宋朝自作孽的「蠟丸事件」正好給了金國藉口。因為金國的蕭仲恭和耶律餘睹都是之前遼國的將領，宋欽宗認為他們可以利用，於是寫了一封蠟丸信給他們，希望他們能夠作為自己的內應，卻不曾想他們會將蠟

丸信交給金國人，這樣宋朝就吞下自己釀的苦酒了。

這一次宋國就沒有那麼好的運氣了。第一次是有太原的將士奮死抵抗，拖住了完顏宗翰的腳步，使得只有完顏宗望的兵馬到達汴京城下。但是這一次，沒有了太原之圍，完顏宗翰和完顏宗望的兩部兵馬幾乎同時將汴京圍住，兵力大增。

從宋朝這邊來說，上一次是因為主戰派的李綱拚死保衛汴京，指揮得當，戰術正確才沒能讓金軍攻破城池，但是李綱早就被驅逐了，另一個主戰的代表也已經病死了，這一次守城的將領根本不懂得守城之道貴在用兵，只是借助其他的歪門邪道來守城，而且因為皇帝的猶豫不決，臨時更換將領，使得克敵的計策受到很多制約。

這樣兩相比較之下，汴京被攻破只是遲早的事情了。這時候情勢危急，宋欽宗在主和派的建議下，親自到金軍的營地議和，結果卻被金軍扣押。接著金軍攻破汴京，進城之後大肆燒殺擄掠，將汴京的財物幾乎洗劫一空。同時還將宋徽宗一同俘虜了。金軍撤退的時候，帶著京城所有的

一次讀完二十五史 故事

財物以及包括皇帝、皇后、親王、皇孫、駙馬、公主、妃嬪、太子、王公大臣，還有樂工和技工在內的數十萬人返回金國。

因為這是發生在靖康丙午年，所以也叫「丙午之恥」，歷史上就叫做靖康之變。隨後金太宗將宋朝的兩個皇帝貶為庶民，還把他們身上的龍袍強行脫掉。至此北宋正式宣告滅亡，這一天是1127年三月三十號。

岳飛抗金

一說起嶽飛，人們就會不由自主地想起那首著名的《滿江紅》：「靖康恥，猶未雪。臣子恨，何時滅！」靖康之恥給每一個宋朝的子民都帶來了無盡的痛苦，更何況是滿腔愛國的嶽飛。從小他的母親就在他的背上刺下了「精忠報國」四個字，而他的一生就在踐行著這四個字。

岳飛是著名的抗金英雄，其在軍事上展現的才能是宋、遼、金、西夏公認的最傑出的，除此之外，他創造了兩宋以來建節封侯者最年輕的紀錄，也是南宋四位抗金將領之首。他的事蹟是兩天兩夜也說不完的，這裡我們只能選取岳飛最著名的郾城大捷來略述其跡。

還要從紹興九年開始說起，這一年，奸臣秦檜為了自己的私欲，居心叵測地策劃了一起投降活動，讓宋金議和，但是岳飛直接上書將矛頭直指秦檜，這讓秦檜記恨在心，為岳飛後來蒙冤而死埋下了伏筆。

紹興十年的時候，金國單方面撕毀了之前簽訂的和議，派金兀術兵分四路來攻打宋國，這使岳飛苦等已久的機會終於來了。毫無防備的宋軍節節敗退，所以高宗派岳飛、韓世忠和張俊等率兵抵抗。郾城大捷的序幕就此拉開。

岳飛等人進入中原地區之後受到人民的熱烈歡迎，一路上捷報頻傳。在當年七月初，金兀術在主力部隊休整了一個月之後，全軍出動攻向郾城。在他們距離郾城還有二十裡的時候，岳飛得知金兀術派了一萬五精兵作為前鋒來攻打郾城，然而當時岳飛

手中只有背嵬軍和游奕軍，而且其中的一部分還在穎昌駐守，這明擺著就是打不過金軍。在明顯處於劣勢的情況下，岳飛沉著冷靜地分析了敵我作戰方法上的長短之後，果斷地以步兵迎敵。岳家軍的步兵每個人都拿著提刀或者斧頭之類的武器，專門對著馬腿劈砍，這樣按照金軍的「拐子馬」陣型，只要有一匹馬倒地，另外兩匹馬就沒有辦法奔跑。就這樣金軍的「鐵浮圖」亂成了一鍋粥。

等到快天黑的時候，金軍被殺得落荒而逃，岳家軍在這場戰爭中消滅了敵人的首領，還獲得了不少戰馬，大大補充了岳飛的兵力。這就是歷史上著名的郾城大捷，這一戰嶽飛打出了岳家軍的威名，讓敵人發出了「撼山易，撼岳家軍難」的哀嘆。

接著岳飛向朱仙鎮進軍，金兀術仍不死心，集結了十萬大軍想要阻擋嶽飛，但岳家軍眼看著馬上就能打進金軍的老巢了，士氣非常高漲，金兀術又被打得落荒而逃了。受到岳飛的鼓舞，其他的將領紛紛發力，緊接著又取得了穎昌大捷，之後一路收復了蔡州、陳州、鄭州、汝州等地方，到這個時候，中原地區的失地基本上都被岳家軍收復了。

可是岳飛的勝利讓秦檜害怕了，於是他唆使皇帝在一天之內連發了十二道金牌讓岳飛班師回朝，眼看著勝利在望了，岳飛儘管知道這是秦檜的詭計，但是為了保存抗金的實力，無奈之下只好班師回朝。這一下岳飛辛辛苦苦收復的失地，在一天之內再次盡歸敵手，不能不令人惋惜。

為了保護當地的老百姓，爭取給他們南渡的時間，岳飛延遲了五天回朝，故意讓金軍知道自己明天要渡河，使得金軍連夜逃到黃河岸邊，這樣岳飛就爭取了時間讓當地的老百姓遷移到其他地方。但是有人通風報信說岳飛要回朝，金軍又捲土重來，重新占領中原地區。

岳飛回朝之後，被秦檜等人誣陷謀反罪，但是實在是找不到什麼證據，最後竟然以「莫須有」將岳飛殺害，岳家被滿門抄斬。韓世忠知道後發出「莫須有三字，何以服天下」的哀嘆，但是也挽不回岳飛的性命了。岳飛臨死之前悲憤地寫下了「天日昭昭，天日昭昭」八個大字，盡抒心中的不甘與悲憤之情。

世人為了紀念岳飛，在他被平

反之後，在他的墓前修了一個跪著的秦檜像，日日向岳嶽飛懺悔。岳飛雖死，但是他的愛國精神和精忠報國的業績是怎麼也抹不去的，所以他成為受到萬世敬仰的民族英雄，而秦檜則只能跪在墓前，受著萬人的唾罵。

大詩人陸游

說起陸游，首先讓人想到的就是他和表妹唐婉的淒美愛情故事，除此之外就是「王師北定中原日，家祭無忘告乃翁」和「夜闌臥聽風吹雨，鐵馬冰河入夢來」這樣豪情萬丈的詩句了，陸游不僅是一個癡情種，更是一個愛國的大丈夫。

陸游，號放翁，出生在一個戰火紛飛的年代，從小就天資聰慧，十二歲的時候就能吟詩作對。不僅如此，他從小就受到家庭中愛國思想的薰陶，耳濡目染的環境也培養了他愛國的精神，中年的時候就參軍，歷經宦海沉浮，直到晚年退居，但是收復中原之心始終不死，有詩為證。除了滿腔的熱血無法實現之外，他和唐婉的愛情也因為母親的干涉而抱憾終生。

陸游和唐婉是表兄妹，自小一起長大，可以說兩小無猜。長大後兩人結為連理，也是舉案齊眉，夫唱婦隨，生活十分美滿。但是因為唐婉才華橫溢，陸游的母親認為女子無才便是德，強行讓陸游休妻，雖然陸游百般哀求，但是還是抵不過禮教的壓迫，最後只好和唐婉分開。隨後陸游娶王氏，唐婉嫁趙士程，兩個有情人就這樣分開，實在是令人惋惜。

十年之後，陸游在沈園獨自飲酒之時，突然看到唐婉和她的丈夫，再想起他們當初幸福的時光，不禁悲上心頭。正當他要離開的時候，唐婉在她丈夫的同意下，給他送了一杯酒，所謂真情盡在不言中，陸游明白唐婉對他的真情，喝完酒之後老淚縱橫，不能自抑，就是在這種情緒之下，陸游忍不住心中的悲痛，在牆上寫下了《釵頭鳳》這篇千古絕唱。隨後滿懷抑鬱之情離開沈園。而當唐婉看到這首《釵頭鳳》的時候，也抑制不住自己的感情，失聲痛哭，隨後在

陸游的詞之後附上了自己的一首《釵頭鳳》，回到家之後，唐婉就抑鬱而死。兩個有情人就此陰陽兩隔。

唐婉死後，陸游開始參軍抗金，儘管戎馬生涯非常辛苦，但是詩人心中始終放不下對唐婉深深的眷念，在他剩下的歲月裡，多次回到沈園，每回來一次就會為唐婉作一首詞，直到他去世的前一年。從《釵頭鳳》開始，陸游用自己的一生來譜寫了一段流芳後世、淒婉感人的愛情詩章，所以說陸游是一個癡情種。

但是陸游並不只是一個沉緬於兒女私情的小男人，他也有滿腔的愛國之情。1170年，陸游進入巴蜀之地，開始了他的行軍生涯。

在政治上，陸游一直主張要堅決抵抗外敵的入侵，首先就要充實軍備。但是他先後受到以秦檜為首的投降派的打壓，仕途之路幾經沉浮。秦檜死後，他的仕途雖然比之前好多了，但是也一直得不到朝廷的重用，他的抱負也就沒有施展的機會，所以他將心中的感情都投注在詩歌之中。他的詩歌不僅抒發自己的政治抱負，反映人民的疾苦，也有批判當時的統治者屈辱求和的，他的詩以豪放著稱，充分地流露出他的愛國之情。尤其是在他晚年回鄉之後，那種沒實現自己抱負的遺憾和渴望祖國收復河山的願望尤其強烈。「夜闌臥聽風吹雨，鐵馬冰河入夢來」以及「王師北定中原日，家祭無忘告乃翁」都充分說明他時時刻刻都在關注著國家的命運，渴望著祖國的統一。所以說他是一個愛國的大丈夫也是當之無愧的。

文天祥名垂青史

文天祥是南宋著名的民族英雄，在被元軍抓住後，寧死不屈，英勇就義，留下了「人生自古誰無死，留取丹心照汗青」的著名篇章。他和陸秀夫、張世傑一起堅守到了南宋王朝的最後一刻，被後人稱為「宋末三傑」。

文天祥的父親是一個愛書如命的人，文天祥還有三個弟弟，父親對他們的教育問題十分重視，從小就對他

們嚴格要求。家道中落之後父親親自教他們，經常提出一些具有啟發性的問題，讓他們思考，有時候也會在一起討論一下歷史和國家大事。可以說文天祥出眾的文采和優良的品格是離不開他父親的言傳身教的。

文天祥為人十分正直，非常樂於幫助別人，而且不管外界的評論如何，始終都保持著自己的純真。而且他從小就非常喜歡研讀忠臣列傳，再加上當地先賢的影響，這些都影響著他成為了後來著名的忠義之士。

文天祥狀元及第之後，因為正直的性格不能忍受朝廷的腐敗，多次上書諫言，但是都沒能得到重視，後來因為他耿直的性格得罪了當朝權貴，多次被貶。但是他被貶之後，仍然勵精圖治，心系百姓，為百姓做了不少好事。

宋度宗病逝後，奸臣賈似道扶植年僅四歲的宋恭宗即位為皇帝，趁機把持朝政。這時候元朝的伯顏正率領著二十萬大軍兵分兩路進攻南宋。當時淮西制置使不戰而逃，很快鄂州也失守了，各地的宋軍在元軍進攻時紛紛叛變，南宋王朝已經岌岌可危了。

這時候朝廷頒布《哀痛詔》，號召各地將領起兵勤王，可是除了文天祥和張世傑之外，根本沒有人回應。之後文天祥發布榜文，徵集義士，同時散盡家財來籌集糧餉，表示要毀家紓難。在他愛國精神的感召之下，一支三萬人的起義軍就迅速地組成了。從這裡開始就是文天祥生活中全新的一頁：起兵勤王。

文天祥起兵勤王之後，積極想要奔赴前線抵抗元軍的進攻，想扭轉戰局，但是朝廷中的主和派百般阻撓，甚至誣陷他。但是文天祥得到了社會輿論的普遍支持，迫於壓力，朝廷讓文天祥帶兵進京，在到達臨安的時候，只有文天祥的部隊秋毫無犯，贏得了極高的聲望。

之後，文天祥率兵保衛平江，同時派兵救援常州，可惜他用人不善，將救援的兵馬交給張全這樣的自私小人。張全為了一己之利，看著戰友苦戰竟然隔岸觀火，並且趁亂逃跑，使得自己的戰友陷入了孤立無援的局面，結果朝廷還包庇這樣的小人，這令關心國家存亡的愛國將領們十分擔憂。

常州平江淪陷之後，文天祥和張世傑主戰，要求朝廷背水一戰，但

是朝廷卻打算投降，這讓他們都非常失望，於是各自招兵，繼續抗元。這時候朝廷已經亂成一團了。1276年，元軍攻破臨安，文天祥又出來收拾殘局，他在出使元營的時候被扣留，之後南宋就向元軍投降了。

文天祥被扣留之後，大聲地斥責投降的將領們。儘管元朝用盡了各種手段，想要文天祥投降，但是文天祥軟硬都不吃，就連忽必烈親自勸降，也沒能讓文天祥改變初衷。在被關押三年之後，文天祥英勇就義。在過零丁洋的時候他留下了「人生自古誰無死，留取丹心照汗青」的千古絕句。

他的這種寧死不屈的愛國精神在中華大地上萬世流傳。

遼史

阿保機建遼

耶律阿保機出生於契丹族地位顯赫的迭剌部的一個很顯貴的家族，小名啜裡只。他出生時正好趕上了聯盟首領的鬥爭，他的祖父不幸在殘酷的政治鬥爭中被殺害，於是他的父親和所有的叔叔伯父都躲了起來，他的母親為了保護他，很少讓他見外人，就是在這樣惡劣的環境之下，耶律阿保機也成長得身強體壯、才智過人，並且胸懷高遠的志向。他的伯父掌權的時候，他受到伯父的信任，組建了一支侍衛親軍。正是憑藉著這只精銳的

武裝，他開始了自己的崛起之路。

當他被選舉成為迭剌部的首領之後，他學習中原，將契丹首領的繼承制度由之前的選舉制改成了世襲制，稱自己是遼太祖。

這下，他的幾個弟弟就對他心懷不滿了，因為如果按照傳統的選舉制的話，他們在阿保機任可汗滿三年的時候還可以有機會繼承阿保機的皇位，但是世襲制的話他們就完全沒有了機會。為了爭取自己的選舉權利，他的幾個弟弟首先起來反對他。這就

是歷史上的「諸弟之亂」。

阿保機弟弟們的叛亂總共有三次。第一次謀反是由剌葛、迭剌、安瑞等人一起策劃的，但是由於安瑞的妻子向阿保機報告了，所以這一次的謀反失敗了。阿保機念在他們都是自己的手足，並不忍心將他們殺死，只是和他們登山一起對天盟誓，之後就赦免了他們。相比於手足之情，可能還是至高無上的皇帝權利對他們的吸引力更大一些，所以他的那些兄弟們並沒有領情，在於越轄底的唆使下，第二年他們再次謀反。

這一次，還有一些剛剛任命的官員也參與其中了。趁著阿保機征討其他部落的時候，剌葛率兵攻打平洲，並順利地拿下了。平洲失陷之後，阿保機的歸路就被阻斷了。剌葛就利用這個機會強迫阿保機參加可汗的改選大會。阿保機並沒有和剌葛硬碰硬，而是率兵南下，並且按照契丹部落傳統的習慣在剌葛之前就舉行了燒柴告天的儀式，這樣就相當於阿保機已經在他們所認為的合法的程序下完成了他的連任，這樣一來，他的兄弟們再也找不到謀反的藉口了。就這樣，阿保機用他的智謀和平地解決了這場由弟弟們發起的叛亂。第二天的時候，他的弟弟們就紛紛上門請罪，阿保機顧念兄弟情分，還是沒有追究他們，只是讓他們面壁思過，好好反省。

可是，就是這樣，他的弟弟們在不到半年的時間之內，又第三次發動了叛亂。他們先是擁立剌葛為新的可汗，然後再派其他人假裝朝見阿保機，想趁機將他劫持，去參加他們已經準備好的改選大會。可是阿保機提前發現了他們的陰謀，及時地解決了朝見的兩個人，並將他們的騎兵收編，之後親自領兵去追剿剌葛。剌葛的一支部隊在阿保機的行宮搶走了代表可汗權利的旗鼓和神帳。隨後阿保機讓人在前後埋伏堵截，最終打敗了剌葛，奪回了旗鼓和神帳。所謂窮寇莫追，阿保機沒有急於追擊，而是等到剌葛的部下生出思鄉之情，無心戀戰的時候出戰，這樣就不戰而勝了。最後終於將剌葛抓到了。經過這三次平叛，家族的反對勢力基本上被消滅了，但是對契丹的經濟卻造成了極為嚴重的影響。為此，阿保機在消滅其他的反對勢力之後，就將治理的重點放在恢復經濟上面，他仿效漢人的制度，使遼國一步步強大起來。

一次讀完二十五史故事

耶律休哥戰功顯赫

耶律休哥，字遜寧，是遼國中期傑出的將領，可以說是文武全才。他一生征戰，立下了戰功無數，從高粱河之戰開始到徐河之戰，他經歷了宋遼之戰的全過程。現在就從他的高粱河之戰開始說起，一一細數他的戰功。

宋太宗在消滅北宋之後，想要趁著氣勢如虹一舉拿下幽州城，收復燕雲十六州。由於長時間沒做休整，也沒有任何的封賞，再加上幽州城久攻不克，將士們都心生倦怠，士氣開始低落。這時候耶律休哥帶領著大量兵馬趕來救援幽州，和宋軍在高粱河相遇。耶律休哥假裝敗退，誘使宋軍深入。當時天色較晚，耶律休哥突然命人舉著火炬從旁邊的小路上殺出來。宋軍一點防備都沒有，趕緊停止了追擊，回到了高粱河列陣以待。耶律休哥在其他部隊的配合下，對宋軍形成了兩面夾擊的局面。這時候遼國的另一支部隊也加入了進來，這樣宋軍就是三面受敵了，防線全面崩潰。這一戰宋軍死傷過萬，遼軍大獲全勝。耶律休哥三處受傷，雖然最後沒有將所有的宋軍都消滅，但是也繳獲了大量的兵器和糧草。

接下來的就是滿城之戰了。

為了報高粱河之仇，景宗再一次派休哥和韓匡嗣討伐宋。宋國的將領按照太宗的旨意在徐河安排好了八陣圖。其中一個宋軍的將領看見遼軍的氣勢很盛，所以違背了宋太宗的安排，擅自改變了陣型，主張應該集中主要的兵力來攻打敵人。他的意見得到其他將領的認同，所以將八陣改成了二陣，這樣就可以前後呼應。等到遼軍擺開陣勢的時候，他們派一個使者到遼軍的營地說是要投降。耶律休哥看見宋軍嚴陣以待，於是勸韓匡嗣小心宋軍詐降，但是韓不聽，放鬆了警惕。果然如耶律休哥所說的，遭到了宋軍的突襲。幸好休哥早有準備，用準備好的部隊打退了宋軍。這一戰充分地展現了耶律休哥的智謀。

接下來就是著名的瓦橋關之戰了，這一戰可以說是耶律休哥個人征戰生涯中最輝煌的一戰了。

在北宋太平興國五年的時候，景宗決定率耶律休哥親征。休哥的部隊作為先鋒，進展得極為順利，很快就將軍事要地瓦橋關包圍了。為了解除遼軍對瓦橋關的包圍，宋軍鎮南、定南、關南的部隊連夜渡過易水河突襲遼軍大營，結果被遼國的守將蕭翰擊退。第二次救援的時候被阻擋在瓦橋關以東。張師想率軍突圍，結果被耶律休哥截住，張師戰死，其他的士兵則退到了城中。一周之後，宋軍列陣和遼軍隔岸相對，想等北京的援軍到達之後再進行決戰。等到快要決戰的時候，因為休哥的戰袍和馬都是黃色的，很容易就被宋軍發現了。為了隱藏自己的主力，休哥換上了紅色的戰甲和白色的馬。等到他渡過河發動進攻的時候，宋軍因為沒有主帥號令，一時之間就亂了方寸，結果被休哥殺得大敗而逃。

耶律休哥得勝回去之後，景宗非常高興，將御馬賜給了他，並大大地稱讚了他。之後宋將為了避免皇帝的責罰，拚死力戰，遼軍遇到了頑強的抵抗，等到宋太宗率領的援兵到達的時候，遼軍才撤退。這就是耶律休哥一生中最輝煌的幾次征戰，就是憑藉著這些赫赫戰功，耶律休哥成為了遼國的中流砥柱。

金史

阿骨打建金

在遼國的統治後期，有一支以完顏部落為代表的女真族開始逐漸崛起，實力逐漸強大。後來在完顏阿骨打的帶領下逐漸統一了女真各個部落，建立了金國的統治，完顏阿骨打就是金太祖。在他的領導之下，金國在歷史上留下了不可磨滅的痕跡，它消滅了遼和北宋，北京也首次成為國都。

完顏阿骨打從小就很喜歡騎射，力氣很大，為人也十分大度和豁達，還有著出眾的領導和組織才能。他只有二十三歲的時候就已經開始行軍打仗，在戰場上顯示出了卓越的軍事才能。這時候的遼國經常仗著自己實力雄厚來欺壓女真部落，雖然他們也很想反抗，但是無奈實力差距太大，只能暫時忍耐來慢慢地累積實力。

有一次，遼國收留了一個女真部落的叛徒，女真人覺得遼國這是干涉他們的內政，但是礙於遼國的實力，沒有人敢跟遼國說將叛徒交還給他們。但是阿骨打卻不這樣想。到了第二年春天，遼國按照傳統舉行一年一

度的「春捺缽」，所有的附屬部落都派代表參加了那一次的「魚頭宴」，阿骨打就是其中的代表之一。阿骨打在宴會中間要求歸還他們的叛徒，交給他們自己處置。

天祚帝卻不置可否，當宴會到了高潮的時候，他要求在座的所有人都用歌舞來助興，根本就沒把他們這些部落的代表看在眼裡。其他的代表都沒有辦法，跳了起來，只有阿骨打沒有動。這一下徹底惹怒了天祚帝，本來想一刀殺了他，但是被身邊的寵臣攔住了，說殺一個女真人有損遼國的教化。他不知道他的這句話給他們自己挖了一個墳墓。

從魚頭宴回來之後，阿骨打就從他哥哥手中繼承了部落首領的職位，他知道天祚帝肯定不會善罷甘休的，所以決定先發制人，攻打遼國。

阿骨打最初起兵的時候只有兩千五百人，憑藉著這一點兵力，他開始攻打渤海的甯江州。攻陷了甯江之後，他的隊伍也才擴大到三千七百人。當甯江的守軍告訴天祚帝阿骨打造反的時候，他根本就沒放在心上，於是派了十萬大軍去出河店鎮壓，在他看來阿骨打那麼一點兵力根本就

不值一提。可是他忘記了，遼國雖然曾經很輝煌，但是已經過去了一百多年了，他們的刀劍早已經失去了往日的鋒利了。果然，天祚帝的十萬大軍被三千七百名士兵打得落花流水，顏面盡失。阿骨打在出河店大捷之後，趁勢建立了金國。之後就立刻開始攻打黃龍府，先是圍而不攻，等到所有的援軍都清除之後，黃龍府也就孤立無援了，輕而易舉就被攻破了。天祚帝聽說之後就決定要御駕親征，率領七十萬大軍進攻金國。

這一下阿骨打面對著強大的壓力，正當戰勢處於膠著狀態的時候，遼國內部突然發生叛亂，天祚帝只好緊急撤兵。但是這個天賜良機阿骨打是不會放過的，他馬上命令士兵追上遼軍，對遼軍形成左右包圍的勢態，就這樣以二萬兵力全殲七十萬遼軍，可以說這是歷史上最不可思議的以少勝多的經典戰例。此戰過後，遼國一蹶不振，阿骨打一鼓作氣，在不到一年的時間裡迅速地消滅了遼國。最後他在會寧稱帝，國號大金，他就是金太祖。之後又以七年的時間攻陷了北京，在北京回到上京的途中不幸染病身亡，享年僅五十五歲。

完顏宗翰滅宋

完顏宗翰本名粘沒喝，是國相撒改的長子，英勇有謀，參與擁立金太祖完顏阿骨打稱帝建國，備受重用，是金國名將，被金朝的歷代君王譽為開國的第一功臣，死後追封為周宋國王。

完顏宗翰早在十七歲的時候，就四次跟隨聯盟的軍隊征伐，在阿骨打起兵反遼的時候，還是完顏宗翰的一句話堅定了阿骨打的信念，這樣才使得阿骨打非常信任他。當阿骨打在出河谷大敗遼軍之後，宗翰擁立阿骨打稱帝，在這之後，他就一直跟隨在阿骨打的身邊，不僅是對遼作戰中的一員虎將，同時還是金朝最高統治機構的成員之一。

遼金議和失敗之後，宗翰兩次向阿骨打提出攻打遼國，他認為，「遼國已經失去了德行，各個附屬國已經離心離德。趁著現在遼國的叛亂，這個時候攻打遼國可以徹底地消滅遼國，也可以免除後患。這個時候我們正是天時地利人和的時候，這麼好的機會一定要抓住！」阿骨打聽從了他

的建議，發動了攻打遼國的行動。很快宗翰就率兵攻下了中京，然後就開始進攻遼北的安州，和其餘的部隊兵力會合之後，輕而易舉就拿下了北安州，然後就把大營駐紮在這裡。

後來他們在巡查的時候，得知天祚帝正在鴛鴦濼附近，還知道了他因為殺了自己的兒子讓大臣們都很心寒，並且他西北和西南的兩路兵馬的戰鬥力很低。得知這個消息之後，宗翰他們非常高興，馬上就領兵攻擊天祚帝，部隊士氣非常高漲，大破遼軍。天祚帝趁亂逃走。隨後金國的軍隊以破竹之勢攻下了遼國的西京。宗翰就跟隨阿骨打一起奪取了遼國的都城燕京。但是很不幸的是，就在返回的途中，阿骨打病逝，臨終之前任命宗翰為西北、西南兩路兵馬的統領，追擊天祚帝。第二年，天祚帝被金兵抓獲，遼國正式滅亡。

金國滅遼之後，下一步的計畫就是滅宋了。這個時候宋國正在不斷衰落，金太宗任命完顏杲為元帥，宗翰為副左元帥攻打太原。之前金兵的

進攻一直都很順利，在圍攻太原的時候，竟然遇到了頑強的抵抗。於是只留下銀術一部分的兵馬來繼續攻打太原，自己則率領部隊南下。後來宋國派來使臣要求議和，才知道已經有人率領兵馬抵達了汴京城下，所以宋國以太原、中山、河間作為條件來議和。宗翰率領將士回到太原，可是太原的將士仍然不投降，宗翰繼續留下銀術攻打太原，自己返回西京。幾個月之後，金太宗再次發兵攻打宋國，這一次的戰事很順利，連之前久攻不下的太原也很輕鬆地拿下了，不出四個月就已經打到了宋國的都城，宋欽宗投降，還俘獲了宋徽宗和其他的皇家子弟一起北上，也就是歷史上著名的靖康之變，此時北宋正式滅亡了。

但是很快，宋氏的子孫趙構就在南京稱帝，標誌著南宋王朝的建立。金朝當然不會允許這樣的事情發生，所以很快就派兵繼續攻打南宋，想把它消滅在萌芽的狀態。於是宗翰率領兩路大軍南下，在濮州會合，直到了宋高宗所在的揚州。聽說金兵南下，宋高宗馬上就南渡開始逃亡，宗翰命人繼續追擊，自己坐鎮江北。雖然沒有追到，但是他們在江南一帶大肆的燒殺擄掠。返回金都之後，宗翰就被升任為國論右勃極烈（右丞相），同時兼職都元帥，掌管了金國的最高軍事指揮權。後來因為功高震主，而且自己也貪念權位，招來了殺身之禍，但是這一點也不影響他為金國的建立立下的赫赫戰功。

元史

成吉思汗統一蒙古

　　成吉思汗可以說是世界上最偉大和傑出的政治家和軍事家之一，的的確確是配得上「一代天驕」的稱號。

　　成吉思汗原名叫鐵木真，這個名字的來歷還有一段故事。在他出生的時候，他的父親剛剛打了一場勝仗，俘虜了一個叫鐵木真的首領，在蒙古有一個傳統就是如果抓到敵方部落的勇士時，如果恰好有嬰兒出生，用勇士的名字給嬰兒命名，那麼勇士的勇氣就會轉移到嬰兒的身上。因此鐵木真的名字由此而來，也不知道是不是

那個勇士的勇氣真的轉移到了他身上，鐵木真後來真的成為了一名真正的勇士。

　　後來他的父親帶他去訂親，回來的時候遭人暗算，父親被毒死，他的部落也就散了，鐵木真和他的母親和弟弟妹妹也一起被抓了起來。後來，鐵木真帶著他們一起逃進了深山。

　　後來鐵木真長大了，開始招兵買馬，他父親生前的一些舊部屬中，有很多人都過來投奔他，之前殺死他父親的泰赤烏部落也覺得他們的首領實

在是太殘暴了，也都過來投靠了他，這樣鐵木真的部落開始強大起來。

鐵木真對於軍隊的管理十分嚴格，每一次打仗之前都要強調要全力追擊敵人，不能因為搶奪敵人丟棄的東西而耽誤時間，結果有一次有三個人違反了這個規定，鐵木真就將他們的戰利品全都分給了別人。由此可見，鐵木真的執法是相當嚴格的。不僅如此，他們的軍隊個個都是英勇善戰的好手，所以很快就成為了草原上勢力最大的一支部落。

鐵木真和他的義父王罕翻臉了，鐵木真準備攻打王罕，他派人去王罕那裡，假稱他們自己是哈撒兒派來的，他們的太子失蹤了，現在已經無路可走，要來投奔王罕，希望王罕念在過去的情分上收留他。王罕信以為真，讓兩個人到哈撒兒部落結盟，結果被鐵木真利用，找到了他的大本營，將王罕打敗。王罕逃出去之後，不久就被乃蠻部落的人殺害。

之後鐵木真又準備進攻乃蠻部落，大家都覺得馬匹因為冬天的草料比較少都瘦了，想等到把馬養肥了之後再進攻。但是鐵木真卻認為反正都是要辦的事情，宜早不宜晚，再加上乃蠻部落一直自恃強大，看不起別的部落，如果突然襲擊，一定會勝利。所以他堅持進軍攻打乃蠻。

乃蠻的太陽汗聽說之後，調動了所有的兵馬和盟友的兵馬，實力非常強大。鐵木真軍隊中有一批瘦弱的馬跑到了對方的軍隊中，對方就想誘敵深入，想等鐵木真的馬累了之後再進攻，就能打敗鐵木真了。這本來是一個很好的計畫，但是乃蠻營中有一個有勇無謀的將領氣沖沖地對太陽汗說：「你父親當年打仗都是勇往直前的，你現在這樣拖延時間是不是害怕了？」還說如果他真的害怕的話可以讓他的妃子出來指揮，這下子太陽汗就被徹底激怒了，立刻率部隊想和鐵木真決一死戰。再加上他一向狂妄，看不起鐵木真，本以為很容易就能取勝了，可是越打越不對勁。之前鐵木真的老對手箚木合逃出了軍隊，這大大影響了太陽汗軍隊的軍心和士氣，兩個部落一直激戰到晚上，直到太陽汗戰死。第二天，殘餘的敵人都投降了，乃蠻部落就被鐵木真拿下了。其他的部落覺得鐵木真連乃蠻這樣強大的部落都能打敗，一定很強大，都歸順了他。後來鐵木真消滅了最後一個

一次讀完二十五史 故事

蔑裡乞部，終於統一了整個草原。

統一之後，鐵木真召開草原大會，宣布自己為大汗，尊號為「成吉思」，意思就是四海的主人，就這樣鐵木真就成了成吉思汗。

成吉思汗統一了蒙古之後，開始了一系列的擴張戰爭，他的鐵騎還征服過西亞、中歐等地區，最遠的地方甚至到了黑海地區，建立過一個地跨歐亞非三地的大帝國。後來鐵木真在攻打西夏的時候，不幸身染重病，不久就病逝了。

忽必烈建立元朝

忽必烈是成吉思汗的孫子，在1271年建立了元朝，成為了元朝的開國皇帝。1294年，在元大都病逝，他就是後世所稱的元世祖。

忽必烈在自己還是藩王的時候就胸懷天下，立下了遠大的志向，還十分熱愛中原地區的文化，多次派人召集當時有名的學士向他們詢問有關中原儒學治道的學問，在建立元朝之後，大力任用漢人來整頓吏治。可見他對漢文化是十分推崇的。

在他的哥哥蒙哥汗去世之後，忽必烈和他的兩個弟弟，旭烈兀和阿里不哥，都有希望成為將來的蒙古帝國的大汗。當時旭烈兀已經遠離蒙古，成為了波斯汗，並沒有和他們爭奪大汗的意思，而當時的阿里不哥早已經成為了蒙古本土的統治者，並且在都城的附近駐軍紮營，想在大會上讓大臣都保舉他為蒙古大汗。這時候忽必烈正在率軍攻打南宋的鄂州地區，為了爭奪汗位，忽必烈決定率軍北上，並且在開平上都府建立了他自己的大本營，在那裡被他的黨羽擁立為大汗。

雖然忽必烈在這場爭奪汗位的戰爭中獲勝了，但是中央汗國之外的四大汗國卻由於他違背了大汗選舉的傳統，紛紛脫離了他。而且由於他大力推行漢法，也遭到了很多人的反對，逐漸脫離了他的統治範圍，所以這時候忽必烈的統治範圍還十分狹窄，只有中原地區、西藏和蒙古本土，和他爺爺在世時的領土相比相差甚遠。

忽必烈稱汗之後第二年，打敗了阿里不哥，遷都燕京，這就是後來的元朝大都。在他建立元朝之後，開始進軍南宋。南宋當時的宋理宗根本不理朝政，因此賈似道獨攬大權，在他的統治之下，南宋的反抗根本絲毫不起作用，完全化作了泡影。之後賈似道又扶植四歲的宋恭帝即位，藉此更好地把持朝政。在南宋腐朽統治的時候忽必烈又得到了兩位傑出的將領：伯顏和兀術。在他攻打南宋的過程中，這兩位將領為他立下了汗馬功勞。在忽必烈大軍南下準備攻打南宋的時候，遇到的最頑強的抵抗就是襄陽。然而，由於南宋朝廷由奸臣把持著，襄陽的守將呂文煥在宮廷的爭鬥中失去鬥志，以襄陽城投降於忽必烈。之後蒙古軍隊就一路南下，順利地攻下了宋朝的都城臨安。

儘管忽必烈占領了南宋的都城，但是南方的抵抗仍然十分頑強。忽必烈的盟軍之一阿里海牙已經攻占了湖南的長沙和廣西的桂林，但是忽必烈由於蒙古的叛亂已經無暇顧及南宋，這就給了南宋主戰派將領們喘息的機會，他們想在福建和廣東重新建立起南宋的政權。但是還沒來得及實現，忽必烈就平定了蒙古的叛亂，重新南下攻占福建的重要港口福州、泉州。

南宋的最後一批主戰派張世傑帶著剛剛擁立的新皇帝匆匆逃往海上避難，卻在廣州的南屋山遭受到了蒙古水軍的猛烈攻擊，張世傑英勇抵抗，但是由於雙方的實力差距實在是太大，張世傑英勇犧牲，九歲的小皇帝溺水身亡。至此南宋的最後一批反抗力量消滅殆盡，南宋徹底滅亡。就這樣忽必烈統一了南宋地區。

在統一南宋之後，忽必烈進行了一系列的對外征戰，同時推行一系列政策，開始了他在中原的統治，元朝的統治也由忽必烈開始。

■ 郭守敬編撰《授時曆》

郭守敬是元朝著名的天文學家和水利以及儀器製造的專家，接受忽必烈的任命修改曆法，歷經四年的時間制定出《授時曆》，算得上是當時世

界上最先進的曆法之一了。

郭守敬從小就在戰亂的環境下長大，他的祖父郭榮是金元交替之際一個頗有名望的學者，精通天文算學和水利技術，郭守敬就是在他祖父的影響下成長起來的。他從小就開始製造各種各樣的器皿，一次偶然的情況下得到了一張蓮花漏的圖紙，竟然對著圖紙弄懂了它的製作方法。說到這蓮花漏算得上是一種計時器，它的構造複雜，一般的成年學者想要根據它的原理製作出來都十分的不簡單，然而只有十幾歲的郭守敬卻做到了，足見他在器物的製造上有相當的天賦，當然也說明他的刻苦和認真。

1276年，元軍占領了南宋的都城，統一已經成了大勢所趨的事情。在元世祖統一之後，立刻就下令重新修訂曆法，因為之前的曆法誤差太大，建立新的立法已經是迫不及待的事情了。於是他調集全國的天文學家著手開始建立新的曆法。

當時負責具體的編纂工作的是王恂，由於郭守敬是他的老同學，他對郭守敬的天文才幹十分賞識，所以在他的極力推薦之下，郭守敬也參與了修訂曆法，並且負責儀器的製造，以

便進行實地的觀測。由此郭守敬開始在天文學領域發揮他的才智。

在編訂曆法的過程中，郭守敬發現很多儀器都已經不能使用或者是不符合新的要求，於是對於常用的天文儀器進行了改造，簡化結構的同時還完善了它們的功能，使它們的測量更加精準。這些儀器經過改造，在測量的過程中發生誤差的概率極小，因此為後期的工作提供了不少精確的資料，奠定了新曆法成功的基礎。

根據郭守敬的建議，衙門在大都建立了一座天文臺，上面安置著郭守敬所創造的二十多種精密的儀器和工具，可以說這座天文臺是世界範圍內僅有的幾座設備完善的天文臺之一。

同時元世祖還接受他的建議，派遣了十四個著名的天文學家到全國各地進行天文觀測，後來這些觀測的結果為編制適用全國的曆法提供了科學可靠的資料，這一次的天文活動也可以說是世界僅有的幾次之一。

這樣經過他和王恂等人的努力，新的曆法即將完成，元世祖給這部曆法取名為《授時曆》，但是《授時曆》頒布不久，王恂病逝，留下了大量的算表和草稿，而曾經參加曆法編

訂的人大部分都已經不在了或者是退休了，這樣郭守敬就承擔了所有後期定稿的工作。這一來又是兩年的時間，終於完成了最後的定稿。其中郭守敬還提出了不少完善計算的方法，可以說《授時曆》最終能夠編纂成功是離不開郭守敬的。

除了在曆法編訂和天文學上的天賦之外，郭守敬還在水利事業上做出了許多卓越的貢獻。

為了解決京城的運糧問題，需要開鑿一條運河，但是前幾代的嘗試都以失敗告終，直到郭守敬開始才真正地完成了。但是郭守敬的開鑿工作也不是一帆風順的，其中也經歷了多次的失敗。金朝在此之前曾經挖過一條運河，恰好經過大都的南面，如果能夠利用起來是最好不過的了，但是首先要解決這條運河的水源問題，郭守敬提出了很多方案都以失敗告終，但是郭守敬始終沒有放棄，每一次失敗之後都認真地總結失敗的經驗教訓，最後經過多方考證，他決定仍然使用以前的水道，但是在水源的拓展方面做出了改進，將神山上的水引入翁山泊，借助這條河水來攔截沙河和清河的水，這樣運河的水量就增加了，而且少了泥沙，還在運河的下游建立了控制水位的閘門，使運糧的船能夠平穩行駛，於是這條河在他的努力下耗時一年半就全部完成了，為大都的經濟繁榮做出了貢獻，這條河就是後來的通惠河，是京杭大運河的重要組成部分。

之後元世祖任命郭守敬掌管天文和水利兩方面的工作，直到1316年去世，他總共為祖國的科學事業做了六十多年的工作，享年八十六歲。

明史

紅巾軍起義

　　元順帝末年，1351年農曆的五月三日，歷史上著名的紅巾軍起義在潁州發動了，這次起義從1351年到1366年總共經歷了十五年的時間，參與起義的群眾更是不計其數。雖然最後並沒有推翻元朝的腐敗統治，但是元朝為了鎮壓起義也是元氣大傷，為後來朱元璋推翻元朝建立明朝創造了條件。所以這裡把它也作為明史的一部分提出來。

　　元順帝統治時期，黃河水患嚴重，皇帝徵調大量的民夫修築黃河堤

壩，本來是為百姓造福的一件事情，但是負責此事的官員卻貪贓枉法，苛扣經費，欺壓民夫，終於激起民憤。

　　當時民間流行白蓮教，一位名叫韓童山的人利用白蓮教作為橋樑，四處宣傳天上救苦救難的彌勒佛將要下凡來解救他們，老百姓一聽，菩薩下凡當然高興，於是就紛紛加入了白蓮教。就是在這個時候韓童山認識了他手下一個叫劉福通的人。這個劉福通給韓童山出了一個主意，說是老百姓對於元朝的等級統治早就已經不滿，

但是對宋朝還很有感情，畢竟宋朝是漢人的統治，打著宋朝皇族後裔的旗幟來光復宋氏江山，更能受到老百姓的愛戴。於是韓童山就聲稱自己原本姓趙，是宋徽宗的後裔，劉福通就是大將軍劉光世的後代，百姓一點懷疑都沒有，更加地擁戴他們。

但是就在韓劉二人準備好了起義之後，當地的縣令知道了，緊急地調來了大量的軍隊對起義軍進行鎮壓，韓童山很不幸被俘虜了，之後就遭到殺害，劉福通則逃了出來。五月三日，劉福通再次起義，很多白蓮教的河工聽到消息後都來投奔他，很快就打下了潁州，接著起義的部隊先後占領了亳州、項城等地，參與的人數達到十多萬。劉福通為了讓自己的屬下和官兵區別開來，命令每一個人頭上都要裹上紅色的頭巾，這就是紅巾軍的由來。又因為他們經常焚香聚眾，所以又被稱做香軍。

起義的策劃者之一韓童山死後，劉福通認為自己的威望和資歷都還不夠領導大家，因為當初是藉著韓童山宋朝皇室後代的身分起義的，所以他找到了韓童山的兒子韓林兒，將他立為皇帝，稱號「小明王」，並建國號為「宋」。就在同一時期，因為紅巾軍的勢力迅速擴大，黃州的徐壽輝、濠州的郭子興也都以紅巾軍的名義興兵起義。

建立宋之後，劉福通開始兵分三路進行流動作戰來奪取地盤，一路進攻商州，準備攻打關中，一路進攻河北山東一帶，以便攻打大都，還有一路負責轉移元軍的注意力。由於元朝的腐朽統治，元軍的戰鬥力極弱，而且抵抗力量分散，所以紅巾軍的氣勢如虹，攻下了很多城池。但是由於沒有周密的作戰計畫，都是流動作戰，攻下城池之後也沒有分兵駐守，所以占領的城池很快就被元軍奪回了。

在立韓林兒為皇帝之後，劉福通就開始獨攬大權，再加上他本人缺乏雄才大略，也不善於管理部下，所以很快起義軍的戰鬥力也大大下降，而且由於起義軍各自為戰，處處擾民，很快也失去了民心。當察罕帖木兒和孛羅帖木兒率軍攻打紅巾軍時，紅巾軍只得節節敗退，最後被元軍包圍還缺水斷糧，劉福通只好帶著「小明王」逃往安豐，而其殘留的部隊則互相殘殺，這樣起義軍的實力也越來越弱。

在扭轉局勢的關鍵時刻，劉福通指責攻打關中的將領觀望不前，致使他們負氣之下投降元軍，這樣元軍就能夠集中力量在北方作戰，劉福通北方的作戰部隊很快就被殲滅，這時候的劉福通正是腹背受敵，手下的優秀將領基本上都已經陣亡，而且張士誠也被朝廷招安，這樣，在兩邊的夾擊之下，劉福通在安豐被張士誠的部下所殺。劉福通死後，紅巾軍可謂群龍無首，韓林兒投奔了朱元璋，但是很快就被朱元璋殺死。而其他的紅巾軍部隊也已經基本上被殲滅，黃州的徐壽輝被陳友諒殺害，朱元璋則兼併了郭子興的部隊，這樣紅巾軍就以失敗告終，退出了歷史的舞臺。

紅巾軍起義雖然失敗了，但是它動搖了元朝統治的根基，為後來朱元璋滅元建明奠定了基礎，它的歷史作用是不可否認的。

▌ 朱元璋建立明朝

明朝的第一任皇帝朱元璋，原名重八，出生於安徽鳳陽的一個貧苦家庭。後取名為朱元璋，意思是要誅滅元朝的璋。他可以說是中國歷任皇帝當中出生最低微的一個，但也正印證了「王侯將相甯有種乎」和「英雄不問出身」這兩句話。

朱元璋在1328年出生於當時社會最底層的赤貧人家，小時候過的非常困苦，經常吃不飽也穿不暖。在他十六歲那一年濠州發生蝗災和旱災，他的父母就是在這場災害中雙雙去世的，因為沒有人撫養，所以他就去了皇覺寺出家，當了一個小和尚。但是誰也不曾想兩個月不到的時間，寺院裡面也開始斷糧，朱元璋被迫和其他和尚一起出去化緣，也就是相當於一個乞丐，所以後來人也有人稱他為「乞丐皇帝」。正是這一段時期，讓他了解到了人民生活的疾苦，增長了他的社會閱歷，這種閱歷的增長和他後來打下大明江山之間不無關係。

在外化緣三年之後，朱元璋再次回到了皇覺寺，由於當時郭子興在濠州起義，朱元璋接到兒時夥伴湯和邀請他參加郭子興起義部隊的信，這

件事情被其師兄知道後要去告密，促使朱元璋馬上就加入了郭子興的紅巾軍。朱元璋由於長時間的營養不良，顯得很瘦弱，但是卻勇武過人，所以很快就被郭子興提拔為九夫長。在行軍打仗的過程中他的機敏給郭子興出了不少好主意，郭子興覺得他日後肯定會有一番作為，所以把自己的養女馬氏許配給他，這就是日後的馬皇后，而朱元璋也因此成為了主帥的女婿，在軍中的地位也提高了。

當時濠州城內除了郭子興之外還有另外四個主帥，和郭子興的關係並不好，矛盾重重，由於派系爭奪，另外幾名將領竟然將郭子興抓起來了，朱元璋率兵救出了郭子興，之後郭子興對他就更加信任了，然而由於這件事情，濠州部隊中的矛盾也被激化了。

朱元璋覺得濠州城各個將領爭權奪利都不是能成事的人，打算自立門戶。於是他回鄉募集兵馬，很快就有七百多人投奔他，其中就包括後來的明朝第一武將徐達。

朱元璋將兵馬交給郭子興，自己和徐達一起攻打定遠城，招撫了三千兵馬，後來在打敗元軍主帥繆大亨之後，又將二萬精兵編入了自己的隊伍，他並沒有居功自大，而是將這支紀律嚴整的部隊交給了郭子興，深得郭子興的喜歡。後來他用計攻克和州之後，郭子興立刻任命他為總兵官，鎮守和州。在這期間，他整頓軍紀，他的軍隊從不擾民，深得民心。郭子興死後，其子郭天敘繼承元帥的位置，朱元璋被任命為左元帥，但是由於滁州和和州的官兵大部分都是由朱元璋募集起來的，所以這支部隊實際的主帥就是朱元璋。

朱元璋成為主帥之後按照朱升提出的「廣積糧、高築牆、緩稱王」的計策一步步地實現他的計畫。趁著張士誠在江南攻打元軍的機會，他決定立刻攻打集慶，招降了陳兆先數萬人的部隊。為了打消降軍的疑慮，他從中挑選出五百名精兵作為自己的親軍守衛，身邊只留下親軍統領馮國勇，這樣就徹底地獲得了降軍的信任，讓他們心甘情願地跟著自己打天下。

攻下集慶之後，朱元璋將它作為自己的根據地，改名為應天府，自稱為吳王。稱王之後朱元璋最大的敵人就是陳友諒和張士誠。在劉基的建議下，朱元璋用計在採石大敗陳友諒，

並一路攻克江西和湖北的東南部。後來張士誠被朝廷招安，攻打劉福通和小明王，朱元璋當然不願意張士誠做大，在小明王求救的時候率兵攻打張士誠。而此時陳友諒父子也準備反擊，朱元璋在救出小明王後率兵二十萬和陳友諒的部隊在鄱陽湖展開大戰，陳友諒就在這場戰役中被亂箭射死，至此，陳友諒的勢力徹底瓦解。

接下來朱元璋就將矛頭直指張士誠，一路攻克了通州等地，將張士誠的實力趕出東吳，之後發表檄文討伐張士誠，在平江之戰中，張士誠被俘之後朱元璋下令將其亂棍打死。這樣朱元璋就消滅了他兩個最大的敵人，開始全力對抗元朝，最終在1368年消滅元朝，登上皇帝的寶座，定國號為明，即明太祖。

▍鄂國公常遇春

常遇春生於1330年安徽懷遠縣平崗，後來成為明朝的開國元勳之一，被明太祖封為鄂國公。歷史上比較著名的鄂國公除了唐代的尉遲恭之外就是常遇春了，從這裡我們就可以知道，常遇春輔佐朱元璋建立明朝的汗馬功勞。

據說常遇春的外表非常雄偉，力大無比，而且手臂特別長，尤其擅長騎射之術。這樣的常遇春在二十三歲的時候跟著一個名叫劉聚的人上山當起了強盜，真是可惜了。幸好，常遇春胸懷大志，覺得當強盜沒有出息，而且劉聚等人也都屬於沒什麼志向的

人，所以後來他毅然決定去投奔了朱元璋。

一開始常遇春並沒有得到朱元璋的重視。直到朱元璋在攻打牛渚的時候，常遇春借助一根長矛上岸，對元軍大砍大殺，打破了元軍的防線，朱元璋在擊潰元軍之後，記常遇春一大功，他這才開始嶄露頭角，受到朱元璋的重用。

之後，朱元璋率兵南下，在著名的採石磯和元軍的水軍元帥展開大戰，朱元璋任命常遇春為先鋒，負責分散元軍的注意力。常遇春就駕著小船奮力廝殺，把元軍的船隊分成了兩

段，朱元璋隨後率大部隊各個擊破，最終拿下了採石磯，恢復了和和州的聯繫。因為常遇春的勇猛表現和在這場戰役中立下的功勞，朱元璋將常遇春從先鋒提拔為元帥。至此，常遇春就開始了他戰功卓著的戎馬生涯。

常遇春雖然並不是最早一批跟隨朱元璋的將領，但是憑藉著耿耿忠心，深得朱元璋的信任。當時朱元璋手下還有徐達和邵榮兩員大將，其中的邵榮雖然能征善戰，但是常常居功自傲，甚至圖謀不軌想叛變。在事情敗露之後，朱元璋想要功過相抵，免他一死，可是常遇春卻說：「大臣有圖謀之心，是沒有理由可以寬恕的，我是絕對不和他一起活著的。」朱元璋只好含淚將邵榮殺死，之後朱元璋就更加信任常遇春了。

在朱元璋稱王之後，陳友諒的實力是最大的威脅。在鄱陽湖大戰中，陳友諒號稱六十萬大軍，船大而且堅固。一次朱元璋的船擱淺了，受到圍攻，情況危急的時候，常遇春一箭射傷對方的將領，並用自己的小船撞擊朱元璋的小船，使其脫離了危險。他利用自己小船行動靈活的優勢，積極組織火攻，再次上演了赤壁之戰的盛

況，陳友諒正是在逃亡的過程中被亂箭射死。隨後常遇春繼續攻打武昌，陳友諒的殘餘勢力派兵增援，結果常遇春兵貴神速，在對方還沒來得及集中兵力的時候，就迅速消滅了陳友諒的殘餘勢力。這樣他更得朱元璋的歡心了。

消滅了陳友諒的勢力之後，常遇春又率兵攻打朱元璋的另一個勁敵張士誠，都是捷報頻傳。

在張士誠派兵增援的時候，他出其不意地從敵人的後方攻擊，這樣兩面夾擊之下，很快就拿下了蘇州城，張士誠的實力又被掃平了。鄂國公的稱號也正是在這之後朱元璋封賞的。

常遇春在幫助朱元璋消滅了兩個主要對手之後，又作為徐達的副將馬不停蹄地北上開始滅元。在攻打河南的時候，常遇春身先士卒，單槍匹馬衝入敵營廝殺，在他的鼓舞之下，士氣大振，人人都以一當十，使元軍潰不成軍。

元軍大將也速攻打通州，常遇春奉命回防，在全寧將也速打敗，隨後在大興將騎兵分成八路，在元軍撤退的時候將他們擒獲。此時，元順帝知道大勢已去，向北逃走。常遇春雖

然沒有追上，但是繳獲了無數的戰利品。但是很不幸的是在回師的途中他身染暴病，在柳河川身亡，時年僅四十歲。朱元璋聞訊悲痛不已，在統一天下之後，親自在功臣廟給常遇春塑像，排名僅在徐達之後。常遇春死後，朱元璋封賞相當豐厚，後世享盡榮寵，明太祖稱他：「古雖名將，未有過之。」他的英年早逝無疑是明朝的一大損失，因為當時元朝的實力還沒有徹底被消滅，但是對於他個人來說，逃脫了朱元璋建國後對功臣的謀殺，保全了他的英雄事蹟，也算是幸事一件。他對於明朝建國所立下的赫赫戰功也將永留大地。

軍事奇才徐達

徐達1332年出生於濠州的一個農民家庭，是一個不世的軍事奇才，和常遇春一起同稱為才勇，不僅驍勇善戰，而且善於謀略，幫助朱元璋消滅元朝，建立明朝，被朱元璋看作開國第一功臣。

徐達和朱元璋是一起長大的夥伴。兩人還曾經一起放過牛，所以當朱元璋回鄉招募兵馬的時候，徐達毫不猶豫地就投奔了朱元璋。朱元璋對這個夥伴十分重視，在他帶兵去定遠的幾十個人當中，徐達就是他第一個選中的。這個時候朱元璋還只是郭子興手下的一個小小的將領，徐達一直在朱元璋身邊一步步地幫助他樹立起威信。

後來因為郭子興和孫德崖不和，孫被郭扣押，孫的部下將朱元璋扣押，徐達挺身而出，自願作為人質將朱元璋換回，正是這件事情讓朱元璋對徐達充滿了感激，也更加信任他。

等到朱元璋掌握了軍隊的領導權之後，開始揮師南下渡江，在攻克採石磯、集慶這整個的過程中，徐達始終是衝在最前面的，成為了朱元璋最為器重的一名大將。

說到朱元璋身邊的名將，首先想到的就是徐達和常遇春，常遇春以勇猛彪悍著稱，擅長衝鋒陷陣，而徐達則善於出謀劃策。在朱元璋準備討

伐張士誠的時候，軍師李善長主張先進行休息整頓之後再進行討伐，但是徐達卻並不這麼認為。因為張士誠為人苛刻，生活比較奢侈，真正起作用的是三個謀士，但是這三個謀士都是目光比較短淺的書生，如果大軍逼境是一定可以勝利的。就因為徐達的這一番有理有據的分析，讓朱元璋採納了他的建議，並任命他為大將軍，率領二十萬水軍進攻湖州。在進攻的時候，徐達派兵從敵人的後方攻擊，切斷了敵人的退路，輕輕鬆鬆就將湖州拿下。

張士誠派兵增援，卻被徐達殺得片甲不留，部下幾乎全部投降，連他自己都差點被俘虜。最後徐達和其他的將領一起包圍了平江，並建立起高架臺，裝上弓箭和火炮，在猛烈的轟炸之下，敵人不得不投降，這一次張士誠再也逃不掉被俘的命運了，其部下的二十多萬將士全部被徐達收編，這樣徐達運用他的智謀幫助朱元璋清除了張士誠這一心腹大患。

徐達不僅謀略出眾，而且作戰也十分勇猛。陳友諒和朱元璋在鄱陽湖大戰的時候，因為陳友諒的實力遠在朱元璋之上，士兵對於戰勝陳友諒並

沒有信心，為了鼓舞士氣，徐達率兵將陳友諒的先鋒部隊打得落花流水，這場勝利鼓舞了士氣，讓士兵充滿了必勝的信念，並最終取得了勝利。

不僅如此，徐達的部隊紀律嚴明。常遇春和陳友諒大戰九華山之後俘虜了三千人，常遇春認為這些人必須要殺，不然會留患無窮，徐達卻並不同意，之後常遇春竟然將一半以上的俘虜全都活埋了，朱元璋知道此事後非常生氣，命令將其餘的俘虜全部放走。

徐達治軍嚴格，在每次打了勝仗之後都會告誡部下，搶劫和拆毀民房的都要處死，對百姓秋毫無犯，深得民心。大多數的人都願意跟隨徐達，朱元璋則評價徐達是帶兵最穩重，紀律最嚴明，最有大將之風的，其他的將領都不如徐達，由此可以看出徐達在朱元璋心中的地位。

徐達在攻打元大都的時候立下了汗馬功勞，朱元璋建立明朝之後就立刻任命徐達為右丞相和太子少傅，並封其為魏國公。

雖然徐達地位顯赫，勞苦功高，但是從不居功自傲，每次帶兵回來之後都會把將印交還給朱元璋。更難能

可貴的是，他從不捲入朝廷的派系鬥爭當中。當胡惟庸任宰相的時候，想拉攏他，但是徐達並不願意和他打交道，於是胡便陷害他。徐達知道後也沒有追究，只是提醒朱元璋胡惟庸並不適合執掌大權，要多留心。後來胡惟庸因謀逆被處死，朱元璋想起徐達的話，不禁更加器重徐達了。

可是朱元璋猜忌之心很重，儘管徐達對他忠心耿耿，還是免不了要懷疑徐達。尤其是當天象發生變化，月亮侵犯上將星座，朱元璋最忌諱此事。但是猜忌歸猜忌，徐達不管從政治上、經濟上還是生活上都沒有把柄可抓，因此避免了走狗烹的命運。後來徐達背上長了毒瘡，朱元璋還派其長子慰問，第二年春，徐達便去世了。對此民間廣為流傳的是朱元璋將徐達毒死之類的說法，但是並沒有科學的依據，不足為信。在徐達死後，朱元璋親自參加葬禮，並將徐達列為開國第一功臣，配享太廟。

▌劉伯溫神機妙算

劉基，字伯溫，算得上是朱元璋手下的第一謀臣。人們一說到他就會將他和神機妙算、呼風喚雨的諸葛孔明聯繫在一起，認為他們都能夠預先知道未來的事情，算得上是半個神仙了。

劉伯溫的祖籍在浙江青田，從小他就聰明好學，聰慧過人，讀書能夠一目十行，村裡人都稱他為神童，長大後的他也是博聞強識，不僅精通經史子集，尤其精通天文。劉伯溫憑著一身的才學，幫助朱元璋出過不少好主意，用他的智謀幫助朱元璋成就了一代偉業。

朱元璋和陳友諒鄱陽湖大戰的時候，敵我雙方的實力比較懸殊，但是劉伯溫一口咬定，說他已經算準了在金和木相克的那一天發動進攻，就一定會取得勝利。等到最後陳友諒被打敗，士兵都將他奉若神明，其實劉伯溫只是借著迷信的說法來穩定軍心，就是現在常說的心理戰術。其實他哪裡真會占卜呢，只不過是他對於問題分析得比較透徹，能夠做出正確的推

斷而已。

說到劉伯溫的占卜，最讓人津津樂道的恐怕就是他求雨的故事了。在朱元璋還是吳王的時候，一向多雨的江南竟發生大旱，因為劉伯溫精通天文氣象，朱元璋問他是怎麼回事。劉伯溫曾因為吳王治下的冤獄進言過，但是由於戰事緊張，朱元璋並沒有重視起來，所以這一次劉伯溫就趁機說：「天之所以一直不下雨是因為監牢裡有很多冤獄啊！」朱元璋將劉伯溫的話信以為真，下令將監牢裡面受冤屈的都予以平反，之後不久，天果然就下起雨來。

此事傳開，人們就更加相信劉伯溫是神仙轉世了，其實只不過是劉伯溫精通天文，早就看出氣象就要發生變化，趁機還可以平反冤獄，藉此來幫助朱元璋贏得更多的威信。

這次求雨成功之後，劉伯溫趁著朱元璋心情大好的時候提出制定一系列的法令，一切按章辦事，以免日後再錯殺無辜了。朱元璋欣然同意了。之後劉伯溫就開始負責司法方面的工作了。

劉伯溫執法相當的嚴格，即使是皇親貴冑犯了法也會依法辦事，因此得罪了不少當時的權貴，李善長就是其中之一。中書省的李彬貪汙受賄，劉伯溫負責審判，因為李彬和李善長關係很不錯，所以李善長請求劉伯溫放李彬一馬，結果被劉拒絕了，他認為李彬罪無可恕，藉著求雨的名義就將李彬殺了，這樣李善長就記恨上了劉伯溫。

後來又有一次天下大旱，劉伯溫對朱元璋說這是因為陣亡將士的妻兒沒有得到應有的撫恤，修築城牆的工匠死後也沒人收屍，他們的怨氣鬱結，所以天不下雨。雖然劉伯溫是為了朝廷著想，而且他從氣象上看出最近確實會下雨，但是靠著這種方法來解決問題也確實不太靠譜，這一次就出了岔子。朱元璋依照他的意見撫恤了陣亡將士的家眷，也命人將工匠的屍體掩埋，結果十多天過去了，天上連一滴雨也沒有下下來。這樣就被一直記恨他的李善長抓到了把柄，李善長趁機在朱元璋面前說劉伯溫的壞話，劉伯溫知道大事不妙，正好這時候他的妻子去世，就借機向朱元璋提出辭官回鄉，朱元璋念在他以前的功勞上同意了，就這樣劉伯溫開始了他的隱居生活。

劉伯溫歸隱後，對朝廷上事情並非就不再關心了，朱元璋也對他念念不忘，寫信向他詢問天象，劉伯溫回信說道，霜雪之後就是春天，現在明朝已經建立，不適用嚴刑酷吏，而是應該做出一些寬大的政令，讓百姓得以休養生息。後來朱元璋想將劉伯溫找回來讓他做丞相，但是劉伯溫都拒絕了，說自己的性格過於剛直，不能很好地調節君臣關係，也沒有耐心做細小的事情，不適合做丞相。

他的隱居生活也很低調，從不和地方的官吏打交道，也從不對人說起他的功勞。青田的縣令一直很想拜見他，但是都被他拒絕了。於是縣令化妝成了一個普通百姓去找他，當時劉伯溫正在洗腳，趕緊把他請進家去，還留他吃飯，當縣令說出他就是青田縣令的時候，劉伯溫非常吃驚，然後說自己只是一個普通的老百姓，之後就搬走了。他這樣低調也是不想讓朱元璋注意到他，以免獲罪。

後來劉伯溫感染風寒，朱元璋十分關心，派當時的丞相胡惟庸帶御醫前往探望，劉伯溫按照御醫的藥方服藥之後，感覺肚子裡像有一塊石頭壓在那裡，十分痛苦，但是朱元璋並沒有在意，讓劉伯溫非常心寒。儘管後來劉伯溫在飲食上非常注意調理身體，但是還是因為肚子裡面鬱結的東西而死去，享年六十五歲。以劉伯溫這樣的智謀，聰明一世，卻被朱元璋的猜忌致死，未免太過淒涼了。

■ 馬皇后賢慧識大體

馬皇后原名叫馬秀英，是郭子興的義女。朱元璋投奔郭子興後，郭子興看他智勇雙全，就將聰慧善良的馬秀英嫁給了他。

郭子興是個性情暴躁，疑心很重的人。有一次他聽信讒言，將朱元璋關了起來，準備餓死他。馬秀英聽後，偷拿了剛出爐的熱餅，揣在懷中，給朱元璋送去。結果由於餅太燙，皮膚都給燙傷了。她知道郭子興懷疑朱元璋，於是就用衣服、禮品等千方百計去討好郭子興的妻子，好讓

她能在郭子興面前為朱元璋多說好話。朱元璋知道後，對她感激不盡。

馬皇后不但賢慧，而且識大體，很有遠見。朱元璋在外領兵作戰時，她親自帶領僕女，給將士們縫補衣服。陳友諒大兵壓境之時，她散盡宮中金帛，犒賞將士，穩定了軍心。朱元璋取得勝利後，稱讚她賢德無雙。朱元璋當上皇帝後，冊封馬秀英為皇后。

馬秀英當上皇后後，還一直保持著艱苦樸素的作風。她經常教導子女和後宮妃嬪們，要克勤克儉，牢記一餐一飯皆來之不易。她自己的衣物，穿破了也不讓扔掉，縫補過後再穿。災荒之年，為了親身體驗民眾所受的疾苦，她領著宮人們一起吃粗糧淡飯。

朱元璋稱帝後，為了鞏固自己的統治，不斷找藉口屠殺功臣良將。善良的馬皇后看到後，總是對他多方勸阻。有人對朱元璋說和州知州郭景祥的兒子要謀殺自己的父親。

朱元璋聽後大怒，準備以不孝罪將郭景祥的兒子處死。馬皇后說：「郭景祥只有一個兒子，如果是錯殺，那他就要絕後了。」朱元璋聽後，派人去調查，發現果然是誣告。

朱元璋的侄子朱文正與陳友諒作戰時，立下大功，由於朱元璋沒有及時封賞他而對朱元璋心懷不滿。朱元璋知道後，準備殺了他。馬皇后說：「他在外面辛苦作戰，只是性情急躁，才口出怨言。並沒有犯什麼欺君罔上之罪，請不要處罰他了。」朱元璋這才免去朱文正的死罪。

馬皇后心地仁慈，多次在朱元璋施行暴政時進行勸諫，因此，保全了很多人的性命。大學士宋濂是太子的老師，因為胡惟庸案受到牽連，將要被處死。馬皇后對朱元璋說：「尋常百姓家還知道尊師重道，何況皇帝家呢？再說他已經退休回家了，肯定不知道京城的事，皇上不要冤枉了他。」朱元璋一心要嚴懲胡黨，根本聽不進任何勸告。到了吃飯的時候，他看馬皇后滿臉悲戚之情，不喝酒也不吃肉，就問她為什麼。馬皇后說：「我在為宋先生祈福，希望他能遠離災禍。」朱元璋聽後，非常感動，就赦免了宋濂。

江南富商沈萬三，資產雄厚，富可敵國。他出錢幫助政府修築南京城牆，又提出要犒賞三軍。朱元璋見他

一次讀完二十五史 故事

依仗財勢挑戰天子權威，心中惱怒，準備以亂民罪殺掉他。馬皇后說：「他家資雄厚卻不知收斂，這本身就是不祥之兆。不勞皇上動手，上天自然會降罪與他，皇上還是不要殺他了。」朱元璋聽後，就赦免了沈萬三的死罪，將他流放到雲南去了。

馬皇后寬裕待人，嚴於律己，朱元璋常說她可與唐太宗的賢後長孫皇后相媲美。朱元璋視察太學回來後，馬皇后問他太學裡有多少學生，他說有幾千人。馬皇后說：「人才濟濟是國家的榮幸，有些學生帶著家眷在京，為了解決他們的後顧之憂，皇上可以給他們的家眷按月發放口糧。」朱元璋誇她想的周全，就在太學施行了「月糧」制度。

馬皇后早年與家人失散，後來每每說起父母就非常傷心。朱元璋關心她，準備派人去找她的親屬，對他們進行封賞。馬皇后阻止了他，對他說：「外戚做官容易禍亂朝政，還是不用了。」朱元璋聽了只得作罷。洪武十八年，馬皇后病重，朱元璋讓太醫為她診治。但是馬皇后拒不服藥，她說：「生死有命，如果吃了藥還不好，我擔心你會怪罪太醫，我於心不忍。」朱元璋勸慰她，她終是不肯服藥，不久就去世了，享年五十一歲。她死後，為了表示對她的尊敬和懷念，朱元璋再也沒有冊立皇后。

▎靖難之役

靖難之役是明太祖朱元璋死後不久，由皇室子弟發動的一場爭奪皇位的內戰，開始於建文元年。燕王朱棣以「清君側」為口號發動反抗朝廷的戰爭，前後總共歷時四年，以燕王朱棣成功登上皇位為結果。

朱元璋在建立明朝之後，為了想讓大明王朝千秋萬代的統治，為了將軍政大權都牢牢地握在自己的手中，加強中央集權，所以對許多幫助建立大明王朝的開國功臣痛下殺手，因為他們始終都是外人。在明太祖看來，最忠實可信的人就是自己的兒子，所以將自己的兒子分封到全國各個戰略

要地為王，同時擁有自己的軍隊，他認為這樣就能夠增強皇室的力量。如果一旦朝廷發生叛亂，諸侯王就可以興兵討伐來保衛朱家天下，而且當朝太子是他們的大哥，那些做弟弟的不會反對的。可是天不遂人願，太子朱標竟然英年早逝，雖然朱元璋自己中意於燕王朱棣做太子，但是又擔心老二、老三不服，所以立了朱標的兒子朱允炆為皇太孫，認為這樣就名正言順了。朱允炆生性寬厚，比較好學，但是卻對朱元璋將所有的邊境事務都交給他的叔叔管理感到不妥，但是朱元璋從來沒想過自己的兒子會造反，所以也沒有太在意。朱元璋死後，朱允炆即位為皇帝，年號建文，史稱建文帝。

根據明太祖的遺詔，禁止諸侯王進京奔喪，即便當時的燕王朱棣已經趕到了淮安，離京城只有一步之遙了，也被迫回到自己的封地。這件事引起了各個諸侯王極大的不滿。建文帝知道後也非常擔心，因為他的這些諸侯王叔叔們總是以長輩的身分來教訓他，而且他們都手握重兵，都不是好惹的。這時候朝中的大臣黃子澄就用漢景帝平定七國之亂的典故來

安慰他。可是因為奔喪的事情已經惹怒了諸侯王，他必須要考慮到以後的問題，於是和黃子澄、齊泰等大臣商議，為了保住朝廷的優勢，削弱諸侯王的實力，決定開始削藩。

可是在具體執行的問題上，大家的意見又不一致了，有的人建議先除掉燕王朱棣，因為他是各個諸侯王中實力最強的，個人的能力也比較出眾，但是黃子澄卻說燕王朱棣早有準備，實力相當，如果不能一下子除掉，就會聯合其他的諸侯王一起造反，所以還是應該先除掉燕王的手足，讓朱棣不能再聯合其他的力量的時候再集中對付他，這種意見得到了大多數人的贊同。

因此建文帝首先除掉的就是朱棣的親弟弟周王，他的封地在開封，很容易和朱棣聯合起來，所以找了個罪名廢掉周王，貶為庶民，發配雲南邊疆。隨後又相繼廢掉了帶王、岷王、湘王和齊王。這時候朱棣恐怕下一個除掉的人就是他，但是他的實力還不能和朝廷相抗衡。於是他韜光養晦，暗中招兵買馬，加緊軍隊的訓練，還專門做了一個地下室鑄造兵器，為了掩蓋聲音還養了很多雞鴨。

一次讀完二十五史 故事

經過一段時間的準備，朱棣準備起兵，但是他的三個兒子還在京城，於是上奏說自己病重，希望兒子能回來探望。按照大臣的建議，將朱棣的兒子放回去能夠麻痺朱棣，所以建文帝就將他們放回去了，隨行的還有幾個大臣，名義上是去負責燕王屬地的軍政事務，其實就是為了監視燕王。燕王為了贏得更多的時間做準備，裝瘋賣傻，但是被幾個大臣識破了，寫信向建文帝說明了這件事，建文帝決定除掉朱棣，於是調兵遣將，可憐那幾個負責監視的大臣，被燕王藉著病癒為藉口的飯局將他們都殺害了。

因為明太祖在當初分封諸王的時候說過，諸侯王如果發現君王身邊有佞臣當道，就可以起兵清君側，這恰好給了朱棣一個合適的藉口，說建文帝身邊的黃子澄等人是蠱惑皇帝的奸人，一定要除掉，所以打著「靖難」的旗號起兵。由於朱棣的作戰經驗十分豐富，而且經過精心的準備，實力非常強，經過四年的戰爭，燕王最終打敗了朝廷的主力軍隊，到了南京城下，而守城的將領李景隆投降朱棣，打開城門，讓朱棣順利進入京城。這時候皇宮突然燃起大火，朱棣在命人救火的同時，打開宮門尋找建文帝的下落，可是始終沒有找到屍首。現在建文帝的失蹤之謎，已經是歷史上的千古之謎了。靖難之役之後，朱棣登上皇位改年號為永樂，他就是後來的明成祖，為了穩定自己的帝位，他對建文帝手下的大臣大開殺戒，當時的鴻儒方孝孺更是被他滅十族，連他的學生弟子都沒能倖免於難。

朱元璋聰明一世糊塗一時，他防止別人來搶朱家天下，最終沒想到的卻是在自己死後自己最信賴的兒子們和他心愛的孫子內亂爭天下，如果他在天有靈，不知看到這一幕之後會不會後悔當初的決定。

鄭和下西洋

鄭和下西洋開始於1405年，即永樂三年，到1433年結束。他先後七次率領船隊出海，最遠的到達過非洲東海岸和紅海沿岸，在宣揚大明國威的

同時和三十多個國家進行了和平友好的交流，具有深遠的歷史影響。

關於鄭和下西洋的說法之一是，建文帝的屍首一直沒有找到，不僅讓後來無數的史學家廢寢忘食，更讓當時的朱棣坐臥不安，如果建文帝還活著的話，就是對他皇位的一個很大的威脅，但是他已經下令找遍了全國，也沒有建文帝的影子，所以他懷疑建文帝很可能已經逃到海外去了，所以打算派遣一支船隊去和其他國家搞好關係，宣揚一下大明的國威，順便也可以打聽一下有沒有建文帝的消息。

因為這件事關係很大，所以明成祖就派了自己身邊的心腹太監鄭和來擔任船隊的領導。

其實鄭和原本姓馬，單名一個和，小名叫做三保。父親是伊斯蘭教徒，曾帶他到麥加朝拜過，所以對一些異域的文化有一些瞭解。在靖難之役中，馬和為朱棣立下戰功，後來朱棣覺得馬姓不適合出入朝堂，所以改姓為鄭。

在永樂三年，鄭和首次率領船隊出海開始下西洋，這裡要值得注意的是這裡的西洋並不是現代地理意義上的歐洲，而是指當時明朝南海以西的海域。

這個船隊的規模十分龐大，總共有兩百多艘大船，船上的人加起來總共有兩萬七千多人，可以說是當時世界上最大的船隊了。

首次出海，鄭和從蘇州的劉家河出發，經過福建、廣東沿海，繼續南下之後經過了占城、爪哇、舊港、蘇門答臘、麻六甲、古裡、錫蘭等國。他每到一個國家都會把明成祖的書信給當地的國王，顯示友好來往的用意，還送上從國內帶來的各種奇珍異寶。這些國王們都很高興：這麼強大的船隊並不是來武力威脅的，還有珍貴的禮物，何樂而不為呀，一個個都高興得合不攏嘴了。這樣一來，他們都知道了明朝是一個非常強大的國家，都非常願意和明朝建立友好往來的關係。

可是航海的過程也不是一帆風順的，在他們經過爪哇的時候，正值爪哇國內內亂，東西兩王正在激戰，他們船上的人到市集去做生意，結果被西王誤以為是東王請來的援兵，所以將他們全都殺掉了。之後西王十分害怕，急忙向鄭和請罪，答應賠償六萬兩黃金。可是船上的人並不領情，

堅持要為死去的將士報仇，但是鄭和認為這件事情如果鬧大了，勢必會引來一場戰鬥，這樣沿途的國家會以為明朝是來武力入侵的，這樣就無法完成朱棣交給他的祕密使命。而且西王的態度也很懇切，所以他決定奏請天朝，和平解決了這件事情。

後來在船隊經過舊港的時候，當地海盜猖獗，聽說鄭和的船上有很多奇珍異寶，就想偷襲船隊搶奪寶物，這件事情被鄭和知道後，他並沒有逃跑，而是將計就計設好了埋伏，等晚上海盜來偷襲的時候，被鄭和全部俘虜了。

首次出海，鄭和花了兩年的時間，帶回了很多奇珍異寶，還有各國的使節。明成祖聽了鄭和的彙報，看到帶回來的各個國家的寶貝，還有各國使節向明朝朝貢的特產，心裡非常高興。儘管他已經確定建文帝真的死了，但是看到航海不僅能加強和其他國家的聯繫，樹立大明王朝的聲威，還能夠帶回很多明朝沒有的寶貝，所以他就一次次地派鄭和出海，前後一共去了七次，到達了三十多個國家。

但是並不是每一個國家都能接受明朝的好意，很多國家就不懷好意。比如又一次出海的時候，錫蘭的國王看到鄭和船上有那麼多的寶物就想據為己有。於是將鄭和引誘進來，借機敲詐勒索。雖然鄭和一向主張和平，但是並不代表他是好欺負的，當他得知錫蘭的大部分士兵都不在城裡的時候，就率領兩千多人攻打錫蘭王城，活捉了錫蘭國王。當他把錫蘭國王帶回中國之後，明成祖並沒有殺他，而是放他回國，這樣一來，明朝的聲威在那些國家中就更大了。

雖然鄭和下西洋加強了和周圍國家的聯繫和交往，也能帶回很多奇珍異寶，但是由於是以宣揚國威的目的而出海，並沒有商貿上的來往，他帶出去的東西全都是國庫開支，這樣一來次數多了，朝廷就無力承擔巨額的航海費用了。在鄭和第六次出海回來時，明成祖病逝，很快明仁宗也死了，即位的明宣宗由他的祖母和大臣掌權，以航海費用巨大，國庫已經無力承擔為由終止了鄭和的航海事業。儘管如此，鄭和下西洋在中國航海事業史上的地位以及在中國外交史上的重要性，都是不能抹殺的。

土木堡之變

明英宗十四年（1349年），明朝北邊邊境的瓦剌部落開始強大起來，不斷地進犯明朝邊疆，為此，明英宗決定御駕親征，結果在土木堡被瓦剌打敗，並被瓦剌俘虜，歷史上將這一次事件稱為土木堡事變，又叫土木之變。這一次事變讓明朝陷入了建國以來的最大危機。

之所以會有這一場危機，還得從明宣宗說起。

宣宗年間，宮中有一個名叫王振的太監，因為早年間讀過幾年書，能認字。當時宮中的太監很少有能讀書識字的，宣宗認為他很特別，就命他服侍太子，就是後來的明英宗。

宣宗死後，英宗即位，但是英宗由於年幼，什麼都不懂，只好把從小就在自己身邊的王振看做最知心的人，還任命他擔任司禮監，幫助皇帝批閱奏摺。由於明英宗貪玩，不愛處理政事，基本上所有的政事都是由王振幫他處理的。當時還有三位輔臣，礙於他們的威望，王振還不敢亂來，等到輔臣老死或者病死之後，王振就開始原形畢露了，由於他執掌大權，大臣都不敢得罪他，只要有誰敢得罪他，殺頭、充軍就是下場。但是明英宗卻把王振當做老師一樣尊敬，對他的話言聽計從。有一些唯利是圖的官員為了榮華富貴，不斷地去巴結王振，朝堂之上一片烏煙瘴氣。

正在宦官當道的時候，北方蒙古族的瓦剌部落逐漸強大起來了。也先繼承了瓦剌的王位之後表面上臣服於明朝，實際上則是對明朝虎視眈眈。藉著貿易之名，為了多得到一些賞賜，謊報了做貿易的人數，被王振發現以後，譴責也先欺瞞朝廷。這樣就給了也先進攻的藉口，發兵攻打大同，鎮守大同的守軍根本抵擋不住瓦剌的進攻，節節敗退，軍情十分緊急。

明英宗本來已經派了四萬兵馬去增援大同，可是因為大同是王振的家鄉，他擔心家鄉的人遭受瓦剌的蹂躪，又想著建立奇功偉業，所以極力慫恿明英宗御駕親征，對英宗說只要是皇帝親征，瓦剌人很容易就會被打

敗。雖然兵部尚書鄺埜和兵部侍郎于謙認為親征的條件並不成熟，極力反對，可是無奈，明英宗只相信王振的話，還是決定親征。

皇帝御駕是一件大事，當然不允許有一點馬虎。王振安排的排場倒是很大，一共有一百多個文武大臣和十幾萬士兵一起出發，不能不說是浩浩蕩蕩。但是對於其他的安排卻是一點兒也不充分，不問敵情，也不問有什麼作戰戰略，只是將北京交給自己的弟弟留守，連基本的後勤工作都沒有安排好。而且半路上又遇到暴雨，軍隊的士氣十分低落，有人勸英宗取消御駕親征，但是反而被王振一頓臭罵。

也先知道英宗親征的消息後，主動開始向北撤退，很明顯就是想要誘敵深入，但是王振一意孤行，非要揮兵北上。直到他的親信告訴他這是敵人的計謀之後，他才停止追擊，開始準備撤退。結果誰料想在撤退的途中，也先的部隊卻突然殺了過來，負責斷後的吳克忠和吳克勤都戰死了，朱勇和薛綬率兵前去增援，卻陷入敵人的包圍圈，也戰死了。這時候王振才感到害怕，下令趕緊撤退。當時，

王振下令取道紫荊回家，這樣以便途經他的家鄉蔚州，讓英宗駕幸他的府第，向家鄉父老顯示自己的威風。但走了四十里以後，王振忽然想起，大隊人馬經過蔚州一定會損壞他家鄉的田園莊稼，於是，又開始往回走。前方將士用生命換回來的寶貴的撤退時間，就這樣被他給糟蹋了，沒等他們走多久，瓦剌的部隊就追上來了。

匆忙之下，大臣建議去懷來，可是王振卻帶著大軍來到土木堡。土木堡的地勢很平坦，一旦瓦剌發動進攻，連防守的城牆都沒有，但是王振卻認為還有一千多輛的輜重還沒有到，堅持在土木堡等待。鄺埜向英宗建議前往居庸關，但是被王振趕了出來。

雖然暫時比較安全，但是明軍經過長途的跋涉，又渴又累，而且土木堡沒有水源，唯一的一條河已經被瓦剌占領了，無奈之下只好挖井，可是挖了十幾米還是連水的影子都沒有看到，這下子陷入了絕境，英宗決定派人求和。

王振聽到也先接受求和非常高興，下令讓士兵自己找水喝，就在明軍都去找水的時候，也先的部隊卻突

然發動進攻，明軍一下子就亂作一團。一個禁軍的將領終於忍不住自己的怒火，將王振一錘打死，英宗看見自己的軍隊已經亂作一團，完全沒有勝利的希望了，乾脆就坐在地上等死了，最後被瓦剌俘虜。幾十萬的明軍幾乎全軍覆沒，這次土木堡事變讓明朝陷入了絕境，差一點就失去了祖宗辛辛苦苦打下來的基業。

▋ 于謙衛都

說到于謙，大家肯定首先想到的就是那首家喻戶曉的《石灰吟》：「粉身碎骨渾不怕，要留清白在人間。」這首詩是于謙在十二歲時寫下的明志的詩，就在于謙還只有七歲的時候，就有一個和尚驚異於于謙的相貌，說他將來會成為救世的宰相，可是並沒有人在意。

于謙的聲音非常洪亮，而且氣勢十足。當時漢王朱高煦謀反失敗以後，皇帝命令于謙宣讀聖旨來指責漢王的罪過。于謙聲色俱厲、義正詞嚴地訓斥朱高煦，平時很狂妄的漢王竟然被罵得趴在地上發抖，皇帝對于謙的表現非常滿意，決定重用于謙。

在三位輔臣還在的時候，對于謙也非常重視，他的建議往往都會得到批准，但是在王振執掌朝政之後，因為于謙剛正不阿，得罪了他，所以他就陷害于謙，把他投入監獄，還想殺了他。幸好當時于謙在民間的聲望很高，老百姓知道後紛紛聯名上書要求釋放于謙，有的諸侯王也替于謙說好話，王振這才迫於輿論的壓力放了于謙。

由於王振的錯誤判斷，導致土木堡事變，英宗被俘，形勢變得非常嚴峻。為了安定人心，皇太后立刻下令由留守的郕王朱祁鈺為監國，代替行使皇帝的職權，馬上召集群臣商討對策。這時候有個叫徐有貞的大臣說他夜觀星象，發現星象有變，應該向南京遷都，否則就會遇到大難。于謙聽到厲聲說：「主張逃跑的人都該殺！京城是國家的命根，只要一跑，國家就會立刻完蛋，南宋就是一個教

訓。」于謙的主張得到了郕王和大多數大臣的支持，於是對於京城的防守任務就自然而然地落到了于謙身上，郕王將他升任為兵部尚書，主管一切軍中事物，這樣一來太后和郕王都稍微安心了一點，但是擺在于謙面前的是一個非常艱巨的任務。

由於英宗御駕親征、京城最精銳、戰鬥力最強的部隊已經被英宗帶走，並且都已經在土木堡失陷了，剩下來的疲憊之師不到十萬，人心惶恐，都沒有必勝的信心，于謙馬上請求郕王調動北京和南京以及河南的備操軍，山東和南京沿海的備倭軍，甚至連江北和北京的運糧軍都調到北京來了，這樣才稍微安定了人心。

面對嚴峻的形勢，于謙一點都不敢鬆懈，一面加緊部署防禦的兵力和將領，一面還加緊捉拿瓦剌的奸細，下令讓各地的諸侯王儘快進京勤王，最後宣布王振的罪狀，捉拿他的同黨，這樣一步步來安定民心。

就在于謙一步步部署防禦的時候，瓦剌挾持英宗開始向北京逼近，因為英宗在瓦剌的手上，所以沿途的守軍都不敢放手去進攻，這樣瓦剌的進攻速度大大加快，很快就打到了北京城下。針對這種不利的局面，太子又還年幼，于謙等人上書要求監國的郕王立刻即位做皇上，把英宗奉為太上皇，這樣就可以消除皇帝在瓦剌人手上的不利影響，同時國家有了皇帝，也能夠穩定軍心。

1449年，瓦剌抵達北京城下，駐紮在西直門之外，準備隨時發動進攻。守將石亨認為敵人兵強馬壯，不適合硬拚，應該先把軍隊撤到城內，憑藉著城牆的優勢來死守，瓦剌如果久攻不下，就會退兵了。但是于謙認為這是示弱於敵人，會增長敵人的氣焰，所以堅持主動出兵，給他們一個下馬威。

這時候于謙就把部署在各個城門的部隊都安排到城外準備作戰，並且關緊城門，就像項羽破釜沉舟一樣有進無退，還下令說如果有人想要臨陣脫逃，無論是上將還是士兵，都可以就地正法，這樣既顯示了于謙誓死保衛京城的決心，也嚴明了軍紀，鼓舞了將士的士氣。就在這個時候各地勤王的軍隊也已經陸續趕來，都在京城的周邊駐紮下來了，加起來一共有二十二萬多，這樣就更加堅定了將士們必勝的信念了。

這個時候于謙設好埋伏，讓騎兵去誘敵，敵人果然中計了，發動了衝鋒，結果中了于謙的埋伏，損傷慘重。這下徹底激怒了也先，他命令部隊直接攻打西直門和彰義門，結果又被守城的將士擊退了。看到這種情形，受到于謙愛國精神的鼓舞，很多太監也衝出去追擊敵人，卻把自己軍隊的陣型打亂了，瓦剌則趁機反攻，老百姓也爬上城牆，對著瓦剌的軍隊扔石頭和土塊，把瓦剌人砸得頭破血流，這樣的戰鬥持續了五天，瓦剌軍才開始退兵。等到挾持英宗的部隊走遠之後，于謙下令開炮，炸死了不少的瓦剌士兵。就這樣京城的保衛戰以明朝的勝利而告終。

這時候英宗對於瓦剌來說也沒有了利用價值，瓦剌趁機勒索了明朝一大筆銀子之後就放英宗回去了。

後來郕王去世，英宗復位之後對當年于謙扶持郕王當皇帝非常不滿，再加上被于謙訓斥過的徐有貞和石亨在旁邊說于謙的壞話，就給于謙找了個謀反的罪名將他殺害了，聽到于謙的死訊之後，老百姓都跟失去了自己的親人一樣悲痛，直到多年以後，英宗的子孫才能為于謙平反。

明武宗貪玩誤國

可以說明武宗是歷史上頗受爭議的一位皇帝，他的一生更像是一部輕喜劇，很多人都認為他荒淫無道，怪誕無恥，是很少見的暴戾昏君，但是近些年的一些史學界的研究讓人們對武宗的認識有了一些改變，覺得他是追求個性解放和自由平等，非常富有個性色彩的一位皇帝。

明武宗名叫朱厚照，是孝宗皇帝的唯一的一個兒子，所以一出生便是天然的皇位繼承人，避免了和其他的兄弟上演皇位大戰。原本他是一個非常聰明好學的孩子，但是由於身邊的宦官的影響，養成了很多壞毛病，成天只知道貪玩，不務正事。在朱厚照十五歲登基之後，就開始寵信宦官，其中就以劉瑾為首，趁著皇帝沉迷於玩樂，逐漸使朝政大權落入他

們手中。除了劉瑾之外，還有其他七個宦官的勢力也很大，但是以劉瑾最為囂張，要是朝廷中有誰敢得罪他或者對他表示出不滿，那麼他就會打擊報復，不是貶官就是殺頭。甚至有民謠裡說天下有兩個皇帝，一個是朱皇帝，一個是劉皇帝。稱劉瑾為劉皇帝，可見當時他飛揚跋扈目中無人的程度。

鑒於這種情況，很多正直的大臣都勸諫武宗不要再貪玩了，趕緊將他身邊的那些小人清理乾淨，但是這位皇帝卻根本聽不進去。因此劉瑾更加變本加厲了。但是除了劉瑾之外，其他的七個宦官的勢力也很大，和劉瑾並稱為「八虎」，而且劉瑾和另外「七虎」之間的關係並不融洽，尤其是張永，這兩個人簡直要到了水火不容的地步。

在這種劍拔弩張的氣氛下，安化王造反了，武宗任命楊一清為將軍，張永為監軍去平定安化王的叛亂。勝利回朝之後，張永就想利用這個機會除掉劉瑾，於是彈劾劉瑾和安化王相互勾結，圖謀不軌，雖然武宗不理政事，但是對於謀反還是知道厲害的，也不敢掉以輕心，所以馬上就派張永

去查抄劉瑾的家，結果在其中果然發現了劉瑾謀反的罪證，劉瑾雖然狡辯，但是鐵證如山，很快就被武宗處死了。其實那些罪證只是張永為了栽贓嫁禍，派人製造出來的，但是也正好除掉了這個天下的禍害，也算是功德一件了。

劉瑾雖然死了，但是武宗絲毫沒有吸取到教訓，仍然繼續寵信那些宦官，他自己沒有兒子，就在外面認了很多義子，這些義子仗著皇帝當靠山作威作福，整天橫行霸道，其中最受寵的就是江彬和強尼。

除了貪玩之外，武宗非常喜歡軍事，做夢都想著領兵打仗。蒙古的小王子侵犯邊境，他決定御駕親征，在朝中大臣都反對的時候，他給自己取了一個「朱壽」的名字，封為大將軍，並以朱壽的名義領兵出征了。之後又親自部署戰略，自己來指揮，讓王勳出戰，自己率領大部隊到應州和其他軍隊會師。小王子知道皇帝在應州之後以主力部隊攻打，武宗於是親自披掛上陣，一時之間，小王子難以取勝，無奈之下只好退兵，武宗卻趁機殺了個痛快，這場戰爭在史書上的記載是武宗殺敵一人，共殺敵十六

人，自己損失了五十二人，還有一百人受傷。

打了勝仗之後的武宗上癮了，在甯王叛亂的時候，又決定御駕親征，於是浩浩蕩蕩地率了數萬大軍南下，可是還沒等武宗到達，王守仁就已經平定了叛亂。他為沒有親自抓住甯王非常懊惱，所以命令王守仁將甯王綁在廣場上，自己騎馬衝過去把甯王抓住，就相當於自己親手抓獲了甯王，這樣武宗的心理就得到了極大的滿足，可是這個主意實在是荒唐至極。

武宗愛貪玩，力大無比，還專門建了一所豹房來供他玩樂，裡面有很多的玩物和美女。武宗非常好色，當他聽說江南有很多美女的時候，就決定立刻南下搜刮美女，有大臣忍不住出來勸諫，竟然被下令活活打死，大臣們再也不敢諫言了。

就在甯王之亂平定不久之後，武宗在泛舟遊湖的時候失足落入水中，雖然很快就被救起來了，但是由於受到了嚴重的驚嚇，已經沒辦法治癒了，再加上他長期沉迷於女色當中，原本強壯的身體已經被掏空了，最後不治身亡。不能不說這是他咎由自取的結果。由於武宗並沒有子嗣，所以死後由他的堂弟繼承了帝位。

▋ 奸臣嚴嵩

一提起嚴嵩，自然而然地就會和亂臣賊子聯繫在一起，可是有誰知道，後來禍亂天下的嚴嵩在青年時代也曾經正直過。

嚴嵩是明孝宗年間的進士，寫得一手的好文章，因此被選為庶起士，但是後來因病回鄉隱居十年，直到他病癒被封為試講。

這一段時期，嚴嵩經常吟詩作賦，為他贏得了不少好名聲，他也曾對武宗的荒唐進行指責和批評，這時候的他還是堅持著內心的正直，但是在他經歷了仕途的坎坷之後，在他擔任國子監祭酒的時候，價值觀開始發生變化，開始以功名利祿為重了，逐漸開始使用各種手段來增強自己的權力，一步步走上專權的道路，開始了他禍國亂民的一生。

世宗統治時期，嚴嵩官拜武英殿大學士，因為表現勤奮被世宗賞識而升任太子太傅。這時候他認為內閣大學士翟鑾是擋住自己升官發財的一個障礙，所以唆使別人去誣告他，當翟鑾順利地被擠出內閣之後，嚴嵩就開始一手遮天，掌握了內閣中最重要的權力，負責對朝廷提出書面意見的事務。這些事情其他的人根本不能插手，都是他說了算，雖然這時候內閣還有其他的大學士，但是已經形同虛設，成了擺設，所謂的內閣也基本上成了擺設。

嚴嵩不僅專權，還能利用皇上的心思不斷鞏固自己的地位和權勢。

和很多皇帝一樣，明世宗也希望自己能夠長生不老，所以對於煉丹這一類的事情抱有濃厚的興趣，嚴嵩就利用這一點，經常用一些子虛烏有的話來換得世宗的歡心，這樣世宗就更加信任他了，他的地位自然而然就穩固了。

這時候，東南的沿海地區經常受到倭寇的侵犯，嚴嵩就命令自己的乾兒子趙文華去沿海視察情況，這個趙文華也不是省油的燈，為了讓嚴嵩更加重用自己，在當地肆無忌憚地搜刮財寶，把這些都獻給了嚴嵩，嚴嵩固然是高興了，但是沿海的防禦設備等卻因為沒有錢維護和更新，也沒錢來購買新的武器，導致沿海的防線越來越差，而倭寇的騷擾就更加猖獗。

世宗非常好面子，經常掩蓋自己的過失，嚴嵩就利用這一點，想方設法地激怒明世宗，來剷除對自己不滿的大臣。雖然很多大臣都上書彈劾嚴嵩，但是明世宗根本就不辨忠奸，昏庸無能，再加上老奸巨猾的嚴嵩在皇帝身邊蠱惑，所以根本不能將嚴嵩怎麼樣，反而被嚴嵩殘害，甚至丟掉了性命。

嚴嵩的兒子嚴世藩和他父親一樣，特別貪財，對朝中每一個大臣的收入都清清楚楚，哪一個官員貪汙了多少錢財也很清楚，利用他老爸的權力在任命官員的時候對每一個職位標價出售，為此往他家送禮的人絡繹不絕。

在嚴嵩父子專權的時候，朝廷中還有一個叫夏言的重臣，他是嚴嵩的老師，資格和權力都比嚴嵩要大，所以經常排擠嚴嵩的黨羽，還在皇上面前彈劾嚴氏父子，直到嚴嵩苦苦哀求夏言，才肯放過他們。這下嚴嵩記仇

了，就和夏言的對頭，也是皇上的寵臣陸炳相互勾結，一起害死了夏言。這樣嚴嵩就除掉了自己最大的對頭，開始了長達二十多年的專權。

這樣時間一長，皇帝不高興了，漸漸地疏遠嚴嵩，開始親近另外一個內閣大臣徐階，儘管嚴嵩多次彈劾他，但是始終沒有證據，根本就不能把徐階怎麼樣。同時也因為年事已高，對於皇帝的詔書也有很多看不明白的地方了，之前還有兒子替他答覆，還能讓皇帝滿意，可是在兒子給自己的妻子守喪的期間，荒淫無度，根本沒時間替他回復，嚴嵩自己的水準又有限，所以皇帝的意思有很多地方他都說不上來，無法準確地揣度聖意，便逐漸失去皇帝對他的信任。

後來萬壽宮失火，嚴嵩竟然毫不考慮地讓皇帝搬到南城居住，南城是之前英宗被瓦剌軟禁的地方，是世宗最忌諱的，後來徐階重新修好的萬壽宮深得皇帝歡心，兩相對比之下，徐階就自然地取代了嚴嵩在皇帝心中的地位。

嚴嵩知道害怕了，趕緊請徐階吃飯，請徐階放他一馬，但是徐階理都沒理他。徐階唆使世宗非常寵信的道士說嚴嵩的壞話，皇上終於下了除掉嚴嵩的決心。很多大臣知道後紛紛彈劾嚴嵩，皇帝以嚴嵩對兒子管教問罪，嚴嵩退休，其子交由大理寺處置。嚴世藩秉性難改，和倭寇勾結圖謀不軌，敗露後被處死，全家削官為民。在查抄嚴家的時候搜出金銀無數，更為諷刺的是，嚴嵩積攢了大半生的金銀財寶，最後竟然淪落到靠別人施捨才能活下去的地步，很快就餓死了，也算是報應了。

▌ 戚繼光抗倭

戚繼光生在一個將門世家，受到父親的影響，他從小就非常喜歡學習武藝和兵法，十幾歲的時候就有了一身好武藝。十七歲時，他的父親去世，他就繼承了他父親的職位，在軍中立下了很多功勞。在江浙受到倭寇騷擾之苦的時候，朝廷命他趕赴江浙抗倭，他欣然赴命。

他到了浙江後才發現之所以當地頻繁地受到倭寇的侵犯是因為當地軍隊根本就沒有任何的戰鬥力，當年嚴嵩肆意斂財已經虧空了軍隊的經費，軍隊的紀律極其渙散，也沒有正常的訓練。根據這些情況，戚繼光決定遣散原來的軍隊，招募新兵，以此來提高軍隊的戰鬥力。因為飽受倭寇之害，所以當聽說戚繼光訓練新兵是為了抗擊倭寇，當地的青壯年都紛紛跑來報名，很快就有了四千多人了。

戚繼光對於這批新兵的訓練很嚴格，但是也經常和他們談心，就像他父親當年教育他那樣教育他們要為民效忠，奮勇殺敵，在他的訓練下，這批新兵很快就成為了優秀的士兵，軍隊的戰鬥力大大提高了。這支軍隊就是後來令倭寇聞風喪膽的戚家軍。

除了訓練新兵，戚繼光還根據江南水鄉的特點，新創了一種名為鴛鴦陣的陣法，以十二人為一組，最前面的為隊長，後面的人就拿著長短不一的武器相互配合，而且陣法靈活多變，有極強的殺傷力，尤其是在集體作戰中更能發揮出它的威力，這種陣法在日後的抗倭中起到了很重要的作用。這些都只是戚繼光抗倭的一小部分。建立戚家軍之後，他帶領著這只部隊，屢次衝鋒在抗倭的最前沿，保衛著沿海百姓的平安，建立了無數的奇功偉業。

1661年，倭寇開始進犯臺州，戚繼光率領戚家軍趕赴臺州開始抗倭，這些倭寇根本就不是鴛鴦陣法的對手，很快就被殺得落荒而逃，再也不敢上岸。戚繼光一鼓作氣，下令馬上開炮，轟炸倭寇的船隻，倭寇就只能乖乖投降了。這就是歷史上著名的臺州大捷，這一戰一共殲滅了六千多倭寇。這樣戚繼光一戰成名，打出了明朝軍隊的威風，倭寇再也不敢小看明朝的軍隊了；也打出了戚家軍的威名，讓倭寇聽到戚家軍就聞風喪膽而逃。

倭寇臺州失利之後，看到戚繼光防守，知道浙江是塊不好啃的硬骨頭，所以放棄了浙江這塊肥肉，把目光瞄準了福建。這次他們學乖了，兵分兩路，一路從溫州開始進攻，占據了寧德；另一路則從廣東登陸，占據了牛田。兩路人馬相互呼應，福建的守軍根本抵抗不住，馬上就向朝廷請求支援。因為戚繼光臺州大敗倭寇的聲名在外，朝廷馬上就派戚繼光從浙

江前往福建增援。

在仔細地研究了形勢之後，戚繼光決定先拿下寧德。寧德的這一群倭寇非常狡猾，利用這一代的地形，把他們的營地駐紮在旁邊的橫嶼島，依靠著四面環水，根本無法步行到島上去，即便是戚家軍也不能，倭寇氣焰囂張至極。面對這樣的局面，戚繼光令人悄悄地挖出一條並不深的水道，然後每一個士兵帶上一捆乾草，在落潮的時候用乾草鋪地，偷偷地潛進了倭寇的大營，發動突襲。這下倭寇全都傻眼了，誰也沒想到戚繼光會輕而易舉地過來。這樣戚家軍在氣勢上就已經占盡了優勢，經過一番激戰之後，島上的兩千多倭寇全部被殲滅了。接下來輪到了牛田的倭寇了，當戚繼光帶兵在牛田紮營休息的時候，

他們認為現在的戚家軍是疲憊之師，根本不足為患，警惕大大下降。可是沒想到戚繼光在晚上突然發動進攻，再一次突襲，一下子就攻破了敵營，全殲倭寇。

兩次慘敗之後倭寇還不死心，召集了一萬多人，把福建的仙遊島包圍了三天，戚家軍也不是浪得虛名的，很快就將他們打敗了，趁著他們逃跑的時候一路追擊，很多倭寇就在途中摔下山崖死了，剩下的一部分逃到了漳浦蔡丕嶺，憑藉地形防守。戚繼光親自率領士兵爬上懸崖，把剩下的倭寇全部消滅了。戚繼光在沿海抗倭中立下了赫赫戰功，直到因為朝中勢力的排擠罷官回到老家病逝，他一直為抗擊倭寇終生努力，至今，他的威名仍然響徹寰宇。

▌ 清官海瑞

海瑞是明朝著名的政治家，中國歷史上著名的清官，因為他為官剛正不阿，所以後人將他稱為「海青天」，和宋代的包拯齊名。

海瑞是儒學的狂熱崇拜者，始終都以儒學來約束自己言行，連一件違反原則的事情都不曾有過。他只是個舉人，代理南平縣的教諭。有一次，御史要到學宮視察，海瑞只是向他作揖，並沒有和別人一樣行跪拜之禮。

當別人責怪他的時候，他說如果是他到御史的衙門自然會行跪拜之禮，但是學宮是老師給學生傳授知識的地方，不應該行大禮。這樣一來指責他的人也無話可說了。在他升任淳安縣令的時候，一年的俸祿才只有幾十兩白銀，可謂清苦至極了，但是海瑞依然能夠在這樣的條件下安貧樂道，嚴格地要求自己。說到這裡海瑞還有一件軼事，在他母親過生日的那一天，海瑞花了二兩銀子買了幾斤肉回去給她母親過生日，後來被其他的人知道了，都對海瑞很大方地給他母親買肉過生日感覺很驚訝，可見海瑞平時的生活是很清苦的。

海瑞按照明太祖朱元璋定下的規矩，不管什麼達官顯貴，在驛站一律只提供四菜一湯。有一次，胡宗憲的兒子路過淳安縣，嫌棄驛站四菜一湯的伙食太簡陋了，覺得這明擺的就是看不起自己，於是故意刁難驛站的官吏，還把他們捆著倒掛起來。趕來的海瑞卻說：「以前胡總督巡查的時候，從來都不主張舖張浪費，非常廉潔。一看你身上帶了那麼多的金銀珠寶，還蠻橫不講道理，胡總督一定不會有這樣的兒子，肯定是別人冒充

的。」說完就把他身上所有的錢財全部沒收充公了，還把他抓進了監牢。胡宗憲知道後也只能認了，誰叫他有這樣一個兒子呢。海瑞這樣做可不止一次，還有一次是嚴嵩的乾兒子，也嫌飯菜過於簡陋，海瑞聲稱縣城廟小，容不下他這尊大佛。嚴嵩的乾兒子知道海瑞不是好惹的，但是在他回到京城之後，就彈劾了海瑞，就有了海瑞貶官的事情。

過了很久之後，海瑞才再次被起用，被任命為戶部尚書。他看不慣世宗整日不上朝在後宮和道士瞎混的行為，別的大臣都不敢做聲，只有海瑞奮筆疾書，給聖上遞上了一封奏摺。這封奏摺很大膽地譴責了明世宗的荒唐行為，指責他二十多年不上朝，任由奸臣弄權等一系列行為，最後希望皇帝能夠及時醒悟，好好地去治理天下。這一下子不得了了，明世宗氣壞了，對身邊的太監說要趕快把海瑞抓起來問罪，可是宦官告訴他海瑞並沒有逃跑的意思。其實海瑞在將這封奏摺遞上之後就知道自己必死無疑，所以事先就將家裡的人打發走了，還準備好了自己的棺材。皇上盛怒的時候，他正在朝堂之上等待發落，一點

逃跑的意思都沒有。皇上知道之後都不知道說什麼好了，只好把海瑞的奏摺看了一遍又一遍，邊看還邊搖頭嘆息。隨後還是把海瑞關進了監獄，兩個月後，世宗去世，穆宗即位後立即下令釋放海瑞。

看管海瑞的官員聽說之後，認為海瑞馬上就會被穆宗重用，所以買了很多好酒好菜來招待海瑞，海瑞卻以為自己馬上就要被砍頭了，這就是他在人世的最後一頓飯了，所以很快就吃得差不多了。這時候官員才告訴他，世宗去世了，新帝即位下令將他釋放，他很快就要被委以重任了。海瑞聽完之後，馬上就開始痛哭，之前吃下去的東西全都吐出來了，還哭了整整一個晚上。

海瑞清正廉潔，剛正不阿，在朝堂上經常得罪別人，甚至是一些當朝的權臣，所以被多次貶官，可也由於他的這種性格使他在民間的聲譽很高，影響極大，所以他很快又會被起用，就這樣海瑞總是不停地被貶，又不停地重新起用。就在這樣的折騰之下，海瑞死於萬曆十五年。

在他死後幫忙主持後事的官員發現，他家裡只有葛布做的蚊帳和破竹器，還有些連窮人家都不會用的東西他也留著，而老百姓聽說了他的死訊之後還自發地停止商業活動為海瑞哀悼。在海瑞的靈柩送回故里的時候，岸邊站的全是為他戴孝的老百姓，人數已經不計其數。海瑞在百姓心中的地位之重要由此可以看出。

▌一代改革家張居正

張居正在明神宗萬曆年間擔任了十年的首輔大臣，為了挽救明朝的統治危機，在政治、經濟、軍事等方面進行了一系列的改革措施，尤其是經濟方面，但是由於損害了權貴的利益，他死後那些改革的措施就被立即終止了。

張居正可以算是徐階的門生，當年嚴嵩弄權的時候，很多大臣都躲著徐階，只有他仍然和平時一樣。在嚴嵩被徐階扳倒之後，徐階就成了內閣首輔大臣，對張居正就格外的信任，

在徐階的幫助下，張居正很快就成了內閣的一分子。當時張居正是當朝宰相，對人有點傲慢，和當時徐階和李春芳的禮賢下士形成對比。

徐階和當時另外一位輔臣高拱的關係很不好，在徐階離任後將自己的兒子都交給了張居正照顧，即便如此，高拱還要趕盡殺絕，在皇上面前彈劾徐階的兒子，讓他們紛紛獲罪入獄。張居正就去為他們說情，就在高拱快要答應的時候，有人說張居正是因為接受了徐階的賄賂，儘管張居正極力否認，高拱也沒有深究，但是兩個人之間的縫隙已經無可避免地產生了，關係漸漸疏遠。後來穆宗病重，張居正藉機拉攏宮內的太監總管馮保，在明神宗即位後，依靠馮保的幫助，終於將高拱排出內閣，張居正就成了內閣的首輔大臣。

張居正成為首輔之後有些霸道，但是因為他處理問題的能力很強，總是能一針見血地指出問題的實質，想出解決的辦法，所以人們對他是又敬又怕，就連當時的皇帝明神宗也是如此，因為他登上皇位的時候才十歲，張居正除了是首輔之外還是皇上的老師，他對皇上的要求十分嚴格。正因

為如此，皇帝才將朝廷上的事情都交給張居正去處理。

張居正針對當時朝廷官員的腐敗情況和權貴官僚的偷稅漏稅的情況，決定進行一系列的改革。在此之前很多首輔也想過要改革，但是都始終停留在小打小鬧的程度上，而且隨著他們個人政治生涯的結束，他們的改革也自然歸於沉寂。而張居正這一次是想來大的了。

首先，張居正認為權貴的目無法紀是阻礙明朝發展的最大因素，所以第一步就是大力整頓官吏，打擊不法的權貴，特別難能可貴的是，在他執法的過程中始終都是鐵面無私，不偏不袒。對於曾經給過自己恩惠的遼王也是一樣，因為他的胡作非為和無法無天，張居正果斷地廢掉了他。後來馮保的侄子犯了錯，也是照罰不誤。這樣張居正的改革初見成效。

接下來張居正的矛頭指向了地方豪強和官府之間的相互勾結。針對這種情況，他將內閣的地位提高到六部之上，能夠監察六部，以免他們怠忽職守。因為朝廷財政的主要來源就是稅收，儘管當時百姓的賦稅負擔很重，但是國庫中收上來的銀子卻

是越來越少，都是因為地方上的豪強偷稅漏稅，並且和官府一起，把錢都裝進了自己的腰包裡面。所以張居正下了狠招，以後官員的考核就以錢糧作為標準，如果徵收不力的官員將會受到重罰，就這樣堵住了偷稅漏稅的漏洞。張居正改革的重點正是在稅收上。因為以前都是按人頭來徵收稅收的，地方上的豪強在兼併了大量的土地之後，隱瞞戶口，藉此來逃稅。所以張居正決定丈量土地，從根本上杜絕了逃避土地稅的現象。

為了避免人們逃避差役，他乾脆將所有的稅收和徭役都和土地稅合併在一起，這就是所謂的「一條鞭法」，可以用銀兩雇用別人頂替自己來服役。這樣大大增加了國庫的收入。可以說他的改革還是成功的。

但是張居正的改革卻深深地觸犯了權貴的利益，所以很多人都抨擊他違背祖訓。當時張居正的父親去世，本應回家守孝，但因為改革正處在關鍵的時期，張居正被迫奪情留任，很多人就借此大做文章，說他不懂孝道。張居正為了維護形象，所以嚴懲了反對派。由於張居正對皇帝的要求過於嚴格，皇帝漸漸心生不滿，等到他親政之後，就立刻將張居正定罪，查抄張家，張居正的長子被逼自殺，之後張居正的改革措施全部廢止，好不容易有點好轉的大明王朝又開始走下坡路了。

皇太極巧施反間計

袁崇煥是防守遼東的最主要的軍事力量，皇太極和袁崇煥交戰以來，幾乎每一次都以失敗告終，為此皇太極很不甘心。

在攻打寧遠的時候，他知道甯遠有袁崇煥鎮守，防守非常嚴密，是一塊非常不好啃的硬骨頭，自己也不是袁崇煥的對手，所以繞開了寧遠，直接沖著北京城去了，率領著十幾萬大軍衝向河北。袁崇煥和祖大壽馬上就帶著部隊趕去增援，崇禎聽說金軍到了北京城外，十分惶恐，但是聽說袁崇煥已經趕來救援又安心了。嘉獎之外還讓袁崇煥統領所有的援軍。

原本金軍能夠到達北京城袁崇煥並沒有責任，而且對北京城的救援很及時，是有功勞的，但是魏忠賢的餘黨們卻誣陷袁崇煥故意縱容敵人，並且還有和後金議和的打算，是通敵賣國的惡賊。崇禎雖然不是一個昏庸無道的皇帝，但是這樣的話聽多了也難免對袁崇煥產生了疑心。

皇太極也是一個善於運用謀略的人，當他得知崇禎已經對袁崇煥產生疑心的時候，再加上袁崇煥一直是他們進攻大明的最大障礙，所以決定用反間計來離間他們，利用崇禎的疑心徹底除掉袁崇煥這個勁敵。這裡面當然也有他的私心，因為他和袁崇煥屢戰屢敗，讓他很沒面子。

當時正好皇太極抓了兩個大明的太監，皇太極命令看守的士兵故意在晚上的時候說袁崇煥和後金有勾結的話，讓他們聽到，然後故意放走兩個太監。兩個太監將這一情報馬上報告給了崇禎皇帝。當崇禎聽到之後，之前的疑慮一下子被證實了，馬上就讓袁崇煥進宮面聖，不知原因的袁崇煥一進宮就被抓起來了，被送進了監獄。

這時候祖大壽正好在旁邊，看見這一幕也嚇壞了，幸好崇禎皇帝並沒有懷疑他。但是祖大壽在回到軍營之後越想心越寒，心想袁崇煥好心好意回來救援，沒有賞賜也就算了，反而被認為是賣國賊抓起來了。這個祖大壽之前因為犯罪差點被殺，是袁崇煥將他救下來的，所以祖大壽很感激袁崇煥，一直跟著他南征北戰，從來沒有什麼叛逃之類的想法，但是這一次的事情讓他徹底心寒了，因為自己和袁崇煥的關係大家都是知道的，他生怕到時候自己也被株連，所以連夜帶著部隊逃走了。雖然袁崇煥蒙冤，但是依然很忠心，聽說祖大壽逃走，馬上寫了一封信讓人帶給祖大壽，才使祖大壽重新回來。

很多人都認為以袁崇煥的忠心，是絕對不會背叛明朝幹出通敵賣國這種事情來的，肯定是皇太極使的陰謀詭計，所以極力勸阻崇禎。但是崇禎根本就不相信他們所說的話，最後用通敵賣國的罪名給袁崇煥定罪，凌遲處死。所謂的凌遲處死就是剮刑，要在犯人身上剮上三千六百刀才能讓犯人死去，只有對罪大惡極的人才會動用凌遲處死，看來崇禎對於袁崇煥是恨之入骨了。京城的老百姓還以為袁

崇煥真的通敵賣國，所以剮下來的肉都被這些老百姓吃光了。

想袁崇煥對朝廷忠心耿耿，卻落得這樣一個下場，真是讓人嘆息。袁崇煥的親人都被流放到三千里之外，全部家產都被抄走了。袁崇煥被殺之後，祖大壽再次逃走，雖然之後又回來了，但是早就沒有心思打仗了，將所有的指揮權都交給了滿桂。滿桂雖然很有軍事才幹，但是缺乏一定的魄力，不能獨當一面。在他上任之後還沒有做好充分的準備，就在戰鬥中不幸身亡。

當年袁崇煥用尚方寶劍錯殺毛文龍，自己也蒙冤而死，祖大壽無心戀戰，滿桂戰死，這樣一來明朝鎮守邊關的功臣良將就沒有了，邊關幾乎等於無人防守了。後來皇太極的陰謀暴露，老百姓才知道袁崇煥死得太冤了，可是後悔也沒有用了。崇禎的疑心中了皇太極的反間計，錯殺功臣的同時也給自己掘好了墳墓，註定明朝滅亡的結局。

■ 李自成稱王

李自成是明末著名的農民起義領袖，帶領起義軍占領北京之後，由於殺害吳三桂家人，逼反吳三桂，使自己面臨吳三桂和清兵的雙面夾擊，失敗逃出北京城之後，在九宮山神祕失蹤。

崇禎登基的第一年，陝西就發生了大規模的饑荒，雖然朝廷下發了救濟糧，但是卻被當地官員苛扣，很多人在這種情況下都活不下去了，無奈只好揭竿而起。就在這種背景之下，李自成的舅舅高迎祥自稱為闖王，率領一批饑民開始了起義，李自成聽說之後就去投靠了他。

李自成小時候是放羊的，後來當了驛站的一個小兵，一次不小心犯了錯，差一點就被處死了，幸好逃了出來。自從投靠了他舅舅之後，李自成在戰鬥中表現得十分英勇，不久就被提拔了，因為闖王是他的舅舅，所以當時人們都稱他為闖將。後來他闖王的稱號也是由此而來的。

一次讀完二十五史 故事

由於朝廷的輕敵，起義軍的規模越來越大，最後有十三家起義軍在滎陽會師，一起商討怎樣才能抵抗官軍的追剿。這時候朝廷已經開始重視了，調動了大批的兵馬來圍剿，李自成就在這時候大喊了一句：「就算只有一個人也要奮死作戰，更何況我們有十萬兵馬，有什麼可怕的？」隨後建議起義軍分散行動，按照各自的方向來進攻，獲得了大家的認同。

高迎祥和張獻忠的部隊就負責在河南行動，這一帶防禦比較薄弱。起義軍很容易就拿下了鳳陽，因為這裡是明太祖朱元璋的老家，他的祖墳就在那裡，起義軍對皇室都恨之入骨，所以將它們一把火都燒了。崇禎一氣之下派大軍圍剿。這一次張獻忠抓了一大批在皇陵裡面的太監，李自成想要，但是張獻忠不給，因此李自成唆使高迎祥和張自忠分裂，再次回到陝西，和在那裡的羅汝才聯盟。

這個羅汝才和李自成不一樣，生活極度奢侈，而且非常好色，李自成難免有些輕視他，但是羅汝才打仗卻有兩把刷子，兩人配合得很默契。直到李自成的部隊逐漸壯大，才將羅汝才殺掉，並且兼併了他的部隊。

在崇禎十一年，也就是1638年，起義軍在梓潼遭遇洪承疇和孫傳庭的夾擊，慘敗而逃，這一次李自成幾乎全軍覆沒，只好帶著不到二十個騎兵躲了起來，後來聽說張獻忠被朝廷招安，農民起義陷入了最低潮。

後來張獻忠重新起兵，李自成也準備東山再起，正搜羅舊部。但是卻被陝西總督鄭崇儉的部隊包圍了，但是這個鄭崇儉仗著自己熟讀兵書，在包圍的時候留下了一個缺口，結果李自成就從那裡逃了出去。李自成逃出去之後就跑去投奔張獻忠。但是他們的關係一向都不好，張獻忠雖然留下了他，但是殺他的心不死。李自成知道後悄悄地逃走了，好幾次都差點被明軍抓住，他手底下的很多將領都投降了，大將劉宗敏也動了心思。李自成對他說自己將來是可以當皇帝的，可以占卜一下，如果是不吉利，劉宗敏隨時都可以提著他的頭去投降。結果劉宗敏試了好幾次都是吉利的，所以鐵了心跟著李自成了。之後李自成帶著自己的部下來到了河南，因為當時河南正在鬧饑荒，很多災民都加入了他的隊伍。

1644年，重振旗鼓的李自成在

西安稱王，建立大順政權，之後就拿下了山西。三個月之後軍隊直逼北京城，這時候崇禎也無可奈何了，後來因為宦官曹化淳打開了城門，起義軍就這樣進入了北京城。崇禎皇帝看著漫天的烽火為百姓之苦嘆息著，隨後將所有的皇子都送到大臣的家裡，皇后自盡，長平公主被他砍死。第二天他自己也自盡了，左袖上還有他的遺囑，可是內容已經不得而知了。他最寵信的王承恩也跟隨他一起自盡，大明的江山也走到了最後一步。

■ 吳三桂降清

當清兵攻打大明的時候，由於良將投降的投降，離開的離開，被殺的被殺，吳三桂鎮守山海關的軍隊可以說是大明的最後一支戰鬥力比較強的鐵騎部隊。而吳三桂為什麼會向清軍投降，就是著名的「衝冠一怒為紅顏」了，哪怕被世人罵成漢奸賣國賊也不悔。

李自成在崇禎十七年的時候建立了大順政權，北京被大順攻破之後，崇禎皇帝自盡，明朝正式滅亡。

李自成以為江山就是屬於他的了，馬上就變得驕傲了，他的屬下四處搶奪財產他也不管。將士們也都想多帶點錢回到老家，鬥志早就減退了一大半。為了搜刮錢財，他們嚴刑拷打明朝的官員，讓他們把家產全都交出來。其中就有吳三桂的父親，吳襄，也被他們給抓起來了，而吳三桂是山海關的總兵，手裡握著數萬兵馬，實力不容小覷，對於大順來說是一個嚴重的威脅，為了招降吳三桂，李自成讓吳襄給自己的兒子寫了一封勸降信。

吳三桂駐守寧遠，在起義軍打到皇城腳下的時候，他接到崇禎的命令讓他立刻回京救援。但是在他趕到山海關的時候北京淪陷的消息就傳過來了，所以他一直停留在山海關。接到父親的信之後，吳三桂非常猶豫。這時候不僅是李自成，清朝也在極力爭取吳三桂投誠。

從吳三桂的內心來講，他是看不起這些起義軍的，因為他們都是農民

出身，所以他並不願意投降，可是不投降的話，他一個總兵是抵擋不住大順的百萬兵馬的，但是他也不願意向清朝投降，因為他知道這樣做自己就成了千夫所指的漢奸和賣國賊了。

所以他還是暫時決定先回去看看再做決定。可是為什麼他又會突然降清呢？這裡有著關鍵作用的是一個叫做陳圓圓的女人。

陳圓圓本是江淮名妓，是國舅周奎想獻給崇禎的禮物，但是無奈崇禎不好這一口，周奎只好自己留下了。有一次吳三桂在周奎府上做客，看見陳圓圓之後被她的美色所傾倒，就找周奎把陳圓圓要了過去。陳圓圓就成了吳三桂的小老婆，吳三桂非常寵她，此次回京也是想和她團聚。

正在吳三桂想著去北京的時候，一位在北京的家人出現了，對他說北京淪陷，皇帝慘死，但是吳三桂不為所動，家人繼續說家裡的財產全部被搶光了，他的父親也被抓起來了，快被打死了。還說陳夫人在抄家的時候被李自成的部下劉宗敏搶走了。

這一下吳三桂被激怒了，他決定一定要報這奪妻之恨，所以當下就決定死守山海關，部下的將士全部換

成白衣，宣稱要為死去的崇禎皇帝報仇。吳三桂自知自己的兵力是無法和大順相抗衡的，所以向清朝借兵，並說自己願意投降清朝。就這樣原本已經打算投降大順的吳三桂因為陳圓圓而降清，這就是「衝冠一怒為紅顏」的由來。清朝因為一代名妓得到了吳三桂。

當時清政府執掌政權的多爾袞接到吳三桂的降書之後非常高興，馬上就接受了。於是率領軍隊前往山海關，吳三桂親自迎接，並剃掉了自己的頭髮，改成了清朝的髮型。李自成知道後非常生氣，一怒之下將吳三桂在北京的親人全都殺害了，率領二十萬大軍攻打山海關。這時候狡猾的多爾袞命令吳三桂的部隊打先鋒，想等到他們兩敗俱傷之後撿便宜。

正當吳三桂的騎兵和李自成的兵馬激戰的時候，突然刮起了狂風，多爾袞抓住時機出擊，等到風停之後大順發現自己已經被清兵包圍了，在兩面夾擊之下死傷慘重。李自成知道北京不保，在逃跑前還舉行了登基大典，然後逃出了北京城，起義宣告失敗。

而另一方面，多爾袞則帶著清兵

進駐了北京城，還把順治皇帝接到北京城，這時候老百姓才知道以後清朝的統治就要開始了，於是大家都罵吳三桂是賣國賊，可是已經找到陳圓圓的吳三桂已經不在乎這些了，隨後他就被清朝封為平西王，封地在雲南廣西一帶。至於之後吳三桂他們發起的三藩之亂已經是後話了。

史可法死守揚州

史可法是南明大臣，抗清名將，順治二年被圍困於揚州，因為南明朝廷的內鬥，沒有派兵增援，他拒絕投降，揚州城被攻破之後被俘，堅持不降，英勇就義。死後其屍身下落不明，只好將其衣物葬於梅花嶺之下。

崇禎十七年四月的時候，李自成進犯北京，史可法聽說後立刻揮師，準備北上，等他到達浦口的時候，北京淪陷，崇禎皇帝自盡，史可法聽到這個消息之後，忍不住嚎啕大哭，換上孝服，為皇帝發喪。而這個時候南京的大臣還在討論下一個皇帝的人選，有人認為按照血緣關係的親疏應該由福王即位為皇帝，也有人主張立潞王，因為潞王比較賢明，而相比之下，福王就是個只知道吃喝玩樂的窩囊廢。史可法也更傾向於立潞王為皇帝，但是就在他們僵持不下的時候，

鳳陽總督馬士英和閹黨餘孽一起勾結起來擁立福王，而就在史可法將不能擁立福王為皇帝的理由告訴了他們之後，這些人已經把福王送過來了，史可法他們在無奈之下，只好讓福王登上了皇位。

福王即位之後，就立刻開始建立內閣，選舉內閣大臣，史可法、高弘圖、姜曰廣三人為內閣大臣，但是劉孔昭也要進入內閣，因為他是勳臣，明朝還沒有勳臣進入內閣的先例。這一下子劉孔昭不樂意了，說就算他不能進入內閣，但是馬士英也應該進入內閣。他這麼一鬧，奸臣馬士英也進入了內閣。隨後史可法被任命為禮部尚書和東閣大學士，史可法主管兵部的事情，馬士英仍然主管鳳陽的軍政事務。說到這個馬士英，他非常想成為宰相，可是現在史可法位於他

之上，所以想扳倒史可法。他把當初史可法反對福王當皇帝的理由告訴了福王，史可法並不願意和他這樣的小人衝突，於是自願請兵到江北監管軍務。這樣史可法這個兵部尚書相當於沒有了實權，為他後來的悲劇埋下了伏筆。

史可法到江北之前，馬士英將江北地區劃分成了四塊，分別由四個人管轄，但四個主管之間並不友好，衝突是常有的事情。四個人中高傑最先進入揚州，其他的三個人也開始在江淮大肆搶奪。史可法前去調解，只有高傑不服氣。但是史可法並沒有和他計較，反而對他真心相待，漸漸地高傑也開始聽從史可法的命令。

清軍一路達到宿遷之後，史可法向朝廷請求增援，但是馬士英認為史可法只是想請功罷了，拒不增兵。之後高傑被殺，他管轄的部隊全部逃跑了。史可法知道後悲痛地說：「以後中原地區再也沒什麼作為的地方了。」沒過幾天，清兵就來到了揚州城下，包圍了揚州。就在這樣的形勢之下，總兵及其副將向清軍投降，這樣本來就不堅強的防守更加薄弱了。即便是這樣，史可法也沒有放棄，讓所有的文武官員都在城牆上防守，自己守在地勢最為險要的西門。這時候他已經知道自己必死無疑，給家人的信中都寫著將他葬在孝陵附近。

隨後清兵開始攻城，史可法拚死抵抗，但是清兵很快就發現了西門的防守最為堅強，於是全力攻打西北角，用大炮將城牆都轟塌了，史可法看到此情此景，立刻拔劍自刎，被救下之後為了讓清兵不再殺戮百姓，自報姓名，讓清兵抓住自己，最後因為至死不降，慘遭清兵殺害。

值得一提的是，史可法作為督師享有的權利是很大的，但是他從來不奢侈浪費，他自己沒有兒子，儘管妻子多次勸他儘快娶妾生子，但是因為國家正處於危機時刻，史可法根本就沒考慮到自己，日夜都在操勞，除夕夜也不休息。

因為清軍攻陷揚州之時，天氣非常炎熱，十天之後，史可法的義子進城想收殮史可法的遺體，但是這時候屍體都已經腐爛了，根本無法辨認。一年後，他的家人才將他的衣物葬在梅花嶺下，後人也在這個地方建立祠堂來紀念他。

明史

清史

努爾哈赤起兵

　　明嘉靖三十八年（1559年），努爾哈赤出身於建州（今遼寧省新賓縣境內）的一個滿族奴隸主家庭。萬曆二年（1574年），努爾哈赤的父親塔克世被明兵誤殺，年僅二十五歲的努爾哈赤勢孤力單，無法與擁兵百萬的大明「天皇帝」對戰。他唯一能做的，就是期望明朝邊將能代為上奏明朝皇帝，指責唆使明兵殺害父、祖的尼堪外蘭。可他沒想到這一要求遭到了驕橫跋扈的明將的一口回絕，而且明將還稱要封尼堪外蘭為「滿洲國主」。一時間，尼堪外蘭威望大升，很多滿族奴隸主都紛紛歸附，甚至努爾哈赤自己的親族子弟也想殺努爾哈赤來表示自己的歸附之心。以建州國君自居的尼堪外蘭趁機逼迫努爾哈赤，努爾哈赤被迫以十三副鎧甲、部眾三十人起兵。

　　憑著出色的軍事才能和知人善任的胸懷，至萬曆十一年（1583年）五月，僅十年時間，努爾哈赤吞併了其他建州部落，降服了海西葉赫、烏拉、哈達強部，建州、海西、「野

人」等數以萬計的女真人，建立了後金政權。從此，自東海至遼邊，北自蒙古嫩江，南至朝鮮鴨綠江等說同一語言的廣大地區，都是後金的疆域。

至萬曆十五年（1587年），後金國土內的生產力、生產關係、賦役負擔、國家法令、語言文字和風俗習慣等已達到大體的平衡，各部落舊有差異逐漸消失，具有同一經濟基礎、同一語言文字、同一民族心理的新民族共同體逐漸形成，這就是活躍在中國歷史上長達三百年的滿族。

萬曆四十四年（1616年）正月除夕，五十八歲的努爾哈赤在赫圖阿拉舉行開國登基大典，自稱「承奉天命覆育列國英明汗」（簡稱「英明汗」），定國號為後金，建元天命，一個轄地數千里、臣民數十萬的後金政權赫然出現在大明的東北地區。同時，努爾哈赤也以「七大恨」為由，發動了對明朝的戰爭。

努爾哈赤的大軍所向披靡，很快就攻占了撫順，給明廷帶來極大的震動。為了保證在東北地區的統治，明朝任命兵部左侍郎楊鎬為遼東經略，企圖消滅努爾哈赤。因以少勝多而著名的戰役薩爾滸之戰從此開始。楊鎬擁兵四十七萬坐鎮瀋陽，分四路圍剿後金：北路由總兵馬林率領，從開原出，經三岔口，過尚間崖，進攻蘇子河；西路由總兵杜松統領，出撫順關向西，直驅赫圖阿拉；南路由總兵李如柏統帥，出清河，過雅鶻關，直攻赫圖阿拉；東路由總兵劉鋌指揮，出寬甸，從東面直搗後方。

努爾哈赤採取「憑爾幾路來，我只一路去」的作戰方針，集中八旗全部兵力六萬人，在薩爾滸（今遼寧撫順東南）迎擊明軍主力，全殲明軍三萬人，勇而無謀、剛愎自用的名將杜松戰死。隨後，努爾哈赤消滅了東路和北路明軍，只有南路軍安全撤退。此次戰鬥，努爾哈赤只用了五天，就使明軍文武將吏死者三百一十多人，士兵身亡者四萬五千八百餘人，亡失馬駝甲仗無數。薩爾滸之戰也是關係到後金與明興亡的關鍵一仗，此後後金獲得了主動權，人心振奮、器械充足，努爾哈赤由防禦轉入進攻，明朝在東北地區的統治開始全面崩潰。

金庸說努爾哈赤是「自成吉思汗以來，四百多年中全世界從未出現過的軍事天才」。

多爾袞，大清開國的第一功臣

多爾袞是努爾哈赤的第十四個孩子，自皇太極繼承汗位以來，多爾袞就戰功不斷，皇太極對他的寵信甚至超過了對自己的親生兒子豪格。在皇太極主政的十七年中，幾乎所有的王公貝勒都受到過嚴厲處罰，連皇太極最有出息的兒子豪格也曾三次被降級、罰款，而多爾袞只受過一次懲罰。這其中不僅僅飽含著兄長對弟弟的關愛，更重要的原因還在於多爾袞的赫赫戰功。素以勇猛善戰著稱的豪格、阿濟格、多鐸等人，在多爾袞面前全部都黯然失色，可以說，多爾袞是大清開國的第一功臣，我們不妨來看看多爾袞的光輝戰績：

十六歲，隨軍出戰，獲敖木倫大捷，被賜為墨爾根戴青，封固山貝勒。

十九歲，掌管吏部。

二十三歲，與豪格等人統兵萬餘招撫察哈爾蒙古林丹汗子額哲，獲元朝傳國玉璽「制誥之寶」，堅定了滿人一統天下的信心。

二十五歲，征服朝鮮江華島，朝鮮國王率群臣出城投降。

三十一歲，立幼帝，大戰山海關，挾制吳三桂，擊敗李自成，開國定制，指點江山。

……

如果說多爾袞前期的戰功還有皇太極的影子，那麼自崇德八年（1643年）八月九日皇太極病逝之後，三十一歲的多爾袞開始了真正的叱吒風雲，這裡最值得大書特書一番的事情就是山海關之戰。

1643年十一月，李自成的農民軍攻破潼關，占領明王朝的西北全境及河南中、西部和湖廣的數十府縣。與此同時，清王朝內部新皇交替的工作業已落幕，開始南下攻明。此時，明朝內外交困，李自成的農民軍和清軍一南一北，屯駐在距明朝政治中心北京數百里之外，李自成的農民軍、多爾袞的清軍及吳三桂率領的明軍三大勢力就在山海關一代糾纏上了。

一開始，由於吳三桂投降了李自成，農民軍就先占了上風，多爾袞試圖與農民軍協同作戰對付明朝，但

沒有取得什麼成效。這時明朝崇禎急召吳三桂回京，吳三桂走到玉田時，得知李自成霸占了愛妾陳圓圓，殺了吳三桂之父及家中三十八口人，於是「衝冠一怒為紅顏」，吳三桂抱著殺父奪妻之仇，「翻然復走山海關」，擊走唐通，背叛了李自成，晝夜追殺農民軍到山西，歷史的天平開始向清軍傾斜。

在吳三桂剛剛叛歸山海關之時，清軍大學士范文程上書多爾袞出兵進取中原，得知北京被攻破，於是多爾袞採取了他的建議，決定與農民軍共爭天下。

李自成此時已經認識到事態的嚴重性，雖決定親率部隊往山海關討伐吳三桂，但仍抱著招撫吳三桂的僥倖心理，所以行軍速度很緩慢。沒想到在農民軍達到臨關城之前，吳三桂已經向多爾袞發出了求援書。

多爾袞雖然接到的不是投降書，但他還是很珍惜這次機會，他一面謹慎地派人回瀋陽調兵，一面故意延緩進軍速度，逼迫吳三桂降清。

此時農民軍已經開始攻城了，吳三桂處境非常不妙，多爾袞非常明白這一點，所以儘管吳三桂多次派人，甚至親自殺出城，以答應投降清軍為條件向多爾袞求救，多爾袞卻直到吳三桂和李自成雙方的力量都損耗得差不多了，才出兵進攻山海關。與農民軍決戰時，多爾袞又命吳三桂的的軍士先上，直到吳三桂和李自成精疲力竭之際，才讓八旗軍上陣。

經此一役，李自成的農民軍迅速敗北，不得不撤出北京城，撤到山陝一帶休整力量，清軍趁機入關占領了北京城。在此過程中，多爾袞利用漢族內部的階級矛盾控制住了吳三桂，吳三桂從此不得不充當清軍入主中原的馬前卒。

清軍占領北京城之後，多爾袞又表現出一個政治家應有的高度和胸懷，他下令軍士嚴禁搶掠，停止剃髮，轉而為崇禎帝朱由檢發喪，從而獲得了漢族地主紳士的好感。

最後，多爾袞把順治小皇帝迎接到北京登基，很快穩定了清軍占領區的局勢，中國歷史掀開新的一頁。

不足一年，多爾袞就為大清皇室立下了兩件大功：一是擁戴順治小皇帝，穩固了滿族貴族的統治秩序；二是在山海關之戰中運籌帷幄，擊敗了李自成的農民軍，入主中原，基本奠

定了大清的基業。對此功勳，順治帝在其開國大典上都給予嘉獎和表彰，為他樹碑立傳，賜他大量金銀牲畜和衣物，並封他為叔父攝政王，從而確立了多爾袞不同於其他任何王公貴族的顯赫地位。此後，多爾袞消滅李自成農民軍殘部，消滅南明政權，發布剃髮易服令，採用明皇朝治理國家的現成制度，整飭吏治，開科取士。除了某些政策失當，如剃髮易服令激化了滿漢矛盾，總體來說，整個國家機器還是在多爾袞的運籌帷幄下，開始運轉起來，這一轉，就讓中國歷史上最後一個帝制王朝轉了三百多年。

康熙三征噶爾丹

清朝時期，蒙古分為三個部分：漠南蒙古、漠北蒙古和漠西蒙古。漠南蒙古已經歸屬了清朝，而漠北和漠西蒙古也已經向清朝臣服。漠西蒙古的四個部落中，最為強盛的是在伊犁一帶過遊牧生活的準噶爾部族。噶爾丹統治了部族以後四處征戰，不斷兼併鄰近的部族，還妄想一統蒙古高原。《尼布楚條約》簽訂的第二年，沙俄政府唆使準噶爾部族進攻漠北蒙古，漠北向清政府尋求保護，康熙派出的使者，讓噶爾丹歸還漠北蒙古的領土，而噶爾丹靠著沙俄撐腰不但不聽，反而繼續侵占漠南蒙古。

康熙認為噶爾丹的野心不容小覷，召集群臣宣布了他要親征噶爾丹的決定。1690年，清軍兵分兩路遠征噶爾丹，左路清軍由福全率領，右路清軍由常寧帶領，兩路大軍之後，康熙親自帶兵在後方指揮。右路清軍先和噶爾丹狹路相逢，常寧戰敗，噶爾丹得以一路打到距離北京七百餘里的地方；福全率領的左路清軍開始反擊，噶爾丹將騎兵集中在前有河流阻攔、後有樹林掩護的有利地勢下，將上萬頭駱駝縛住腳，背上疊加箱垛，蓋上溼氈，擺成長長的駝城，以阻擋清軍的進攻。清軍集中火力炮轟駝城，終於將駝城打開了一個缺口，清軍的步兵和騎兵從前方衝殺進去，後方則有福全派兵阻擊，前後夾擊將噶爾丹的軍隊殺得七零八落。噶爾丹看

自己落了下風，急忙向福全求和。

　　福全輕易相信了噶爾丹的鬼話，一方面停止了對其的攻打，同時向康熙快馬傳書等待指示，等到康熙「繼續追擊」的詔令下來，噶爾丹已經逃走了。

　　這之後，噶爾丹向清政府表示了屈服，然而暗地裡他仍在招兵買馬，伺機謀反。1696年，康熙約見噶爾丹，他不但不來，還四處揚言他們要大舉進攻，並派人去漠南煽動叛亂。於是，1696年康熙第二次親征噶爾丹。這次他兵分三路，黑龍江的大將軍薩布素負責東路進兵；陝西和甘肅兵由大將軍費揚古率領，為西路兵，負責截斷噶爾丹的退路；中路兵則由他親自率領，三方大軍約定了時期一起進攻。

　　然而，在東西路軍都還沒有到達的時候，中路軍率先遇到了噶爾丹的前鋒，此時有些大臣聽說沙俄要出兵幫助噶爾丹，就動了班師回朝的念頭。康熙得知後大怒，說：「這次出征，還沒有見到叛軍就要退兵，這不是要被天下人所恥笑嗎！再說，中路軍一退，敵軍就能全力對付西路軍了啊，我怎麼能夠置他們於不顧！」

　　當下，康熙下令繼續前行，並派使者通知噶爾丹自己親征的消息。噶爾丹當夜在山頭看到清軍浩浩蕩蕩安營紮寨，急忙連夜遷營拔寨向後撤退。而此時費揚古的西路軍早已按照康熙的部署，在噶爾丹的退路上設下了埋伏。費揚古先派出少部分兵力和噶爾丹短兵相接，清軍邊戰邊佯裝不敵後退，一步步將噶爾丹引到了他們的包圍圈內。在清軍的包圍和攻擊下，噶爾丹僅率領幾十騎兵逃跑。這一戰過後，噶爾丹元氣大傷。

　　康熙再一次要求噶爾丹投降，而噶爾丹的勢力雖然已經土崩瓦解，但他仍在負隅頑抗，不肯順降。一年後，康熙再次帶兵出征，第三次親征噶爾丹。噶爾丹的親信們向清軍投了降，自願給清軍帶路，走投無路的噶爾丹只得服毒自盡。自此，清政府重新控制漠北蒙古，並在烏里雅蘇臺設立將軍統轄漠北。

雍正賜死年羹堯

年羹堯出生於1679年，是清代康熙、雍正年間人，字亮工，號雙峰。原籍安徽懷遠，後來改隸漢軍鑲黃旗。他的父親官至工部侍郎和湖北巡撫，他的兄長年希堯也曾擔任工部侍郎，他的妹妹在雍正即位後被封為貴妃，他的妻子是宗室輔國公蘇燕之女，可謂一家金枝玉葉。

年羹堯自幼熟讀史書，康熙三十九年（1700年），他中了進士，隨後進入翰林院檢討；1709年，他升遷至內閣學士，不久後又升任四川巡撫，仕途可謂一帆風順。此時他年不過三十，已經算是朝廷破格提拔的人才，所以他對康熙的恩惠感激涕零。在四川巡撫的任期內，他大膽地提出很多興利除弊的措施，勇於革改弊端，深得康熙賞識。

除此之外，年羹堯還具有運籌帷幄、決勝千里的統兵才能。在擊敗準噶爾入侵西藏的戰鬥中，年羹堯就顯示出了他在軍事方面的卓越才幹。某日半夜，清軍大營外突然傳來一陣風聲，隨即消失。年羹堯得知後，馬上命人率三百士兵前去傳來風聲的密林中搜尋敵人，果然盡殲敵軍。有下屬很不理解年羹堯為什麼會判斷出敵軍準備突襲，年羹堯說：「響了一陣隨即消失的絕對不是風聲，而是有一群飛鳥被驚動，拍打著翅膀飛起來的聲音。夜半時分，能夠將飛鳥驚動，肯定是敵軍想埋伏在那裡。」下屬無不驚嘆他心思縝密，稱他為名將。

雍正元年（1723年），青海羅卜藏丹津因不滿清政府的政策，而圖謀割據青藏高原，發動了反清叛亂。清朝政府即命年羹堯、岳鐘琪等率軍鎮壓。有一日，年羹堯忽然傳令，讓軍中每個兵卒都帶上一捆稻草和一片木板行軍。眾人雖然照做，但均不解其意。沒過幾天，部隊行軍至一個淤泥深坑之前，年羹堯即號令大家先將手中的稻草鋪在坑裡，然後再蓋上木板，頓時「天塹變通途」，兵馬得以通行。而叛軍在部署戰略的時候，正是將這個深坑據為天險，認為清軍沒有辦法從這裡通過，故而沒有在此線路設防。清軍打了他們一個措手不

及，大獲全勝。這一役，讓年羹堯的名望達到了頂峰。

平定青海之亂以後，當朝在位的皇帝雍正帝對年羹堯的恩寵達到了狂熱的地步。年羹堯被晉升為一等公，他的父親也被加封為一等公和太傅頭銜。年羹堯在西北地方獨攬大權，直接參與朝政，朝中關於官員任免和人事變動上雍正更是給了他無以復加的權力。

年羹堯選用官員的時候，甚至可以不向朝廷請示，直接任免。他成為了雍正皇帝在外省最重要的心腹。

雍正帝曾不止一次說道：「有年羹堯這樣的大臣真是自己的幸運，如果朝中再多幾個他這樣的人，治理好國家就不在話下了。」他甚至不顧皇帝身分和至尊體統，說出年羹堯是他的「恩人」這樣的話，還說：「不但朕心倚眷嘉獎，朕世世子孫及天下臣民當共傾心感悅。若稍有負心，便非朕之子孫也；稍有異心，便非我朝臣民也。」他要求自己的子孫後代都牢記年羹堯的豐功偉績，如果有人有異心，那麼他便不是我朝的臣民，可見雍正對年羹堯的推崇備至。

年羹堯威重一世，逐漸變得恃功驕橫，他入朝覲見皇帝，竟然讓山西巡撫跪在路上迎接他；到了京城，他更是對前來跪拜迎接的大臣們視若無睹；在雍正面前，他不顧君臣之禮，叉開腿坐著。雍正看到年羹堯如此倡狂，自然心生不滿。再者，功高必震主，狡兔死則良狗烹，這是自古以來君臣關係中的規則，年羹堯又豈能逃脫得了。

雍正三年（1725年），出現了迷信中「日月合璧，五星連珠」的祥瑞，年羹堯在賀表上將「朝乾夕惕」誤寫為「夕惕朝乾」，雍正即以此為把柄開始了對年羹堯的清算，他將年羹堯從西北調出，連降十三級，將其職位和爵位統統削去，最後以九十二款罪名勒令其自盡。

歷時兩朝，為國家征戰一生的將軍，最終因為自己恃功驕橫而付出了慘痛的代價，於後世也是一筆深刻的教訓。

乾隆編撰《四庫全書》

《四庫全書》編寫於清朝乾隆年間，是中國歷史上規模最大的叢書，分經、史、子、集四部，共七萬九千三百三十七卷三萬六千二百七十七冊書，總攬從先秦到清代乾隆時期的主要典籍，內容涵蓋各個學科領域。打個比方，如果將《四庫全書》將近二百三十萬頁的紙張逐一相接，那麼它的總長度可以繞赤道一又三分之一圈。

乾隆三十七年（1772年），學者朱筠提出要搜集和整理《永樂大典》的史書資料，乾隆皇帝認為文治也可有助於國家發展和國力強盛，便認可了他的提議，緊接著便詔令各地將所採集的「所有官刻諸書」彙編到一起，取名為《四庫全書》。就這樣，因《永樂大典》的輯佚引出了這場浩大的《四庫全書》的編撰工程。

共有三百餘人參與了《四庫全書》的編撰，有一千五百多人參與其抄寫工程，負責這項工程的就是我們家喻戶曉的「紀大煙袋」——紀昀，也就是紀曉嵐。紀昀是河北省河間縣人，他從小就刻苦讀書，十一歲時跟隨父親赴京，二十一歲中秀才，二十四歲中解元，三十一歲考中進士，入翰林院。他特別能抽菸，所以人送外號「紀大煙袋」。

紀昀負責編撰《四庫全書》時十分認真，工作盡心盡力，無論白天黑夜一心撲在《四庫全書》上。乾隆皇帝看到這種情形，自然內心欣慰，也很欣賞他。有一年的夏日，天氣十分炎熱，乾隆皇帝批閱完了當天的奏章，不打招呼就來到了四庫館，想隨機視察一下他們的工作。眾人正忙得汗流浹背，紀昀甚至脫了衣服，光著膀子抄書，看到皇上來了，紀昀慌忙躲到桌子下面，因為衣冠不整見駕，是要按欺君之罪論處的，何況他連衣服都來不及穿了。乾隆皇帝其實早就看見他了，心裡覺得好笑，也沒有理他，反而坐在他躲藏的桌子前面。說了幾句話以後，他示意大家誰都別出聲，一時間四庫館內靜謐無聲，只有

悶熱的空氣。紀昀躲在桌子底下覺得氣悶，又看不到外面到底怎麼回事，於是探出腦袋就問了一句：「老頭子走了沒有？」

乾隆佯裝怒意問道：「紀愛卿啊，你這『老頭子』說的可是朕？不知你為何會這麼稱呼我？你今天要講不出個一二三來，可小心你腦袋搬家！」

眾人都為他捏了把汗，只見紀昀不慌不忙地從桌子下面出來，行了禮然後說道：「皇上萬歲，萬壽無疆自然為老；皇上歸為一國之尊，當然是頭；萬民臣服，都是您的子臣，自然為子。所以老頭子，乃是臣對皇上的至尊之稱。」一席話說得乾隆笑顏逐開，大笑道：「人稱紀昀能言善辯，是當之無愧的才子，果然名不虛傳。」

就在這樣的工作氣氛下，《四庫全書》的編寫人員不分白天黑夜，不論酷暑搜集、挖掘、整理資料和書籍。為了保存《四庫全書》，乾隆皇帝特意建造了南北七閣，第一部四庫全書抄寫完畢後，又用了三年時間抄錄完成三部，這四部存於北四閣中；再五年之後，剩餘三部也抄寫完畢，存於南三閣中。到乾隆四十七年，全部的編撰工作終於完成。《四庫全書》是中國古代的「大百科全書」，保存了大量的文獻資料，為中國文化的傳承發揮了重要的作用。

巨貪和珅

和珅這個名字幾乎無人不知無人不曉，他幾乎成了所有貪官的代名詞。那麼在清朝的歷史上，他到底是個怎樣的人呢？

和珅，字致齋，滿洲正紅旗人。他的父親時任福建副都統，家庭並不是十分富裕，但他和他的弟弟和琳還是受到了比較好的教育，加上和珅天資聰明，又肯努力上進，他的老師很器重他。乾隆三十五年（1770年），和珅參加了科舉考試，但是並沒有考中舉人。乾隆三十七年，年僅二十三歲的和珅被任命為三等侍衛，在皇帝出遊的時候保護皇上的人身安全，所

以他有了近距離接觸乾隆皇帝的機會。這之前，和珅是何許人也沒有人知道，但乾隆四十年之後，和珅一躍成為乾隆面前的紅人。從此和珅的官位一升再升，不到一年的時間裡，他就從一個小小的官員成為了顯赫的一品朝臣。

一次，他奉乾隆之命前去雲南查辦李侍堯貪汙受賄的事情。和珅到了雲南，並不急於將李侍堯收押問罪，只是宣讀了聖旨後，將他暫時革職，然後就遊山玩水去了。因為李侍堯位高權重，當然不會把和珅放在眼裡，況且雲南是他的地盤，他在這裡耳目眾多，盲目胡來反而對自己不利。和珅表面上天天流連在湖光山色之中，暗地裡卻派人搜集李侍堯貪汙犯罪的證據。

幾天後，和珅發現交到他手裡的證據並不足以徹查李侍堯，於是他就打起了李府管家趙一恒的主意。他將趙一恒綁起來嚴刑逼供，趙一恒起先不認，後來耐不過痛苦，老老實實招認了李侍堯的罪行。有了趙一恒的口供，和珅心裡覺得踏實了不少，然後他召來了李侍堯的下屬官員們，將自己所掌握的情況亮出來。這些人見和

珅已經掌握了這麼多證據，覺得頑抗下去也沒什麼意思，於是紛紛倒戈指責李侍堯的不是。這一切的準備工作都做好後，和珅抓來了李侍堯，將趙一恒及其口供全部放出，讓他們當場對質。李侍堯自知難逃這一劫，只得俯首認罪。

這次外出巡視，和珅讓乾隆見識到了自己的一身本事，當然更加受到乾隆的恩寵。

和珅仗著皇帝的庇護更加肆無忌憚，貪婪的本性也暴露無遺，清朝的吏治因為他的存在開始腐敗不堪。他結交軍政要員，任用私黨，暗地裡接受賄賂的同時還公開勒索。

地方官員獻上來的貢品都要先在和珅這裡過一遍，他挑自己看上眼的留下，剩下的再派人送到皇帝那裡。有一次，一位官員從外地帶回一隻精緻的鼻煙壺，和珅看著好看想占為己有，無奈當面索要未果，於是他買通了宮裡的太監，讓他幫自己偷了出來。

除了明裡暗裡的霸占，和珅為人處世也很陰險狡詐，所以朝廷官員都懼怕他，都在竭力討好他，甚至皇太子都向他行賄。

一次讀完二十五史 故事

對於金錢，和珅一向是來者不拒，別人給多少他就要多少，有些人送上成千兩白銀，他卻連人家的名字都沒有留意過。所以和珅的斂財速度是驚人的，他一年所斂得的錢財相當於全國半年的收入。

1799年，乾隆壽終正寢，臨死前他對即將即位的嘉慶說：「和珅這個人，你要用他，就管好他，天下人都怕他；你不用他，就殺了他，這樣天下人會怕你。」

嘉慶當然會選擇後者。乾隆逝世當天，嘉慶任命和珅全權辦理乾隆的喪事，這使得原本很擔心自己命運的和珅稍微鬆了一口氣。

但第二天，馬上就有朝臣上書奏表和珅的罪行，第三天，嘉慶就將和珅下獄。

在查抄和珅家產的時候，所有負責此事的官員都大為咋舌：和珅的家產比大清朝十年的收入都要多。文武百官請求將和珅凌遲處死，但是嘉慶念在乾隆皇帝恩寵他的分上，賜三尺白綾，令其在獄中自殺。和珅死時才五十歲，所有的家產全部充公，歸了皇家所有。所以民間流傳著「和珅跌倒，嘉慶吃飽」的說法。

清史

海鴿文化出版圖書有限公司
Seadove Publishing Company Ltd.

作者	張承望
美術構成	騾賴耙工作室
封面設計	斐類設計工作室
發行人	羅清維
企畫執行	林義傑、張緯倫
責任行政	陳淑貞

古學今用 141
一本書讀懂
二十五史故事

出版	海鴿文化出版圖書有限公司
出版登記	行政院新聞局局版北市業字第780號
發行部	台北市信義區林口街54-4號1樓
電話	02-27273008
傳真	02-27270603
e‑mail	seadove.book@msa.hinet.net

總經銷	創智文化有限公司
住址	新北市土城區忠承路89號6樓
電話	02-22683489
傳真	02-22696560
網址	www.booknews.com.tw

香港總經銷	和平圖書有限公司
住址	香港柴灣嘉業街12號百樂門大廈17樓
電話	（852）2804-6687
傳真	（852）2804-6409

出版日期	2020年10月01日　二版一刷
定價	380元
郵政劃撥	18989626戶名：海鴿文化出版圖書有限公司

國家圖書館出版品預行編目資料

一本書讀懂二十五史故事／張承望著--
二版，--臺北市 ： 海鴿文化，2020.08
面 ； 公分. －－（古學今用；141）
ISBN 978-986-392-327-5（平裝）

1. 二十五史

610.07　　　　　　　　　　　　109011658